美国军事援助有效性研究

以美国军事援助巴基斯坦为例（1947—1965）

赵长峰 · 著

时事出版社
北京

图书在版编目（CIP）数据

美国军事援助有效性研究：以美国军事援助巴基斯坦为例：1947－1965/赵长峰著. —北京：时事出版社，2020. 12
ISBN 978-7-5195-0390-1

Ⅰ. ①美…　Ⅱ. ①赵…　Ⅲ. ①美"援"—军事援助—研究—巴基斯坦—1947－1965　Ⅳ. ①E712②E353

中国版本图书馆 CIP 数据核字（2020）第 209178 号

出版发行：时事出版社
地　　址：北京市海淀区万寿寺甲 2 号
邮　　编：100081
发行热线：（010）88547590　88547591
读者服务部：（010）88547595
传　　真：（010）88547592
电子邮箱：shishichubanshe@ sina. com
网　　址：www. shishishe. com
印　　刷：北京朝阳印刷厂有限责任公司

开本：787×1092　1/16　印张：19. 5　字数：350 千字
2020 年 12 月第 1 版　2020 年 12 月第 1 次印刷
定价：138. 00 元

——目 录——

contents

导　言

一、研究缘起

在国内学术界，就援助研究而言，主要是“经济援助”相关的文献（包括相关著作和文章），而讨论“军事援助”的文献相对较少。[①] 同样，就“援助有效性”研究而言，相关文献不少，[②] 但基本上讨论的都是“经济援助有效性”，截至目前，以“军事援助有效性”为题的文献几乎没有。

军事援助不重要？显然不是，特别是在冷战时期，军事援助是以美国和苏联为代表的大国为达到各自全球战略或外交政策目标所经常使用的重要手段之一，所以军事援助相当重要。只有经济援助有“有效性”问题，军事援助没有？显然也不是，大国如此重视军事援助，自然会关注其效果，当然也有“有效性”问题，只是还没有引起学术界的特别关注。[③] 鉴于此，本书试图做一尝试，探讨比较有代表性的美国的军事援助有效性问题，由于学术功力不逮，笔者没有能力单纯地从理论上进行阐释，只能将理论与实践结合，以美国某一时期对某一国家的军事援助为例。至于为何选择美国对巴基斯坦的军事援助（以1947～1965年为例），而不是选择美国对其他国家的军事援助，也不是选择另一时段美国对巴基斯坦的军事援助？皆因该时段涵盖了美国军事援助从开始到终结的一个完整周期，因此是探讨美国军事援助有效性的典型代表案例之一，同时笔者掌握了这一时

---

① 以CNKI检索（2017年8月25日）为例，以“援助”为篇名，显示的结果是9364篇，仅在“中国政治与国际政治”学科中就有1052篇；以“经济”和“援助”为篇名，显示的结果是352篇；以“军事”和“援助”为篇名，显示的结果是74篇。

② 以“援助有效性”为题的学术文章总共有10余篇，会在下文的研究现状中提及。

③ 可能的原因：军事援助涉及的因素比经济援助复杂得多，不好把握军事援助有效性评估的变量。

期美国军事援助巴基斯坦的相对充足的一手资料。

二、国内外研究现状

通过梳理国内外相关研究文献，与本书相关的研究主要有“援助有效性”“美国援助巴基斯坦”“冷战初期的巴基斯坦外交政策”“冷战初期美国的南亚政策”等。

（一）国内研究现状

1. 关于“援助有效性”

国内学者对“援助有效性”进行了理论解读和经验分析。

关于理论解读，主要从援助是否促进受援国经济发展、发展援助理念等方面对援助有效性进行解读。理论解读一，援助是否促进受援国经济发展。商务部国际贸易经济合作研究院的周宝根在《援助促进受援国发展吗？——国外发展援助有效性的学理纷争》一文中指出，发达国家向发展中国家提供的发展援助是国际经济、政治领域的重要议题，国外政治学家、社会学家、经济学家对援助有效性给予了重点关注，但是各学者在援助是否促进受援国发展方面存在纷争，有的学者认为援助能够促进受援国发展，有的学者则认为援助不能促进受援国发展，作者对此分别总结了理由与证据。作者指出，有关发展援助与经济增长之间的关系，实证研究并没有给出一致的结论。在现实中，人们也可以同时找到正反两方面的大量案例。但是，在几十年实践及研究的基础上，人们仍可以总结出一定的经验。首先，人们不能抛开相关问题的背景，单纯地讨论发展援助与经济增长之间的关系，因为许多援助的目的都是多方面的，并不仅仅包括受援国的经济增长，可能还包括解决当地的食品、疾病等危机，更多的时候还包括政治等因素。其次，以促进经济增长和发展为目标的发展援助可以“救急”，但难以“救穷”。最后，发展援助应该考虑受援国的具体情况。① 理论解读二，发展援助理念。中国社会科学院农村发展研究所杨东升的《国外经济援助的有效性》一文利用一个具有遗赠动机的交叠世代模型研究国外经济援助的有效性。作者发现，国外经济援助对于受援国资本积累的影响在一定的条件下是非线性的，具有典型的临界值效果。这一发现有助于解释关于国外经济援助有效性的经验研究中广泛存在的争议。② 中国社会科学院西亚非洲研究所贺文萍教授在《从“援助有效性”到“发展有效性”：援助理念的演变及中国经验的作用》一文中对发展援助理念的演变进行了解读，认为发展理念之所以从“援助有效性”演变为“发展有效性”与如下国际形势发展密不可分：“千年发展目标”的减贫议程与二十国集团会议议程的聚合是这一发展援助理念转型的最重要推动力；“新兴援助国”的出现及其对发展问题的关注；西方国家发展援助的失败。作者最后分析了中国经验对国际发展援助理念转型的作用与贡献。③

关于经验分析，主要表现为三个方面：第一，从历史和现实视角分析援助的有效性。龙岩学院董锦南的《21 世纪美国对非洲发展援助有效性的分析》一文在回顾美国对非洲发展援助历史的基础上，认为进入 21 世纪后，虽然美国对非洲的某些发展援助完全或大部分出于自身利益考虑，但从历史和现实角度来看还是具有一定的积极影响和意义的。④ 澳门大学法学院博士生吴燕妮在《欧盟发展援助政策的有效性问题及解决》一文中指出，始于《罗马条约》的欧盟发展援助政策经过 50 多年的历史演进已经发展成为世界上最为重要的援助政策，欧盟也成为占世界发展援助份额一半以上的援助巨头。尽管欧盟发展援助有着巨大和快速的增长，但其实施

① 周宝根：《援助促进受援国发展吗？——国外发展援助有效性的学理纷争》，《国际经济合作》2009 年第 5 期。

② 杨东升：《国外经济援助的有效性》，《经济研究》2007 年第 10 期。

③ 贺文萍：《从“援助有效性”到“发展有效性”：援助理念的演变及中国经验的作用》，《西亚非洲》2011 年第 9 期。

④ 董锦南：《21 世纪美国对非洲发展援助有效性的分析》，《哈尔滨学院学报》2014 年第 9 期。

进程远远落后于欧盟的既定计划却暴露了深层次的问题，即欧盟发展援助政策的有效性问题。随着 2009 年欧盟《里斯本条约》的最终生效以及欧盟的东扩带来的影响，欧盟发展援助政策的有效实施面临新的契机和挑战，也使现阶段发展援助政策领域的焦点问题更加清晰可见，欧盟必须面对资金、成员国以及附加条件等发展援助障碍，探索新的援助思路，从而提高发展援助的力度和效率。[①] 同济大学硕士生汪艳丽的《对外发展援助的有效性问题与德国的应对》以对外发展援助的有效性问题为出发点，以《援助有效性巴黎宣言》为框架，对德国为提高援助有效性做出的努力、存在的问题以及面临的挑战进行了分析。[②] 第二，援助有效性影响因素分析。西南民族大学硕士生刘婷在《中国对非洲援助的有效性分析》中指出，受援国的经济社会发展环境、援助国的援助量、援助模式和援助政策、援助国与受援国及其他援助国之间的沟通协调等是中国对非洲援助有效性的影响因素。作者指出，为进一步提高中国对非洲援助的有效性，中国需要完善援助管理体系，增强援助工作的透明度，增加对多边援助和民间资金渠道的利用以推动援助方式和渠道的多元化，加强对非洲援助工作的宣传力度以减少其他援助国的误读和误解。与此同时，在开展援助的过程中，要加强与受援国和其他援助国的交流沟通，更多地了解受援国的发展需求，因地制宜地实施援助工作。[③] 第三，援助有效性目标设定和效果评估。浙江师范大学博士生张玉婷在《〈巴黎宣言〉框架下的援助有效性研究——以埃塞俄比亚教育援助为例》一文中界定了援助有效性，认为援助有效性包括对援助目标设定和援助实施过程的评估。《巴黎宣言》提出了援助有效性的五个原则，分别是自主原则、联系原则、协调原则、结果管理和相互问责。并以此为分析框架，对埃塞俄比亚的教育援助有效性进行了探讨，最后对如何提升教育援助有效性提出了自己的看法：尊重受援国自身发展、坚持互惠互利原则；尊重受援国已有的发展成果，保证援助

① 吴燕妮：《欧盟发展援助政策的有效性问题及解决》，《欧洲研究》2010 年第 3 期。

② 汪艳丽：《对外发展援助的有效性问题与德国的应对》，《德国研究》2011 年第 4 期。

③ 刘婷：《中国对非洲援助的有效性分析》，《现代经济信息》2015 年第 2 期。

能联系当地发展的需要；加强与其他援助方的合作，通过沟通与整合防止援助的碎片化。①

无论是理论解读还是经验分析，国内学者在论述“援助有效性”时，尽管没有在“援助”前加上“经济”限定词，但是从内容上来看，基本上都是专指“经济援助有效性”，而很少论及“军事援助有效性”。当然，这并不意味着上述成果对于“军事援助有效性”的研究没有借鉴意义。

2. 关于“美国援助巴基斯坦”

关于“美国援助巴基斯坦”，研究文献主要有三篇，主要从美国援助巴基斯坦的历史过程、特点、内容和影响进行分析。

美国援助巴基斯坦的整个历史过程分析。华中师范大学政治与国际关系学院赵长峰和谭向豪的《浅析美国援助巴基斯坦的历史及其影响》探讨了美国援助巴基斯坦的整个历史进程，将美国对巴基斯坦的援助（1951～2010年）划分为五个阶段：三次援助高潮，两次援助低谷。三次援助高潮分别是20世纪50年代到60年代中期、20世纪80年代初期到90年代初期以及“9·11”事件之后；两次援助低谷分别是20世纪60年代中后期到70年代末和20世纪90年代到“9·11”事件之前。作者认为，美国对巴基斯坦的援助主要受以下几方面因素的影响：巴基斯坦的地缘政治地位、美国的国家安全利益、印度的地位和影响、遏制核扩散的考虑以及美国的国内政治。美国援助对巴基斯坦的政治、军事、经济和社会发展产生了重大影响。②

美国援助巴基斯坦的特点、内容及影响。上海国际问题研究院南亚中心邵育群的《美国对巴基斯坦发展援助新战略评估》着重阐述新时期美国援助巴基斯坦的特点、内容及影响。该文探讨了美国国会通过的《2009年加强与巴基斯坦合作法案》提出的背景、具体内容及主要特点，包括援助数额巨大（5年共75亿美元）、高度强调发展援助的可见度和影响力以及

---

① 张玉婷：《〈巴黎宣言〉框架下的援助有效性研究——以埃塞俄比亚教育援助为例》，《比较教育研究》2014年第12期。

② 赵长峰、谭向豪：《浅析美国援助巴基斯坦的历史及其影响》，《社会主义研究》2013年第5期。

实用主义至上等。作者认为，新战略实施未来所面临的挑战有：安全形势恶劣妨碍发展项目的执行、美国发展援助界时刻准备夺回援助项目的实施权和监督权、美巴两国安全合作的成效将直接影响新战略的实施、华盛顿内部的整体政治气氛对发展援助不利、巴基斯坦各界难以建立对美国的战略信任。从效果上来看，短期内美国将难以改变其在巴基斯坦民众心目中的形象并获得巴基斯坦政府在反恐方面的全力配合。长期来看，美国期待的各项发展目标也较难在巴基斯坦实现。① 四川大学历史文化学院兰江和毛德金的《1954～1965 年美国对巴基斯坦的军事援助及其影响》主要探讨 1954～1965 年美国军事援助巴基斯坦的情况、美巴两国各自的战略考虑以及军事援助对巴基斯坦政治、军事和外交的深刻影响。②

总体上讲，国内学者主要探讨了美国援助巴基斯坦的历史、特点及对其影响，不同之处在于探讨的历史阶段有所差异。

3. 关于“冷战初期的巴基斯坦外交政策”

关于“冷战初期的巴基斯坦外交政策”，国内学者的研究文献主要集中为以下四篇文章，主要从巴基斯坦自建国以来的外交政策变化、原因探究和外交政策调整方面进行探究。

巴基斯坦自建国以来的外交政策变化及其原因探究。汤广辉的《巴基斯坦外交政策的历史分析》阐述了巴基斯坦自建国以来的外交政策变化及其原因。1947～1953 年，为不结盟阶段，原因是首先，在国际上巴基斯坦面临的形势是战后社会主义和资本主义两大阵营的尖锐对立；其次，巴基斯坦国内经济存在着严重困难；最后，同印度的严重矛盾使巴基斯坦的生存面临危机。在上述国内外形势下，巴基斯坦认为，像巴基斯坦这样弱小的国家要想生存下去，唯一可靠的办法就是执行不结盟政策，改善与各国的关系，争取多方面援助，来提高自己在国际上的地位。1954～1961 年，为结盟时期，随着国际形势的变化，美国对巴基斯坦的态度发生了变化。

---

① 邵育群：《美国对巴基斯坦发展援助新战略评估》，《南亚研究》2011 年第 1 期。

② 兰江、毛德金：《1954～1965 年美国对巴基斯坦的军事援助及其影响》，《南亚研究季刊》2004 年第 2 期。

1953年斯大林去世，美国在伊朗成功地策动政变，美国觉得此时是遏制共产主义扩张的良机。苏联成功爆炸氢弹以后，美国对此忧虑重重，惧怕苏联影响扩大，于是急于建立军事条约组织以构成遏制苏联的锁链。印度是南亚大国，美国原打算重点拉拢印度。但尼赫鲁政府坚持不结盟政策，不愿追随美国。而巴基斯坦西邻苏联，与中东相联，东邻中国，和东南亚相连，是美国建立反共军事包围圈的重要一环，因此美国转而拉拢巴基斯坦。巴基斯坦此时也面临严峻的国内国际局势，急需美国的军事与经济援助，为此，美巴一拍即合，成功结盟。[①] 南京国际关系学院国际战略研究中心宋德星教授在《论巴基斯坦联盟外交及其困境》一文中指出，国家理念的对立和印强巴弱的地区力量结构决定了巴基斯坦的国家安全始终都面临着来自印度的严重威胁。巴基斯坦对印度的一种本能的恐惧和对自身安全的忧虑一直支配着国家政治生活。改变地区力量结构性失衡是巴基斯坦摆脱印度威胁的根本出路。但在仅凭自身力量的情况下，巴基斯坦根本无法实现这一战略目标。唯一的可能性便是借助联盟求安全。[②]

巴基斯坦的外交政策调整分析。西南民族大学旅游与历史文化学院张世均教授在《巴基斯坦为何抛弃与美国结盟的外交政策》一文指出，20世纪70年代前，巴基斯坦实行与美国结盟的外交政策，结果给巴基斯坦的政治、经济和对外关系造成了一系列的消极影响，特别是与美国结盟并不能保障巴基斯坦的国家安全。从70年代开始，巴基斯坦政府为了获得更大的外交活动空间，决定改变与美国结盟的外交政策，奉行新的不结盟政策。[③] 西华师范大学历史学院兰江的《试析1947～1972年巴基斯坦的外交政策》指出，1947～1972年，巴基斯坦的外交政策经历了从不结盟政策到结盟政策，再从结盟政策到不结盟政策的调整。作者认为，巴基斯坦外交政策的调整折射出了冷战的时代背景，反映了巴基斯坦努力捍卫国家利益的艰难尝试，深刻地凸

---

① 汤广辉：《巴基斯坦外交政策的历史分析》，《南亚研究季刊》1991年第1期。

② 宋德星：《论巴基斯坦联盟外交及其困境》，《南亚研究》2001年第1期。

③ 张世均：《巴基斯坦为何抛弃与美国结盟的外交政策》，《忻州师范学院学报》2005年第4期。

显了巴基斯坦恶劣的安全环境对其外交政策的制约。①

概言之，国内学者普遍认为，巴基斯坦对美国的外交政策经历了从不结盟政策到结盟政策，再从结盟政策到不结盟政策的调整。

4. 关于“冷战初期美国的南亚政策”

关于“冷战初期美国的南亚政策”，国内研究文献较多，主要探讨美国南亚政策的变化、原因及影响。

郑州大学马克思主义学院王琛在《论美国南亚政策（1947～1954）——基于对1954年美巴结盟的研究》一文中指出，印巴分治后，克什米尔冲突的爆发，美苏冷战不断向亚洲扩展，印度的中立主义政策及其实践，这些力量相互作用，对美国的南亚“英联邦战略”政策形成越来越大的挑战。在欲将印巴两国都纳入西方集团而因印度反对未成之后，对印巴两国外交底线更清楚的认识、东亚形势的巨变、中东防御的需要等，使美国把希望寄托在巴基斯坦身上。美巴结盟标志着美国在南亚次大陆实行的“英联邦战略”政策的结束和积极介入的平衡政策的开始，但它并不意味着美国对印巴两国有所取舍。美国希望借此达到既遏制苏联集团又遏制印度建立中立主义集团和推行地区霸权主义的目标，但也为它以后的南亚政策实践埋下了隐患。②

西华师范大学历史学院兰江的《1947～1954年美国的南亚政策》一文分析了1947～1954年美国南亚政策的变化，从试图与印巴两国交好变为仅与巴基斯坦结盟，美巴关系渐入佳境，而美印关系则跌入低谷。作者指出，美国在南亚的政策及其变化均以其利益为基础。③

许昌学院历史文化与旅游学院尤建设的《战后初期美国南亚政策探析》探析了战后初期美国南亚政策的发展演变，其指出，战后初期的一段时间，美国并未出台专门的南亚政策，而是包含在其亚洲政策和全球战略之中。1951年NSC 98/1号文件的出台，标志着美国南亚政策的正式形成。

---

① 兰江：《试析1947～1972年巴基斯坦的外交政策》，《绵阳师范学院学报》2010年第4期。

② 王琛：《论美国南亚政策（1947～1954）——基于对1954年美巴结盟的研究》，《史学月刊》2011年第5期。

③ 兰江：《1947～1954年美国的南亚政策》，《宜宾学院学报》2010年第5期。

作者认为，战后初期美国在南亚倚重英国，主要出于如下考虑：从全球战略布局出发，美国的战略重点在欧洲和东亚，南亚并不具有优先性；从社会历史文化影响和现实问题考虑，英国在南亚继续发挥作用符合美国的战略需要；从南亚丰富的资源、潜在的市场需求、地缘政治以及国家安全等因素考虑，美国希望与英国合作保持在该地区的影响力；美国对南亚次大陆缺乏了解，利益有限。①

内江师范学院管银凤在《中印边界冲突时期美国南亚安全政策调整实施效果分析》一文中探讨了中印边界冲突时期美国南亚安全政策的调整及其效果，文章指出，中印边界冲突爆发时期，美国一改之前的亲巴政策，态度明显向印度倾斜，对其提供大规模的经济军事援助，企图改变印度的外交政策，实现“以印制华”，并实现印巴和解，从而团结起来共同承担冷战的责任。但美国的构想与其努力的结果却大相径庭，印度不仅没有放弃其固守的中立主义外交政策而与美国建立长期的安全关系，反而向苏联靠拢，“以印制华”战略不攻自破。特别是美国的盟国巴基斯坦向中国靠拢，标志着美国南亚安全政策的彻底失败。②

中国国际问题研究所叶正佳在《美国的南亚政策》一文中回顾了冷战时期美国的南亚政策，将这个时期的美国对南亚外交和同印巴的关系史划分为四个阶段：拼凑军事同盟，遏制社会主义（50 年代中期）；企图撮合印巴共同反华（60 年代）；犹豫不决，为苏所乘（70 年代）和美苏加紧争霸，美国再度重视援巴（80 年代）。作者认为决定美国南亚政策和制约美国同印巴关系的主要因素是：美国的南亚政策从制定到实施都首先服从于其全球战略；美国南亚政策是随着美国的国家利益和国际环境的变化而变化的；美国的南亚政策受到印巴矛盾的制约。③

中国社会科学院研究生院亚太系吴兆礼的《美国南亚政策演变：1947 ~ 2006》一文对 1947 年印巴独立以来的 60 年间的美国南亚政策进行了梳理，

① 尤建设：《战后初期美国南亚政策探析》，《许昌学院学报》2009 年第 1 期。

② 管银凤：《中印边界冲突时期美国南亚安全政策调整实施效果分析》，《中南大学学报》2010 年第 2 期。

③ 叶正佳：《美国的南亚政策》，《南亚研究》1996 年第 Z1 期。

分析美国南亚政策调整的原因，并对美国南亚政策的未来走势予以预测。作者指出，冷战时期的美国南亚政策旨在拉拢印巴遏制共产主义，结果美巴缔结同盟，但美印关系起伏不定。①

中国社会科学院世界宗教研究所研究员邱永辉的《美国的南亚政策试析》一文认为，从 1947 年印巴分治以来，美国南亚政策的中心问题是处理印度和巴基斯坦这两个敌对国家的竞争要求。作者将第二次世界大战结束到 80 年代以前的美国南亚政策划分为三个阶段。第一阶段从 1947 ~ 1954 年，美国政府旨在与整个南亚地区而不仅是一个国家发展友好关系，但结果却走上与巴结盟的道路，美印关系进入低谷。第二阶段从 1954 年美巴军事联盟开始至 1962 年。美巴关系日益升温，苏印关系日益密切，美印关系从低谷走向高潮，中印边界冲突期间美方向印度提供军事援助，美国更进一步卷入南亚。1962 年以后是美国南亚政策的第三阶段，即从与苏联共同支援印度逐渐发展到对印施加军事和经济压力，以在战略上显示反对苏联，在地区安全上防止巴基斯坦被毁灭。作者认为，美国南亚政策的基本特点有三个：第一，80 年代以前美国的南亚政策，充分体现了美国对于非战略要地所采取的“维持均势”的基本方针，印巴两国“鱼和熊掌，二者不能得兼”的局面，也没有影响这一方针的落实。第二，美国各界对于美国在南亚的作用一直缺乏共识，美国在南亚的行动是以“介入”和“撤手”的更迭为特征的，美国的南亚政策也往往缺乏远见。第三，与巴基斯坦保持和发展军事经济关系，重视对印度的经济援助计划，是美国南亚政策的基本方面；在美国与南亚的关系中，是美国南亚政策单方面地影响到印度和巴基斯坦，而印巴对美国则几乎没有影响。②

上海社科院亚洲太平洋研究所胡志勇的《冷战时期美国的南亚战略与美印关系》一文重点分析了冷战时期美国的南亚战略，考察了冷战时期美国与印度关系演变的历史轨迹，分析了美国通过发展与印度的双边关系以反击苏联在南亚的战略利益的战略，并论证了限制美印关系的若

① 吴兆礼：《美国南亚政策演变：1947 ~ 2006》，《南亚研究》2007 年第 1 期。

② 邱永辉：《美国的南亚政策试析》，《南亚研究季刊》2000 年第 2 期。

干因素。①

（二）国外研究现状

1. 关于“援助有效性”

国外对“援助有效性”进行了详细的研究，详见第一章有关“援助有效性”的相关述评，此处不再赘述。

2. 关于“美国援助巴基斯坦”

视角一：从国家利益视角分析美国援助巴基斯坦的原因。伊利诺伊大学芝加哥分校政治学院加雷斯·波特（Gareth Porter）的硕士论文《利益、联盟与军事援助：以巴基斯坦为例》从国家利益的视角探究美国军事援助在美巴联盟起源、联盟运作、联盟危机和联盟终结中所发挥的作用。② 纽约大学教育学院唐纳德·詹姆斯·约翰逊（Donald James Johnson）的博士论文《军事援助对印巴关系的影响》评估了军事援助在印巴关系中的重要性，探讨了美国军事援助巴基斯坦和印度的具体表现，以及美巴军事联盟对印巴关系的影响。③

视角二：美国援助巴基斯坦的战略和政治因素考量。科罗拉多政治学系赛义德·阿迪勒·侯赛因（Syed Adil Husain）的博士论文《美国军事援助对巴基斯坦影响的政治学分析》指出，美国对巴基斯坦的援助政策很大程度上受到战略和政治因素的影响，美国援助巴基斯坦主要是对美国国内和国际问题做出的回应而不是为了解决巴基斯坦具体的经济和安全需要。论文分如下几章：第一章介绍巴基斯坦国内落后的状况，为系统考察美巴援助关系提供背景；第二章探讨阻碍巴基斯坦经济发展的财政困难，解释巴基斯坦依赖对外援助的理由；第三章解释和探讨美国对外援助的目标及

---

① 胡志勇：《冷战时期美国的南亚战略与美印关系》，《南亚研究季刊》2009 年第 4 期。

② D. Gareth Porter, *Interests, Alliance, and Military Aid: the Case of Pakistan*, Master Dissertation of Department of Political Science, Chicago, Illinois, 1966.

③ Donald James Johnson, *Military Aid as a Factor in Indo-Pakistan Relations*, PhD. Dissertation of Philosophy in the School of Education of New York University, 1965.

其对美巴援助关系的影响；第四章阐明美国军事援助巴基斯坦的政策决定受到战略和政治因素支配；第五章主要探讨美国向巴基斯坦提供经济援助的具体途径；第六章考察美国军事援助巴基斯坦的三种方法：武力目标、军事装备以及军事训练。①

视角三：美国援助巴基斯坦的有效性评估。塔夫茨大学穆罕默德·阿布杜斯·萨塔尔（Mohammed Abdus Sattar）的博士论文《美国援助与巴基斯坦的经济发展》主要研究以下几个问题：与美国和巴基斯坦宣称的目标相比，援助的效果如何？美国对巴基斯坦政府机构和政策产生多大的影响？巴基斯坦的发展计划在有效利用包括美国援助在内的总资源方面的作用如何？美国在不同地区和部门的援助分配对巴基斯坦的全面发展会产生何种不同影响？本研究的主要目的是评估1951～1965年期间，美巴援助关系对巴基斯坦发展的影响。论文分如下几章：第一章介绍研究范围和方法；第二章介绍援助的背景、规模和目标；第三章介绍巴基斯坦1951～1965年的发展概况；第四章分析美国援助对巴基斯坦经济政策的影响；第五章阐述经济援助计划的特征；第六章探讨美国援助的整体效应；第七章探讨美国援助对巴基斯坦地区和部门发展的影响。②

视角四：美国援助巴基斯坦的决策过程。宾西法尼亚大学艺术与科学学院祖贝尔·艾哈迈德（Zubair Ahmad）的博士论文《美国军事援助巴基斯坦的决策分析》重点探讨了1954年美国军事援助巴基斯坦的决策过程，主要有六方面的影响因素：（1）决策前的进展：美国之所以决定对巴基斯坦进行军事援助，其原因是美国试图摆脱二战后其在中东的军事安全责任；（2）决定性事件：美国副总统尼克松访问巴基斯坦和印度，随后形成的《尼克松报告》直接导致美国决定军事援助巴基斯坦；（3）政策环境：美国对南亚次大陆的政策，阐述美国对南亚政策的转变；（4）个人因素：分析艾森豪威尔总统和杜勒斯国务卿个人在美国军事援助巴基斯坦决策过

① Syed Adil Husain, *Politics of United States Foreign Aid to Pakistan*, PhD. Dissertation of Philosophy Department of Political Science of University of Colorado, 1968.

② Mohammed Abdus Sattar, *United States Aid and Pakistan's Economic Development*, in partial fulfillment of the requirements for the degree of Ph. D. Tufts University, 1969.

程中的作用；（5）国内因素考量：美国国内对军事援助巴基斯坦的正反两派及其理由；（6）其他国家的态度：印度、巴基斯坦、英国、苏联等国对美国军事援助巴基斯坦的态度。[①] 哥伦比亚大学的詹姆斯·斯佩恩（James W. Spain）的《对巴基斯坦的军事援助》详细描述了从 1953 年 11 月 1 日《纽约时报》驻卡拉奇记者的报道，美巴开始商榷军事援助事宜，到 1954 年 2 月美国政府答应军事援助巴基斯坦的整个过程。作者指出，通常很难完全准确地确定或决定提议发展的每一步。新闻报道广泛而全面，其中许多报道明显是官方渠道故意"泄露"的结果。从中可以发现一个重要模式，这一模式包括四个方面：官方反应、媒体和公众压力、执行援助计划和执行过程中的变化以及影响美国军事援助巴基斯坦的因素及方式。[②]

3. 关于"冷战初期的巴基斯坦外交政策"

巴基斯坦学者萨瓦尔·哈桑（Sarwar Hasan）的《巴基斯坦的战略利益》，阐述了巴基斯坦的重要利益及其对外交政策的影响。[③] 巴基斯坦学者乔杜里（C. Choudhury）和 P. 哈桑（P. Hasan）合著的《巴基斯坦的对外关系》[④] 以及基思·卡拉尔（Keith Callard）的《巴基斯坦的外交政策》[⑤] 两本著作专门讨论了巴基斯坦的外交政策。基思·卡拉尔的另一本著作《巴基斯坦：一种政治研究》，尽管主要是分析国内政治，但是对外交政策有一些独到的见解。[⑥] 阿斯拉姆·西迪基（Aslam Siddiqi）的《巴基斯坦寻求安全》从政治视角分析了巴基斯坦的外交政策。[⑦]

---

① Zubair Ahmad, *The United States Decision on Military Aid to Pakistan*, Graduate School of Arts and Sciences, University of Pennsylvania, 1975, p. 17.

② James W. Spain, "Military Assistance for Pakistan", *The American Political Science Review*, Vol. 48, No. 3, September, 1954, pp. 738 ~ 751.

③ Sarwar Hasan, *The Strategic Interests of Pakistan*, Karachi: Pakistan Institute of International Affairs, 1954.

④ C. Choudhury and P. Hasan, *Pakistan's External Relations*, Karachi: Pakistan Institute of International Affairs, 1958.

⑤ Keith Callard, *Pakistan's Foreign Policy: An Interpretation*, New York: Institute of Pacific Relations, 1959.

⑥ Keith Callard, *Pakistan, a Political Study*, London: George Allen and Unwin, 1958.

⑦ Aslam Siddiqi, *Pakistan Seeks Security*, New York: Longmans, Green and Company, 1960.

4. 关于“冷战初期美国的南亚政策”

巴基斯坦驻美大使阿齐兹·艾哈迈德（Aziz Ahmed）在《美国与亚洲国家的联盟》中指出，从地缘政治上考虑，美国很有必要与巴基斯坦联盟。巴基斯坦与苏联和中国接壤，横跨南亚次大陆，是连接中东和东南亚的桥梁。美巴联盟拥有坚实的共同目标和价值，那种对联盟和军事援助巴基斯坦造成该区域紧张的指控缺乏根据，事实上，尽管联盟和军事援助继续存在，印巴关系仍有重大改善。印度北方边界态势表明印巴有必要合作去应对共同威胁。巴基斯坦愿意与印度一起防御南亚次大陆。当然，这只有在克什米尔争端解决之后才有可能。作者指出，没有持续的安全保障，新生亚洲国家不可能取得经济发展，而联盟则提供了这一保障，它是亚洲盟友国家人民生活水平提高的保障。①

塔夫茨大学弗莱彻法律与外交学院的德温·哈格蒂（Devin T. Hagerty）在《美国对巴基斯坦防御策略的演进（1947～1954 年）》一文中阐述了美国 1947～1954 年对巴基斯坦的防御政策及其演变。作者认为，1941～1947 年，是英美合作时期，美国在印巴独立之前奉行尊重英国在南亚主导地位的政策；1947～1949 年，考虑到战后英国实力的衰弱，美国认为不能高估英国在其前殖民地的防务作用，美国调整对南亚政策，逐渐开始重视南亚地区，但是强调美国坚持对该地区实施“区域解决办法”，即美国不要直接卷入印巴间的争论，美国要避免“选边站”，支持和平解决争端问题；1949～1950 年，虽然美国日益意识到巴基斯坦对中东地区防御的重要性，但是巴基斯坦在美国战略规划中的地位比较模糊；1951～1952 年，美国进行了两次建立中东防御体系的尝试，即“中东联合司令部”（MEC）和“中东防御组织”（MEDO），但由于遭到埃及等国家的极力反对而以失败告终；1953～1954 年，美国国务卿杜勒斯提出“北方联盟”概念，要求加强与苏联邻国的联合防御，尼克松副总统的南亚之行及随后的《尼克松报告》为美巴联盟的最终达成奠定了基础。1954 年 5 月 19 日，美国与巴基斯坦签订《共同防御援助协议》，

---

① Aziz Ahmed, “American Alliances with Asian Countries”, *Annals of the American Academy of Political and Social Science*, Vol. 330, July, 1960, pp. 59～66.

根据该协议，美国将向巴基斯坦武装力量提供军事装备和军事训练。①

巴基斯坦总统穆罕默德·阿尤布·汗（Mohammed Ayub Khan）于1964年在《外交事务》上发表《美巴联盟：应力与应变》一文，文章指出，巴基斯坦是“美国在亚洲盟友中的盟友”，是亚洲唯一一个既是“东南亚条约组织”（以下简称SEATO）又是“中央条约组织”（以下简称CENTO）成员的国家。巴基斯坦的战略位置非常重要，西巴基斯坦与中东接壤，与苏联的南部边境邻近，与中国有共同边界。东巴基斯坦与缅甸接壤。西巴和东巴分别位于印度的西北和东北。这一战略地位使巴基斯坦实际上构成了印度的防御盾牌。巴基斯坦还是通向南亚的大门，因此它的强大和稳定符合世界和平尤其是印度的安全利益。同时指出，印度在克什米尔问题上的态度加深了印巴之间的仇恨，加剧了彼此的担忧和怀疑，引发了两国的军备竞赛，这对两国来说都是灾难性的。军备竞赛不可避免地增加了人民的沉重负担，将匮乏的资源更多地用于武装，会降低本来就低迷的经济增长率，容易引发广大民众不满，甚至会造成他们诉诸暴力表达不满，显然这不能促进南亚次大陆地区人民的安全或福祉。印度大规模的军事建设将进一步危及该地区岌岌可危的权力平衡。这将增加印度邻国的不安全感，迫使它们采取有可能破坏西方在南亚的地位的行动。②

巴基斯坦学者哈姆扎·阿拉维（Hamza Alavi）在《美巴军事联盟》一文中指出，印巴争端毫无疑问是巴基斯坦独立后外交政策的核心，但如果仅将其理解为巴基斯坦与邻国的冲突则过于狭隘，必须把美国因素考虑在内。巴基斯坦与美国的关系于20世纪50年代进入一个新阶段，最终结成军事联盟。鉴于自身的利益，美国决定对巴基斯坦提供军事援助。作为对抗印度的保障，美巴联盟意在加强巴基斯坦相对于印度的实力，这是印度民族主义者的观点，也是巴基斯坦统治者试图要达到的目标。美国不遗余

① Devin T. Hagerty, “*The Development of American Defense Policy Toward Pakistan*, 1947～1954.”, the Fletcher Forum of World Affairs, Summer 1986, Tufts Digital Library. http://dl.tufts.edu/catalog/tufts:UP149.001.00020.00005.

② Mohammed Ayub Khan, “Pakistan-American Alliance: Stresses and Strains”, *Foreign Affairs*, Vol. 42, No. 2, January, 1964, pp. 195～209.

力地向印度保证美巴联盟不会对其构成威胁。事实上，美巴联盟的确在印巴战争中没有发挥任何作用，巴基斯坦在 1965 年和 1971 年的两次战争中均以失败告终。①

沙辛·伊尔沙德·汗（Shaheen Irshad Khan）的《拒绝联盟？——以 1947～1967 年的美巴关系为例》以 1947～1967 年的美巴关系为例，从美巴联盟的形成、美巴联盟的高潮、美巴联盟的衰败等进程探讨联盟——由两个实力非对称的国家构成的联盟——不同国家的价值追求与目标，从而分析为何较小国家最终拒绝联盟的原因。②

佛罗里达大学历史学教授罗伯特·麦克马洪（Robert J. McMahon）在《美国在南亚的冷战战略：对巴基斯坦的军事承诺（1947～1954 年）》一文中探讨了美国军事援助巴基斯坦的过程。1947～1949 年，美国婉拒巴基斯坦的援助请求，原因是在全球局势高度紧张时期，限于美国有限的资源，南亚并不在美国的优先考虑中。1949～1951 年中期，美国开始考虑巴基斯坦的援助请求，原因是国际形势的变化促使美国重新评估巴基斯坦对美国的战略价值。美国日益担心中东防御可能会引发世界战争。朝鲜战争的爆发使苏联成为更具有侵略性和危险性的敌人，而美国也意识到西方防御薄弱的地区更容易受到苏联的攻击。面对苏联强大的军事实力、中东国家实力的弱小、中东防御体系的脆弱性以及英国在中东地区影响力的下降迫切需要英美对该地区实施新的军事计划。艾森豪威尔总统上台后，重新审视美国的海外战略，更加重视中东地区的防御体系，在新政府的积极力推下，1954 年 2 月，美国最终同意向巴基斯坦提供军事援助。③

---

① Hamza Alavi, "Pakistan-US Military Alliance", *Economic and Political Weekly*, June 20, 1998, pp. 1551～1557.

② Shaheen Irshad Khan, *Rejection Alliance? A Case Study of U. S. -Pakistan Relations* (1947～1967), Ferozsons Ltd., Lahore, 1972.

③ Robert J. McMahon, "United States Cold War Strategy in South Asia: Making a Military Commitment to Pakistan, 1947～1954.", *The Journal of American History*, Vol. 75, No. 3, December, 1988, pp. 812～840.

（三）简要评述

从上述研究现状来看，国内外研究，尤其是国外研究，对“援助有效性”以及“美国援助巴基斯坦”进行了大量而详实的研究。可以说，这些研究对本书“美国军事援助有效性”“美国军事援助巴基斯坦的过程、动因、内容及影响”的进一步研究提供了大量素材。但是，客观地讲，已有研究对“军事援助有效性”的论述涉及甚少，即使有，也没有明确给以界定；同时，可能限于历史因素，有些成果出版较早，此时美国相关档案还没有完全解密，因此，很多研究没有使用最权威的第一手资料。基于此，阐述军事援助有效性、利用最权威的第一手资料去解读美国军事援助巴基斯坦以及围绕此而展开的美印巴三边关系，正是本书重点研究的内容。

三、几点说明

（一）资料使用说明

按重要程度，本书在写作中主要参考如下资料：第一，美国对外关系文件，即 Foreign Relations of the United States（FRUS），这是本书最重要的、也是使用最多的参考文献，本书中所引用的材料和数据大多来源于此，大多数观点也提炼于此。第二，几篇重要的博士（硕士）论文，它们是伊利诺伊大学芝加哥分校政治学院加雷斯·波特的硕士论文《利益、联盟与军事援助：以巴基斯坦为例》；纽约大学教育学院的唐纳德·詹姆斯·约翰逊的博士论文《军事援助对印巴关系的影响》；科罗拉多大学政治学系赛义德·阿迪勒·侯赛因的博士论文《美国军事援助对巴基斯坦影响的政治学分析》；塔夫茨大学穆罕默德·阿布杜斯·萨塔尔的博士论文《美国援助与巴基斯坦的经济发展》以及宾西法尼亚大学艺术与科学学院祖贝尔·艾哈迈德的博士论文《美国军事援助巴基斯坦的决策分析》。这几篇学位论文为本书的思路提供了重要参考价值。第三，美国、印度和巴基斯坦国内的重要报纸，如美国的《纽约时报》

（*New York Times*）、巴基斯坦的《黎明报》（*Dawn*）和印度的《印度政治家报》（*The Statesman*）。对这部分资料的运用主要体现在第二章第二节“美国与巴基斯坦达成军事援助协定的动因考察”和第三节“各国对美国军事援助巴基斯坦协定的态度”中。[①]第四，国外学者撰写的与本书内容相关的著作与文章（此处不一一列举），本书从这些文献资料中吸收、借鉴了一些观点和看法。

需要特别说明的是：由于某些原因，笔者没有使用有关这一时期（1947～1965年）相关内容的巴基斯坦和印度的第一手资料，比如国情咨文、国会记录、领导人讲话等。因此，由于主要借鉴美国档案而缺少印巴第一手资料，文中部分内容（比如对美巴、美印、印巴关系的论述）可能存在偏颇之处，敬请各位方家批评指正。

（二）结构安排说明

军事援助有效性不仅仅是指援助国提供军事援助的有效性或受援国接受军事援助的有效性，而是既包括援助国提供军事援助的有效性，也包括受援国接受军事援助的有效性。为更好地评估军事援助有效性，本书将军事援助有效性分为“预期军事援助有效性”与“实际军事援助有效性”两种，并提出“军事援助有效值”（P）概念。首先，“军事援助有效性”包含“军事援助有效”和“军事援助无效”两种结果，而“军事援助有效值”P值大小是判断“军事援助有效”还是“军事援助无效”的标准。其次，决定援助国（或受援国）提供（或接受）军事援助是“预期军事援助有效性”而不是“实际军事援助有效性”。而后者的价值体现在，通过与前者的比较，可以从中发现：实际军事援助过程中到底发生了什么，导致实际军事援助有效值与预期军事援助有效值出现偏差。这是第一章的内容，主要介绍什么是军事援助有效性、如何计算军事援助有效值和评估军

① 该部分对美国、巴基斯坦和印度等多家报纸的引用，除《纽约时报》外，绝大多数直接转引自 Zubair Ahmad，*The United States Decision on Military Aid to Pakistan*，Graduate School of Arts and Sciences，University of Pennsylvania，1975，pp. 103～190. 特此说明。

事援助有效性以及评估军事援助有效性的目的。

第一章是理论部分，第二章到第五章是实践部分，即通过美国对巴基斯坦的军事援助实践来探讨美国（或巴基斯坦）提供（或接受）军事援助的有效性。本书以 1954 年美巴签署《共同防御援助协定》、1959 年美巴签署《双边合作协议》和 1962 年中印边界冲突的爆发为节点将美国军事援助巴基斯坦（1947 ~ 1965 年）划分为四个阶段，分别是美国军事援助巴基斯坦的酝酿期（1947 ~ 1954 年）、全盛期（1954 ~ 1959 年）、调整期（1959 ~ 1962 年）和衰退期（1962 ~ 1965 年）。第三章、第四章和第五章分别论述不同阶段美国对巴基斯坦的正式军事援助过程及其有效性分析，这三章的结构安排是相同的，即分别先介绍美巴关系、美印关系和印巴关系，最后是军事援助有效性评估。这种安排是否偏离了主题？看似没有紧紧围绕“美国对巴基斯坦的军事援助”展开，但这种安排是有道理的：首先，军事援助不单纯是一个军事问题，它涉及复杂的政治、经济和安全等问题；其次，军事援助不单纯是援助国与受援国之间的关系，它涉及与相关地区乃至世界范围其他相关国家的关系。就这一时期美国军事援助巴基斯坦而言，除了上述提及的美巴关系、美印关系和印巴关系外，还会涉及美苏、巴苏、印苏等多重双边关系乃至三边关系（如美巴印等）或多边关系（美苏印巴等）。只是限于篇幅，重点论述“美巴”“美印”和“印巴”三对双边关系，当然，其他双边关系会在上述三对双边关系中略有提及。这些问题都是评估军事援助有效性时必须要给予考虑的。

关于军事援助有效性的评估，由于美国军事援助巴基斯坦的酝酿期（1947 ~ 1954 年）和衰退期（1962 ~ 1965 年）分别是军事援助的准备和结束阶段，因此，前者只需要评估“预期军事援助有效性”（或计算“预期军事援助有效值”），后者只需要评估“实际军事援助有效性”（或计算“实际军事援助有效值”）。而美国军事援助巴基斯坦的全盛期（1954 ~ 1959 年）和调整期（1959 ~ 1962 年）是军事援助的过渡阶段，因此，既需要评估“实际军事援助有效性”（或计算“实际军事援助有效值”），也需要评估“预期军事援助有效性”（或计算“预期军事援助有效值”）。

第一章　军事援助有效性概述

在探讨军事援助有效性之前，首先需要对援助有效性有所了解。自第二次世界大战尤其是20世纪60年代以来，以美国为首的经济合作与发展组织（OECD）国家向亚、非、拉等地区国家提供了大量经济援助（不管出于何种目的），但是从实际效果来看，尤其在非洲，援助效果并不显著，甚至出现发展中国家越来越依赖发达国家援助而无法实现自身独立发展的窘境。这就使“援助有效性”成为对外援助中广受学者和政治家普遍关注的重要议题。

第一节　援助有效性[1]

一、什么是“援助有效性”

何谓“援助有效性”，一直以来是一个备受争议的话题。由于第二次世界大战后发达国家对发展中国家的援助主要由OECD的发展援助委员会（DAC）来主导，因此学术界公认DAC对“援助有效性”的界定最具权威性。DAC把“援助有效性”定义为发展援助目标的实现程度或者预期实现地程度，同时也考虑到发展援助目标的相对重要性。这一概念也可用于对

---

① 本节关于“援助有效性”概念的理解借鉴了贺文萍、张玉婷、汪艳丽等学者的观点。参见贺文萍：《从“援助有效性”到“发展有效性”：援助理念的演变及中国经验的作用》，《西亚非洲》2011年第9期；张玉婷：《巴黎宣言框架下的援助有效性研究——以埃塞俄比亚教育援助为例》，《比较教育研究》2014年第12期；汪艳丽：《对外发展援助的有效性问题与德国的应对》，《德国研究》2011年第4期。

某一活动进行整体评估，评价这项活动在多大程度上高效地、持续地实现了或预期将实现的相关目标，并在制度建设方面产生积极影响。从其定义可以看出，援助有效性包括两个方面：援助目标的重要性和目标的实现程度。有效援助意味着援助的政策目标有着重要意义且得到了或者能够很大程度上得到实现。

二、如何促进“援助有效性”

为了更好地对援助有效性进行评估，2005 年，在巴黎举行的第二次高层论坛上，援助国与受援国共同签署《巴黎宣言》，宣言确定了提高援助有效性的原则和目标，正式确立了援助有效性监督框架。2008 年，在加纳首都阿克拉举行的第三次高层论坛进一步重申和强调了发展援助有效性的问题。由此，一种新的援助框架和行动范式最终确立，并成为指导官方发展援助的行动纲领。

《巴黎宣言》提出了援助有效性的五项原则，每项原则又包含多个具体评价指标以及到 2010 年要完成的目标。五项原则相互作用，形成一个整体，共同保证援助有效性的提升（如图 1—1 所示）。“自主原则”（ownership）在五项原则中排在首位，是指受援国对自己的发展政策、发展策略和发展行动协作具有有效的领导权。换句话说，受援国须自行制定发展战略，改进体制和惩治腐败，承担发展的责任。到 2010 年，75% 受援国要制定可操作的发展策略。“联系原则”（alignment）是指援助国的援助必须与受援国的优先发展事项和发展进程相协调。到 2010 年，至少有 85% 的援助资金必须在政府财政报告中进行说明。“协调原则”（harmonisation）是指援助国之间应协调其援助计划和行动以避免资源的重复和浪费，达到一种集体的有效性。到 2010 年，66% 的援助要以项目整合的形式提供。“重成果原则”（managing for results）是指受援国和援助国都应重视对援助实效和成果的衡量与管理，用目标监测以上原则的落实情况。到 2010 年，不具备透明性和可检测评估框架的国家要减少 1/3。“相互问责原则”（mutual accountability）是指援助国和受援国同时对发展援助的成果负责，相互监督各项指标的完成。到 2010 年，所有签署国都要进行互相评价。

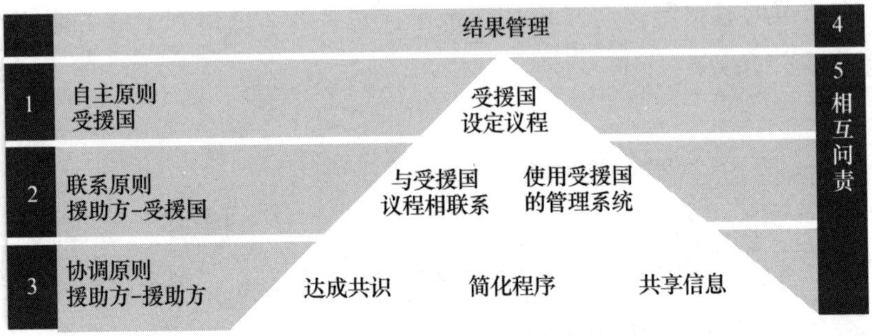

图 1—1　《巴黎宣言》金字塔：改进援助有效性的五项原则①

三、本书对“援助有效性”的理解

本书认同 DAC 关于援助有效性的界定以及《巴黎宣言》关于促进援助有效性的五项原则，但是有一个保留意见，即关于援助有效性的此种定义过于狭窄。从历史上来看，自第二次世界大战结束尤其是 20 世纪 60 年代以来，以美国为首的发达国家就开始向发展中国家提供各类经济援助，且规模巨大，但是成效并不明显。为了提高援助有效性，发达国家与发展中国家于 2005 年签署《巴黎宣言》并提出改进援助有效性的原则，然而援助效果不仅没有得到较大改观，反而被诅咒为“援助已经死亡”（丹比萨·莫约语）。② 于是出现一个问题，援助如此无效，为何援助国依然热衷于继续向发展中国家提供大规模援助？是援助国真的大公无私，关心受援

① OECD, *Aid Effectiveness* 2005 ~ 2010: *Progress in Implementing the Paris Declaration*, OECD Publishing, 2011, p. 18. 转引自张玉婷：《〈巴黎宣言〉框架下的援助有效性研究——以埃塞俄比亚教育援助为例》，《比较教育研究》2014 年第 12 期。

② Dambisa Moyo, *Dead Aid*: *Why Aid Is Not Working and How There Is a Better Way for Africa*, Farrar, Straus and Girous, 2010.

国的经济发展（经济发展不是唯一但却是最重要的考量因素）？还是其中另有隐情？本书认为，援助国向受援国提供援助的动因不排除前者有真心帮助后者经济发展的考虑，但是更主要的还是出于前者自身利益的考虑。上述所谓的援助无效主要是针对受援国而言，即没有真正促进受援国的经济发展。但是从援助国的角度来看，尽管没有促进受援国的经济发展，如果能够达到援助国的援助目标，援助依然是有效的。总之，从援助国的角度来看，存在如下两种可能性：第一，正是因为援助无效（无论是针对受援国还是援助国，尤其是针对受援国），援助国才有继续提供援助的必要性和可能性。因为如果援助有效——意味着受援国因接受援助而实现经济发展——受援国可能丧失继续接受援助的动因，此种情况下，即便援助国愿意继续向受援国提供援助，也会由于受援国拒绝接受援助而使提供援助成为不可能；第二，虽然对受援国而言，援助无效，但是对援助国而言，援助有效，因此，援助国愿意继续提供援助。

上述问题的存在与对援助有效性的狭窄理解有关。为避免此问题的出现，或者更好地理解援助有效性，本书从广义上去界定援助有效性。首先，援助有效性不是单向的，只针对受援国，而是双向的，既有针对援助国的援助有效性，也有针对受援国的援助有效性。其次，援助是否有效取决于援助是否能够达到援助国（或受援国）提供（或接受）援助的目标。如果达到目标，则援助有效，否则，援助无效。另外，此处的“目标”既可以是有形的（主要是指一些可量化的经济指标，针对援助国的有：进口额、输出商品等；针对受援国的有：经济增长率、贫困人口减少数量、升学率等），也可以是无形的（主要是指一些无法量化的政治、军事、外交等指标，针对援助国的有：获得受援国的认可、利用受援国的基地；针对受援国的有：促进社会稳定、巩固执政党地位等）。

第二节　军事援助有效性

一般意义上，“援助有效性”主要指经济援助有效性，即援助国的经济援助是否能够改善受援国的经济社会状况（包括贫困、升学率、经济发展等），而军事援助一般不在援助有效性的考虑范围内。军事援助不重要？军事援助不存在有效性问题？显然都不是，只是还没有引起学界的足够重视。本书认为，对于大国而言，尤其是冷战时期的大国，军事援助在某种程度上比经济援助更为重要，因为军事援助是实现大国国家利益（或政策目标）的重要手段之一，同样地，也存在军事援助有效性的问题。

一、军事援助有效性概述

（一）什么是军事援助有效性

同“援助有效性”一样，“军事援助有效性”也要从两个方面来考虑：相对于援助国的军事援助有效性和相对于受援国的军事援助有效性。简单来说，军事援助是否有效取决于军事援助是否能够达到援助国（或受援国）提供（或接受）军事援助的目标。如果能够达到目标，军事援助有效，否则，军事援助无效。

怎么判断“军事援助是否达到目标”？这既有客观性的一面，也有主观性的一面，因为有些目标是有形的，比如提供武装装备的数量、援助资金的数量、训练军事人员数量等，这些有形目标可以给予客观性判断；而有些目标是无形的，比如抵御某国侵略、加强两国军事合作等，这些无形目标只能给予主观性判断。为更好地评估“军事援助有效性”，本书提出“军事援助有效值”概念（后面详细论述），这一概念建立在军事援助目标的实现程度的基础之上，是各目标赋值加权之和得出的结果，它可以直观告诉我们军事援助是否有效。本书认为，“军事援助有效值”大于0.5即可视为“军事援助有效”，“军事援助有效值”小于0.5则视为“军事援助无效”。也就是说，“军事援助有效性”有两种结果，“军事援助有效”和“军事援助无效”，而军事援助是否有效取决于军事援助有效值的大小。

（二）评估军事援助有效性的目的

考察或评估军事援助有效性的目的主要有四个：第一，援助国（或受援国）提供（或接受）军事援助的动因与目的；第二，实际评估援助国（或受援国）提供（或接受）军事援助后的效果（即有效性）；第三，援助国（或受援国）是否有必要继续提供（或接受）军事援助；第四，通过评估实际军事援助有效性，尤其是与预期军事援助有效性的比较，总结军事援助的得与失。本书主要侧重于前三个方面，最后一个方面在结语部分会简单提及。

（三）军事援助有效性的分类

军事援助有效性可以且有必要划分为两类：“预期军事援助有效性”和“实际军事援助有效性”。

“预期军事援助有效性”指的是援助国（或受援国）在提供（或接受）军事援助之前预期的军事援助目标实现的可能性。“预期军事援助有效性”的评估很重要，因为只有“预期军事援助有效”，援助国（或受援国）才会提供（或接受）军事援助。另外，如果仅有援助国的“预期军事援助有效”而受援国的“预期军事援助无效”或者受援国的“预期军事援助有效”而援助国的“预期军事援助无效”，最终的结果很有可能是援助国不能（或无法）向受援国提供军事援助。因此，援助国的“预期军事援助有效值”和受援国的“预期军事援助有效值”的不同组合直接决定着援助国是否会提供军事援助。

“实际军事援助有效性”指的是援助国（或受援国）在提供（或接受）军事援助一段时间后军事援助目标的实现程度。“实际军事援助有效性”可以用于评估援助国（或受援国）提供（或接受）军事援助是否真的有效。通过与“预期军事援助有效性”的比较，能够从中发现一些有用的线索，比如预期目标是否实现（或未实现），在多大程度上实现（或未实现），造成这种结果的原因是什么，等等。“实际军事援助有效性”是对本阶段的总结，也可以为下一阶段的军事援助提供预判，当然，这并不意味着“实际军事援助有效性”直接决定着援助国（或受援国）是否会继续提供（或接受）军事援助。换句话说，即便“实际军事援助有效”，援助国（或受援国）也不一定会继续提供（或接受）军事援助，比如援助国认为军事援助的目标已完全实现，没有必要继续向受援国提供军事援助；反过来，即便是“实际军事援助无效”，援助国（或受援国）也有可能会继续提供（或接受）军事援助。实际上，恰恰是因为无效，援助国可能会认为，援助目标没有达到，仍然有继续向受援国提供军事援助的必要性。是否继续向受援国提供军事援助，需要再次考察“预期军事援助有效性”。

二、军事援助有效性的评估

（一）评估军事援助有效性节点的选择

因为军事援助是一个动态过程，所以无论是对预期军事援助有效性还是对实际军事援助有效性的评估，都存在一个节点选取的问题。不同的节点，其军事援助有效性（或有效值）不同。以本书为例，我们要考察 1947～1965 年期间美国对巴基斯坦的军事援助有效性，从技术角度来看，是可以对每一年的军事援助有效性（或有效值）进行评估或计算的，但显然这不是本书所重点关注的。本书将美国军事援助巴基斯坦划分为四个不同阶段：1947～1954 年、1954～1959 年、1959～1962 年、1962～1965 年，我们要评估的是美国（或巴基斯坦）在上述不同时段的整体军事援助有效性，选择每一个阶段的末期节点计算有效值，而不是此阶段中的任意一个节点。比如，以 1947～1954 年这一阶段为例，这是美国军事援助巴基斯坦的酝酿期，是美国军事援助巴基斯坦的准备阶段，要评估的是预期军事援助有效性，我们认为此阶段美国对巴基斯坦的预期军事援助有效，因为我们计算有效值时选取的节点是1954年。很显然，如果选取1947～1953年中的任何一个节点来计算美国的预期军事援助有效值，P值很可能小于0.5，即美国对巴基斯坦的预期军事援助无效。同样地，如果以1962～1965年这一阶段为例，这是美国军事援助巴基斯坦的衰退期，是美国军事援助巴基斯坦的终结阶段，要评估的是实际军事援助有效性，我们认为此阶段美国对巴基斯坦的实际军事援助无效，因为我们计算有效值时选取的节点是1965年。很显然，如果选择1962～1965年印巴战争爆发前的任何一个节点来计算美国的实际军事援助有效值，P值很可能大于0.5，即美国对巴基斯坦的实际军事援助有效。由此可见，节点的选择至关重要。

（二）军事援助目标的确定与赋值

为了评估军事援助有效性，在节点确定之后，接下来就是要确定军事援助的目标，并为各目标进行赋值。

1. 确定军事援助目标

从援助有效性的定义来看，只要援助达到了援助目标，就认为援助有效，否则，就认为援助无效。不难理解，援助有效性以是否达到援助目标为评判标准，但是“难”的是：援助目标如何确定。第一，援助国（或受援国）提供（或接受）援助的援助目标并非很容易确定，即便就援助目标达成一致，援助国（或受援国）的不同决策者对能否实现这些援助目标的认识也可能不同。第二，援助国（或受援国）提供（或接受）援助的援助目标并非永远保持不变，这又表现在两个不同方面：一是不同时期的援助目标相同，但是重要性发生变化，比如上一时期的援助目标顺序是ABCDE，下一时期的援助目标顺序是BADCE或其他；二是不同时期的援助目标不同，比如上一时期的援助目标是ABC，下一时期的援助目标可能变为ADE，或者DEF等。

军事援助有效性以是否达到军事援助目标为评判标准，同样的，在确定军事援助目标上也存在两个难题，以美国向巴基斯坦提供军事援助为例：第一，美国军事援助巴基斯坦（1954 年之前）的主要援助目标是抵御以苏联为首的社会主义阵营对中东和南亚地区的“扩张”以及为此而组建地区防御组织，这两个援助目标很容易确定下来，但是对军事援助巴基斯坦能否达到这两个援助目标美国高层各执己见，这也是为何美国经过多年（1947～1954 年）才最终下定决心向巴基斯坦提供军事援助的重要原因之一。第二，美国军事援助巴基斯坦在不同时期（1954～1959 年、1959～1962 年、1962～1965 年）有很大变化。1954～1959 年美国军事援助巴基斯坦的援助目标（按重要程度）是：遏制苏联（或共产主义）“扩张”、促进和加强地区集体安全计划、增强巴基斯坦的军事力量，利用巴基斯坦的基地和基础设施抵御苏联“扩张”、阻止巴基斯坦获得社会主义国家的军事援助、不过分触怒印度。1959～1962 年美国军事援助巴基斯坦的援助目标（按重要程度）是：巴基斯坦维持一个强大、稳定的非共产党政府，有意愿并且有能力抵制来自国内外共产主义的影响、促使巴基斯坦与西方国家开展更密切地合作，减少巴基斯坦与社会主义国家的交往，从而增强抵抗共产主义影响的能力、缓和巴基斯坦与邻国（印度和阿富汗）之间的紧张关系，扩大相互间的合作，巴基斯坦经济稳定发展、巴基斯坦拥有强大的军事实力，能够为维护地区稳定和防御危机发挥作用。1962～1965 年美国军事援助巴基斯坦的援助目标（按重要程度）是：巴基斯坦不反对美国向印度提供军事援助、巴基斯坦切断或减少与社会主义国家的交往、美国同时维持与印度和巴基斯坦的友好关系，鼓励巴基斯坦改善与印度和阿富汗之间的关系、综合考虑军事援助与经济援助和维持美巴联盟。

2. 军事援助目标及赋值①

关于援助国（或受援国）提供（或接受）军事援助的目标：第一，军事援助目标可能有很多，为便于操作，本书只考虑最重要的五个目标，这些目标有时会彼此独立，但通常情况下相互关联，甚至有主从关系，即下

---

① 军事援助目标为何选择五个而不是四个或六个？为何对军事援助目标分别赋值“0.40、0.25、0.20、0.10、0.05”而不是“0.50、0.20、0.15、0.10、0.05”或者其他？本书没有进行科学的论证，在很大程度上是作者自己的主观想法，敬请方家批评指正。

一级目标服务或服从于上一级目标；第二，根据轻重缓急，将军事援助目标划分等级，按照从重到轻，第一到第五目标分别赋值 0.40、0.25、0.20、0.10、0.05，总和为 1。

（三）军事援助有效性的评估

对“军事援助有效性”进行评估，通常有两种结果：一是军事援助有效；二是军事援助无效。但是在什么情况下可以认为军事援助有效，在什么情况下可以认为军事援助无效，需要有一个衡量标准。本书把这个标准称为“军事援助有效值”（P），大于或等于一定值（0.5）视为有效，小于一定值（0.5）视为无效。

1. 计算军事援助有效值（P）

$P = 0.40a + 0.25b + 0.20c + 0.10d + 0.05e$，$0 < P < 1$

说明：

P：“军事援助有效值”，它等于各军事援助目标赋值乘以实现率之和；

a、b、c、d、e：各军事援助目标的实现率，以百分比来表示；

P1：援助国的“军事援助有效值”，P2：受援国的“军事援助有效值”。

2. 对军事援助有效性的评估

只要 $P > 0.50$，就可判定军事援助有效。根据 P 值大小，又可以进行细分[①]：

当 $P \geq 0.75$ 时，军事援助非常有效，提供（或接受）援助的积极性很高；

当 $0.50 \leq P < 0.75$ 时，军事援助有效，提供（或接受）援助的积极性高；

当 $0.25 \leq P < 0.50$ 时，军事援助无效，提供（或接受）援助的积极性低；

① 后面提供（或接受）援助的积极性只针对于“预期军事援助有效性”，与“实际军事援助有效性”无关。

当 P<0.25 时，军事援助非常无效，提供（或接受）援助的积极性很低。

可将上述情况归纳为表 1—1。

表 1—1　军事援助有效值（P）与军事援助有效性的关系

	援助国的“军事援助有效值”P1		受援国的“军事援助有效值”P2	
	军事援助是否有效	提供军事援助的积极性	军事援助是否有效	接受军事援助的积极性
P≥0.75	非常有效	很高	非常有效	很高
0.50≤P<0.75	有效	高	有效	高
0.25≤P<0.50	无效	低	无效	低
P<0.25	非常无效	很低	非常无效	很低

（四）军事援助有效值的分类及价值

军事援助有效性分为“预期军事援助有效性”和“实际军事援助有效性”，而为了更直观地判断预期军事援助有效性和实际军事援助有效性，需要分别计算“预期军事援助有效值”和“实际军事援助有效值”，因此，“军事援助有效值”可以且有必要划分为“预期军事援助有效值”和“实际军事援助有效值”。除了具有评判预期军事援助有效性和实际军事援助有效性的功能外，预期军事援助有效值和实际军事援助有效值对于军事援助的提供（或接受）各有价值。

1. 预期军事援助有效值与军事援助的提供①

援助国是否会（继续）提供军事援助主要取决于预期军事援助有效值（P）。这里 P 值既包括援助国的 P1 值也包括受援国的 P2 值，因为单独的

① 此处只考虑“提供”，不考虑“接受”，是因为“接受”归根结底还是“提供”的问题。但是“接受”也不是可有可无的，比如，援助国想“提供”，但是受援国不愿意“接受”，援助国可能也“提供”不了。当然，这种状况比较少见。

P1 值和单独的 P2 值不能完全决定是否会提供军事援助，必须两个值结合才能得出是否会提供军事援助的结论。而 P1 值和 P2 值的不同组合会导致不同的结果：是提供还是不提供；如果提供，在多大程度上提供，如果不提供，在多大程度上不提供。P1 值和 P2 值的不同组合可分为如下几种情况[①]：

第一，当 P1≥0.75 时。

P2≥0.75 时，表明援助国提供援助的积极性很高，受援国接受援助的积极性很高，因此援助肯定会提供，概率为 100%。

0.50≤P2<0.75 时，表明援助国提供援助的积极性很高，受援国接受援助的积极性高，因此援助应该会提供，概率为 99%。[②]

0.25≤P2<0.50 时，表明援助国提供援助的积极性很高，受援国接受援助的积极性低，因为援助国的积极性很高，援助国会与受援国进行沟通，如果互动良好，提供的可能比较大，可能性为 70%；如果互动不好，提供的可能性不大，概率低于 50%。

P2<0.25 时，表明援助国提供援助的积极性很高，受援国接受援助的积极性很低，尽管援助国的积极性很高，会与受援国进行沟通，但是由于受援国积极性很低，除非援助国极力动员受援国，否则，提供援助的可能性比较小，概率低于 30%。

第二，当 0.50≤P1<0.75 时。

P2≥0.75 时，表明援助国提供援助的积极性高，受援国接受援助的积极性很高，因此援助肯定会提供，概率为 98%。[③]

0.50≤P2<0.75 时，表明援助国提供援助的积极性高，受援国接受援

---

① 说明两点：第一，下列情况都不包括“突发事件”的发生。第二，为比较不同情况下提供援助的可能性，各种情况出现的可能性用百分比来表示。

② 按理说，此处提供援助的概率也可以是 100%，但是从程度上来讲，“援助国积极性很高，受援国积极性高”比“援助国积极性很高，受援国积极性很高”要稍微弱一点，因此，取值 99%。以下同理。

③ 之所以取值比第一种情况“援助国积极性很高，受援国积极性高”的 99% 低一点，是考虑援助国相对于受援国更占优势。以下同理。

助的积极性高，因此援助肯定会提供，概率为97%。

0.25≤P2<0.50时，表明援助国提供援助的积极性高，受援国接受援助的积极性低，这种情况，取决于援助国与受援国的互动，如果互动良好，提供的可能性存在，概率为60%；如果互动不好，提供的可能性不大，概率低于40%。

P2<0.25时，表明援助国提供援助的积极性高，受援国接受援助的积极性很低，这种情况，由于受援国接受援助的积极性很低，因此援助国可能不会极力劝说受援国，因此，提供援助的可能性很小，概率低于20%。

第三，当0.25≤P1<0.50时。

P2≥0.75时，表明援助国提供援助的积极性低，受援国接受援助的积极性很高，受援国肯定会尽一切努力去游说援助国，希望改变援助国积极性不高的态度，向其提供援助。如果受援国的谈判技能高超，且援助国并非完全对受援国无动于衷，援助国提供援助的可能性还是有的，概率大于60%。

0.50≤P2<0.75时，表明援助国提供援助的积极性低，受援国接受援助的积极性高。因受援国接受援助的积极性不是特别高，它可能会去游说援助国，但是积极性一般，如果援助国态度坚决，受援国可能会放弃继续游说援助国的努力，因此援助提供的可能性不是很大，概率低于40%。

0.25≤P2<0.50时，表明援助国提供援助的积极性低，受援国接受援助的积极性低。由于援助国和受援国的积极性都低，提供的可能性不大，概率为20%。

P2<0.25时，表明援助国提供援助的积极性低，受援国接受援助的积极性很低。这种情况，提供援助的可能性几乎为零，概率为5%。

第四，当P1<0.25时。

P2≥0.75时，表明援助国提供援助的积极性很低，受援国接受援助的积极性很高。因受援国接受援助的积极性很高，受援国会积极地游说援助国，但是由于援助国提供援助的积极性很低，即便受援国的谈判技能很高，恐怕也很难改变援助国积极性很低的态度，因而提供援助的可能性不是很大，概率低于40%。

0.50≤P2<0.75 时，表明援助国提供援助的积极性很低，受援国接受援助的积极性高。因受援国接受援助的积极性不是特别高，它可能会去游说援助国，但是积极性一般，再加上援助国提供援助的积极性很低，因此提供援助的机会较低，概率低于 25%。

0.25≤P2<0.50 时，表明援助国提供援助的积极性很低，受援国接受援助的积极性低。由于援助国和受援国的积极性都低，提供援助的可能性很低，概率低于 10%。

P2<0.25 时，表明援助国提供援助的积极性很低，受援国接受援助的积极性很低。这种情况，提供援助的可能性基本上为零，概率为 0%。

表 1—2　预期军事援助有效值 P1 和 P2 的不同组合及提供军事援助的可能性

	P1≥75%	50%≤P1<75%	25%≤P1<50%	P1<25%
P2≥75%	100	99	50	30
50%≤P2<75%	98	97	40	20
25%≤P2<50%	60	40	20	5
P2<25%	40	25	10	0

2. 实际军事援助有效值与军事援助的提供（或接受）

如前所述，援助国是否会（继续）提供军事援助主要取决于预期军事援助有效值，但是并非表明实际军事援助有效值除了评判实际军事援助有效性之外没有其他价值。实际上，通过计算军事援助的实际完成率（实际军事援助有效值除以预期军事援助有效值）可以对下一阶段的军事援助提供（或接受）做出一个预判。如果实际完成率高于或等于 80%，表明军事援助目标完成的比较理想，援助国（或受援国）继续提供（或接受）军事援助的愿望比较高；如果实际完成率低于 50%，表明军事援助目标完成的很不理想，援助国（或受援国）继续提供（或接受）军事援助的愿望很低；如果介于 50% 和 80% 之间，表明军事援助目标完成的一般，援助国（或受援国）继续提供（或接受）军事援助的愿望一般。

本书将 1954～1965 年美国对巴基斯坦的军事援助划分为三个阶段，分别是全盛期（1954～1959年）、调整期（1959～1962年）和衰退期（1962～1965年）。如前所述，美国军事援助巴基斯坦的酝酿期（1947～1954年）同样必须要给予重点关注，但由于是准备阶段而没有真正实施军事援助，故此阶段只需计算预期军事援助有效值而无需计算实际军事援助有效值；衰退期（1962～1965年）是美国军事援助巴基斯坦的终结阶段，故此阶段只计算实际军事援助有效值，不计算预期军事援助有效值；全盛期（1954～1959年）和调整期（1959～1962年）在整个美国军事援助巴基斯坦进程中处于承前启后阶段，预期军事援助有效值和实际军事援助有效值都需要计算。

第二章　美国军事援助巴基斯坦的酝酿期（1947～1954年）

第一节　美国军事援助巴基斯坦的过程

1954年2月25日，为了在具有重要战略意义的中东地区增强抵御苏联扩张的能力，美国总统德怀特·艾森豪威尔（Dwight D. Eisenhower）正式决定向巴基斯坦提供军事援助。1954年5月19日，美国和巴基斯坦签署《共同防御援助协定》，美国承诺向巴基斯坦提供军事援助，拉开冷战时期美巴“蜜月期”（1954～1959年）的序幕。同年9月，巴基斯坦成为东南亚条约组织（SEATO，又称“马尼拉条约组织”）的一员。1955年9月，巴基斯坦加入巴格达条约组织（1959年8月改名“中央条约组织”，CENTO）。1959年3月，美国和巴基斯坦签署《双边合作协定》。据此，巴基斯坦总统穆罕默德·阿尤布·汗（Mohammed Ayub Khan，1958～1969年任总统）认为：维系巴基斯坦与美国同盟关系的不是一个而是四个共同安全安排。巴基斯坦因此成为“美国在亚洲最亲密的盟友”（America's most allied ally in Asia），① 同时也成为亚洲唯一一个既是

① 许多学者认为是巴基斯坦总统阿尤布首先提出该术语，阿尤布总统的确在文章和著作中提及这一术语，参见Mohammed Ayub Khan，“Pakistan-American Alliance：Stresses and Strains”，*Foreign Affairs*，Vol. 42，No. 2，January，1964，pp. 195～209；Mohammed Ayub Khan，*Friends Not Masters：A Political Biography*，Oxford：Oxford University Press，1967，p. 30。但是否最早提出值得商榷，至少阿齐兹·艾哈迈德早在1960年的文章中就提及类似术语“the most allied of America's Asian allies”，参见Aziz Ahmed，“American Alliances with Asian Countries”，*Annals of the American Academy of Political and Social Science*，Vol. 330，July，1960，p. 60。

SEATO 又是巴格达条约组织成员的国家。众所周知，巴基斯坦独立于 1947 年，但直到 7 年后，美国和巴基斯坦才签署《共同防御援助协定》，这说明美巴并非天然的盟友关系，美巴结盟的过程相当复杂，是全球形势、地区局势及双方博弈的结果。

一、美国婉拒巴基斯坦援助请求（1945 ~ 1949 年）

（一）美国决定填补英国在中东留下的权力真空（1945 ~ 1947 年）

鉴于中东地区的战略位置以及英国实力衰退无法继续承担抗衡苏联、维护中东地区的重任，美国决定填补英国留下的权力真空，承担起防御中东的责任。

美国在很早之前就与中东有过接触。1830 年，美国与奥斯曼帝国签订《商业和友好条约》，要求土耳其海峡通商自由。① 但在第二次世界大战结束前，由于掣肘于国内问题以及实施孤立主义外交政策，美国对中东地区并没有表现出足够的兴趣，只保持有限联系。

随着 1868 年苏伊士运河开通以及石油时代真正来临，中东战略重要性日益凸显。美国认为：苏伊士运河自由通行以及中东石油利益对维护包括美国在内的西方国家的经济和军事实力至关重要，而任何对中东安全的不利影响都是对美国国家利益的直接威胁。② 1941 年 12 月 3 日，美国总统富兰克林·罗斯福（Franklin Roosevelt）决定对土耳其进行租借援助，宣称保卫土耳其符合美国国家利益。

二战结束后，西方国家与苏联的“蜜月期”宣告终结，中东安全局势随之日趋紧张。1945 年 3 月，苏联废除《苏联土耳其互不侵犯条约》，要求与土耳其共同管理达达尼尔海峡。与此同时，拒绝从伊朗撤军，但要求

① Donald James Johnson, *Military Aid as a Factor in Indo-Pakistan Relations*, PhD. Dissertation of Philosophy in the School of Education of New York University, 1965.

② Zubair Ahmad, *The United States Decision on Military Aid to Pakistan*, Graduate School of Arts and Sciences, University of Pennsylvania, 1975, p. 17.

英国从希腊撤军。在美国看来，这些举动是苏联“扩张”政策的一部分，是对美国安全的直接威胁。[①] 假如苏联阻止西方国家通过苏伊士运河以及干预中东地区的石油运输，将严重威胁到西方国家经济和安全利益。因此防御该地区免受苏联潜在力量的威胁成为美国外交战略的重要目标。[②]

1947 年 3 月 12 日，美国总统哈里·杜鲁门（Harry S. Truman）宣布，美国向希腊和土耳其提供 2 亿美元的军事和经济援助，这就是著名的“杜鲁门主义”。为了遏制苏联的“扩张”，美国提供军事援助的主要对象是遭受苏联威胁的国家和对遏制苏联“扩张”有帮助的国家。盼望获得美国援助的巴基斯坦能否如愿，主要取决于能否满足这个要件。

（二）巴基斯坦的援助请求遭到美国的婉拒（1947～1949 年）

独立伊始的巴基斯坦面临着严峻的政治、经济、军事和安全等问题，用巴基斯坦国父穆罕默德·阿里·真纳（Mohammed Ali Jinnah）的话来说，这是一个“千疮百孔”的国家。[③] 经济上，没有发达的工业，百废待兴。军事上，尽管士气高涨、纪律严明、训练有素，但是严重匮乏的军事装备极大地影响了战斗力。陆军方面，大多数部队部署在印度，且大多数军械库和重型装备被印度霸占；空军方面，只有三个可以使用的中队。[④] 安全上，形势最为急迫，表现在三个方面：其一，巴基斯坦军事实力有限，更为严峻的是这样一支孱弱的军队还要肩负起看管难民和保护克什米尔地区的重任。其二，阿富汗不仅反对巴基斯坦加入联合国（是唯一一个

---

① J. C. Campbell, *Defense of the Middle East*, New York: Frederick A. Praeger, 1960, p. 33. 转引自 Zubair Ahmad, *The United States Decision on Military Aid to Pakistan*, Graduate School of Arts and Sciences, University of Pennsylvania, 1975, p. 19。

② Robert J. McMahon, “United States Cold War Strategy in South Asia: Making a Military Commitment to Pakistan, 1947～1954.”, *The Journal of American History*, Vol. 75, No. 3, December, 1988, pp. 812～813.

③ Dennis Kux, *The United States and Pakistan*, 1947～*2000*: *Disenchanted Allies*, Baltimore: The Johns Hopkins University Press, 2001, p. 13.

④ *Memorandum of Conversation*, *by Lieutenant Colonel Stephen J. Meade*, Karachi, May 23, 1953, Conference files, lot 59 D 95, CF 156, FRUS 1952～54, IX, pp. 132～133.

反对的国家），而且觊觎巴基斯坦的领土，不时挑战“杜兰线”（Durand Line，1893 年签订的印度与阿富汗之间的边界线，后被巴基斯坦继承）的合法性与有效性，并提出对巴基斯坦境内帕坦部落[①]的主权要求。其三，巴基斯坦被印度一分为二，东巴与西巴间隔 1000 英里，更为重要的是印度不愿意巴基斯坦成为独立国家，再次合并巴基斯坦的野心犹存。鉴于此，巴基斯坦向美国提出经济和军事援助的请求。

美国委婉地拒绝了巴基斯坦提出的军事和经济援助请求，原因包括：第一，冷战初期美国的注意力主要集中在欧洲，其次是东亚和西亚。[②] 第二，美国在南亚考虑更多的是印度而不是巴基斯坦，因为美国意识到，只要印巴关系依然紧张，美国对巴基斯坦的任何援助都会被印度看作是不友好的行为。[③] 第三，美国热衷于同英国一起推行南亚政策，期望英国能够保护西方在该地区的既得利益，鼓励英国在该地区事务上发挥领导作用，美国对巴基斯坦的政策和行动要向英国咨询。[④] 第四，美国在南亚坚持实施“区域性”政策，即力图同时与印度和巴基斯坦保持友好关系，认为只要苏联在南亚存在“扩张”主义倾向，印巴之间的合作比印巴之间的竞争更符合美国利益。[⑤]

---

① 自 1947 年以来，为了让居住于巴基斯坦西北边境地区的帕坦部落族人建立自治的“普什图尼斯坦”，阿富汗政府进行了广泛宣传并发动了强大的外交攻势，但是均未成功。该领土之前曾属于阿富汗，19 世纪末被英国并入印度，该领土居民继续与阿富汗境内的部落保持紧密联系。巴基斯坦的政策是，向境内的帕坦部落提供经济援助，改善其社会条件，不仅大大降低了其传统的倔强性格，而且日益获得其对巴基斯坦的忠诚，弱化了他们与阿富汗的联系。*National Intelligence Estimate*，*Washington*，June 30，1953，INR – NIE files，FRUS 1952 ~ 54，XI，p. 1085.

② Hamza Alavi，“Pakistan-US Military Alliance”，*Economic and Political Weekly*，June 20，1998，p. 1552.

③ *The Charge in India*（*Donovan*）*to the Secretary of State*，New Delhi，January 26，1948，711.45/1 ~ 2648，FRUS，p. 495.

④ *Department of State Policy Statement*，Washington，July 1，1951，Karachi Embassy Files：Lot 58F29：Box 101. FRUS，VI，p. 2212.

⑤ *Department of State Policy Statement with Respect to Pakistan*，3 April 1950.

二、杜鲁门政府考虑向巴基斯坦提供军事援助（1949～1952年）

（一）巴基斯坦战略价值凸显（1949～1951年）

1. 美国逐渐转变对巴基斯坦的认知

起初，巴基斯坦民众对美国印象非常好，但是随着时间推移，指责的声音越来越多，造成这一现象的原因除上述巴基斯坦的军事援助请求没有得到满足外，还包括美国在巴勒斯坦问题上的立场、先于邀请巴基斯坦总理而邀请印度总理贾瓦哈拉尔·尼赫鲁（Jawaharlal Nehru）访问美国、1949年支持印度候选安理会非常任理事国、在克什米尔问题上态度模糊等。①

美国逐渐意识到，如果巴基斯坦不能从美国获得军事援助，它定会竭力转向他国以寻求援助。事实上，1949年巴基斯坦从捷克斯洛伐克获得了部分援助。美国还意识到，巴基斯坦的援助请求能否得到满足将最终影响其领导人是选择倒向"西方阵营"还是"东方阵营"。② 为扭转这一不利局面，美国当局采取了一系列措施，如1949年部分解除对巴基斯坦的武器禁运，允许其购买少量武器；同年12月，杜鲁门总统邀请巴基斯坦总理利亚奎特·阿里·汗（Liaquat Ali Khan）访问美国；1950年4月，美国国务院发布"巴基斯坦政策声明"，强调"巴基斯坦在中东和南亚安全防御中的重要性……建议向巴基斯坦提供军事和经济援助"。③ 然而上述举措与声明并不代表美国对巴基斯坦政策发生根本转变，美国只是希望借此阻止巴基斯坦从社会主义国家购买武器而已。

由于美国对巴基斯坦的军事援助请求反应并不积极，于是巴基斯坦做了两手准备：一方面，发展与社会主义国家的关系。1948年4月，巴基斯

---

① *Department of State Policy Statement*, Washington, April 3, 1950, 611.90D/4～350, FRUS, p. 1492.

② *Department of State Policy Statement*, Washington, April 3, 1950, 611.90D/4～350, FRUS, p. 1491.

③ *Department of State Policy Statement*, Washington, April 3, 1950, 611.90D/4～350, FRUS, pp. 1490～1499.

坦和苏联达成建立外交关系的协议，巴基斯坦与波兰和捷克斯洛伐克也达成贸易安排协议，同时苏联派出贸易代表团在卡拉奇驻留几周，并在达卡建立了一个贸易办公室；1949 年 6 月，巴基斯坦总理接受了访问莫斯科的邀请①；1950 年 3 月，苏联与巴基斯坦完成大使的互相派遣；巴基斯坦承认中华人民共和国；1951 年初，匈牙利一个贸易代表团到访卡拉奇；1951 年 3 月，捷克斯洛伐克任命拉季斯拉夫·基尔卡（Ladislav Kilka）为驻卡拉奇大使；同年，巴基斯坦恢复与波兰和捷克斯洛伐克的贸易往来；1950 年，苏联再次邀请利亚奎特·阿里·汗总理访问莫斯科（1949 年 6 月曾邀请过），并建议将访问时间定在 1950 年 8 月 14 日（巴基斯坦独立日）②。另一方面，巴基斯坦继续向美国提出军事援助请求，包括提供原属于美国现由巴基斯坦军队拥有的美国军事装备的零部件，以及采购一些新装备。1951 年 8 月 25 日，利亚奎特·阿里·汗总理在给美国国务卿艾奇逊的信中写到，希望获得美国大量的军事援助。③

从 1949 年中期到 1951 年，美国一面安抚巴基斯坦，向其提供少量的军事装备，一面避免过多承诺导致疏远印度。换言之，美国不愿意放弃其在南亚所坚持的“区域性政策”。然而美印关系的日益紧张以及国际形势的变化迫使美国不得不放弃在南亚地区的“区域性政策”，开始重新评估巴基斯坦对美国的战略价值，尤其是强调巴基斯坦对中东的重要战略意义。

2. 美国开始加紧与巴基斯坦的接触

1951 年 2 月 14～21 日，在伊斯坦布尔召开的美国外交官代表大会上，与会人员注意到，巴基斯坦政府倡议加强中东与南亚国家之间的合作，巴基斯坦对于创建一个包括土耳其、伊朗、阿拉伯国家和阿富汗等国家在内

---

① *Department of State Policy Statement*, Washington, April 3, 1950, 611.90D/4～350, FRUS, p. 1497.

② *Department of State Policy Statement*, *Washington*, July 1, 1951, Karachi Embassy Files: Lot 58F29: Box 101, FRUS, VI, p. 2213.

③ *Memorandum of Conversation*, *by the Assistant Secretary of State for Near Eastern*, *South Asian*, *and African Affairs* (*McGhee*), Washington, October 18, 1951, 790D.5/10～1851, FRUS, VI. p. 2220.

的地区安排非常感兴趣。[①] 与会代表建议，应该支持巴基斯坦在中东地区发挥重要作用。

1951年2月26日至3月2日，美国“外交与领事官员南亚地区会议”在锡兰（现斯里兰卡）的努瓦拉埃利亚（Nuwara Eliya）举行。与会代表认为：巴基斯坦境内有许多基地，尤其是空军和海军基地，在战时可以为西方国家的军事行动发挥重要作用。如果巴基斯坦不再担心受到印度攻击的话，它也愿意提供重要的地面部队从而为防御中东做出重要贡献。[②] 会议最后得出两个重要结论，其中之一是“承认巴基斯坦在防御南亚和中东方面具有重要的军事意义”。[③]

1951年4月初，美国助理国务卿麦吉在访问英国期间建议：“美国和英国不要支持印度在克什米尔争端地区采取的单边行动，这样可以消除巴基斯坦的忧虑……因为巴基斯坦是保障该地区安全的唯一希望”。[④] 1951年5月2日，麦吉在五角大楼举行的会议上强调：“巴基斯坦在防御中东安全方面发挥着不可或缺的作用，因为巴基斯坦的存在，中东才能得到有效防御，否则中东安全就没有保障。”[⑤]

1951年7月1日，美国国务院在其政策声明中强调巴基斯坦在中东地区防御中的重要性以及发展与巴基斯坦关系的必要性。声明指出：巴基斯坦可以阻止苏联通过伊朗进入中东，同时可以像之前英属印度军队那样派遣军队到伊朗。另外，阻碍印度与美国及其盟友发展亲密关系的反西方主

① *Agreed Conclusions and Recommendations of the Conference of Middle Eastern Chief of Mission*, Istanbul, February 14～21, 1951, 120.4382/3～1551, FRUS, 1951, V. pp. 59～60.

② *South Asian Regional Conference of United States Diplomatic and Consular Officers*, Nuwara Ellya, Ceylon, February 26～March 2, 1951, FRUS, pp. 1666, 1668.

③ 另一个结论是：技术援助和经济无偿援助是执行美国南亚政策以及与反西方主义做斗争的重要手段。参见 *Memorandum by the Acting Assistant Secretary of State for Near Eastern, South Asian, and African Affairs (Berry) to the Secretary of State*, Washington, March 20, 1951, 120.4346E/3～2051, FRUS, 1951, VI, p. 1664。

④ *Memorandum of Informal US-UK Discussions in Connection with the Visit to London of the Honorable George C. McGhee*, Tuesday Afternoon, April 3, 1951, FRUS, 1951, VI, pp. 1689～1690.

⑤ *State Department Draft Minutes of Discussions at the State-Joint Chiefs of Staff Meeting*, May 2, 1951, Washington, State-JCS Meetings: Lot 61 D 417, FRUS, 1951, V, 120.

义以及根深蒂固的中立主义在巴基斯坦并不存在，可以劝说巴基斯坦允许美国和英国使用其军事基地。[1] 然而，只有巴基斯坦不再受到领土完整侵害之威胁，它才能够积极地参与美国、英国等的行动中。[2]

由此可知，美国已经逐渐认识到巴基斯坦对防御中东的重要作用，向巴基斯坦提供军事援助的动力已经出现。但美国对巴基斯坦身陷与印度的对峙中存有疑虑，认为印巴对峙会妨害巴基斯坦协防中东。

（二）杜鲁门政府的中东防御计划及其流产（1951～1952 年）

如前所述，中东具有重要的战略地位，且拥有十分丰富的石油资源，因此控制中东，获得中东地区的石油对于欧洲和美国来说至关重要，而如果中东被苏联控制的话，那将是对整个西方世界的沉重打击。然而自战后到 1950 年末，美国的行动不足以反映美国国家安全委员会所做出的中东对美国的安全防御非常“重要”的判断。[3]

1950 年末到 1951 年初，美国开始意识到单纯地依靠英国在中东地区承担首要责任已不足以维持中东地区的整体安全。为防止苏联进入中东，美国决定承担起中东地区的军事安全责任，开始实施中东防御计划。但是由英国提出，美国大力支持并力图付诸实施的两个中东防御计划——“中东联合司令部”（the Allied Middle East Command，MEC）和“中东防御组织”（the Middle East Defense Organization，MEDO）——最终都以破产收局。

---

① *Department of State Policy Statement*, Washington, July 1, 1951, Karachi Embassy Files: Lot 58F29: Box 101, FRUS, VI, p. 2206.

② *Department of State Policy Statement*, Washington, July 1, 1951, Karachi Embassy Files: Lot 58F29: Box 101, FRUS, VI, p. 2208.

③ *Memorandum by the Assistant Secretary of State for Near Eastern, South Asian, and African Affairs (McGhee) to the Secretary of State*, Washington, December 27, 1950, S/P – NSC Files: Lot 61 D 167: "Eastern Mediterranean and Middle East", FRUS, p. 4.

三、“北方联盟”构想的提出及其实施结果（1952～1953 年）

中东防御计划（MEC 和 MEDO）的接连失败是对美国试图维持西方国家在该地区利益与威望的沉重打击，但是美国主导该地区从而维护美国政治经济利益的意愿仍然十分强烈，在他们看来，无论如何都不能使该地区受控于苏联。由此，美国积极寻求其他替代方案。在此背景下，“北方联盟”（Northern Tier）逐步进入美国决策者的视野并被付诸实施。

（一）“北方联盟”构想的提出[①]

英国的威廉·巴顿（William Barton）爵士是较早强调巴基斯坦对西亚防御重要性的代表人物之一，他强烈呼吁重视巴基斯坦在防御伊斯兰国家地带中所发挥的作用，而这一地带是对抗“国际共产主义”的“屏障”。[②]但是真正提出“北方联盟”概念的是英国著名中亚问题专家奥拉夫·卡罗（Olaf Caroe）爵士。

卡罗爵士曾任驻新德里外交大臣。1949 年 3 月，他以“X 先生”为名在《圆桌》（Round Table）杂志撰文指出：西方国家要不惜一切代价保护波斯湾的安全，并指出巴基斯坦的重要性：“该地区的任何防御提议一定要最大程度考虑巴基斯坦，因为它是最大的伊斯兰国家，同时还要考虑印度，因为它是南亚地缘的核心。”[③] 1951 年，卡罗的重要著作《权力之源》（Wells of Power）出版。与之前观点相同的是，该著作更加强调巴基斯坦对抗共产主义地缘政治重要性，认为有关中东地区的任何防御组织都应该

---

① Zubair Ahmad, *The United States Decision on Military Aid to Pakistan*, Graduate School of Arts and Sciences, University of Pennsylvania, 1975, pp. 29～41.

② William Barton, “Pakistan's Claim to Kashmir”, *Foreign Affairs*, Vol. 28, 1950, pp. 299～308.

③ The Persian Gulf-A Romance, *Round Table*, March 1949, pp. 31～37. 哈里森（Harrison）将此文称之为标志着“美国军事援助巴基斯坦思想的诞生”，参见 Selig S. Harrison, Case History of a Mistake, *New Republic*, August 10, 1959, p. 12。

包含与苏联接壤的“北方屏障”（Northern Screen）国家。与之前观点不同的是，该著作指出印度在这一组织中的战略地位并不十分重要，而巴基斯坦不可或缺：“印度处于中东防御的边缘位置，而巴基斯坦恰好处于西南亚组织之内……有效维护波斯湾石油区域的安全必然将巴基斯坦包括在内。”①

在提出该理念后，卡罗爵士专门出访美国，劝说美国负责近东、南亚和非洲事务的助理国务卿亨利·拜罗德（Henry Byroade）给予巴基斯坦足够重视。此后，拜罗德为五角大楼与巴基斯坦的军事援助谈判开启了“绿灯”。② 应拜罗德要求，美国军事援助巴基斯坦的坚定支持者乔治·奥姆斯特德（George Olmsted）少将（后为美国军事援助办公室主任）与巴基斯坦官员就援助事宜进行协商。③ 1952 年 3 月，巴基斯坦陆军少将沙希德·哈米德（Shahid Hamid）飞往华盛顿详细商谈将要实施的计划，此次访问被看作是美国军事援助巴基斯坦进程中第一个里程碑式的发展。④ 同年 11 月，美国海军上将亚瑟·雷德福德（Arthur Radford）访问巴基斯坦，与巴基斯坦总督古拉姆·穆罕默德（Ghulam Muhammed）和陆军总司令阿尤布将军举行会谈。⑤ 上述会谈为最终美巴两国签署军事协定奠定了基础。⑥

---

① Olaf Caroe, *The Wells of Power, the oilfields of south-western Asia: a regional and global study*, London: Macmillan, 1951, p. 180.

② Selig S. Harrison, “Case History of a Mistake”, *New Republic*, August 10, 1959, p. 14.

③ 他支持的理由是：巴基斯坦士兵的战斗素质、巴基斯坦机场的战略位置为美国飞机攻击苏联领土提供返航点，巴基斯坦的穆斯林属性使之不受共产主义的影响。Selig S. Harrison, “Case History of a Mistake”, *New Republic*, August 10, 1959, pp. 15 ~ 16.

④ Selig S. Harrison, “Case History of a Mistake”, *New Republic*, August 10, 1959, p. 14.

⑤ M. S. Venkataramani and H. C. Arya, “America’s Military Alliance with Pakistan: The Evolution and Course of an Uneasy Partnership”, *International Studies*, July-October, 1966, p. 86.

⑥ S. M. Burke, *Pakistan’s Foreign Policy: A Historical Analysis*, London: Oxford University Press, 1975. 转引自 Mussarat Jabeen and Muhammad Saleem Mazhar, 2011: “Security Game: SEATO and CENTO as Instrument of Economic and Military Assistance to Encircle Pakistan”, *Pakistan Economic and Social Review*, Volume 49, No. 1, Summer 2011, p. 116。

（二）杜勒斯对“北方联盟”构想的推动

在杜鲁门执政末期，美国对巴基斯坦在中东防御中的作用已经极为看重，向巴基斯坦提供军事援助的动力已经足够强劲。在美国正式启动军事援助巴基斯坦的准备工作中，拜罗德走出了关键一步。杜鲁门政府之所以未能与巴基斯坦签署军事援助协定主要是因为杜鲁门任期届满，没有足够的时间消除印度的阻碍，并走完相关的行政流程。

艾森豪威尔执政后，以极大热情继续推动杜鲁门政府末期未竟的工作，力图促成对巴基斯坦的军事援助，就组建某种形式的防御组织达成共识。

美国国务卿杜勒斯在艾森豪威尔政府具有强大的政策影响力，他积极推动了美国对巴基斯坦的军事援助。杜勒斯极力反对中立主义，强烈主张通过联盟遏制共产主义影响。由于此前的 MEC 和 MEDO 两个方案不具有可行性，杜勒斯逐步接受了奥拉夫·卡罗的“北方联盟”构想。受艾森豪威尔总统委托，为了验证“北方联盟”的可行性，掌握第一手资料，制定遏制苏联的政策，1953 年 5 月 9～29 日，杜勒斯开启中东和南亚国家之旅，先后访问了埃及、以色列、约旦、叙利亚、黎巴嫩、伊拉克、沙特阿拉伯、利比亚、希腊、土耳其、印度和巴基斯坦 12 个国家。

在访问印度期间，国务卿杜勒斯与印度政要进行了会谈。尼赫鲁在接见杜勒斯时强调，由于国家面临着四分五裂的危险，印度应集中精力于国内问题，不想因国际问题而分心。印度现在最关心的问题是如何将近 600 个邦团结起来。① 但是，由于尼赫鲁坚持不结盟政策，拒绝加入任何军事集团，杜勒斯与尼赫鲁有关中东或南亚军事组织的谈话无果而终。尽管如此，杜勒斯认为其对印度的访问是有价值的，对于消除尼赫鲁的误解是有

---

① *The Ambassador in India (Allen) to the Department of State*, New Delhi, May 20, 1953, FRUS 1952～54, IX, pp. 113, 115.

意义的，即便不会立刻奏效，未来两国的关系是会改善的。① 杜勒斯在访问巴基斯坦时受到了热烈的欢迎，这给杜勒斯留下最为深刻的印象。古拉姆·穆罕默德总督、博格拉总理以及扎夫鲁拉·汗外交部长都强调“巴基斯坦致力于反对共产主义事业以及愿意加入西方世界的防御体系”。陆军总司令阿尤布向杜勒斯简介了巴基斯坦的陆军和空军发展现状。尽管囿于国家脆弱的经济，陆军、空军发展与最初设想有一定差距，但是巴基斯坦军队士气高涨、纪律严明、训练有素，是该地区一支真正的军事力量。② 阿尤布将军认为，美国是西方世界公认的领导者，无需担心向那些表示愿意与美国合作的国家提供援助。③

阿尤布将军关于苏联获得阿拉伯海暖水港所带来的威胁以及巴基斯坦致力于反对这一行动的积极表态对杜勒斯产生积极影响。杜勒斯在发给华盛顿的电报中指出，他被巴基斯坦军队及其领导人的精神气质所深深打动，认为巴基斯坦是一个拥有“抵制共产主义”道义勇气的国家。④ 杜勒斯认为：埃及和其他阿拉伯国家过于关注内部问题，忽略了苏联的潜在威胁。⑤ 因此，以埃及为核心的 MEDO 概念不具有现实基础。杜勒斯建议：美国应该全神贯注于以“北方联盟”为基础构建地区防御安排，“北方联盟”应该包括巴基斯坦、伊朗、伊拉克、叙利亚和土耳其。⑥

1953 年 6 月 1 日，在提交给美国国家安全委员会的报告中，杜勒斯提及中东防御战略“新方案”。杜勒斯认为：美国对中东防御关注的重点应

① *Memorandum of Discussion at the* 147th *Meeting of the National Security Council*, Monday, June 1, 1953, Eisenhower Library, Eisenhower papers, Whitman file, FRUS 1952 ~ 54, IX, pp. 382, 383.

② *Memorandum of Conversation*, *by Lieutenant Colonel Stephen J. Meade*, Karachi, May 23, 1953, FRUS 1952 ~ 54, IX, p. 132.

③ *Memorandum of Conversation*, *by Lieutenant Colonel Stephen J. Meade*, Karachi, May 23, 1953, FRUS 1952 ~ 54, IX, p. 134.

④ *The Secretary of State to the Department of State*, Istanbul, May 26, 1953, FRUS 1952 ~ 54, IX, p. 147.

⑤ *Memorandum of Discussion at the* 147th *Meeting of the National Security Council*, Monday, June 1, 1953, Eisenhower Library, Eisenhower papers, Whitman file, FRUS 1952 ~ 54, IX, p. 384.

⑥ *Memorandum of Discussion at the* 147th *Meeting of the National Security Council*, Monday, June 1, 1953, Eisenhower Library, Eisenhower papers, Whitman file, FRUS 1952 ~ 54, IX, p. 386.

由中东防御组织转向中东“北方联盟”。① 杜勒斯对在中东建立类似北大西洋公约组织（NATO）联盟持怀疑态度。他说，“类似于NATO的中东防御组织，在未来有一定可能性，但在当下时机并不成熟”，因为阿拉伯国家如此抵制西方发起的防御组织以至于它们排斥任何合作的可能性。② 杜勒斯指出，虽然在中东建立地区防御组织仍是美国的政策目标，但不能是像土耳其提议的那样在中东建立一个单纯由西方国家组成的防御组织，该地区组织必须由该地区的国家主动发起成立，西方大国不能像在MEDO中那样发挥强势作用。③ 换句话说，哪种形式的地区组织最好，现在还无法确定，能确定的是这一组织必须根植于该地区。无论域外国家多么友好，都不能为该地区的国家规划一个防御蓝图并指望它们主动接受。该组织获得成功的关键是得到域内国家的大力支持，要使它们确信合作比各为其主更有利于它们的利益。④

“新方案”标志着美国针对中东地区的防御新政策开启了新的方向，美国将向该地区国家提供包括军事援助在内的实质性支持，⑤ 但是有一个前提条件，即该地区任何一个想获得实质性支持的国家必须有充足证据表明愿意加入该地区的防御组织。这无疑是美国决定对巴基斯坦进行军事援助的重要一步。

1953年7月，美国国家安全委员会原则上同意了“北方联盟”理念，巴基斯坦、土耳其和美国分别签订的双边协议被看作是“北方联盟”防御

---

① *Memorandum by the Assistant Secretary of State for Near Eastern, South Asian, and African Affair (Byroade) to the Secretary of State*, Washington, March 25, 1953, FRUS, 1952～1954, XI, p. 1829.

② *The Secretary of State to Certain Diplomatic Missions*, Washington, July 30, 1953, 780.5/7～3053: Circular airgram. FRUS 1952～54, IX, p. 406.

③ *The Secretary of State to Certain Diplomatic Missions*, Washington, July 30, 1953, 780.5/7～3053: Circular airgram, FRUS 1952～54, IX, p. 407.

④ *Memorandum of Conversation, by the Counselor in Pakistan (MacArthur)*, Karachi, May 21, 1953, Conference files, lot 59 D 95, CF 156, FRUS 1952～54, IX, p. 135.

⑤ 美国政府认为，虽然美国的军事援助无法保证有效的中东地区防御安排，但是如果没有美国的军事援助，中东地区防御安排肯定无法实现。*The Under Secretary of State (Smith) to the Secretary of Defense (Wilson)*, Washington, November 12, 1953, 780.5/8～1753, FRUS 1952～54, IX, p. 429.

安排的重要步骤。[①] 艾森豪威尔总统支持这一提议。[②] 美国国家安全委员会报告认为：第一，MEDO 不再可能成为防御安排；第二，埃及不再被视为该地区防御组织的核心成员，由所谓的"北方联盟"国家取而代之；第三，重新审视苏伊士问题；第四，在该地区，美国要比英国承担更大的责任。杜勒斯补充指出：第一，MEDO 理念不具有可行性，过于复杂，类似 NATO，显然无法付诸实践。取而代之的组织不应该过于正式，也不要太庞大。第二，不要把埃及看得过于重要，因为它过于关注自身问题。西方世界不能再把它视为中东安全防御中不可或缺的重要力量。另外，在"北方联盟"国家，从巴基斯坦到土耳其，它们不仅仅关注自身内部问题以及英、法的帝国主义，而且也更加关注来自苏联的威胁。杜勒斯还表示希望伊朗能够加入"北方联盟"。[③]

1953 年 9 月 30 日，阿尤布将军出访美国，再次向美国提出非正式和非官方的军事援助请求。[④] 鉴于巴基斯坦是"北方联盟"的重要组成部分，美国政府准备向巴基斯坦提供军事援助。[⑤] 1953 年 10 月，美国众议院军事委员会委派的七人代表团对巴基斯坦进行为期四天的访问，随后，美国驻土耳其代表团副团长对巴基斯坦展开了长达一周的访问。[⑥] 杜勒斯向阿尤

---

① Mussarat Jabeen and Muhammad Saleem Mazhar, 2011: "Security Game: SEATO and CENTO as Instrument of Economic and Military Assistance to Encircle Pakistan", *Pakistan Economic and Social Review*, Volume 49, No. 1, Summer, p. 118.

② Abdul Sattar, *Pakistan's Foreign Policy* 1947 ~ 2005 *A Concise History*. Oxford University Press, 2007, p. 44.

③ *Memorandum of Discussion at the* 153*rd Meeting of the National Security Council*, Thursday, July 9, 1953, Eisenhower Library, Eisenhower papers, Whitman file, FRUS 1952 ~ 54, IX, pp. 394 ~ 395.

④ *The Acting Special Assistant to the Secretary of State for Mutual Security Affairs* (*Nolting*) *to the Assistant Secretary of Defense for International Security Affairs* (*Nash*), Washington, October 2, 1952, FRUS 1952 ~ 54, IX, p. 420.

⑤ *Editorial Note*, FRUS 1952 ~ 54, XI, p. 1829.

⑥ John P. Callahan: "U. S. – Pakistan Talk On Arms Awaited", *New York Times*, November 2, 1953.

布将军保证，不管印度何种态度，他已做好军事援助巴基斯坦的充分准备。[①] 这表明美国已经决定军援巴基斯坦，唯一的问题是如何安抚印度。

四、尼克松南亚之行与军事援助巴基斯坦的最终决定（1953～1954 年）

到 1953 年 11 月底，关于是否军事援助巴基斯坦，美国国防部与国务院仍存在分歧。国防部下定决心不管印度是否乐意，全力支持与巴基斯坦签订军事援助协定；国务院则显得比较谨慎，担心军事援助巴基斯坦会引起印度的强烈反应。在这关键时刻，美国副总统理查德·尼克松（Richard Nixon）出访南亚，事实证明，尼克松此行成功弥合了国防部与国务院的分歧。美国军援巴基斯坦的进程大为加快。

（一）尼克松出访南亚

1953 年 11 月 29 日至 12 月 4 日，尼克松访问印度，与尼赫鲁等领导人进行了座谈。此次访问主要有两个目的：一是试图打消印度对美国军事援助巴基斯坦的疑虑，"美国绝不会允许他国利用其军事力量或者提供的军事援助无缘无故地侵略任何国家"。[②] 二是了解印度的真正态度以及反对军事援助巴基斯坦的真实原因。尼克松指出，美国不想干涉任何国家的内政，只关心如何保证面临着侵犯和威胁的国家的和平与独立。尼克松希望消除印度怀有的美国只想靠军事解决世界问题的疑虑。[③] 但是由于"积怨"太深，想完全消除尼赫鲁对巴基斯坦利用美国军事援助对抗印度的担心谈

---

① Robert J. McMahon, 1988: "United States Cold War Strategy in South Asia: Making a Military Commitment to Pakistan, 1947～1954.", *The Journal of American History*, Vol. 75, No. 3, December, p. 813.

② *Civil & Military Gazette*, December 5, 1953. 转引自 Zubair Ahmad, *The United States Decision on Military Aid to Pakistan*, Graduate School of Arts and Sciences, University of Pennsylvania, 1975, p. 54。

③ *The Ambassador in India (Allen) to the Department of State*, New Delhi, December 4, 1953, 033. 1100 NI/12～453: Telegram, FRUS 1952～54, XI, p. 1731.

何容易。

1953年12月6日起，尼克松对巴基斯坦进行为期三天的访问。尼克松所到之处，受到巴基斯坦民众的热烈欢迎。[①] 尼克松与巴基斯坦总督、总理、外交部长和陆军总司令等高级官员讨论了军事援助问题。总督古拉姆·穆罕默德宣称，“巴基斯坦会攻打拥有4000万穆斯林的印度的想法简直荒唐可笑，恐怕尼赫鲁自己也不会相信”。[②] 总督强调了美国援助巴基斯坦的必要性和紧迫性，如果美国延迟军事援助巴基斯坦，将使尼赫鲁更不愿意处理克什米尔问题。考虑到该事宜已被公众所熟知，如果美国放弃对巴基斯坦的军事援助，这不仅意味着巴基斯坦外交的失败，而且也会给美国带来消极影响。在该地区其他国家看来，连与美国走的如此亲近的巴基斯坦都得不到美国的帮助，何况它们，它们只能转而寻求其他国家的帮助。反之，如果美国军事援助巴基斯坦，印度起初也许会比较愤怒，但是几个月后会平息下来。而且可以肯定，尼赫鲁不可能出于报复而向苏联等“摇尾乞怜”。[③]

尼克松的南亚之行成果颇丰，对印度反对军事援助巴基斯坦的原因有了更加准确的认识，找到了克服美国军事援助巴基斯坦困境的办法。他有关这一问题的报告意义重大，最后为美国政府所采纳。1953年12月10日，美国国务院将该报告对外公布，该报告的主要内容包括：第一，巴基斯坦加入旨在促进亚洲尤其是中东地区和平的防御组织势在必行；第二，印度的中立主义不利于美国的亚洲防御政策；第三，对巴基斯坦与坚持中立主义的印度要区别对待；第四，在如何应对印度的反应上，美国政策要考虑的是能否促进美国自身利益，而不是是否会激怒尼赫鲁；第五，军事

---

① Walter H. Waggoner: “Nixon Due to Urge Pakistan Arms Aid”, *New York Times*, December 10, 1953.

② *Memorandum of Conversation, by the Ambassador in Pakistan* (*Hildreth*), Karachi, December 7, 1953, Karachi Embassy files, lot 59 F 4, FRUS 1952 ~ 54, XI, pp. 1831 ~ 1832.

③ *The Ambassador in Pakistan* (*Hildreth*) *to the Department of State*, Karachi, December 8, 1953, 033. 1100 NI/12 ~ 353: Telegram, FRUS 1952 ~ 54, XI, p. 1834.

援助巴基斯坦符合美国利益。①

1954 年 1 月 12 日，美国情报顾问委员会同意国务院、陆海空军、联合参谋部和中央情报局联合做出的有关军事援助巴基斯坦的评估。美国同意军事援助巴基斯坦可能会产生的效应：增加巴基斯坦政府在国内的声誉，巩固美巴友好关系；引起印度极大关注与愤怒，加剧南亚次大陆紧张局势；美印关系日趋紧张，但是印度外交政策不会出现太大变化；印度不满情绪会随着时间推移而趋缓。美国取消军事援助巴基斯坦可能会产生的效应：给人留下是因为印度、苏联的反对而被迫放弃军事援助巴基斯坦的不好印象，从而使美国的威望下降；巴基斯坦政府极度失望，并使当前占主导地位的亲西方立场受到重创，有可能导致包括总理在内的内阁发生变化；巴基斯坦将更加仇恨印度，因为在巴基斯坦领导人看来，正是因为印度的压力美国才被迫做出消极决定；印巴关系不会得到任何改善；印度领导人可能会在其他问题上继续向巴基斯坦施加压力。②

至此，美国决定是否军事援助巴基斯坦取决于两方面的权衡，是关注作为西方伙伴的巴基斯坦对中东防御的作用，还是关注印度的不良反应。在美国驻巴基斯坦大使希尔德雷思（Horace A. Hildreth）看来，美国宁愿冒前者的风险。③

（二）美国国家安全委员会的“决定”

1954 年 2 月初，美国国家安全委员会召开重要会议，重点讨论了在印度不满的情况下如何更灵活地军事援助巴基斯坦。根据尼克松报告以及其

---

① “Nixon's Secret Report Warns: Don' t Recognize Red Chinese”, *Newsweek*, January 4, 1954, p. 17. 转引自 Zubair Ahmad, *The United States Decision on Military Aid to Pakistan*, Graduate School of Arts and Sciences, University of Pennsylvania, 1975, p. 57。

② *The Probable Repercussions of a US Decision to Grant or Deny Military Aid to Pakistan*. Special Estimate. Washington, January 15, 1954, INR – NIE files, FRUS 1952 ~ 54, XI, pp. 1840 ~ 1841, 1844, 1845.

③ *The Ambassador in Pakistan (Hildreth) to the Department of State*, Karachi, December 8, 1953, 033. 1100 NI/12 ~ 353: Telegram, FRUS 1952 ~ 54, XI, p. 1835.

他影响因素，国家安全委员会成员一致同意向巴基斯坦提供军事援助。关于印度方面的反应，国家安全委员会认为：将巴基斯坦纳入中东防御体系比维持与印度的良好关系更重要，将持中立主义的国家与支持西方的国家分开来是件好事。[①]

关于美国在军事援助巴基斯坦时如何应对印度的反应，国家安全委员会持两种观点：其一，对印度及尼赫鲁总理采取更强硬的态度，不必进行安抚，否则有损美国及其盟友的地位。其二，建议采取“温和政策”，强调对印度采取补偿措施，以减轻其对美国的敌意。[②] 经过权衡，国家安全委员会决定选择后者，认为采取行动前要充分考虑美印关系，尽量避免疏远印度。

那么，怎么样才能做到既最大程度地发挥巴基斯坦在中东防御中的作用，又能尽量减轻印度的不满情绪呢？国家安全委员会的决定是将军事援助巴基斯坦计划与土耳其和巴基斯坦共同防御安排联系起来，以表明美国援助的意图是加强地区防御外来危险的能力而不是在地区国家争端中选边站。[③] 换言之，国家安全委员会支持军事援助巴基斯坦的“决定”是有条件的，即巴基斯坦与土耳其就军事、经济和文化合作事宜达成协议。只有满足这一条件，美国才会做出军事援助巴基斯坦的决定。艾森豪威尔总统称，原则上美国同意军事援助巴基斯坦，但是要避免给人留下美国军事援助巴基斯坦是为了对抗印度的错误印象。[④] 鉴于此，杜勒斯就军事援助巴基斯坦做出两点声明：第一，军事援助是地区安全计划的一部分，该地区

---

① Dana Adams Schmidt：“Pakistan to Get Arms：Middle East Defense is Considered More Important Than Indian Objections”，*New York Times*，February 14，1954.

② Zubair Ahmad，*The United States Decision on Military Aid to Pakistan*，Graduate School of Arts and Sciences，University of Pennsylvania，1975，p. 62.

③ *The Secretary of State to the Embassy in Turkey*，Washington，December 24，1953，780. 5/11 ~ 3053：Telegram，FRUS，1952 ~ 1954，XI，p. 1836；*The Secretary of State to the Embassy in Pakistan*. Washington，December 29，1953，780. 5/12 ~ 2953：Telegram，FRUS 1952 ~ 54，IX，pp. 440，441；*The Secretary of State to the Embassy in Turkey*，Washington，December 24，1953，780. 5/11 ~ 3053：Telegram，p. 1836.

④ *Memorandum of Conversation*，by the Secretary of State，Washington，January 5，1954，790. 5/1 ~ 554，FRUS，1952 ~ 1954，XI，p. 1838.

安全计划由土耳其和巴基斯坦以及该地区其他国家共同倡议；第二，通告印度，如果印度签订类似协议，美国也可以向印度提供军事援助。① 美国之所以如此重视土耳其并将军事援助巴基斯坦与土耳其联系在一起，是因为土耳其在中东防御中发挥着核心作用，“没有土耳其，中东防御的问题将只存在于理论上”（土耳其总理语）。②

（三）《巴基斯坦和土耳其联合声明》的签署

巴基斯坦曾试图先与美国达成协议，从而在与土耳其谈判中提高要价。③ 但由于美国的反对，不得不放弃这一打算。

在美国的鼓励下，巴基斯坦与土耳其进行了密切的接触与交往。1953年9月，巴基斯坦陆军参谋长阿尤布将军和国防部长伊斯坎德尔·米尔扎（Iskander Mirza）在访问美国之前先行访问了安卡拉。访问期间，他们与英国和美国外交官尤其是美国驻巴基斯坦大使阿维拉·沃伦（Avra Warren），以及美国、土耳其和希腊官员在NATO的总部伊兹密尔就双方共同关心的问题进行了会谈。④ 10月，在结束访美返回巴基斯坦途中，阿尤布将军再次停留安卡拉，与土耳其进行全面的军事接触。⑤

1953年11月25日至12月1日，巴基斯坦总督古拉姆·穆罕默德对土耳其进行访问，他与土耳其总统杰拉勒·拜亚尔（Celal Bayar）和外交部长库普鲁斯（Kupruls）就双方共同关心的防御问题进行了详细会谈，拜亚

① *Memorandum of Conversation*, by the Secretary of State, Washington, January 5, 1954, 790.5/1～554, FRUS, 1952～1954, XI, p.1839.

② *Memorandum of Conversation*, *by the Counselor of Embassy in Turkey* (*Rountree*), Ankara, May 26, 1953, Conference files, lot 59 D 95, CF 156, FRUS 1952～54, IX, pp.137, 139, 142.

③ *Memorandum of Conversation*, *by the Ambassador in Pakistan* (*Hildreth*), Karachi, December 7, 1953, Karachi Embassy files, lot 59 F 4, FRUS, 1952～1954, XI, p.1832.

④ *The Ambassador in Turkey* (*Warren*) *to the Department of State*, Ankara, September 28, 1953, 780.5/9～2853: Telegram, FRUS 1952～54, IX, p.419.

⑤ Dana Adams Schmidt: “Turk, Pakistanis Held Near Accord”, *New York Times*, February 13, 1954.

尔总统称，土耳其愿意与巴基斯坦达成双边协定。[①]

1954年1月，美国国务卿在拜会总统后，确立了美国军事援助巴基斯坦的步骤：第一，土耳其和巴基斯坦发布联合公告；第二，美国发表声明支持土巴联合公告，并希望英国和法国也发表同样的声明；第三，巴基斯坦公开提出美国军事援助的请求；第四，在答应巴基斯坦之前，总统应在给尼赫鲁的亲笔信中将此事通知印度；第五，在接到巴基斯坦请求两三天之后，总统公开发布军事援助巴基斯坦的公告。[②]

经过土耳其和巴基斯坦长达五个月的努力谈判以及美国的大力支持，1954年2月19日，土耳其和巴基斯坦签署《巴基斯坦和土耳其联合声明》(以下称《联合声明》)，同意在政治、经济和文化方面进行更加紧密的联系，同时增强两国及所有爱好和平国家的和平与安全。《联合声明》的签署是一个重大进展，使巴基斯坦满足了美国提供军事援助的先决条件。

(四) 美国军事援助巴基斯坦声明的发布

1954年2月21日，巴基斯坦外交部长向美国驻卡拉奇大使馆正式提交军事援助请求。美国对巴基斯坦正式提出的军事援助请求迅速做出积极回应。2月25日，美国军事援助巴基斯坦的决定正式对外公布。艾森豪威尔总统在声明中指出："2月19日，土耳其和巴基斯坦双方宣布在和平与安全等各领域展开更紧密的合作。美国政府对此表示欢迎，认为这为更好地确保整个中东地区安全迈出了建设性的一步。美国应巴基斯坦政府要求提供军事援助。我再次重申，地区组织是确保安全以及反对侵略，保障生存与进步的最有效的手段。"艾森豪威尔总统在声明中专门指出，该"决定"是改善"中东地区防御能力"的一个重要步骤。他说："美国政府高度关注中东地区虚

---

① *The Ambassador in Turkey (Warren) to the Department of State*, Ankara, November 30, 1953, 780.5/11～3053: Telegram, FRUS 1952～54, IX, pp.433～434.

② *Memorandum of Conversation, by the Assistant Secretary of State for Near Eastern, South Asian, and African Affairs (Byroade)*, Washington, January 14, 1954, 790D.5 MSP/1～1454, FRUS 1952～54, IX, pp.453～457.; *The Acting Secretary of State to the Secretary of State*, at Berlin, Washington, January 27, 1954, 780.5/1～2754: Telegram, FRUS 1952～54, IX, pp.473～474.

弱的防御能力，出于帮助该地区增强防御潜力的目的，国会在最近一次会议上同意帮助该地区的国家，它们应该得到这些援助。”该“决定”对印度也给予了特别关注：“如果我们对任何国家（包括巴基斯坦）的援助被误用或者直接用于对抗另一国家，我将立即依照宪法赋予的权利，在联合国内外采取反制侵略的行动，并将与国会协商采取进一步的措施”。①

自华盛顿宣布提供军事援助的决定后，美巴两国关系进入快车道。1954年3月中旬，亨利·迈尔斯（Henry F. Myers）准将率领军事调查小组抵达巴基斯坦以考察巴基斯坦的武器需求。4月2日，土耳其和巴基斯坦签署《友好合作协议》，一致同意深化文化、经济和技术合作，同时就防御问题进行协商和合作。② 该协议有效期是5年，如果期限到期前一年不提出异议，将自动再延长5年。5月19日，美国负责巴基斯坦事务代表与巴基斯坦外交部长在卡拉奇签署《共同防御援助协议》，同意向巴基斯坦提供军事援助。随后，美国把巴基斯坦拉入SEATO和巴格达条约组织。这标志着美巴关系进入“蜜月期”，巴基斯坦成为“美国在亚洲最亲密的盟友”。

第二节　美国与巴基斯坦达成军事援助协定的动因考察

一、美国军事援助巴基斯坦的动因

（一）美国自身因素

1. 美国总体（全球）战略目标

军事援助是外交政策和军事政策的一个工具，除了能够实现与外交政

---

① *The Acting Secretary of State to the Embassy in India*, Washington, February 18, 1954, Presidential Correspondence, lot 66 D 204, Eisenhower/Dulles Correspondence, FRUS 1952 ~ 54, XI, p. 1736.

② *Statement of Policy by the National Security Council*, Washington, July 23, 1954, S/S – NSC files, lot 63 D 351, NSC 155 Memoranda, FRUS 1952 ~ 54, IX, p. 527.

策目标很接近的防御目标之外，还具有实现政治目标的功能。在很多情况下，军事援助的类型不仅受到军事因素的影响，而且会受到政治和经济因素的影响。美国对一个国家提供多大规模以及何种类型的军事援助，是出于全球战略的考量，取决于全球关系以及同盟情况对这个国家国防需求产生的变化影响。① 综合而言，美国军事援助具体国家的重要目标可以归纳如下：（1）增强盟友国家的军事力量，以应对内部安全受到的威胁以及防范和抵制外来威胁；（2）无论和平还是战争时期，美国可以利用该国的基地和基础设施；（3）促进和加强该地区的集体安全安排；（4）禁止该国获得社会主义国家的军事援助。上述是美国向他国提供军事援助的总体考虑，具体到军事援助巴基斯坦也不例外。

2. “遏制苏联扩张”是美国的首要考虑

（1）苏联“威胁”世界和平

二战结束后，曾经并肩作战共同反对法西斯的美苏同盟因意识形态分歧而分道扬镳。在美国看来，苏联“扩张”是对西方世界秩序和美国利益的最大威胁。由此，“遏制苏联扩张”成为美国战后最重要的全球战略，美国对其他国家的外交政策都是在此战略下制定出来的。起初美国最为关注西欧，杜鲁门主义、马歇尔计划以及 NATO 都是为了应对苏联威胁而采取的具体行动。随着 1950 年 6 月朝鲜战争的爆发，美国把注意力转移至远东，除直接派军队参加朝鲜战争外，还组建和结成“太平洋共同防卫组织”（ANZUS PACT）、美日同盟及美菲同盟等。美国力图通过这些集体安全以协调所有友好国家力量，共同应对共产主义影响。

（2）防止苏联渗透近（中）东

近东对于西方而言具有重要的战略、政治和经济价值，该地区拥有世界上最丰富的石油资源，拥有苏伊士运河，是天然的防御障碍。它还是基督教、犹太教和伊斯兰教的圣地，对世界各地的人具有宗教和文化影响。

---

① U. S. Congress, Senate, *Special Committee to Study the Foreign Aid Program*, *South Asia* (*Afghanistan*, *Pakistan*, *India*, *and Ceylon*), Survey No. 8, prepared by Dr. Lewis Webster Jones, 85th Cong., 1st Sess., 1957, Senate Document No. 52, p. 1475.

如果近东受到苏联的影响或控制，美国的安全利益将受到极大威胁。①

然而，无论是对个体还是集体而言，中东国家的武装部队都无法有效地遏制外来大国的进入。由于农业技术欠缺、文盲率较高、缺乏技术和医疗训练，使之无法为军队提供素质良好的人员。在中东，没有哪个国家拥有丰富资源或工业基础来支持有效的武装部队。② 因此，从传统意义上讲，属于南亚的巴基斯坦，由于具有精良的部队（尽管由于资源欠缺，其能力受到限制）自然被美国当局纳入中东地区。美国当局认为，如果向巴基斯坦提供军事援助以满足其基本需求，则有利于使巴基斯坦在中东防御中发挥重大作用。

（3）防止南亚落入社会主义阵营的美国南亚政策

遏制社会主义国家影响是此时美国制定一切外交政策的出发点，其南亚政策也不例外。美国在南亚的目标是改善美国的安全状况，换句话说，避免南亚落入社会主义阵营。如果以印巴为代表的南亚国家落入社会主义阵营，这将是对美国安全的严重威胁。美国对该问题的重视程度可从美国驻南亚国家的大使发给国务院的电报以及国家安全委员会的报告中看出端倪。

1952年7月5日，美国驻印度大使在给国务院的电报中表达了对南亚所面临的现状及其严重后果的担忧。大使指出，美国在欧洲阻止共产主义的计划鼓舞人心，但是在其他地区的计划却令人失望，比如在拥有6亿人口的南亚地区，如果印度“沦陷”，将会对欧洲产生非常严重的后果。③

1952年10月3日，国际合作署（ICA）、CIA和美国国家安全委员会联合发布的名为“共产主义控制南亚的后果”的专门评估对南亚地区的局势进

① *Statement of Policy by the National Security Council*, Washington, July 14, 1953, S/P－NSC files, lot 61 D 167, Near East (NSC 155), FRUS 1952～54, IX, p. 399.

② *National Intelligence Estimate*, Washington, January 15, 1953, INR－NIE files. FRUS 1952～54, IX, p. 342.

③ *The Ambassador in India (Bowles) to the Department of State*, New Delhi, July 5, 1952, 791. 5. MSP/7～552: Telegram, FRUS 1952～54, XI, p. 1655.

行了详细的解读。[①] 对苏联集团的影响：第一，将把包括印巴两个潜在大国在内的南亚五国纳入其中。第二，将获得战略空军及海军基地，从而控制南亚的军事要塞，更便于进攻西方。第三，军事影响：降低西方利用巴基斯坦基地对苏联实施空中打击的风险；西方不能再利用次大陆的设施和军队；西方被迫将军事资源转移至中东和南亚；苏联能够利用南亚基地，一旦发生战争，潜艇、飞机等可以攻击西方国家在印度洋的通讯设施。对西方国家的影响：第一，将极大地削弱西方国家在联合国的地位以及削弱西方消除共产主义影响的能力。第二，经济影响：西方国家无法再利用本地区丰富的战略性资源，其中云母、石墨、锰、黄麻和虫漆对西方而言极具战略性。第三，军事影响：再也不能利用南亚的军队及基地设施；需要重新部署西方力量，以应对印度洋地区新的战略局势。第四，有损西方国家在国际上的形象。印度、巴基斯坦以及锡兰之前是殖民地，现在获得独立，并享有“自由国家”的名声，与此同时，维持着与西方的政治经济联系。它们是对“殖民地和半殖民地国家只有通过共产主义才能获得解放”的反驳。如果这些国家变为社会主义国家，将严重损害西方模式在亚非国家中的形象。

1953年，美国国家安全委员会发布代号为“NSC5409”的“美国南亚政策”文件。[②] 该文件首先强调了南亚地区的重要性，指出由于战略位置[③]、

---

① *Special Estimate*, Washington, October 3, 1952, INR-NIE files, FRUS 1952 ~ 54, XI, pp. 1063 ~ 1071.

② *Study Prepared by the Staff of the National Security Council*, Washington, undated, S/S – NSC files, lot 63 D 351, “NSC 5409 – Memoranda”, FRUS 1952 ~ 54, XI, pp. 1096 ~ 1117.

③ 南亚是东南亚与中东之间的陆桥，与苏联和中国有数千公里的共同边境，与中亚地区在文化和情感上紧密相关。它有海港和海军基地，可以控制通过波斯湾、阿拉伯海、孟加拉湾和印度洋的船只，拥有确保欧洲和东南亚不间断通讯的基地和设施，拥有空中打击苏联的空军基地以及许多潜在的可用于直接打击苏联的军事设施。*Study Prepared by the Staff of the National Security Council*, Washington, undated, S/S – NSC files, lot 63 D 351, “NSC 5409 – Memoranda”, FRUS 1952 ~ 54, XI, p. 1096.

人力资源①、自然资源以及在世界事务中发挥日益重要的影响②，美国越来越关注南亚的未来。南亚也是冷战的一个重要战场，某些民主国家（例如印度）的领导人在能否满足人民的基本生活方面与社会主义国家存在着竞争。如果南亚受到共产主义影响，西方国家遭受严重的心理和政治挫败感是早晚的事。③ 其次讨论了南亚国家同美国发展紧密关系的可能性以及存在的障碍。美国政府认为，虽然南亚所有国家对美国基本上是友好的，但是也存在两个障碍：一个是南亚国家都存在的心理障碍，即印度次大陆受到欧洲大国近450年的殖民剥削。从经济剥削到政治控制，它们被视为劣等民族，受到不公平待遇。由此导致南亚国家对西方的仇恨，而独立后对西方殖民大国依然深疑不信。由于美国与这些殖民大国关系密切……以致于阻碍了南亚国家同美国发展亲密关系。另一个是美国与不同国家面临不同的障碍（除巴基斯坦外），例如，印度不结盟政策、阿富汗“亲近”苏联、锡兰与中国有橡胶贸易、尼泊尔与印度的联系等。再次分析了南亚各国所面临的一些共同的政治和经济问题：建立持久的民主政治制度；经济取得重大进步；内部社会冲突；内部政治稳定受到威胁；地区冲突和意识形态威胁。最后考虑了美国的政策，主要涉及军事防御、英联邦联系、亚洲与日本的关系、美国的援助计划等内容。

总之，在美国政府看来，未来获得南亚国家在外交以及在联合国方面的支持都是非常重要的，这就使得南亚国家继续保持政府性质、享有自由

---

① 该地区国家人口达4.77亿，印度在二战中贡献200万军队，代表英国作战。*Study Prepared by the Staff of the National Security Council*, Washington, undated, S/S－NSC files, lot 63 D 351, “NSC 5409－Memoranda”, FRUS 1952～54, XI, p. 1097.

② 印巴在世界事务中的影响日益增加。印巴加强了与伊斯兰国家的联系，印巴积极参与联合国事务。印度在朝鲜停战协议的谈判中发挥了关键作用。13个来自阿拉伯、亚洲和非洲的国家在联合国组成一个集团，印巴在其中发挥领导作用。在种族和殖民问题上，该集团反对大国殖民政策。南亚国家与其他地区国家的关系以及在联合国的地位使与其维持友好合作关系对于美国而言至关重要。另外，由于世界权力平衡的转变（因中国），这些国家的态度与行动越来越重要。*Study Prepared by the Staff of the National Security Council*, Washington, undated, S/S－NSC files, lot 63 D 351, “NSC 5409－Memoranda”, FRUS 1952～54, XI, p. 1098.

③ *Study Prepared by the Staff of the National Security Council*, Washington, undated, S/S－NSC files, lot 63 D 351, “NSC 5409－Memoranda”, FRUS 1952～54, XI, p. 1099.

以及与之保持友好关系变得异常重要。鉴于此，为了遏制苏联“扩张”，改善美国的安全状况，美国政府的南亚政策要达到如下目标：第一，与该地区国家发展持续友好的关系；第二，南亚国家继续由非共产党执政，增强其个体及集体抵制共产主义影响的能力；第三，南亚国家积极参加并负责亚洲问题的解决；第四，南亚国家同意美国及其盟友在和平以及战争时期使用其设施，并阻止苏联获得该地区国家直接或间接的军事支持或协助；第五，美国及其盟友可以获得该地区的资源和市场，并敦促南亚国家拒绝苏联获得该地区资源。①

（4）阻止社会主义国家的军事援助

从美国角度来看，是否要对某个特定国家提供军事援助，既要考虑提供军事援助所带来的积极影响，也要考虑不提供军事援助有可能带来的消极影响。从积极方面来看，提供军事援助可以直接促进美国的利益，使受援国成为美国集体防御安排中的一员，这符合美国的政策和战略。从消极方面来看，如果美国不向某个国家提供军事援助，而该国转而接受来自苏联或其他社会主义国家的援助，结果是美国（苏联）将丧失（扩大）在该国的影响力。为了避免这种情况发生，美国提供军事援助的一个非常重要的要求就是受援国不能接受来自社会主义国家的军事援助。受援国依赖社会主义国家的军事援助不是说“他们手里拿着苏联或捷克步枪比拿着美国步枪更危险，而是伴随军事援助而来的训练任务是扩大援助国（无论对于苏联还是美国）影响的一种手段”。② 换言之，军事援助某个国家可能不是因为受援国有多重要，而是因为这个国家需要军事援助，满足其需要可以增加它的军事力量将有助于实现美国的安全利益。这种情况下，如果美国拒绝提供军事援助，那么该国可能会转而寻求其他国家尤其是美国的竞争对手的军事援助。一旦这种情况发生，无疑意味着美国在该国甚至在该国

---

① *Note by the Executive Security (Lay) to the National Security Council*, Washington, January 22, 1951, S/S Files: Lot 63 D 351: NSC 98 Series, FRUS, p. 1651.

② U. S. Congress, Senate, *Special Committee to Study the Foreign Aid Program*, The Military Assistance Program of the United State, Study No. 10, prepared by the Institute of War and Peace Studies of Columbia University, 85th Cong., 1st Sess., 1957, Committee Print, p. 954.

所在地区影响力的下降，而对手的影响则此消彼长，这是美国所不愿意看到的结果。

美国军事援助巴基斯坦的一个重要目的是不让巴基斯坦再获得社会主义国家的军事援助，从而减少这些国家对巴基斯坦的影响。

（二）巴基斯坦因素

1. 巴基斯坦具有重要的战略地位

在美国看来，巴基斯坦具有军事战略价值，可以阻止共产主义在该地区的影响力，这对美国的安全利益至关重要。1949年年中，白宫助理斯蒂芬·斯宾加恩（Stephen J. Spingarn）在一些文件和备忘录中指出了巴基斯坦的战略重要性。他强调与巴基斯坦的关系几乎完全可以建立在战略基础上：巴基斯坦接近苏联与中东；在防御印度洋和印度次大陆中可以发挥潜在重要作用；巴基斯坦拥有中东地区最优良的军队等。斯宾加恩警告："如果美国制定南亚次大陆政策时不将巴基斯坦的合理利益考虑进去，将不利于美国实现在中东和远东的利益。"①

巴基斯坦分为东西两翼，就西巴基斯坦而言，从阿富汗到巴基斯坦的开伯尔山口，是一条从苏联通往南亚次大陆的唯一陆上通道；巴基斯坦港口以及卡拉奇空军基地，控制着到达波斯湾的海上通道。不仅如此，强大的巴基斯坦还能够对企图侵犯土耳其、苏伊士和巴基斯坦中间软弱地区的势力形成威慑。②

由此，鉴于巴基斯坦重要的战略地位，美国是否军事援助巴基斯坦需要考虑两个因素：第一，巴基斯坦与苏联地理上比较接近，其实力的增加将构成对共产主义影响的约束。威廉·诺兰（William Knowland）认为，在防御共产主义方面，巴基斯坦是"全世界最重要的国家之一"。③ 第二，考

① *Foreign Relations of the United States*, 1949, VI, No. 29～31.

② Hanson W. Baldwin: "Middle East Strategy: U. S. Roles in Suez Negotiations and In Arming Pakistan Keys to Security", *New York Times*, December 31, 1953.

③ "Knowland Scores India On Pakistan", *New York Times*, January 3, 1954.

虑到英国在该地区日益衰落的政治地位及其总体经济和财政状况的恶化，英国可能会从中东撤离。如果这一情况发生，美国必须想尽办法去填补权力真空，以便维持和加强美国在该地区的地位。①

2. 加强巴基斯坦军事力量，抵御外来入侵

美国军事援助的一个重要目标是加强受援国的防御力量以应对外来威胁，尤其是那些处在抗衡共产主义发展最前沿地区的国家，在美国的军事战略中占有特别重要的地位。从美国角度来看，加强巴基斯坦的防御力量很有必要。

针对参议员富布赖特对美国军事援助巴基斯坦的疑问，海军上将雷德福德说，"如果我们在中东遭到苏联的'入侵'，巴基斯坦军队毫无疑问是防御力量的重要组成部分"。② 国防部长麦克纳马拉（McNamara）抱有相似的看法。③

军事专家汉森·鲍德温（Hanson W. Baldwin）在《纽约时报》撰文指出：为了保障中东地区安全，美国需要加强巴基斯坦的军事实力。文章还指出："巴基斯坦武装总力量（包括一些边防部队和准军事人员）达 25 万多人，其中服役的常规部队达 19 万多人。其现有的军事装备是美国、英国、捷克、瑞士和瑞典等国家的'大杂烩'，需要现代化和标准化。巴基斯坦军队主要还是步兵，电子设备和重型装备欠缺。巴基斯坦海军由三艘二战驱逐舰、四艘护卫舰和一些扫雷舰、拖网船和小型船组成。空军力量薄弱，其飞机大多已过时。巴基斯坦士兵勇敢善战，如果给予足够的武装设备，除了能够自卫外，还可以为动荡的中东提供安全保障"。④

---

① *Memorandum of Conversation*, *by the Assistant Secretary of State for Near Eastern*, *South Asian*, *and African Affairs* (*Byroade*), Washington, August 8, 1952, 780.00/8 ~ 852, FRUS 1952 ~ 54, IX, p. 263.

② U. S. Congress, Senate, *Committee on Foreign Relations*, Hearings, Mutual Security Act of 1956, 84th Cong., 2d Sess., 1956, p. 865.

③ U. S. Congress, Senate, *Committee on Foreign Relations*, Hearings, Foreign Assistance Act of 1964, 88th Cong., 2d Sess., 1964, pp. 524 ~ 525.

④ Hanson W. Baldwin: "Middle East Strategy: U. S. Roles in Suez Negotiations and In Arming Pakistan Keys to Security", *New York Times*, December 31, 1953.

3. 维护巴基斯坦的国内安全

从理论上来讲，维护国内安全和秩序是一国经济增长和政治稳定的先决条件。在美国看来，如果一个国家内部动荡、秩序混乱则必然造成经济萧条、政治不稳，而这恰恰是共产主义进行外部施压、“渗透”的大好时机。①

美国官方文件明确指出，尽管巴基斯坦是一个政治独立的国家，但是其国防和经济发展依然依赖于外来援助。因此美国的政策是尽力帮助巴基斯坦获得来自美国、英联邦及其他西方国家的援助，从而确保巴基斯坦政府和人民站在美国和其他西方国家一边。② 一方面，军事援助有助于巴基斯坦发展军事力量，改善巴基斯坦的安全现状，一直援助到巴基斯坦的经济发展达到较高水平，从而有能力维持其自身的防御和安全为止。另一方面，巴基斯坦的经济进步有助于其维护国内安全，进而消除引发不满的因素。

4. 利用巴基斯坦的基地和基础设施

美国政府明确表示，“如果我们对军事援助巴基斯坦有所特别要求的话，那么便是巴基斯坦同意我们在战争时期使用他们的基地”。③

美国距离苏联与波斯湾较远，但巴基斯坦与苏联和波斯湾距离较近，因此将巴基斯坦纳入地区防御具有重要价值。1949年3月24日，美参谋长联席会议（JCS）的一份研究报告指出，“巴基斯坦的卡拉奇—拉合尔地区可以作为对苏联中部地区进行打击的空军基地，以及防御中东石油地区的军事集结区”。④《纽约时报》指出，美国可以利用距离卡拉奇很近的两

① U. S. Congress, Senate, *Special Committee to Study the Foreign Aid Program*, The Military Assistance Program of the United State, Study No. 10, prepared by the Institute of War and Peace Studies of Columbia University, 85th Cong., 1st Sess., 1957, Committee Print, p. 942.

② *Policy of the United States with Respect to Pakistan*, Department of State Policy Statement, 611. 90D/ 4～350, April 3, 1950, p. 1490.

③ *Policy of the United States with Respect to Pakistan*, Department of State Policy Statement, 611. 90D/ 4～350, April 3, 1950, p. 1492.

④ Robert J. McMahon, 1988: “United States Cold War Strategy in South Asia: Making a Military Commitment to Pakistan, 1947～1954.”, *The Journal of American History*, Vol. 75, No. 3, December, p. 818.

个大型机场：一个在马利尔（Malir）郊区，是亚洲最大的民用机场；另一个是位于曼尼普尔（Mauripur）的巴基斯坦皇家空军基地，是英国与美国在二战时期建设的，空间巨大，可以容纳许多设施和安排大量人员。尽管利用率不是很高，但是经过精心维护，两个机场都可以起降最大型飞机。①

5. 巴基斯坦在中东伊斯兰国家中具有重要影响

1951 年 5 月，美国国务卿在发给巴基斯坦使馆的电报中强调了巴基斯坦在中东伊斯兰国家中所具有的作用。② 电报指出：南亚次大陆安全的维护需要巴基斯坦、印度和阿富汗的联合行动，然而，巴基斯坦与邻国的不良关系限制着有效合作。为此，巴基斯坦寻求区域外盟友，尤其是近东的伊斯兰国家，以便在面临苏联集团时能够获得帮助。巴基斯坦的外交政策及其与美国的关系不仅受到巴基斯坦与印度、阿富汗关系以及与英联邦关系的影响，而且其谋求加强与伊斯兰国家的关系也会对此产生影响。因为担心印度拒不承认巴基斯坦独立的事实以及印度致力于在南亚和东南亚发挥领导责任，所以巴基斯坦力图在中东的伊斯兰国家中占据更突出的地位。它已与埃及、伊朗、伊拉克和叙利亚签署友好条约，并发起伊斯兰国家会议，例如“世界穆斯林大会”以及“伊斯兰经济会议”。自 1947 年 9 月进入联合国后，巴基斯坦已在伊斯兰国家中发挥了领导作用。巴基斯坦在巴勒斯坦问题以及如何处置前意大利殖民地等问题上积极提出倡议；巴基斯坦是“联合国巴尔干特别委员会”“联合国利比亚咨询理事会”“厄立特里亚调查委员会”“和平观察委员会”和“朝鲜统一复兴委员会”的成员，并积极参与其活动；巴基斯坦还积极提出“联合国阿拉伯—亚洲”和平提议。

（三）印度因素

除上述考虑外，印度的外交政策也是促成美国军事援助巴基斯坦的重

---

① Michael James: “Pakistan Said to Offer Bases In Return for U. S. Arms Aid”, *New York Times*, November 17, 1953.

② *The Secretary of State to the Embassy in Pakistan*, Washington, May 24, 1951, 690D. 95/5 ~ 1551, FRUS, VI, pp. 2208 ~ 2214.

要原因。

1. 印度的不结盟政策使美国最终决定军事援助巴基斯坦

对美国来说，印度的外交政策，尤其是所谓的“中立”（neutralism）或“不结盟”（non-alignment）政策，是美国政府所无法接受的。

在美国看来，冷战期间，有许多国家选择在“东”“西”两方中维持中立，但是把中立主义上升为“哲学高度”的只有尼赫鲁一人。① 早在1946年，尼赫鲁便强调不结盟，他认为结盟政策是世界大战的前奏。② 印度“中立”政策的表现是：印度在东西冲突中坚持独立，尽管与西方国家维持着重要的经济、文化联系以及在国内打击共产主义，但是不会“选边站”。③ 印度决定不签署日本和平条约是“中立主义”的最好表现。④

印度在很多问题上的不结盟政策扩大了美印之间的分歧。其一，对共产主义的认识不同。印度认为，美国关于共产主义是“扩张主义”的看法毫无根据，苏联和美国彼此担心和防范对方。⑤ 印度还认为共产主义的“威胁”主要来自于国家内部而非国家外部，各国可根据各自情况处理。⑥ 其二，对殖民主义的态度不同。印度强调根除殖民主义是首要目标，而美国更关注共产主义的“扩张”。⑦ 另外，两国对亚非国家的援助类型有不同看法。美国更感兴趣于加强亚非国家的军事力量，以对抗可能的威胁，而印度则认为，援助应以促进发展中国家的经济发展为目标。

---

① *Memorandum of Conversation by Mr. John Frick Root, Second Secretary of Embassy in the United Kingdom*, London, April 3, 1951, 788.00/4～1051, FRUS, p. 1690.

② Jawaharlal Nehru, *India's Foreign Policy, Selected Speeches, September 1946～April 1961*, New Delhi: Government of India Publications Division, 1961, p. 2.

③ *Memorandum by the Central Inteligence Agency*, Washington, September 4, 1951, INR Files, FRUS, p. 2175.

④ *Paper Prepared in the Bureau of Near Eastern, South Asian, and African Affairs*, Washington, August 30, 1951, CFM Files: Lot M－88: WFM Brithish and French Talks, FRUS, p. 2172.

⑤ Sundarlal Poplai and Philips Talbot, *India and Americ*, . New Delhi: Indian Council of World Affairs, 1958, p. 54.

⑥ M. S. Rajan, *India in World Affairs 1954～56*, Bombay: Asia Publishing House, 1964, p. 249.

⑦ Pannikkar, 1953～54: "Middle Ground Between America and Russia", *Foreign Affairs*, Vol. 32, pp. 264～265.

印巴分治后，美国曾试图联合印度以促进美国在亚洲的利益，但最终因尼赫鲁坚持不结盟政策而被迫放弃。美国之所以选择与巴基斯坦结盟而不是与印度结盟，与印度实施中立主义政策有很大关系。在艾森豪威尔政府看来，“联盟”和“中立”是两个完全不同的概念，两者相互对立，后者更有利于苏联，因此必须对此给予明确区分，分别称之为“我们友好的国家”和“持中立态度的国家”，[①] 换句话说，应该支持那些愿意与美国“联盟”的国家而反对那些“中立”的国家。国务卿杜勒斯强烈地抨击不结盟原则，认为“中立是一个过时的概念，除了在极端情况下，它是一个不道德和缺乏远见的概念”。[②] 在他看来，所谓“中立”，通俗点讲就是“脚踩两只船”。国会一份研究报告提出质疑：“难道印度真的相信它在西方世界与共产主义的斗争中能够维持中立吗？……显然，这种中立姿态既站不住脚，也不值得。”[③]

美国力图使印度相信，中立主义对印度维持独立是有危险的，阻碍其迈向“自由世界”秩序。而集体安全以及与非社会主义国家建立更紧密的联系是防止印度卷入战争最有效的办法。从长远来看，对印度中立主义进行打击的一个有效方法就是增加其他非社会主义国家的能力，使其在集体安全中发挥重要影响力和领导力。如果这一目标能够实现，将极大限制印度作为亚洲重要国家在两大阵营间保持平衡的能力。为此，美国需要向亚洲国家提供经济和军事援助。[④]

2. 印度因素延缓了美国军事援助巴基斯坦的进程

美国一直看重印度在南亚次大陆的地位，力图保持与它的友好合作关系，即便在美国对印度的包括“不结盟”政策在内的对外政策不满的时候

---

① U. S. Congress, House, *Committee on Foreign Affairs*, Hearings, Mutual Security Act of 1955, 84th Congress, 1st session, 1955, p. 99.

② N. Parameswaran Nayar, 1962: “Growth of Non-Alignment in World Affairs”, *India Quarterly*, Vol. 18, pp. 48 ~ 49.

③ U. S. Congress, House, *Committee on Foreign Affairs*, *Report of the Special Study Mission to Pakistan, India. Thailand, and Indonesia*, Report No. 412, 83rd Congress, 2nd session, 1953, p. 21.

④ *Paper Prepared in the Bureau of Near Eastern, South Asian, and African Affairs*, Washington, August 30, 1951, CFM Files: Lot M – 88: WFM Brithish and French Talks, FRUS, p. 2172.

也是如此。

（1）印度是重要的民主力量

如前所述，美国政府对印度的“中立”（或“不结盟”）政策颇多微词，但是如果让其在“反对中立政策”和“坚决抵制共产党执政”中两者选其一，美国政府肯定是选择后者。

其一，尼赫鲁“反对共产主义”的态度让美国感到高兴，这也是美国一直努力争取印度的主要动因。1950年6月，尼赫鲁在访问东南亚国家的演讲中强调，与在亚洲持续存在的欧洲殖民主义相比，他更反对共产主义。① 尼赫鲁在出访印尼时说“世界已发生改变”，他提及潜伏在东南亚国家的意识形态危险，认为这破坏了亚洲民族主义运动的团结。他告诫印尼……要避免共产主义。② 尼赫鲁的上述声明显然符合美国的利益。美国政府也比较认同尼赫鲁的这一立场，因此某种程度上也容忍了印度的一些做法。比如，1950年12月，国务卿艾奇逊在写给美国驻印度使馆的信中指出：“印度和美国一样，把共产主义看作是最大敌人，但是为了维持其在亚洲的影响力，它不能公开地反对苏联。”③

其二，美国政府意识到，如果印度现政府失败，将带来极为恶劣的影响。1952年2月，鲍尔斯大使在发给国务院的电报中指出：“一旦印度失败，……东南亚和中东将不可避免的失控。共产主义席卷亚洲将极大损害我们在欧洲的地位，我们在全世界的数亿朋友会认为他们下错了赌注。而这种局面是苏联希望看到的。”④

其三，关于印度的不结盟政策。值得注意的是，美国并非一边倒地批判印度的中立主义，也有一些美国人士为印度的中立立场进行辩解。例

---

① *Memorandum by the Deputy Assistant Secretary of State for Near Eastern, South Asian, and African Affairs (Hare) to the Secretary of State*, Washington, July 3, 1950, 791.00/7～350, FRUS, p. 1466.

② *Memorandum by the Deputy Assistant Secretary of State for Near Eastern, South Asian, and African Affairs (Hare) to the Secretary of State*, Washington, July 3, 1950, 791.00/7～350, FRUS, p. 1467.

③ *The Secretary of State to the Embassy in India*, Washington, December 30, 1950, 611.91/12～3050, FRUS, p. 1482.

④ *The Ambassador in India (Bowles) to the Department of State*, New Delhi, February 21, 1952, FRUS 1952～54, XI, p. 1636.

如，1950 年 11 月 2 日，美国驻印度大使亨德森拜会尼赫鲁总理，针对尼赫鲁提出的“美国希望印度改变其不结盟政策”的质疑，大使回应说，美国无意改变印度的基本外交政策。在美国看来，印度的这一政策是不与任何“大国集团”结盟，自己决定自己对待国际问题的态度。美国并非对印度自主外交政策不满。印度和美国的基本国际目标是相似的（如果不是完全相同的话）。因此，在国际问题上，双方只是在方法、策略等方面不同，本质性上并没有区别。① 1950 年 11 月 10 日，亨德森大使在写给国务卿艾奇逊的信中表明：“美国无意迫使印度与美国‘结盟’或者加入任何‘集团’，不过，如果印度愿意与美国真诚合作，加强现存的集体安全体制，与西方国家共同抵制威胁，美国当然非常欢迎。印度仍然可以根据自己的情况做出国际决策，而不是必须选边站。”② 1951 年 9 月，美国中央情报局在备忘录中指出，印度选择“中立”是基于如下考虑：第一，印度唯恐失去刚刚获得的行动自由，因此反对任何有可能导致国外干涉的安排。第二，印度领导人极力维护亚洲民族主义，不愿意与他们称之为殖民主义的势力结盟。他们认为，西方大国致力于维持在亚洲的影响力，而不考虑亚洲国家的利益和愿望。印度力图在亚洲发挥领导作用而西方致力于就克什米尔争端达成联合国决议，导致印度对西方更加怀疑。第三，尼赫鲁认为，西方对苏联“扩张主义”的敌意，在行动上是危险的，在道义上是错误的。他担心西方这样压制苏联会引发世界大战，这将不利于印度经济发展所必需的国际和平与稳定环境。③ 鲍尔斯大使提醒，印度 1951 年的中立主义与美国 20 世纪二三十年代的孤立主义极为相似。实际上，印度优于美国，因为美国拒绝国际联盟，而印度却参加联合国。鲍尔斯大使还认为，印度对刚刚获得的独立极为敏感，他们担心，公开地站在美国一边或者接

---

① *The Ambassador in India (Henderson) to the Secretary of State*, New Delhi, November 3, 1950, 611.91/11 ~ 350, FRUS, p. 1471.

② *The Ambassador in India (Henderson) to the Secretary of State*, New Delhi, November 10, 1950, 791.00/11 ~ 1050, FRUS, p. 1475.

③ *Memorandum by the Central Inteligence Agency*, Washington, September 4, 1951, INR Files, FRUS, pp. 2175 ~ 2176.

受附加条件的援助将使印度的独立受到损害。[①] 美国情报部门也指出：印度领导人相信，在大国斗争中选边站获益很少，而一旦引发世界大战，则损失更多。印度对西方持批评态度源于其担心西方反对苏联会引发一场战争。印度不太可能为了同社会主义国家发展更紧密联系而放弃其不结盟政策。出于自身利益考虑，印度会增加非战略物资交易，但是这一交易很有限，以避免在经济上依赖这些国家。[②]

鉴于上述考虑，美国一直不放弃与印度接近的机会，甚至提议建立咨询机制或者派遣高级别政府代表进驻德里，以便使印度更同情和信任美国。[③]

（2）印度同样渴望发展与美国的友好关系

印度也渴望同美国发展友好关系。在印度看来，印度的军事建设需要美国的援助。例如，1950年11月10日，亨德森大使在写给艾奇逊国务卿的信中指明："印度有人主张改变不结盟政策，重点发展与美国的关系。在这些人看来，若想有效应对周边的社会主义国家，印度必须加强其军事建设，而如果没有西方尤其是美国的援助，印度的军事建设根本不可能得到加强。"[④]

（3）美国有明确的对印政策

美国国务院每年颁布的《政策声明》清晰地表明了美国对印度的认知以及美国对印度的政策和目标。例如，1950年《政策声明》指出：美国看重印度在南亚次大陆的地位。印度因其相对强大的实力、影响力和稳定性，成为亚洲非社会主义的重要国家。但是贫困、饥饿和疾病是社会和政治暴乱的种子，如果印度不能极大改善社会和经济状况，印度当局将丧失

---

① *Memorandum by the Ambassador in India (Bowles) to the Secretary of State*, New Delhi, December 6, 1951, 1951, 611.93/12～651, FRUS, p. 2193.

② *National Intelligence Estimate*, *Washington*, June 30, 1953, INR-NIE files, FRUS 1952～54, XI, p. 1086.

③ *The Ambassador in India (Henderson) to the Secretary of State*, New Delhi, August 23, 1950, 611.90/8～2350, FRUS, p. 1469.

④ *The Ambassador in India (Henderson) to the Secretary of State*, New Delhi, November 10, 1950, 791.00/11～1050, FRUS, p. 1475.

执政权，继任当局对待美国的态度将会变得更差。和其他欠发达国家一样，印度缺乏大量发展项目所必需的资本。同时印度生产的许多物资对美国具有战略价值，这些物资不受干扰地输入美国对美国来说非常重要。印度锰矿持续不断的供应对于维持美国高水平的钢产量具有十分重要的意义，美国必须坚持并鼓励加大当前的供应量。粗麻布、云母、蓝晶石、金刚砂、绿宝石和独居石同样也很重要。美国对印政策目标：当前政府继续执政，该政府支持并愿意与美国发展友好合作关系。美国愿意看到印度自愿地与美国及其他国家联合抵制共产主义。希望印度保持政治稳定和经济进步。希望获得印度的资源和市场，并且不让苏联获得这些资源与市场。希望印度在战时能够允许美国使用其设施。①

从上述政策中不难看出美国对印度的期望，显然，这必然会对美国军事援助巴基斯坦的决定造成巨大的阻碍。

二、巴基斯坦愿意接受美国军事援助的原因

巴基斯坦渴望并愿意获得美国的军事援助是多种因素综合考虑的结果，除了巴基斯坦自身因素（详见第二章第一节）外，还有印度因素和苏联因素。

（一）印度因素

对于任何国家而言，国家生存是第一要务，尤其是对刚刚独立的国家而言更是如此，因此防御需求是决定一国外交政策的基础。自印巴分治以来，由于矛盾重重，印度成为巴基斯坦国防政策及外交政策的首要考虑对象。几乎巴基斯坦的每次对外行动与印度都有千丝万缕的关系。当然，巴基斯坦同美国发展关系时不会明确表明其最高目标是针对印度，因为他们

---

① *Department of State Policy Statement*, *Washington*, December 1, 1950, 611.91/12 ~ 150, FRUS, pp. 1476 ~ 1479.

知道美国不但不同情这一点，而且比较反感巴基斯坦的反印情绪。[①]

巴基斯坦如此关切印度是有理由的：其一，巴基斯坦被印度分为东、西两部分，中间间隔1000英里，东、西巴基斯坦的相互联通和防务是最大难题之一。[②] 巴基斯坦总统阿尤布曾称，印度只允许巴基斯坦作为印度的一个附属国存在。[③] 其二，印巴两国间积怨已深，这种怨恨植根于文化之中。一位观察家写道："印巴怨恨的真正原因在于两种生活方式的互不妥协以及两种政治组织概念的冲突。"[④] 真纳认为，印度的穆斯林不是少数民族而是一个独立民族，如果让印度人统治（一个民族对另一个民族的统治），是对民主基本原则的违背。[⑤] 印度国大党拒不承认这一观点，坚信印度的统一以及人民的团结至高无上（不管其信仰如何）。[⑥]

巴基斯坦对印度的担心（惟恐其主权和领土完整受到印度的威胁）是巴基斯坦急切获得军事援助以增加军事实力从而提高防御能力的最重要动因之一。

（二）苏联因素

在巴基斯坦看来，巴基斯坦的安全受到苏联的"威胁"，主要是因为苏联支持阿富汗的主权要求。

苏联因素使巴基斯坦意识到：除了自身安全受到"威胁"外，它向苏联寻求军事援助的可能性几乎没有，这更加坚定了其向美国提出军事援助

---

① *Department of State Policy Statement*, Washington, April 3, 1950, 611.90D/4～350, FRUS, p. 1496.

② Ian Stephens, *Pakistan*, London: Ernest Bern Ltd., 1967, p. 212.

③ M. Ayub Khan, *Friends Not Masters: A Political Autobiography*, London: Oxford University Press, 1967, p. 115.

④ Josef Korbel, *Danger in Kashmir*, Princeton, New Jersey: Princeton University Press, 1966, p. 25.

⑤ Das Gupta, Jyoti Bhusan, *Indo-Pakistan Relations: 1947～55*, Amsterdam: Diambatan, 1958, p. 212.

⑥ P. B. Gajendragadkar, *Kashmir: Retrospect and Prospect*, Bombay: University of Bombay, 1967, p. 33.

请求的决心。

第三节　军事援助有效性评估

从1947年独立伊始，巴基斯坦便向美国提出军事援助的请求，美国政府从婉拒到开始考虑，从派遣高官访问巴基斯坦到最终同意向巴基斯坦提供军事援助，其间既得到大量支持与声援，又面临着众多质疑与批评。本节对该阶段（1947~1954年）美国军事援助巴基斯坦有效性的评估，既是对本阶段美国（或巴基斯坦）决定提供（或接受）军事援助过程及动因的总结，从中可以发现军事援助的各目标，又是对下一阶段美国（或巴基斯坦）提供（或接受）军事援助实施效果的预测。换言之，本阶段只涉及预期军事援助有效性，没有涉及实际军事援助有效性，因为美国刚刚决定对巴基斯坦提供军事援助，还没有真正实施，因此谈不上实际军事援助有效性。

一、美国预期军事援助有效性评估

（一）美国军事援助巴基斯坦的预期目标

美国军事援助巴基斯坦的动因很多，根据前文所述，我们可以从中归纳出美国军事援助巴基斯坦最为重要的五大目标。

第一目标（赋值0.4）：遏制苏联（或共产主义）“扩张”。美国军事援助的直接目标是“防止苏联等国对他国进行干涉”；最终目标是“获得国际和平与安全”。无论是直接目标还是最终目标都直指苏联（或共产主义），因为在某种程度上美国将“获得国际和平与安全”等同于“遏制苏联（或共产主义）扩张”，后者是前者的充分必要条件。这是美国制定对外政策或者看待国际问题的出发点，美国对巴基斯坦的军事援助也不例外，它是美国“遏制苏联（或共产主义）扩张”全球战略的一部分。二战后，鉴于中东地区的战略地位以及英国实力衰退无法继续保卫中东地区的重任，美国决定填补英国留下的权力真空，承担起防御中东的责任，主要目的是为了防止苏联“控制”中东。独立伊始的巴基斯坦百废待兴，极度渴望获得美国的军事援助，然而却遭到美国的婉拒，最重要的理由之一是巴基斯坦不在美国全球战略的考虑范围之内，冷战初期美国的注意力主要集中在欧洲，其次是东亚和西亚，然后才是南亚，即便如此，美国在南亚只对同印度发展关系稍感兴趣，根本没注意到巴基斯坦。直到1950年朝鲜战争爆发，美国开始调整并日益重视南亚政策，美国在南亚的目标是改善美国的安全状况，避免南亚落入社会主义阵营。总之，在美国政府看来，获得南亚国家在外交以及在联合国的支持都是非常重要的，这就使得南亚国家变得异常重要。鉴于此，为了改善美国的安全状况，美国政府的南亚政策要达到如下目标：与该地区国家发展持续友好的关系；南亚国家继续增强其个体及集体抵制共产主义影响的能力；南亚国家积极参加并负责亚洲问题的解决；南亚国家同意美国及其盟友在和平以及战争时期使用其设施，并阻止苏联获得该地区国家直接或间接的军事支持或协助；美国及其盟友可以获得该地区的资源和市场，并敦促南亚国家拒绝苏联获得该地区资源。由此可见，巴基斯坦能否获得美国的军事援助，或者说，美国是否愿意向巴基斯坦提供军事援助，其中最重要的考量因素是：巴基斯坦是否能够为其全球战略发挥作用。

第二目标（赋值0.25）：促进和加强地区集体安全安排。冷战开始后，为了更好地应对苏联带来的“威胁”，美国政府便启动了联盟政策。除了欧洲地区的NATO外，美国也意识到在其他地区建立联盟体系的重要性。1950年11月3日，亨德森大使在发给国务院的电报中指出，当前应对世界和平威胁的最好办法就是建立集体防御。[1] 为了应对和挫败社会主义阵营向中东“扩张”，杜鲁门政府先后尝试了MEC和MEDO两个中东防御计

① *The Ambassador in India (Henderson) to the Secretary of State*, New Delhi, November 3, 1950, 611.91/11～350, FRUS, p. 1471.

划，尽管相继失败，但是美国通过地区集体安全安排保护西方国家在该地区利益的决心并未动摇。相较于杜鲁门政府，艾森豪威尔政府更为重视集体安全体系和军事联盟的建设。此时，“北方联盟”开始进入美国决策者的视野并被付诸实施。美国众议院外交事务委员会在报告中再次指出，“集体安全”政策是应对苏联唯一真正的“希望”。[①] 中东对于西方而言具有重要的战略、政治和经济价值，该地区拥有世界上最丰富的石油资源，拥有战略军事基地。它还是基督教、犹太教和伊斯兰教的圣地，对世界各地的人具有宗教和文化影响。如果中东受到苏联的影响或“控制”，美国的安全利益将受到极大威胁。[②] 然而，无论是对个体而言还是集体而言，中东国家的武装部队都无法有效地遏制外来大国的进入。因此，在传统意义上属于南亚的巴基斯坦，由于具有精良的部队，被美国视为“中东国家”。美国助理国务卿麦吉尤其强调巴基斯坦在防御中东安全方面发挥着不可或缺的作用，称：只有巴基斯坦，中东才能得到有效防御；如若没有巴基斯坦，中东安全无法得到保障。美国国务院在其政策声明中也强调巴基斯坦在中东地区防御中的重要性以及发展与巴基斯坦关系的必要性。国务卿杜勒斯和副总统尼克松先后访问南亚，为美国最终向巴基斯坦提供军事援助做好了铺垫。美国国家安全委员会支持美国当局军事援助巴基斯坦的决定是有前提条件的，即巴基斯坦与土耳其就军事、经济和文化合作事宜达成协议。只有满足这一条件，美国国家安全委员会才会同意美国当局军事援助巴基斯坦。换句话说，军事援助是地区安全计划的一部分。

第三目标（赋值0.20）：增强巴基斯坦的军事力量，利用巴基斯坦的基地和基础设施，抵御苏联。美国军事援助的一个重要目标是加强受援国的防御力量以应对外来威胁，尤其是那些处在最前沿地区的国家。在美国看来，加强巴基斯坦的防御力量很有必要。与此同时，巴基斯坦在中东伊斯兰国家中具有重要地位，这对美国的安全利益至关重要。美国政府表

① *Special Study Mission to Southeast Asia and the Pacific*, Report, 83rd Congress, 2nd session, 1954, House Report, 2.5, pp. 8 ~ 9.

② *Statement of Policy by the National Security Council*, Washington, July 14, 1953, S/P – NSC files, lot 61 D 167, “Near East (NSC 155)”, FRUS 1952 ~ 1954, IX, p. 399.

示，“如果我们对军事援助巴基斯坦有特别要求的话，那么便是巴基斯坦同意我们在战争时期使用他们的基地”。① 1949年3月24日，JCS的一份研究报告指出，“巴基斯坦的卡拉奇—拉合尔地区可以作为对苏联中部地区进行打击的空军基地，也可以作为中东石油地区的军事集结区”。② 1951年2月26日至3月2日，美国“外交与领事官员南亚地区会议”在锡兰的努瓦拉埃利亚举行，与会代表认为：巴基斯坦境内有许多基地，尤其是空军和海军基地，在战时可以为西方的军事行动发挥重要作用。总之，无论是增强巴基斯坦的军事实力，还是利用巴基斯坦的基地和基础设施，其最终目的都是为了有效抵御苏联。

第四目标（赋值0.10）：阻止巴基斯坦获得社会主义国家的军事援助。从美国角度来看，是否要对某个特定国家提供军事援助，既要考虑提供军事援助所带来的积极影响，也要考虑不提供军事援助有可能带来的消极影响。从积极方面来看，提供军事援助可以直接促进美国国家利益的实现，使受援国成为美国集体防御安排中的一员，这符合美国的政策和战略。从消极方面来看，如果美国不向某个国家提供军事援助，而该国转而接受来自社会主义阵营的援助，结果是美国将丧失在该国的影响力。为了避免这种情况发生，美国提供军事援助的一个非常重要的要求就是受援国不能接受来自社会主义国家的军事援助。换言之，军事援助某个国家可能不是因为受援国有多重要，而是因为满足其援助需要增加其军事力量将有助于实现美国的安全利益。美国军事援助巴基斯坦的一个重要目的就是阻止巴基斯坦获得社会主义国家的军事援助，从而减少其对巴基斯坦的影响。美国还意识到，巴基斯坦的援助请求能否得到满足将最终影响其领导人是选择倒向“西方阵营”还是“东方阵营”。为扭转这一不利局面，美国当局采取了一系列措施，如1949年部分解除对巴基斯坦的武器禁运，允许其购买

① *Policy of the United States with Respect to Pakistan*, Department of State Policy Statement, 611. 90D/ 4～350. April 3, 1950, p. 1492.

② Robert J. McMahon, “United States Cold War Strategy in South Asia: Making a Military Commitment to Pakistan, 1947～1954”, *The Journal of American History*, Vol. 75, No. 3, December, 1988, p. 818.

少量武器。但由于无法满足巴基斯坦的巨大援助需求，巴基斯坦依然继续发展与苏联的关系。1950 年 3 月，苏联与巴基斯坦完成大使的互相派遣；1950 年，苏联再次邀请利亚奎特·阿里·汗总理访问莫斯科。事实上，阻止巴基斯坦发展与苏联的关系是美国最终决定军事援助巴基斯坦的重要因素之一。

第五目标（赋值 0.05）：不过分触怒印度。如前所述，美国之所以多次拒绝巴基斯坦军事援助的请求，最重要的理由有两个。其一，美国在南亚考虑更多的是印度而不是巴基斯坦。美国认为，只要印巴关系依然紧张，美国对巴基斯坦的任何援助都会被印度看作是不友好的行为。其二，美国在南亚坚持实施“区域性”政策，即力图同时与印度和巴基斯坦保持友好关系，印巴之间的合作比印巴之间的竞争更符合美国利益。例如，1947 ~ 1948 年，印巴之间爆发克什米尔战争，出于区域性政策的考虑，美国在印巴克什米尔争端上坚持中立政策，从 1948 ~ 1949 年初同时拒绝向两国提供武器。在美国看来，公开地支持某一个国家将不可避免地疏远另一个国家，不利于克什米尔争端的和平解决。但是美国在印巴克什米尔争端上所采取的严格中立政策引起巴基斯坦的极度不满，在巴基斯坦看来，这根本不是中立，因为印度掌握着英属印度部队的大部分军事装备，还包括本应属于巴基斯坦的装备。另外，印度具有生产某些武器装备的能力，而巴基斯坦完全依赖于外部供应，美国的“中立政策”实际上是支持印度。从 1949 年中期到 1951 年，美国一面安抚巴基斯坦，向其提供少量的军事装备，一面避免过多承诺导致疏远印度。换言之，美国不愿意放弃其在南亚所坚持的“区域性”政策。然而美印关系的日益紧张以及国际形势的变化迫使美国不得不放弃在南亚地区的“区域性”政策，开始重新评估巴基斯坦对美国的战略价值，尤其是强调巴基斯坦对中东的重要战略意义。即便如此，美国并没有完全放弃印度，依然注重美印关系的发展。在军事援助巴基斯坦的过程中，美国最为担心的就是引起印度的过度反应。[①] 1953 年底，当美国有可能军事援

① *Testimony by Secretary of State Dulles in the executive session of the Senate*, CFR, 3 June, 1953.

助巴基斯坦的消息泄露引起尼赫鲁的极大不满时，总统艾森豪威尔和国务卿杜勒斯亲自多次出面给予澄清，极力安抚印度，力图消除印度对美巴可能达成军事联盟的担忧。艾森豪威尔总统宣称，美国在与巴基斯坦交往时非常注重由此而有可能引起邻国印度的不安或惊恐，美国的政策是发展与整个南亚次大陆而不是某一个国家的友好关系。① 艾森豪威尔总统原则上同意军事援助巴基斯坦，但是要避免给人留下美国军事援助巴基斯坦是为了对抗印度的错误印象。②

美国军事援助巴基斯坦的目标已确定，接下来是预估各个目标的实现程度，这可以从美国支持和反对军事援助巴基斯坦的各方立场来确定。

（二）美国军事援助巴基斯坦预期目标的实现率

尽管美国决策者做出了美国军事援助巴基斯坦的决定，但是美国国内舆论并非一边倒的支持或反对。反对者认为美国军事援助巴基斯坦是愚蠢甚至是危险的举措，不符合美国的国家利益；支持者认为美国军事援助巴基斯坦是明智的决定，符合美国的国家利益。既然美国最终做出了军事援助巴基斯坦的决定，说明支持者的理由比反对者的理由更为充足。但是对于反对者及其理由也要给予足够重视，他们的理由在评估时要作为“减分”项考虑进去。另外，从1947年巴基斯坦提出军事援助请求到1954年美国同意提供军事援助，足足花了7年时间，从中可以看出，即便是支持者，也有一个观念转变或者对能否达到援助目标从迟疑到基本相信的过程。尽管有支持者的支持，但从领导人发布的声明、发表的演讲以及政府公开的文件中可以看出，提供军事援助仍有很大保留或前提条件，这也是在评估过程中需要给予充分考虑的。

第一目标：遏制苏联（或共产主义）“扩张”。在支持者看来，巴基斯

① “President Assures India on Pakistan: Pledges U. S. Will Be Cautious on Question of Military Alliance with Karachi”, *New York Times*, November 19, 1953.

② *Memorandum of Conversation*, by the Secretary of State, Washington, January 5, 1954, 790.5/1～554, FRUS 1952～1954, XI, p. 1838.

坦符合这个条件：巴基斯坦受到苏联的“威胁”且对遏制苏联（或共产主义）“扩张”有帮助。支持者认为，由于巴基斯坦的战略位置，美国能从军事援助决定中获得巨大收益，会“加强西方世界的防御”，有助于“完善苏联周边国家对苏联的包围，从而达到美国遏制政策的目的”。[①] 在众多反对理由中，印度是最主要的考虑因素，即由于军事援助巴基斯坦可能会激怒印度，而印度在南亚的地位及影响远在巴基斯坦之上，美国应该更加重视，因此美国军事援助巴基斯坦不是明智之举，不符合美国以及西方的利益。持这种理由的反对者，担心军事援助巴基斯坦会带来负面影响。当然，反对者中也存在诸如“军事援助巴基斯坦将迫使印度及南亚其他国家倒向社会主义阵营”等理由，但是这些反对理由不是主流。综合考虑，这一目标的预期实现率为80%。

第二目标：促进和加强地区集体安全安排。反对美国军事援助巴基斯坦的理由中有一条“巴基斯坦内部问题限制巴基斯坦执行联盟任务”，美国国务院政策规划人员马歇尔（C. B. Marshall）和约翰·坎贝尔（John Campbell）认为巴基斯坦政治体系的脆弱性及其内部不稳定性将阻碍巴基斯坦执行联盟任务，不能指望它在中东防御中发挥重要作用。[②] 应该说，这种担心有点多余，因为美国在向巴基斯坦提供军事援助时有一个前提，即巴基斯坦与土耳其就军事、经济和文化合作事宜达成协议。换句话说，军事援助是地区安全计划的一部分。从另一方面来讲，巴基斯坦也愿意为促进和加强地区集体安全安排发挥作用。巴基斯坦政府倡议加强中东与南亚国家之间的合作，巴基斯坦对于创建一个包括土耳其、伊朗、阿拉伯国家和阿富汗等国家在内的地区安排非常感兴趣。巴基斯坦财政部长倡议创建的“伊斯兰经济组织”为中东和南亚国家在经济领域和社会变革等方面进行合作开辟了道路。巴基斯坦重视发展与伊朗之间更紧密的文化联系，

---

① Zubair Ahmad, *The United States decision on military aid to Pakistan*, Graduate School of Arts and Sciences, University of Pennsylvania, 1975, p. 117.

② John C. Campbell. *Defence of the Middle East*, *Council on Foreign Relations*, New York, revised edition. 1960. p. 289.

与此同时，抓住任何机会力图促成泛伊斯兰文化会议的召开。[①] 综合考虑，这一目标的预期实现率为 95%。

第三目标：增强巴基斯坦的军事力量，利用巴基斯坦的基地和基础设施，抵御苏联。反对意见中有一条理由是“军事援助巴基斯坦将迫使印度及南亚其他国家倒向社会主义阵营”，鲍尔斯大使认为，“阿富汗人非常担心巴基斯坦，美国与巴基斯坦的军事协议……无疑将迫使阿富汗接受来自苏联的军事援助和经济援助”。[②] 他在美国决定军事援助巴基斯坦之前继续警告说，假设这一决定成为现实，苏联很有可能向“印度和其他亚洲国家提供苏联版本的第四点计划”。[③] 从中不难看出，鲍尔斯大使担心的是阿富汗和印度会接受来自苏联的军事和经济援助，并没有否认巴基斯坦军事力量的增加有助于抵御苏联。另外，利用巴基斯坦的基地和基础设施，是美国政府所笃定的，也是比较看重的。综合考虑，这一目标的预期实现率为 85%。

第四目标：阻止巴基斯坦获得社会主义国家的军事援助。美国政府知道，如果不能从美国获得军事援助，巴基斯坦定会转向他国以寻求军事援助。更为重要的是，巴基斯坦的援助请求能否得到满足将最终影响其领导人是选择哪一方。[④] 反对理由中没有一条否认对巴基斯坦的军事援助将有助于巴基斯坦避免获得来自社会主义国家的军事援助。至少，由于巴基斯坦能够获得来自美国的军事援助，巴基斯坦再额外接受苏联军事援助的动机大大减少。综合考虑，这一目标的预期实现率为 95 %。

第五目标：不过分触怒印度。美国此阶段的重心从印度转向巴基斯坦，一个重要原因是尼赫鲁政府奉行中立的不结盟政策，不愿加入美国的遏制体系，且在国际事务上时常对西方提出批评，与苏联等国走的相对较

---

① *Agreed Conclusions and Recommendations of the Conference of Middle Eastern Chief of Mission*, Istanbul, February 14～21, 1951. 120. 4382/3～1551. FRUS, 1951, V, p. 59.

② Selig S. Harrison, “Case History of a Mistake”, *New Republic*, August 10, 1959, p. 16.

③ *The Statesman*, January 8, 1954.

④ *Department of State Policy Statement*, Washington, April 3, 1950, 611. 90D/4～350, FRUS, p. 1491.

近。但美国不愿牺牲印美关系，所以在决定对巴基斯坦提供军事援助时，又设法安抚印度，这是美国一再推迟军事援助巴基斯坦的重要原因。艾森豪威尔总统在发表支持军事援助巴基斯坦的声明中对印度给予了特别关注，其主要目的是要表明美国的这一行动绝不是针对印度，并强调不会影响美国与印度的友谊，“美国将继续努力加强两国间的持久友好关系”，“如果印度政府有军事援助要求，美国将给予最诚挚的考虑”。[①] 经过权衡，美国国家安全委员会认为：将巴基斯坦纳入中东防御体系比维持与印度的良好关系更重要，将持中立主义的国家与支持西方的国家分开来是件好事。当然，美国力图尽量将军事援助巴基斯坦对印度的影响降到最低。为此，为了做到既最大程度地发挥巴基斯坦在中东防御中的作用，又能尽量减轻印度的不满情绪，美国国家安全委员会决定将军事援助巴基斯坦计划与土耳其和巴基斯坦共同防御安排联系起来，以表明美国援助的意图是加强地区防御外来威胁的能力而不是在地区国家争端中“选边站”。换言之，国家安全委员会支持军事援助巴基斯坦的“决定”是有条件的，即巴基斯坦与土耳其达成协议。只有满足这一条件，美国才会做出军事援助巴基斯坦的决定。尽管尼赫鲁对美国军事援助巴基斯坦的决定没有表现出预期的那么不满，但是美国政府深知，这不仅会引发印巴之间紧张的关系，也将是今后美印关系中的不确定性因素。综合考虑，这一目标的预期实现率为 80%。

（三）美国预期军事援助有效值的计算及评估

根据上述美国军事援助巴基斯坦的预期目标及实现率，现计算美国预期军事援助有效值如下：

$$P1 = 0.40 \times 80\% + 0.25 \times 95\% + 0.20 \times 85\% + 0.10 \times 95\% + 0.05 \times 80\% = 0.8625$$

---

① *The Acting Secretary of state to the Embassy in India*, Washington, February 18, 1954. Presidential Correspondence, lot 66 D 204, “Eisenhower/Dulles Correspondence”, FRUS 1952 ~ 1954, XI, p. 1736.

评估：

因为 P1 =0.8625 >0.7，所以预期军事援助非常有效，美国向巴基斯坦提供军事援助的积极性很高。

二、巴基斯坦预期军事援助有效性评估

（一）巴基斯坦接受美国军事援助的预期目标

从巴基斯坦愿意接受美国军事援助的原因中，我们可以归纳出巴基斯坦接受美国军事援助最重要的五大目标：

第一目标（赋值0.4）：维持国家生存与保障领土完整。对于任何国家而言，国家生存是第一要务，尤其是对刚刚独立的国家而言更是如此。自印巴分治以来，印度因素成为巴基斯坦国防政策及外交政策的首要考量。几乎巴基斯坦的每次对外行动都与印度有千丝万缕的联系。由于印巴两国间积怨已深，在巴基斯坦总统阿尤布看来，印度只允许巴基斯坦作为印度的一个附属国存在。[①] 1953年12月8日，穆罕默德·阿里·博格拉总理强调，印度政党公开主张印度控制南亚次大陆，因此巴基斯坦政府需要维持较高的防御能力。如果获得军事援助，将帮助巴基斯坦政府解决资金短缺问题。[②] 1954年1月4日，博格拉总理在达卡声称，印度担心军事援助会引发战争是毫无根据的抱怨。他重申，“巴基斯坦决不会出让哪怕一寸土地给其他国家，即便是友好国家。巴基斯坦也不会与他国开战，除非是为了保障自己的自由”。[③] 1月24日，博格拉总理在穆斯林联盟（Moslem League）大会的演讲中表达了对印度抵制美国军事援助巴基斯坦的做法的愤怒，他声称，“不允许尼赫鲁总理干涉巴基斯坦的政策，我们拒绝听从

① M. Ayub Khan, *Friends Not Masters: A Political Autobiography*, London: Oxford University Press, 1967, p. 115.

② *The Ambassador in Pakistan (Hildreth) to the Department of State*, Karachi, December 8, 1953, 033. 1100 NI/12～353: Telegram, FRUS, 1952～1954, XI, p. 1834.

③ Pakistani Assails Indian “Hypocrisy”, *New York Times*, January 5, 1954.

包括印度在内任何国家的指使”。[①] 马利克认为该援助能够确保巴基斯坦成为一个独立国家，“如果巴基斯坦想成为一个独立国家，那么不能浪费增强其军事实力的机会”。[②] 为此，维护国家生存与领土完整，这是巴基斯坦寻求获得美国军事援助最重要的理由与目的。

第二目标（赋值0.25）：增强抵抗印度的军事实力。巴基斯坦面临来自印度的威胁。在巴基斯坦看来，印度是其安全的第一大威胁。一方面，刚刚独立的巴基斯坦在各领域面临艰难局面，尤其是面临严峻的安全威胁，急需获得大量军事援助。印巴分治给巴基斯坦遗留了许多经济、政治和军事问题。新生国家的工业、农业等基础设施以及行政管理机构完全处于崩溃状态。缺乏训练有素的行政人员、经济投资资源匮乏、军事实力捉襟见肘。按照分治计划，巴基斯坦只得到军事装备的一小部分，印度扣留了其中很大部分，且拒不交付。[③] 1953 年 12 月 8 日，博格拉总理强调，即使现在拥有一些军事装备，如果没有持续的军事工业支持，巴基斯坦永远不会具备攻击能力。另一方面，印度执政党公开主张印度控制南亚次大陆，因此巴基斯坦军队需要提高防御印度的能力。巴基斯坦外交部长扎夫鲁拉为美国军事援助巴基斯坦的计划进行辩护，认为这可以满足巴基斯坦对军事装备的急需，“我们自己生产设备的能力相当有限，因此，必须做出相应安排从国外获得这些装备”。巴基斯坦驻印度高级特派员伊斯帕哈尼也为美国援助巴基斯坦计划进行辩护。他在牛津大学“联合国俱乐部”的讲话中指出，“一个国家要有实力，因为弱国容易遭受侵略，增强实力是防御侵略的最好办法”。1954 年 2 月 26 日，联合国“亚非集团”（Asian - African bloc）领导人之一布哈里（Bokhari）教授称，美国军事援助巴基斯坦是二战后国际合作领域做出的最重要的行动，巴基斯坦将这一项目视为对来自任何方向侵略的防御。阿雷·汗（Aly Khan）王子是一位世界知名

① Pakistani “Refuses” “Dictating” By India, *New York Times*, January 25, 1954.

② Zubair Ahmad, *The United States decision on military aid to Pakistan*, Graduate School of Arts and Sciences, University of Pennsylvania, 1975, p. 180.

③ Wayne A. Wilcox, *India*, *Pakistan and the Rise of China*, New York: Walker and Company, 1964, p. 39.

人士，也为美国援助巴基斯坦的决定进行辩护。他说美国军事援助巴基斯坦可以使敌人放弃攻击巴基斯坦的念头。在支持美国援助巴基斯坦的政党和派系中，执政的穆斯林联盟最为旗帜鲜明，对美国军事援助巴基斯坦表示支持。穆斯林联盟在拉瓦尔品第召开的公众集会上通过一个决议，该决议指出，“来自美国的军事援助对于加强巴基斯坦的国防很重要”。总之，巴基斯坦对印度的担心是巴基斯坦急切获得外来军事援助以增加军事实力从而提高防御能力的最重要动因之一。

第三目标（赋值0.20）：为维护地区安全做出贡献。巴基斯坦的强大和稳定不仅有利于维护亚洲安全，而且有利于实现世界和平。1953年12月17日，巴基斯坦总理博格拉在新闻发布会上说：“强大的巴基斯坦不但不会对任何国家构成威胁，反而有助于维护亚洲安全，他国不应该干预我们的内政，也不应该动员民众反对巴基斯坦。”1954年2月，博格拉总理在向美国发出军事援助请求时再次强调，巴基斯坦防御力量的增强，能够更好地促进国际和平与安全。与博格拉总理观点一样，巴基斯坦驻印度高级特派员伊斯帕哈尼认为，“强大的巴基斯坦有助于维护亚洲的安全，且有益于印度”。

第四目标（赋值0.10）：促进国家经济发展。虽然独立后的巴基斯坦面临严峻的经济发展任务，但是由于国家安全受到潜在威胁，为此国防预算在整个国民经济预算中占有很大比重，而这显然是不利于巴基斯坦经济发展的。穆罕默德·阿里·博格拉总理非常支持美国军事援助巴基斯坦，他认为，美国军事援助将使巴基斯坦能够获得足够的防御力量，确保自身安全并维持其独立，这样，巴基斯坦政府可以将紧缺的资源和资金用于经济建设，从而促进经济发展和繁荣，否则大多数资金只能用于国防建设。1954年2月27日，穆罕默德·阿里·博格拉在库尔纳（Khulna）举行的穆斯林联盟竞选大会上强调，本该用于经济建设的国民收入却有接近七成用于国防建设，因此美国的军事援助有利于本国的经济发展。① 其中的道理浅显易懂：如果美国向巴基斯坦提供军事援助，巴基斯坦就没有必要挪

① “Pakistan Reassures India”, *New York Times*, March 1, 1954.

用本该用于经济建设的资金，而用于经济发展的资金多了，自然会促进国家的经济发展。巴基斯坦驻美国大使赛义德·阿姆贾德·阿里指出，美国的军事援助不仅会增强巴基斯坦的防御力量，而且有利于国家的经济发展，正如美国援助土耳其，其军事和经济都得到大力发展。立宪会议议员萨迪克·侯赛因将美国军事援助巴基斯坦看作巴基斯坦发展的难得机会，这样可以从军事预算中节省大量资金用于“扶贫、减少失业、鼓励商业和贸易、增加低收入人群尤其是警察和其他社会服务人员的工资”。另外，在巴基斯坦看来，促进巴基斯坦的经济发展符合美国的利益。在美国看来，如果一个国家内部动荡、秩序混乱则必然造成经济萧条、政治不稳，而这恰恰是社会主义国家的大好时机。① 换句话说，如果巴基斯坦经济长期处于萎靡状态，一是国内民众不满，国内共产党势会趁机发展起来；二是苏联会趁机介入。这些显然都不是美国所愿意看到的结果。因此，向巴基斯坦提供军事和经济援助符合美国利益。美国官方文件明确指出，尽管巴基斯坦是一个政治独立的国家，但是其国防和经济发展依然依赖于外来援助。因此美国的政策是尽力帮助巴基斯坦获得来自美国、英联邦及其他西方国家的援助，从而确保巴基斯坦政府和人民远离苏联，站在美国和其他西方国家一边。② 一方面，军事援助有助于巴基斯坦发展军事力量，改善巴基斯坦的安全现状，一直援助到巴基斯坦的经济发展达到较高水平，从而有能力维持其自身的防御和安全为止。另一方面，巴基斯坦的经济进步有助于其维护国内安全，进而消除引发危机的不利因素。

第五目标（赋值0.05）：应对来自苏联的“威胁”。巴基斯坦领导人认为苏联对自己安全构成威胁。从历史来看，俄国历来有开辟陆路通向阿拉伯海暖水出海口的野心；从现实来看，苏联支持阿富汗的领土要求。除了自身安全受到苏联“威胁”外，巴基斯坦自认为向苏联寻求军事援助的

---

① U. S. Congress, Senate, *Special Committee to Study the Foreign Aid Program*, The Military Assistance Program of the United State, Study No. 10, prepared by the Institute of War and Peace Studies of Columbia University, 85th Cong., 1st Sess., 1957, Committee Print, p. 942.

② *Policy of the United States With Respect to Pakistan*, Department of State Policy Statement, 611. 90D/ 4 ~350, April 3, 1950, p. 1490.

可能性几乎为零，这坚定了其向美国提出军事援助请求的决心。巴基斯坦提醒美国注意，巴基斯坦具有重要的战略地位。因此，巴基斯坦的强大和稳定符合世界和平尤其是印度安全的利益。而如果能够获得来自美国的军事援助，巴基斯坦显然可以增加对抗苏联军事威胁的能力。

（二）巴基斯坦接受美国军事援助预期目标的实现率

自1947年独立以来，巴基斯坦便请求美国提供军事援助，直到1954年《共同防御援助协定》签署，其间虽然也有巴基斯坦对美国比较失望的时候，但是获得美国军事援助的努力一直没有放弃，因此当获悉美国决定提供军事援助时，全国上下普遍表示支持。尽管也有反对声音，但主要是一些左翼政党，影响力不大。

第一目标：维持国家生存与保障领土完整。巴基斯坦国内有一些人反对接受美国的军事援助，如东巴基斯坦人民联盟（Awami League）强烈反对巴基斯坦与任何国家的“军事联盟”，要求巴基斯坦继续站在“和平阵营”一方。“伊斯兰神学者”协会和“伊斯兰党”也对巴基斯坦接受美国军事援助表示抗议。这一协会在达卡召开的会议上敦促巴基斯坦政府拒绝接受任何国家的援助，“因为这有可能损害巴基斯坦的政治自由和经济自由以及巴基斯坦的领土完整”。[①]“伊斯兰党”中央执行委员会成员西迪基认为美国的军事援助将损害巴基斯坦的整体利益。[②] 从中可以看出，持此种看法的主要是一些左翼政党和积极分子。鉴于这些政党在巴基斯坦并不占重要地位，也没有太大影响力，因此其反对声音可以忽略不计，不会对主流舆论构成太大威胁。综合考虑，这一目标的预期实现率为85%。

第二目标：增强抵抗印度的军事实力。对巴基斯坦而言，对外政策的核心始终是印度。军事上，巴基斯坦的军事装备均严重匮乏。关键是，这样一支孱弱的军队还要面对相当严峻的安全问题。巴基斯坚持寻求美国军

① Zubair Ahmad, *The United States decision on military aid to Pakistan*, Graduate School of Arts and Sciences, University of Pennsylvania, 1975, p. 189.

② *Civil & Military Gezettee*, January 24, February 15, 1954.

事援助就是试图增强自身军事实力，抵御印度等外国势力对其国家安全的威胁。在少许的反对声中，他们担心的是巴基斯坦会因为接受援助受制于援助国，没有人否定军事援助有助于增强抵抗印度的军事实力，这也是巴基斯坦接受美国军事援助最直接的目标之一。综合考虑，这一目标的预期实现率为95%。

第三目标：为维护地区安全做出贡献。巴基斯坦通过接受军事援助增强自身军事实力后，不仅有助于维护国家的生存与安全保障，而且可以为维护亚洲安全发挥作用。1953年12月17日，巴基斯坦总理博格拉在新闻发布会上为美国在中东和南亚所进行的经济和军事行为辩护："强大的巴基斯坦不但不会对任何人构成威胁，反而有助于维护亚洲安全。"① 巴基斯坦驻印度高级特派员伊斯帕哈尼与博格拉总理观点一样，他在牛津大学"联合国俱乐部"的讲话中指出，"强大的巴基斯坦有助于维护亚洲的安全，且有利于印度"。② 当美国军事援助巴基斯坦的决定正式公布后，博格拉对此给予高度评价："此决定将在美巴关系史上书写新的光辉篇章，而巴基斯坦将在世界事务中发挥重要作用。"③ 综合考虑，这一目标的预期实现率为90%。

第四目标：促进国家经济发展。反对声音称接受美国军事援助可能会导致巴基斯坦的国民生活受到外来势力控制。卡拉奇和平委员会（Karachi Peace Committee）执行委员会通过一个决议，"美国试图将巴基斯坦拉进其全球战争战略中，这需要引起警觉。签订任何类似的军事协议意味着我们的全部资源任由外来势力处置，将战争引入家门，并由其主宰我们的国民生活……此举注定会破坏我们与伊斯兰国家的团结"。④ 但是主流的声音仍

---

① "Pakistani Premier Adamant on Pact: Says Nation Won't Be 'Bulldozed by Challenges to Sovereignty' over a U. S. Arms Tie", *New York Times*, December 18, 1953; "Protest in India", *New York Times*, December 18, 1953.

② *Civil & Military Gazettes*, January 29, 1954.

③ *The Statesman*, February 27, 1954.

④ "India to be Kept Posted: U. S. – Pak Pact Negotiations", *New York Times*, November 17, 1953.

然是可以节省经济资源和外汇，有助于促进经济发展。1954年2月22日，巴基斯坦驻美国大使赛义德·阿姆贾德·阿里指出，美国的军事援助不仅会增强巴基斯坦的防御力量，而且有利于国家经济发展。立宪会议成员萨迪克·侯赛因（Sadiq Hussain）将其看作是巴基斯坦发展的难得机会，能从军事预算中节省大量资金用于“扶贫、减少失业、鼓励商业和贸易、增加低收入人群尤其是警察和其他社会服务人员的工资”。综合考虑，这一目标的预期实现率为85%。

第五目标：应对来自苏联的“威胁”。在巴基斯坦看来，如果接受美国军事援助，巴基斯坦的军事实力会有大幅提高，无疑有利于应对来自苏联方面的“威胁”。关于这一点，没有直接的反对声。但是能否因此而有助于化解巴基斯坦与阿富汗之间的争端，巴基斯坦没有太大把握。综合考虑，这一目标的预期实现率为90%。

（三）巴基斯坦预期军事援助有效值的计算及评估

根据上述巴基斯坦接受美国军事援助的预期目标及实现率，现计算巴基斯坦预期军事援助有效值如下：

$$P2 = 0.40 \times 85\% + 0.25 \times 95\% + 0.20 \times 90\% + 0.10 \times 85\% + 0.05 \times 90\% = 0.8875$$

评估：

因为 $P2 = 0.8875 > 0.7$，所以预期军事援助非常有效，巴基斯坦接受美国军事援助的积极性很高。

总之，由于P1和P2都大于0.7，因此，作为援助国，美国肯定会向受援国巴基斯坦提供军事援助。

第三章　美国军事援助巴基斯坦的全盛期（1954～1959年）

第一节　美国和巴基斯坦的关系

一、巴基斯坦基本情况及美国的基本态度

（一）巴基斯坦国内基本情况

从1947年独立到1958年10月阿尤布总统上台，巴基斯坦政权一直处于动荡之中。正如美国国家安全委员会报告所指出的那样，长期的政治不稳定、频繁的经济危机以及与邻国（尤其是印度）日益糟糕的关系使得越来越多的巴基斯坦民众存在挫败感以及对政府的不满①。

表3—1　巴基斯坦总统（或总督）② 和总理列表（1947～1958年）

总统（或总督）	任期	总理	任期
穆罕默德·阿里·真纳（总督）（Mohammed Ali Jinnah）	1947. 8. 15～1948. 9. 11	利亚格特·阿里·汗（Liaquat Ali Khan）	1947. 8. 14～1951. 10. 16
卡瓦贾·纳兹穆丁（Khawaja Nazimuddin，总督）	1948. 9. 14～1951. 10. 17	卡瓦贾·纳兹穆丁（Khawaja Nazimuddin）	1951. 10. 17～1953. 4. 17
古拉姆·穆罕默德（Ghulam Muhammad，总督）	1951. 10. 18～1955. 10. 6	穆罕默德·阿里·博格拉（Muhammad Ali Bogra）	1953. 4. 17～1955. 8. 12

---

① *National Security Council Report*，Washington，January 10，1957，Source：Department of State，S/S－NSC Files：Lot 63 D 351，NSC 5701－Memoranda，FRUS 1955～1957，VIII，p. 55.

② 1956年3月23日，巴基斯坦改自治领为共和国，总督改为总统。

续表

总统（或总督）	任期	总理	任期
伊斯坎德尔·米尔扎（Iskander Mirza，总督）	1955. 10. 6～1956. 3. 23	乔杜里·穆罕默德·阿里（Chaudhry Muhammad Ali）	1955. 8. 12～1956. 9. 12
伊斯坎德尔·米尔扎（总统）	1956. 3. 23～1958. 10. 27	侯赛因·沙希德·苏拉瓦底（Huseyn Shaheed Suhrawardy）	1956. 9. 12～1957. 10. 17
穆罕默德·阿尤布·汗（Muhammad Ayub Khan，总统）	1958. 10. 27～1969. 3. 25	易卜拉欣·伊斯迈尔·楚恩德里加（Ibrahim Ismail Chundrigar）	1957. 10. 17～1957. 12. 16
		费罗兹·汗·农（Sir Feroz Khan Noon）	1957. 12. 16～1958. 10. 7

巴基斯坦政治不稳定主要表现在两个方面：一是领导层更换频繁，且有愈演愈烈趋势。总理任期从最初的四年（利亚格特·阿里·汗）到后来的两年（卡瓦贾·纳兹穆丁和穆罕默德·阿里·博格拉），再到后来的一年（乔杜里·穆罕默德·阿里、侯赛因·沙希德·苏拉瓦底和费罗兹·汗·农），甚至有的一年不到（易卜拉欣·伊斯迈尔·楚恩德里加）。二是领导层内部不团结。例如，1956年2月15日，巴基斯坦总督米尔扎在与美国驻巴基斯坦大使进行会谈时表达了对现任总理的不满。1957年3月，米尔扎总统暂停议会活动，直至7月份才恢复①。1958年10月7日，米尔扎总统宣布，废除"巴基斯坦宪法"，解散中央政府和省政府、国家议会和省议会，取缔所有政党，宣布戒严，并任命阿尤布将军为军法管制总指挥官。

尽管政局不稳，但是从整体来看，巴基斯坦的政治和经济局势仍在可控范围内。1954年7月10日，美国驻巴基斯坦大使希尔德雷思在发给美国国务院的电报中指出，尽管存在东孟加拉地方主义宪政困难、穆斯林联

---

① *Progress Report by the Operations Coordinating Board*, Washington, July 24, 1957, Source: Department of State, S/S－NSC Files: Lot 63 D 351, NSC 5701－Memoranda, FRUS 1955～1957, VIII, p. 75.

邦（执政党）无能、政治不成熟以及令人烦恼的国际问题，美国大使馆依然相信现有的统治集团能够维持政治稳定。① 从美国每年发布的“国家情报评估”（例如 NIE 52～55、NIE 52～56）报告中可以看出，上述判断几乎适用于 1954～1959 年中的任何一年。

（二）巴基斯坦政府的亲西方立场

尽管巴基斯坦政局动荡不安，但是无论谁上台执政，实行的基本上都是亲西方的外交政策。考虑到因美国军事援助巴基斯坦犹豫不决而引起的巴基斯坦民众的不满情绪，巴基斯坦政府有时会发表一些“措辞严厉”的、引起美国误会的言论和声明。

1956 年 9 月 24 日，巴基斯坦总统米尔扎在与美国驻巴基斯坦大使和英国高级专员进行会谈时表明巴基斯坦亲西方的外交政策。他强调，如果巴基斯坦因从美国获得军事援助而变得强大起来，那么巴基斯坦有道义、责任和勇气全力支持美国。②

1958 年 3 月 6 日，巴基斯坦总理费罗兹·汗·农发表亲西方的演讲，但在反对派的胁迫下，他又于 3 月 8 日发表了一个引起美国极大误会的言论。为消除美国对巴基斯坦的误会，巴基斯坦驻美国大使向美国政府解释称，一方面，费罗兹·汗·农请求美国政府对因该言论而引起的误会给予谅解，另一方面，该言论的确反应了巴基斯坦民众当下对美国军事援助巴基斯坦的不满，为了迎合国内群众的呼声，巴基斯坦领导人不得不发表一些措辞严厉的声明，但是整体上，巴基斯坦政府仍然坚持亲西方立场。

---

① *The Ambassador in Pakistan (Hildreth) to the Department of State*, Karachi, July 10, 1954, 611.90D/7～1054, FRUS 1952～54, XI, p. 1853; *National Intelligence Estimate*, Washington, March 15, 1955, Source: Department of State, INR/NIE Files, FRUS 1955～1957, VIII, pp. 657～659; *National Intelligence Estimate*, Washington, November 13, 1956, Source: Department of State, INR-NIE Files, FRUS 1955～1957, VIII, pp. 734～735.

② *Telegram from the Embassy in Pakistan to the Department of State*, Karachi, September 24, 1956, Source: Department of State, Central Files, 974.7301/9～2456, FRUS 1955～1957, VIII, p. 729.

1958年3月25日，米尔扎总统在会见美国记者时重申巴基斯坦将一如既往地、“坚定地遵守”西方世界意识形态这一立场。① 美国政府也意识到，在巴基斯坦，反西方言论的确存在很大市场，尤其是在非执政的党派间，但是，巴基斯坦亲西方的外交政策没有改变。②

（三）美国的基本立场

1. 美国对巴基斯坦政府的态度

面对巴基斯坦的政权更迭，美国的基本立场是不干预。例如1958年初，巴基斯坦国内局势动荡，米尔扎总统希望能够征求美国的建议。③ 美国政府指示驻巴基斯坦大使避免向米尔扎总统提供任何建议，理由是“美国政府相信每个国家都有权利和责任选择自认为最适合本国国情的政府，因为本国人民和领导人比任何外人都更适合去判断对于该国来说什么是好的政府，什么是不好的政府”。④ 美国对任何国家都是不干预态度吗？显然不是，它之所以选择不干预巴基斯坦内政，一方面是因为它确信不管是当局还是继任政权都会坚持亲美政策；另一方面如果发表公开支持或反对的声明均可能引发巴基斯坦国内民众的不满。在1958年10月的巴基斯坦政变中，美国国务院在发给美国驻巴基斯坦大使馆的电报中再次表明，不要对谁接管巴基斯坦政府表示支持或反对，因为一旦表态，无论是支持还是反对，最终的结果都可能不利于美国。⑤

---

① *Memorandum of a Conversation*, Department of State, Washington, March 27, 1958, FRUS 1958～1960, pp. 630～631.

② *Letter from the Ambassador in Pakistan (Langley) to the Secretary of State, Karachi, April 3, 1958*, Source: Department of State, Central Files, 611. 90D/4～358, FRUS 1958～1960, p. 633.

③ *Telegram from the Embassy in Pakistan to the Department of State*, *Karachi*, *January 31*, *1958*, Source: Department of State, Central Files, 790D. 00/1～3158, FRUS 1958～1960, pp. 619～620.

④ *Telegram from the Department of State to the Embassy in Pakistan*, *Washington*, *May 21*, *1958*, Source: Department of State, Central Files, 790D. 00/5～1358, FRUS 1958～1960, p. 648.

⑤ *Telegram from the Department of State to the Embassy in Pakistan*, *Washington*, *October 6*, *1958*, Source: Department of State, Central Files, 790D. 00/10～658, FRUS 1958～1960, pp. 666～667.

2. 美国对军事援助巴基斯坦的态度

尽管巴基斯坦政权更迭频繁，甚至出现令人失望的政府，但是考虑到这些政府都是亲西方立场，美国依然决定继续军事援助巴基斯坦。这一点在1958年10月巴基斯坦发生军事政变后表现的比较明显。负责南亚事务的办公室主任巴特利特（Bartlett）称："我对巴基斯坦政府继伊拉克和缅甸政变后也发生政权更迭感到沮丧。……但是，我们把民主作为人类生活方式的信仰不得不让位于我们眼前的国家安全利益。"① 由此可见，与国家利益相比，民主制度只能退居其次。

1958年10月31日，美国驻巴基斯坦大使向阿尤布总统保证，美国将继续向巴基斯坦提供援助。阿尤布总统强调，美国对巴基斯坦持续的援助关乎巴基斯坦的国家生存，巴基斯坦比以往任何时候都更倾向于站在西方世界一边。巴基斯坦刚刚发生的政权更迭是远离而不是接受社会主义制度。他相信巴基斯坦和美国的关系将比以往任何时候都更加紧密。②

总而言之，美国政府相信，巴基斯坦会继续培植与美国的紧密关系，因为巴基斯坦需要美国的军事和经济援助，并希望美国在对抗印度方面提供外交支持。与此同时，巴基斯坦所面临的严峻的政治和经济困难已威胁到巴基斯坦的稳定以及亲美政权的持续。③ 因此，为了维持统治集团的政治稳定，使现有政权继续采取亲西方政策，美国向巴基斯坦提供军事援助和经济援助是必需的。

---

① *Letter from the Director of the Office of South Asian Affairs（Bartlett）to the Ambassador in India（Bunker）*，*Washington*，*October 27*，*1958*，Source：Department of State，SOA Files：Lot 62 D 43，India 1958，FRUS 1958～1960，pp. 679～680.

② *Telegram from the Embassy in Pakistan to the Department of State*，*Karachi*，*October 31*，*1958*，Source：Department of State，Central Files，790D. 00/10～3158，FRUS 1958～1960，pp. 681～682.

③ *The Secretary of State to the Director*，*Foreign Operations Administration（Stassen）*，Washington，July 23，1954，790D. 5 MSP/7～2354，FRUS 1952～54 XI，p. 1857；*National Intelligence Estimate*，Washington，March 15，1955. Source：Department of State，INR/NIE Files，FRUS 1955～1957，VIII，pp. 657～659.

二、美国和巴基斯坦对军事援助的不同态度

1954年5月19日，美国和巴基斯坦签署《共同防御援助协定》。根据该协议，美国将向巴基斯坦武装部队提供军事援助和军事培训。但是没有规定具体的援助规模和详细的援助内容。这为今后美国与巴基斯坦就军事援助各执一词埋下了隐患。

（一）巴基斯坦对美国军事援助的态度

巴基斯坦对美国军事援助的感受如同坐过山车：刚开始期望值很高，后来特别失望，最后不得不接受现实。

作为该地区唯一与美国签署防御援助计划的国家，巴基斯坦希望获得美国源源不断的军事援助。但事与愿违。当渴望的美国大量的军事援助未能如期到来，以及援助规模与预期相距甚远时，巴基斯坦政府与民众的失望之情溢于言表，对美国的批评声此起彼伏。1954年美国军事援助巴基斯坦分配额是3420万美元，到1955年3月31日，只交付完成790万美元，约占计划的23%。[①] 1955年11月，阿尤布总统在与克莱门特·扎布洛茨基（Clement J. Zablocki）率领的议会代表团会谈时指责美国军事援助巴基斯坦执行不力。随后，阿尤布在接受《纽约时报》访谈时表示美国未能遵守对巴基斯坦的军事承诺。截至1956年9月30日，规划的军事援助是2.01亿美元，实际交付7280万美元，约占36%。尽管援助计划与实际执行之间的差距仍然很大，但是相较于前一年毕竟有了大幅提高，因此巴基斯坦国内的抱怨声有所减弱。[②] 随后一直到1959年，美国逐步加大援助力

① *Memorandum from Wilson to Hensel*, June 25; *Editorial Note*, FRUS 1955～1957, VIII, p. 667.

② *Progress Report by the Operations Coordinating Board*, Washington, November 28, 1956, Source: Department of State, S/S – NSC Files: Lot 63 D 351, NSC 5409 – Memoranda, FRUS 1955～1957, VIII, pp. 34～35.

度，基本完成1954年的援助承诺。巴基斯坦不再拿美国实际提供的军事援助与其初始的预期值相比较，而是接受现实，转而对美国的军事援助表示感谢。

（二）美国对军事援助巴基斯坦的态度

如果说巴基斯坦对美国的军事援助抱有理想化的幻想，那么美国从一开始就持现实主义立场，它对军事援助巴基斯坦的态度如下。

第一，美国重视巴基斯坦在中东地区防御中的重要作用。在中东地区，美国虽然也向其他国家提供军事援助，但是与之签订军事援助协定的只有巴基斯坦一个国家。美国助理国务卿朗特里（Rountree）曾对美国驻巴基斯坦大使说，美国不会与任何其他近东（NEA）国家签署类似于1954年与巴基斯坦签订的军事援助协定。美国对土耳其也没有做出类似于1954年美国给予巴基斯坦的长期承诺。[①] 巴基斯坦是该地区唯一与美国签署防御援助计划的国家，从中可以看出巴基斯坦在美国战略中的地位。

第二，美国清楚履行军事援助承诺的重要性。面对巴基斯坦政府和民众对美国迟迟未能履行军事援助承诺的担心与不满，美国国防部日益认识到问题的严重性。美国国防部一名官员指出："如果巴基斯坦民众和媒体认为美国不遵守承诺，我们在中东的防御以及巴基斯坦的政治稳定将遭受重大挫折。鉴于当前苏联正致力于增加在中东的影响力，我们应该努力保持巴基斯坦对我们的信心，这是非常重要的。另外，巴基斯坦作为《马尼拉协定》的成员在东南亚防御中发挥着重要作用。"[②] 为此，当有人质疑美国可能会改变军事援助计划执行年限时，美国国务院和国防部共同强调美国仍将按照原定计划向巴基斯坦交付军事装备，称"巴基斯坦享有优先

---

① *Memorandum of a Conversation*, *Department of State*, Washington, March 27, 1958, Source: Department of State, Central Files, 790D.5622/3 ~ 2758, FRUS 1958 ~ 1960, p. 632.

② *Letter from the Acting Secretary of State to the Assistant Secretary of Defense for International Security Affairs* (*Gray*), Washington, November 5, 1955, Source: Department of State, Central Files, 790D.5 – MSP/11 – 555, FRUS 1955 ~ 1957, VIII, pp. 697 ~ 698.

权，执行不会延期”。1957 年初，美国国家安全委员会指出：“作为美国在该地区的一个盟友，巴基斯坦国际地位提高，经济稳步增长，人民团结一致，防御能力提升符合美国的国家利益。如果没有外来援助，巴基斯坦有限的资源不足以承担军事建设的重任。如果美国不能兑现对巴基斯坦的承诺，可能会危及美国在该地区的政治地位，从而不利于保护美国在该地区的利益；可能会导致巴基斯坦不再实施当前亲西方的政策；疏远美国与巴基斯坦军队的关系，而军队是维持巴基斯坦社会稳定最重要的因素。因此，按照规定执行军事援助计划，兑现美国对巴基斯坦的承诺，符合美国利益。”①

第三，美国对援助规模与数额慎之又慎。如前所述，美国经历七年时间（1947～1954 年）才最终做出军事援助巴基斯坦的决定。尽管《共同防御援助协定》规定美国向巴基斯坦提供军事援助，但是援助期限以及援助数量并没有做出详细安排。1954 年 10 月 21 日，美国做出对巴基斯坦的军事援助计划（三年半内提供 1.71 亿美元的军事装备），但是并没有马上通知巴基斯坦。当巴基斯坦驻美国大使赛义德·阿姆贾德·阿里在 1955 年 1 月 18 日拜见雷德福德海军上将询问美国是否已对军事援助做出整体安排时，雷德福德上将说，今年的计划基本准备就绪，但是该计划并非是最终版本，可能还会根据美国或巴基斯坦的建议而有所改变。② 1955 年 6 月，美国陆军部在发给巴基斯坦军事援助顾问团（MAAG）的电报称，1955 财年对巴基斯坦的共同防御援助计划（MDAP）尚未拨款。编号 52～55 的国家情报评估（NIE 52～55）称，“当前对巴基斯坦部队的军事援助计划完成尚需 5 年或更长时间”。

第四，军事援助计划并非固定，执行时可能会做出调整。1955 年 1 月 29 日，美国国务院在发给美国驻巴基斯坦大使馆的电报中指出，尽管援助

① *National Security Council Report*, Washington, January 10, 1957, Source: Department of State, S/S – NSC Files: Lot 63 D 351, NSC 5701 – Memoranda, FRUS 1955～1957, VIII, pp. 59～60.

② *Memorandum for the Record by C. C. Kirkpatrick of the Office of the Assistant Secretary of Defense for International Security Affairs*, Washington, January 18, 1955, Source: Department of State, Central Files, 611.90D/1 – 2155, FRUS 1955～1957, VIII, pp. 644～645.

计划协议中规定了具体数额，但是并不意味着实际执行时不能少于这一数额,[①] 换句话说，1956 财年分配并不必须遵照 1955 财年规定的数额。1955 年 9 月 2 日，JCS 批准军事援助计划联合委员会提交的名为“对巴基斯坦的军事援助计划”的报告，同意军事援助巴基斯坦的目标不限于 1.71 亿美元。1955 年 10 月 1 日，国别小组（Country Team）意识到军事援助计划的 1.71 亿美元如果封顶，则不能实现预定的军事目标。[②] 由此可见，美国军事援助巴基斯坦规模并非固定不变，具体援助数额要由美国根据实际情况来决定。

第五，美国提供军事援助要综合多种因素。美国军事援助巴基斯坦不是一个简单的军事问题，而是涉及政治、经济等综合因素。国别小组在研究过程中遇到如何在经济援助、直接的武力支持和防御支持之间的资金分配问题，以及是增强军事实力还是增强经济实力等主要问题。塞克斯顿（Sexton）将军认为，一方面，巴基斯坦需要直接的武力支持，以便增加官兵薪酬，改善生活和住宿条件。另一方面，巴基斯坦也需要大量的经济援助，由于境内大多数土地比较贫瘠，所以急需援助改善灌溉状况。[③] 显然，上述决定（指军事援助与经济援助之间的资金分配或者是关注受援国的军事实力还是更关注其经济发展）并不容易做出。除政治和经济因素外，提供军事援助还要考虑巴基斯坦的吸收能力。塞克斯顿将军认为，军事援助巴基斯坦要与巴基斯坦的吸收能力同步。[④] 这在某种程度上成为美国延迟

---

① *Telegram from the Department of State to the Embassy in Pakistan*, Washington, January 29, 1955, Source: Department of State, Central Files, 790D. 5 – MSP/1 ~ 855, FRUS 1955 ~ 1957, VIII, p. 648.

② *Telegram from the Embassy in Pakistan to the Department of State*, Karachi, October 1, 1955, Source: Department of State, Central Files, 790D. 5 – MSP/10 ~ 155, FRUS 1955 ~ 1957, VIII, p. 689.

③ *Memorandum by the Assistant Secretary of Defense for International Security Affairs* (*Hensel*), Karachi, February 17, 1955, Source: Department of State, Central Files, 790D. 5 – MSP/2 ~ 1755, FRUS 1955 ~ 1957, VIII, pp. 651 ~ 653.

④ *Memorandum by the Assistant Secretary of Defense for International Security Affairs* (*Hensel*), Karachi, February 17, 1955, Source: Department of State, Central Files, 790D. 5 – MSP/2 ~ 1755, FRUS 1955 ~ 1957, VIII, pp. 651 ~ 653.

交付军事援助的重要理由之一，正如安德森（Anderson）于1955年7月28日所言，美国提供军事援助的速度明显快于巴基斯坦的吸收能力。为此，需要花费大量时间培训巴基斯坦士兵如何使用装备，从而达到预期军事目的。[①] 1957年7月12日，巴基斯坦总理苏拉瓦底对原本被纳入1954年购置计划的轻型轰炸机推迟到1959年交付表示不满。美国助理国务卿朗特里答复说，之所以延迟交付是因为美国军事专家判定巴基斯坦暂不具备轰炸机使用、维护的条件。[②]

三、美国和巴基斯坦对军事援助的不同理解

（一）对援助目标（规模和数额）的理解不同

1954年10月21日，美国发布军事援助巴基斯坦的备忘录，规定在三年半向巴基斯坦提供1.71亿美元的军事装备，“以帮助实现其军事目标，改善陆军、海军和空军的装备条件”。由于措辞“比较模糊”，美国和巴基斯坦对此有不同理解：巴基斯坦强调的是“军事目标”而不是具体援助数额，将此备忘录解读为美国政府提供巴基斯坦全部五个半师所需的装备，而不限于1.71亿美元的数额。而美国国防部强调的是具体的援助数额，不是巴基斯坦所谓的“军事目标”。美国将该备忘录解读为美国政府在三年半内交付价值1.71亿美元的军事装备。[③] 美国国防部承认，1.71亿美元是初始评估，不能满足巴基斯坦对武器装备的基本要求。1955年11月18日，美国国防部在与国务院、ICA和预算局的联合会议上提出“1957财年

---

① *Memorandum from the Operations Coordinator (Bishop) to the Assistant Secretary of State for Near Eastern, South Asian, and African Affairs (Allen)*, Washington, July 28, 1955, Source: Department of State, Central Files, 790D.5 - MSP/7 ~ 2855, FRUS 1955 ~ 1957, VIII, p. 673.

② *Memorandum of a Conversation*, Washington, July 12, 1957, Source: Department of State, Secretary's Memoranda of Conversation: Lot 64 D 199, FRUS 1955 ~ 1957, VIII, pp. 749 ~ 750.

③ *Letter from the Assistant Secretary of Defense for International Security Affairs (Gray) to the Under Secretary of State (Hoover)*, Washington, December 5, 1955, Source: Department of Defense, OASD/ISA Files, NESA Records, Pakistan, FRUS 1955 ~ 1957, VIII, pp. 703 ~ 705.

计划”，计划为巴基斯坦提供约1.08亿美元，其中装备6540万美元，部队直接支持4060万美元，军事培训190万美元。[①] 显然，该计划仍然无法满足巴基斯坦全部军事力量的发展需求。国别小组指出，如若满足巴基斯坦的所有需求，需要增加1.3亿美元的援助。1956年春天，美国国务院、国防部和ICA委员会联合发布的一份声明估计，如若满足巴基斯坦的全部需求，大约需要4.3亿美元。[②] 显然，美国是无法提供这笔巨额资金的。

（二）对援助趋势的理解不同

美国是否应该继续军事援助巴基斯坦？援助规模是否应该逐步减少？在美国看来，美国希望与巴基斯坦就美国未来援助的性质与规模达成谅解。美国可以继续军事援助巴基斯坦，但是要尽量减少持续援助给美国资源和巴基斯坦经济带来的负担，从而使巴基斯坦能够实现真正的自立。[③] 但在巴基斯坦看来，巴基斯坦可以减少对美国军事援助的需求，前提是巴基斯坦与印度和阿富汗的关系得到改善。然而现实是巴基斯坦与印度和阿富汗的关系依然紧张，没有缓和的迹象。尤其是与印度的关系，自独立以来一直处于较为紧张的状态。巴基斯坦领导人坦白，“当巴基斯坦说到‘防御’时，指的就是防御印度”。[④] 印巴爆发冲突的可能性一直存在，与印度的争端导致资金被挪用，除美国的军事援助外，巴基斯坦还将国民预算的很大比例用于国防开支。尽管这样做压缩了其他部门的预算，制约了

---

① *Letter from the Assistant Secretary of Defense for International Security Affairs* (*Gray*) *to the Under Secretary of State* (*Hoover*), Washington, December 5, 1955, Source: Department of Defense, OASD/ISA Files, NESA Records, Pakistan, FRUS 1955 ~ 1957, VIII, pp. 703 ~ 705.

② *Progress Report by the Operations Coordinating Board*, Washington, November 28, 1956, Source: Department of State, S/S – NSC Files: Lot 63 D 351, NSC 5409 – Memoranda, FRUS 1955 ~ 1957, VIII, pp. 34 ~ 35.

③ *National Security Council Report*, Washington, January 10, 1957, Source: Department of State, S/S – NSC Files: Lot 63 D 351, NSC 5701 – Memoranda, FRUS 1955 ~ 1957, VIII, pp. 59 ~ 60.

④ *Telegram From the Embassy in Pakistan to the Department of State*, Karachi, March 30, 1957. Source: Department of State, Central Files, 120.1580/3 – 3057, FRUS 1955 ~ 1957, VIII, p. 740.

经济发展，但是为了防止受到印度侵犯还是必要的。[①] 因此，美国在该地区的政策目标是缓和巴基斯坦与印度和阿富汗，尤其是印巴之间的矛盾。然而要做到这一点非常困难，美国很难找到令巴基斯坦政府和民众信服的、减少军事援助巴基斯坦的“借口”。

四、美国军事援助巴基斯坦

以1957年底美国基本完成1954年10月备忘录中设定的军事援助计划为界，大体上可以将该时期美国军事援助巴基斯坦划分为两个阶段。

（一）美国军事援助第一阶段（1954～1957年底）：基本完成设定的军事援助计划

1. 美国军事援助计划迟缓与巴基斯坦不满（1954～1955年6月底）

1954年5月19日，美国与巴基斯坦签署《共同防御援助协定》后，一方面，美国派遣海茵茨代表团（Heinz Mission）到巴基斯坦进行实地考察，包括维持巴基斯坦经济稳定的短期和长期需求以及与之相关的军事援助。[②] 另一方面，美国国务院、国防部与英国和巴基斯坦等代表举行会谈，讨论军事援助巴基斯坦事宜。7月27日，英国使馆一秘克劳利（Crawley）与美国官员安舒茨（Anschuetz）等人讨论美国拟向巴基斯坦提供的军事援助主要涉及陆军项目和海军项目，其中陆军项目（占军事援助的大头）包括：坦克、卡车、大炮、轻型武器、电子装备和各类弹药、供应和维护材料；空军项目包括：喷气式飞机、辅助维修设备等。海军项目包括：扫雷舰、修复设备和海军补给品。[③]

---

① *Telegram from the Embassy in Pakistan to the Department of State*, Karachi, March 30, 1957, Source: Department of State, Central Files, 120.1580/3～3057, FRUS 1955～1957, VIII, pp. 740～741.

② *The Secretary of State to the Director, Foreign Operations Administration (Stassen)*, Washington, July 23, 1954, 790D.5 MSP/7～2354, FRUS 1952～54, XI, p. 1857.

③ *Memorandum of Conversation, by the Acting Office in Charge, Pakistan – Afghanistan Affairs (Metcalf)*. Washington, July 27, 1954, 790D.5 MSP/7～2754, FRUS 1952～54 XI, pp. 1858～59.

《共同防御援助协定》签署后不满 3 个月，巴基斯坦便表现出不满，甚至威胁退出防御安排。阿尤布将军在会见美国 MAAG 主管塞克斯顿将军时称，他对美国军事援助巴基斯坦感到“沮丧”和“伤心”，暗示如果不能得到比塞克斯顿所声称的更多军事援助，巴基斯坦可能会从与美国的防御安排中退出。负责近东、南亚和非洲事务的杰尼根（Jernegan）解释称，阿尤布将军误解了美国军事援助巴基斯坦的财政安排。1954 年的财政预算是 1953 财年的安排，1955 财年的资金分配还没有进行，因为 1953 财年的资金还没有用完。①

或许是出于取悦美国的目的，又或许是出于更快地获得美国的军事援助的目的，巴基斯坦于 1954 年 9 月 8 日作为初创会员国签署《东南亚集体防御条约》，这标志着“东南亚条约组织”（SEATO）的诞生。仅一个月后，巴基斯坦总理穆罕默德·阿里·博格拉访问美国，与总统艾森豪威尔和国务卿杜勒斯就共同感兴趣的问题进行会谈，其中军事援助是最重要的一个议题。艾森豪威尔总统承诺，美国 1955 财年计划向巴基斯坦提供 3000 万美元的军事援助，以加强现有军事力量，希望巴基斯坦能够在中东防御中发挥重要作用。② 对此援助数额，巴基斯坦显然不太满意，10 月 18 日，在与国务卿杜勒斯会谈时，穆罕默德·阿里·博格拉总理指出，巴基斯坦因与西方国家结盟而面临着与印度、阿富汗和苏联关系恶化的风险。……如果只能从美国获得 3000 万美元的军事援助，他在国内必定会受到嘲弄，因为这点援助不足以填补巴基斯坦军事力量的缺口。国务卿杜勒斯说会考虑增加对巴基斯坦的军事援助。然而，他认为，巴基斯坦不能把反对共产主义的立场当作获得美元援助的借口。③

在美国代表团到巴基斯坦调研、美国与英国和巴基斯坦相关人员磋商

---

① *Memorandum of Conversation*, *by the Deputy Director*, *Office of South Asian Affairs* (*Smith*), Washington, August 6, 1954, 790D. 5 MSP/8 ~ 654, FRUS 1952 ~ 54 XI, p. 1860.

② *Memorandum by the Acting Secretary of State to the President*, Washington, October 15, 1954, Eisenhower Library, Eisenhower papers, Whiteman file, FRUS 1952 ~ 54 XI, p. 1867.

③ *Memorandum of Conversation*, *by the Acting Office in Charge of Pakistan - Afghanistan Affairs* (*Thacher*), Washington, October 18, 1954, FRUS 1952 ~ 54 XI, pp. 1868 ~ 1869.

以及穆罕默德·阿里·博格拉总理访问美国的基础上，1954年10月21日，艾森豪威尔总统在与国务卿杜勒斯、国防部长以及援外事务管理署（FOA）主任等会谈后签署谅解备忘录。[①]根据该备忘录条款，美国同意弥补巴基斯坦武装部队的部分缺失，以增强其军事实力。美国争取在今后三年半内向巴基斯坦提供1.71亿美元的军事援助，具体内容包括：（1）陆军五个半师所需的屏蔽设备；（2）海军所需的12艘舰船，其中6艘驱逐舰、6艘扫雷舰；（3）空军所需的6个飞行中队。1955财年，美国向巴基斯坦提供5000万美元，而不是最初的2900万美元。

虽然美国通过了军事援助巴基斯坦的谅解备忘录，但是具体落实迟迟未见行动，这不仅引起巴基斯坦的不满，就连美国军方对此都表示极为关注。1955年6月13日，美国负责国际安全事务的助理国务卿亨塞尔（Hensel）让军事助理罗伯特·杜克（Robert W. Duke）上校寻问军事援助政策办公室主任詹姆斯·威尔逊（James K. Wilson）准将，“为何对巴基斯坦的军事装备交付如此之慢？巴基斯坦与亚洲其他国家相比，为何在MDAP上处于次要地位”？[②]6月25日，威尔逊准将对此给予回应称，1954财年对巴基斯坦的军事援助配额是3420万美元，截至1955年3月31日，已交付790万美元，到1956年12月就可以完成1954财年的计划。威尔逊准将还称，巴基斯坦在JCS制定和平时期的军事装备分配中处于第三位。他承认对巴基斯坦的军事装备交付有些拖延。但是，这与巴基斯坦的吸收能力有很大关系，因为“巴基斯坦政府面临经济困难，不能增加部队所需装备的额外资金。如果提升巴基斯坦的优先权，交付速度可能会加快，但是这样做势必会增加困难，除非增加额外的经济援助”。威尔逊准将总结道，对巴基斯坦军事援助的交付将按计划进行，并仍将以现有的优先次序

① *The Acting Secretary of State to the Embassy in Pakistan*, Washington, October 22, 1954, 790D. 5 MSP/10 ~2254: Telegram, FRUS 1952 ~54 XI, pp. 1869 ~1870. *Memorandum by the Assistant Secretary of Defense for International Security Affairs (Hensel)*, Karachi, February 17, 1955. Source: Department of State, Central Files, 790D. 5 – MSP/2 ~1755, FRUS 1955 ~1957, VIII, pp. 651 ~653.

② *Memorandum from Duke to Wilson*, June 13; *Editorial Note*, FRUS 1955 ~1957, VIII, p. 667.

考虑来处置。①

2. 美国努力加大军事援助巴基斯坦的力度（1955 年 6 月底至 1956 年底）

鉴于巴基斯坦对美国军事援助的日益不满，美国驻巴基斯坦大使馆先后两次向美国国务院发电报，力陈延缓执行军事援助计划可能带来的不良后果。事后证明，这两份电报某种程度上可以被看作是美国在军事援助巴基斯坦事宜上迈出实质性步伐的关键。第一份电报发自 1955 年 6 月 30 日："我们现在担心 1954 年 10 月 21 日备忘录设定的 1.71 亿美元的军事援助计划被有意放缓。这有可能带来严重的政治后果。过去两年，巴基斯坦领导人带领巴基斯坦加入西方阵营，在国际事务上与美国开展有效合作。他们对美国援助这一政策认识高度统一，他们的立场在很大程度上取决于这一政策能否成功。在选举产生新的制宪会议（1955 年 6 月 21 日）之前出现的政治摩擦表明这一问题的重要性。巴基斯坦民众对美国军事援助感到失望，媒体给予大量负面报道，既指责美国政府，也指责巴基斯坦政府。有些报道暗示巴基斯坦政府出卖了巴基斯坦，还有一些报道则指出，美国因担心巴基斯坦内部政治局势稳定和不满于当前政府而故意拖延。……我们认为，如果军事援助计划有意放慢或者所有军事计划需要 5 年甚至更多时间才能完成，那么注定会带来严重后果。现在评估制宪大会后的长远发展还为时尚早，但是几乎可以肯定如果上述情况确实发生，将会严重削弱巴基斯坦当前领导层的影响力。至少会使他们处于尴尬境地，从而使他们不再对美国抱有幻想。"② 第二份电报发自 1955 年 8 月 26 日：MAAG 主管认为，按照当前的速度，完成计划大概需要至 6 年或 8 年。国别小组的观点是，有效执行军事援助计划是保障美国在整个中东政治军事目标成功的关键。美国驻巴基斯坦大使认为，截止目前，巴基斯坦领导集团依然是亲美

① *Memorandum from Wilson to Hensel*, June 25; *Editorial Note*, FRUS 1955～1957, VIII, p. 667.

② *Telegram from the Embassy in Pakistan to the Department of State*, Karachi, June 30, 1955, Source: Department of State, Central Files, 790d. 5－MSP/6～3055, FRUS 1955～1957, VIII, pp. 669～671.

的，但是他们的权威在下降，如果军事援助计划明显低于预期将使他们的地位更加不稳固。①

受上述两个电报的影响，美国国防部对军事援助巴基斯坦做出具体决定：对巴基斯坦的军事援助总计划为1.71亿美元，其中陆军7500万美元，海军3000万美元，空军6500万美元。在军事上支持五个半师以及四个战斗机中队，这些部队的任务是保障巴基斯坦内部安全与国土安全。② 巴基斯坦对此的反应是喜忧参半，米尔扎指出，对空军和海军的配额是满意的，但是陆军配额过低，陆军运输装备几乎完全过时，需要立即更换。军事援助的拖延不可避免地会影响巴基斯坦陆军的效率，这是非常紧迫的问题。MAAG估计，维持陆军有效水平需要更换8500万美元的运输装备，然而当前的军事援助计划只有900万美元。考虑到当前装备的老旧状态，MAAG认为，今后两至三年内至少要更换一半的装备，随后每年更换10%。JCS指出，美国希望巴基斯坦在中东防御安排中发挥重要作用。然而，要做出重要军事贡献，必须解决日益老化的陆军运输装备。问题如此紧迫，如果美国不提供援助，巴基斯坦将被迫做出选择，寻找其他替代办法，这意味着可能会挪用用于经济发展的资金，③ 或者寻求他国（比如苏联）的援助，而这是美国所不愿意看到的结果。

巴基斯坦继续向美国抱怨，由于“美国不遵守承诺”，已经带来相当严重的后果。1955年10月4日，阿尤布将军在与美国大使的会谈中说，中东国家现在不太可能站在美国一边，沙特阿拉伯国王和伊朗国王警告他“不能信任美国人”。另外，阿尤布指出他个人在巴基斯坦的地位受到挑

① *Despatch from the Embassy in Pakistan to the Department of State*, Karachi, August 26, 1955, Source: Department of State, Central Files, 790D.5 – MSP/8 ～ 2655, FRUS 1955 ～ 1957, VIII, pp. 678 ～ 679.

② *Telegram from the Embassy in Pakistan to the Department of State*, Karachi, September 15, 1955, Source: Department of State, Central Files, 790D. 5 – MSP/9 ～ 1555, FRUS 1955 ～ 1957, VIII, pp. 681 ～ 683.

③ *Telegram from the Embassy in Pakistan to the Department of State*, Karachi, October 1, 1955, Source: Department of State, Central Files, 790D. 5 – MSP/10 ～ 155, FRUS 1955 ～ 1957, VIII, p. 689.

战。美国对巴基斯坦采取的“政治机会主义”遭到一些退休高级军事领导人，如约瑟夫（Youssuf）中将和阿德南·汗（Adnan Khan）少将的批评。针对巴基斯坦的抱怨，美国驻巴基斯坦大使认为，为防止美国遭受政治挫折，应该巩固阿尤布在巴基斯坦的地位，并特别建议：（1）美国政府要高度重视对巴基斯坦的军事援助；（2）建议美国国务院派遣助理国务卿艾伦访问巴基斯坦，向阿尤布做出解释，使其不对美国失望。① 1955 年 11 月 12 日，美国国务院指示使馆向巴基斯坦总理传达：美国将尽力兑现 1954 年 10 月 21 日备忘录中的承诺，并且援助数额不限于 1.71 亿美元。在下一财年，美国将尽力弥补巴基斯坦五个半师的装备。②

1956 年初，美国驻巴基斯坦大使馆在发给国务院的电报中对一年多来的军事援助情况进行了总结，由于美国军事援助巴基斯坦计划一再拖延，导致美巴关系紧张，甚至在巴基斯坦引起关于“美国是不是真正朋友”的争论。在巴基斯坦看来，由于加入巴格达条约组织，他们的国际地位恶化，巴基斯坦国内关于实施中立主义政策的宣传甚嚣尘上。③ 巴基斯坦想尽一切办法力争获得美国更多的军事援助，1956 年 2 月，在国务卿杜勒斯访问巴基斯坦之前，巴基斯坦政府和民众认为应该像阿富汗、印度和埃及那样两面下注。巴基斯坦说到做到，相继与一些社会主义国家进行了接触。1956 年 7 月，米尔扎总统在与尼克松副总统会谈时称，巴基斯坦加入巴格达条约组织后，政府面临着相当大的压力。另外，米尔扎尤其担心苏联对阿富汗的渗透。鉴于这一形势，米尔扎总统建议：第一，阿富汗问题比前几年更加具有军事重要性，美国要给予高度重视。第二，巴基斯坦有

---

① *Telegram from the Consulate General at Lahore to the Department of State*, Lahore, October 4, 1955, Source: Department of State, Central Files, 790D. 5 – MSP/10 ~ 455, FRUS 1955 ~ 1957, VIII, p. 692.

② *Telegram from the Department of State to Embassy in Pakistan*, Washington, November 12, 1955, Source: Department of State, Central Files, 790D. 5 – MSP/11 ~ 1255, FRUS 1955 ~ 1957, VIII, p. 700.

③ *Telegram from the Embassy in Pakistan to the Department of State*, Karachi, January 19, 1956, Source: Department of State, Central Files, 790D. 5 – MSP/1 ~ 1956, FRUS 1955 ~ 1957, VIII, pp. 708 ~ 709.

必要增加一个步兵师，从而达到五个步兵师和一个半装甲师。米尔扎总统向尼克松保证，与阿富汗之间的争端上，他会寻求和平解决方案。①

对此，美国政府做出了正面回应：美国会竭尽全力为巴基斯坦提供最大限度的援助，但是巴基斯坦要清楚，美国这样做的原因只是因为巴基斯坦坚持亲西方的立场和发布亲西方的声明。如果巴基斯坦想“玩花招”（实施中立主义）胁迫美国，那将是很危险的，巴基斯坦不能和印度相比。美国大力支持巴基斯坦的原因恰恰是因为它采取了与印度不同的政策。如果巴基斯坦采取像印度一样的政策，巴基斯坦无论从规模还是资源来看都无足轻重，美国对巴基斯坦的兴趣将大大减弱。② 当然，美国也承认：“我们做出三年承诺，提供的各种军事装备和直接武力支持约3.5亿美元。截至1956年初，时间过去了一半，我们只交付了2100万美元的硬件设施以及较少的直接支持”。③

美国一方面警告巴基斯坦不要妄想实施中立主义，另一方面理解巴基斯坦的抱怨，着手加大军事援助巴基斯坦的力度。希尔德雷思大使告诉巴基斯坦政府，“1957财年，美国对巴基斯坦的陆军计划至少6000万美元，加上空军1120万美元和海军370万美元，从而1957财年的MDAP至少是7500万美元。”④ 1956年5月19日，希尔德雷思大使在发给美国国务院的电报中建议，1958财年对巴基斯坦的援助应大幅度增加，提供1.59亿美元的MDAP和国防力量支持，其中9500万美元的防御支持和1350万美元

① *Memorandum of a Conversation*, Karachi, July 9, 1956, Source: Department of State, Karachi Embassy Files: Lot 64 F 16, 361.1 Nixon, FRUS 1955～1957, VIII, pp. 721～727.

② *Telegram from the Embassy in Pakistan to the Department of State*, Karachi, February 17, 1956, Source: Department of State, Central Files, 611.90D/2～1756, FRUS 1955～1957, VIII, pp. 711～712.

③ *Telegram from the Department of State to the Secretary of State at New Delhi*, Washington, March 9, 1956, Source: Department of State, Conference Files: Lot 62 D 181, CF 679, FRUS 1955～1957, VIII, p. 716.

④ *Telegram from the Embassy in Pakistan to the Department of State*, Karachi, January 19, 1956, Source: Department of State, Central Files, 790D.5－MSP/1～1956, FRUS 1955～1957, VIII, pp. 708～709.

的技术合作是拟议的援助计划的主要内容。[①] 截至1956年9月30日，军事援助规划是2.01亿美元，其中已交付7280万美元。尽管兑现率仍不是很高，但毕竟提供的援助数额较之前有大幅提高。因此，巴基斯坦领导人不再对美国军事援助有太多抱怨。

此阶段美国军事援助巴基斯坦力度有逐步加大趋势，出现这一状况的原因有：第一，巴基斯坦不停地抱怨。第二，美国意识到延迟军事援助巴基斯坦会带来不良后果。第三，巴基斯坦发表支持和拥护美国政策的声明。第四，巴基斯坦为了获取美国的援助不择手段，尽管这些手段带有风险，但的确有推动作用。第五，巴基斯坦同意加入巴格达条约组织。

3. 美国重新评估对巴基斯坦的军事援助（1957年）

1957年初，美国国家安全委员会第308届会议对军事援助巴基斯坦进行评估，达成如下共识：美国仍要继续执行对巴基斯坦的军事援助计划，但是要避免进一步增强巴基斯坦的武装力量。[②] 随后，国家安全委员会对上述决定进行了详细解释：继续向巴基斯坦提供军事援助，以便巴基斯坦军队能够维持内部安全、抵制外来入侵，从而有助于集体安全。向巴基斯坦提供军事援助，美国应该：第一，拒绝巴基斯坦要求提供比现在更多的军事援助计划；第二，鼓励有效利用军事资源，最终目的是减少对美国援助的依赖；第三，避免承担巴基斯坦后军事建设时期的固定份额；第四，帮助巴基斯坦改善后勤体系，组织建立更有效的军队，同时逐步减少对巴基斯坦军事建设的支持力度；第五，鼓励巴基斯坦改善与印度和阿富汗的关系，以便减少对美国援助的需求。[③]

有意思的是，当美国开始考虑减少对巴基斯坦的军事援助规模时，巴

---

① *Telegram from the Embassy in Pakistan to the Department of State*, Karachi, May 19, 1956, Source: Department of State, Central Files, 790D.5 - MSP/5 ~ 1956, FRUS 1955 ~ 1957, VIII, p. 718.

② *Memorandum of Discussion at the 308th Meeting of the National Security Council*, Washington, January 3, 1957, Source: Eisenhower Library, Whitman File, NSC Records, FRUS 1955 ~ 1957, VIII, pp. 48 ~ 50.

③ *National Security Council Report*, Washington, January 10, 1957, Source: Department of State, S/S - NSC Files: Lot 63 D 351, NSC 5701 - Memoranda, FRUS 1955 ~ 1957, VIII, p. 64.

基斯坦却强调愿意加强与美国的合作关系而要求美国进一步增加军事援助。巴基斯坦总统和总理均向美国政府表达巴基斯坦政府加强与美国合作的愿望："我们愿意与美国风雨同舟，也希望美国能与我们在一起……美国把我们视为知己，我们也会与美国肝胆相照。"① 1957 年 7 月 10 日，巴基斯坦总理苏拉瓦底对美国进行为期 17 天的访问，希望美国增加对巴基斯坦的军事援助规模，再次提出美国提供包括 4 个轻型轰炸机中队以及雷达装备在内的军事援助的请求。他强调，巴基斯坦拥有 4 架或 12 架或 18 架轰炸机只是用于防御印度而不是进攻印度。尽管美国国务院和国防部同意考虑这些请求，但是并没有给出承诺。② 在巴基斯坦看来，此次总理访问是成功的。

1957 年底，美国驻巴基斯坦大使在写给助理国务卿朗特里的信中强调，巴基斯坦的军事建设必须缩减，现在需要考虑的不是是否削减而是削减多少的问题。当前巴基斯坦的军事开支约占政府税收的 65%。这对经济造成重大压力，即使有美国援助，民众仍只能维持基本的生活水准。当前的军事计划基于一个错误假设（"苏联威胁"）。实际上，巴基斯坦当前的军事实力足以维持内部安全和防御阿富汗。另外，由于精力集中于印度，巴基斯坦不会向《巴格达条约》涉及地区派出任何部队。③

（二）美国军事援助第二阶段（1958 年初至 1959 年 3 月）：重新设定军事援助计划

1958 年初，兰利大使告诉米尔扎总统，在他离任之前，美国政府将完

① *Telegram from the Embassy in Pakistan to the Department of State*, Karachi, March 30, 1957, Source: Department of State, Central Files, 120.1580/3～3057, FRUS 1955～1957, VIII, pp. 740～741.

② Memorandum of Conversation by Rear Admiral Charles K. Bergin, Director, NESA/ISA, July 12; *Memorandum of a Conversation*, Washington, July 12, 1957, Source: Department of State, Secretary's Memoranda of Conversation: Lot 64 D 199, FRUS 1955～1957, VIII, pp. 749～750; *Progress Report by the Operations Coordinating Board*, Washington, July 24, 1957, Source: Department of State, S/S－NSC Files: Lot 63 D 351, NSC 5701－Memoranda, FRUS 1955～1957, VIII, pp. 66, 76.

③ *Letter from the Ambassa dor in Pakistan (Langley) to the Assistant Secretary of State for Near Eastern, South Asian, and African Affairs (Rountree)*, Karachi, December 27, 1957, Source: Department of State, Karachi Embassy Files: Lot 63 F 84, 320 Pakistan, FRUS 1955～1957, VIII, pp. 756～760.

成此前对巴基斯坦的军事援助承诺，接下来会讨论美国今后几年军事援助巴基斯坦的形式和规模等问题[①]。而巴基斯坦政府亦向美国表示继续依靠美国的决心。1 月 25 日，巴基斯坦总理费罗兹·汗·农在会见国务卿杜勒斯时说："苏联大使近期表示如果巴基斯坦退出巴格达条约组织和 SEATO，苏联将会向巴基斯坦提供与印度相同的帮助。我回复苏联大使，印度可以依靠苏联，而巴基斯坦可以依靠美国。"[②]

1. 围绕轰炸机展开的讨论

早在 1956 年，鉴于印度购买堪培拉轰炸机，巴基斯坦总统米尔扎便提出希望从美国获得一个轻型轰炸机中队的请求，目的是打消印度进攻巴基斯坦的念头。1956 年 5 月 17 日，巴基斯坦总理在会见美国驻巴基斯坦大使时再次表示，巴基斯坦对轰炸机的需求，目的不是追求相对于印度更大的实力，而是使印度认识到尽管印巴实力对比有差距，但是巴基斯坦拥有反击能力。[③] 美国军事援助巴基斯坦的第二阶段，轰炸机成为两国重点商讨对象之一。

1958 年 1 月 30 日，英国外交大臣劳埃德（Lloyd）询问美国是否可以协助巴基斯坦购买一些轰炸机。美国助理国务卿朗特里认为，既然英国能为印度提供轰炸机，也应该能为作为英联邦成员的巴基斯坦提供轰炸机。国务卿杜勒斯解释说，虽然他不希望印度购买 70 余架轰炸机，但是理解英国人向印度提供轰炸机的理由（阻止印度从苏联购买）[④]。巴基斯坦总理费罗兹·汗·农不认可这种说法，他认为英国完全是出于商业利益向印度出

---

① *Telegram from the Embassy in Pakistan to the Department of State*, *Karachi*, *January 2*, *1958*, Source：Department of State, Central Files, 790D. 5 - MSP/1 ~ 258, FRUS 1958 ~ 1960, pp. 616 ~ 617.

② *Editorial Note*, FRUS 1958 ~ 1960, p. 618.

③ *Telegram from the Embassy in Pakistan to the Department of State*, Karachi, May 18, 1956, Source：Department of State, Central Files, 790D. 5 - MSP/5 ~ 1856, FRUS 1955 ~ 1957, VIII, p. 124.

④ *Memorandum of a Conversation*, Ankara, January 30, 1958, Source：Department of State, Central Files, 790D. 5622/1 ~ 3058, FRUS 1958 ~ 1960, pp. 618 ~ 619.

售轰炸机，他还委婉地批评了美国，认为美国考虑更多的是印度而不是巴基斯坦。他对美国驻巴基斯坦大使说，美国履行 1954 年承诺三年半的期限快到了，希望向巴基斯坦提供 20 架轰炸机。

1958 年 3 月 7 日，巴基斯坦驻美国大使到访美国国务院，讨论的主题之一就是巴基斯坦需要美国尽早交付美巴 1954 年军事援助协定承诺的轻型轰炸机。美国助理国务卿朗特里表示，轰炸机将在 1960 年完成交付。巴基斯坦驻联合国代表阿雷・汗指出，如果 1960 年交付轰炸机，那么意味着至少还有一年半时间，而人员培训更得往后推迟，那么印巴间的军事实力将因印度购买堪培拉轰炸机而更加失衡。[①] 3 月 8 日，巴基斯坦总理费罗兹・汗・农在报告中指出：如果美国在克什米尔问题上不支持巴基斯坦以及巴基斯坦获得更多援助的诉求得不到满足，巴基斯坦可能会退出巴格达条约组织和 SEATO，转而“拥抱共产主义”。[②]

面对巴基斯坦不断地提出尽快交付轻型轰炸机中队的请求，美国国务院却并不着急，也不要求国防部加速执行计划，因为：（1）如果美国答应巴基斯坦的请求，可能会被解读为美国屈从于巴基斯坦总理费罗兹・汗・农 3 月 8 日的报告压力；（2）美国对于苏联集团的再评估不能证明加速实施计划是正当的；（3）巴基斯坦多次明确表明，轰炸机将直接对付印度而不是社会主义阵营；（4）印度政府可能会误解美国政府的动机。当然，美国也意识到：因为美国近期对印度提供了大量援助、对巴基斯坦提出购买轰炸机的请求没有给出积极反应、巴基斯坦政府预感美国今后会减少军事援助以及美国批评巴基斯坦的农业政策等，美国和巴基斯坦的关系有所恶化。英国向印度政府出售 73 架堪培拉飞机和坦克等、对克什米尔问题的沮丧，加上认为印度在 1961 年改道印度河水为巴基斯坦设置“死亡陷阱”，

---

① *Memorandum of a Conversation*, *Department of State*, Washington, March 7, 1958, Source: Department of State, Central Files, 790D. 5622/3 758, FRUS 1958～1960, p. 624.

② *Memorandum of a Conversation between the Deputy Director of the Office of South Asian Affairs (Meyer) and the Chief Delegate of Pakistan to the SEATO Council Meeting (Qizilbash)*, Manila, March 11, 1958, Source: Department of State, Central Files: Lot 63 D 123, CF 989, FRUS 1958～1960, pp. 625～626.

这些都造成巴基斯坦对美国的不满。

1958 年 3 月 27 日，美国和巴基斯坦再次讨论轻型轰炸机与军事援助事宜。巴基斯坦驻美国大使要求美国明确是否向巴基斯坦供应轻型轰炸机中队以及 1959 年后是否继续向巴基斯坦提供军事援助。朗特里称，美国将在 1959 年完成军事装备的交付，兑现 1954 年除轻型轰炸机中队外的承诺，1959 年后，美国会继续向巴基斯坦提供军事援助。①

也许巴基斯坦政府从美国助理国务卿朗特里的回答中获知了什么信息，费罗兹·汗·农总理指示巴基斯坦驻联合国代表阿雷·汗敦促美国重申保证对巴基斯坦边界的保护，希望与美国就巴基斯坦边界问题签署“正式协议”或美国发表“正式声明”，即美国保障巴基斯坦的边界安全。美国驻联合国代表说，国务卿杜勒斯 1957 年 11 月就发表了这样一份声明。阿雷·汗说，巴基斯坦想要更为正式的声明。另外，鉴于印度近期从英国订购了轰炸机、战斗机和坦克，阿雷·汗敦促美国早日交付在援助协议中承诺给巴基斯坦的轰炸机。他恳请美国尽快采取行动，理由是巴基斯坦即将举行选举，反对派借口当局不能从西方盟友那里获得足够帮助对现政府进行攻击。他认为，现在的三位巴基斯坦领导人（米尔扎、费罗兹·汗·农和阿尤布）明显支持与西方结盟，他们的政策必须有所建树（言外之意是要获得美国的军事援助）。否则，巴基斯坦可能会走向中立主义。②

1958 年 4 月，阿尤布将军率领巴基斯坦军事代表访问美国，目的是催促美国尽快向巴基斯坦提供军事援助，特别是交付一个轻型轰炸机中队。美国助理国防部长斯普雷格（Sprague）问阿尤布将军，对轻型轰炸机的需求是否与受到严重威胁有关。阿尤布将军坦诚，相较而言，与印度的威胁更直接相关。他补充说，最近美国为印度提供的经济援助使巴基斯坦面临更加严峻的安全局势。因为印度在美国提供经济援助的情况下可以将经济资金用于军事目的，而这必将对巴基斯坦的安全造成威胁。

① *Memorandum of a Conversation*, *Department of State*, Washington, March 27, 1958, Source: Department of State, Central Files, 790D. 5622/3 ~ 2758, FRUS 1958 ~ 1960, p. 632.

② *Telegram from the Mission at the United Nations to the Department of State*, New York, April 25, 1958, FRUS 1958 ~ 1960, p. 634.

阿尤布将军说，巴基斯坦为了生存必须增加自身的军事力量，空军急需配备轻型轰炸机。斯普雷格说，美国的军事援助计划不是为了解决印巴间的问题，主要是为了支持反对共产主义的共同行动。他补充说，美国会履行 1954 年备忘录做出的向巴基斯坦提供轻型轰炸机中队的承诺。如果巴基斯坦飞行员训练和飞机维修人员培训能顺利完成，他认为提供 4 架至 6 架 B－57 型轰炸机是可能的。巴基斯坦空军副元帅阿斯加尔·汗对此表示很不满意：其一，这些飞机已过时，不值得巴基斯坦在这上面浪费人力和财力，期望美国能提供性能更好的B－66型轰炸机。[①] 其二，美国应在 1959 年交付全部轻型轰炸机中队而不是现在的交付时间表（1959 年仅交付 4 架至 6 架飞机，其余部分将在 1960 年期间完成交付）。如果 1959 年只是交付 6 架 B－57 而不是 B－66，那么他们宁愿从英国获得。[②]

1958 年 5 月 7 日，美国承诺，在 1959 年 12 月之前向巴基斯坦交付 4 架至 6 架飞机，在 1960 年 6 月之前交付 10 架，并在 1960 年 12 月之前完成全部交付。鉴于美国对巴基斯坦的承诺和巴基斯坦对美国行动的批评，JCS 同意美国陆军参谋长尽快向巴基斯坦交付轻型轰炸机的建议。JCS 建议应当启动及时的培训计划，以确保交付时有满足要求的飞行员和维修人员。当然，飞机的交付应根据巴基斯坦利用和吸收的能力来安排。[③]

2. 清楚设定美国在巴基斯坦的军事目标

美国政府意识到，美国今后对巴基斯坦的军事援助计划取决于美国的主要目标是单纯军事性、战略性的，还包含政治和心理等多种因素。1958 年 12 月 4 日，美国驻巴基斯坦大使向美国国务院建议：美国国防部应该彻

① *Memorandum for the Record of a Meeting*, Washington, April 29, 1958, Source: Department of State, SOA Files: Lot 62 D 43, Bombers for Pakistan 1958, FRUS 1958～1960, pp. 641～643.

② *Memorandum from the Director of the Office of South Asian Affairs* (*Bartlett*) *to the Assistant Secretary of State for Near Eastern, South Asian, and African Affairs* (*Rountree*), *Washington, May 6, 1958*, Source: Department of State, Central Files, 790D. 5622/5～658, FRUS 1958～1960, p. 645.

③ *Memorandum from the Joint Chiefs of Staff to the Secretary of Defense* (*McElroy*), *Washington, May 16, 1958*, Source: National Archives and Records Administration, RG 218, JCS Files, FRUS 1958～1960, pp. 646～647.

底搞清楚美国在巴基斯坦真正的军事目标。① 因为自 1954 年美巴签署军事援助协议以来，美国还未对巴基斯坦军事计划进行新的战略评估。大使认为，严格的军事再评估需要综合考虑政治和经济等因素，他提出以下几个问题：第一，美国在巴基斯坦的主要目标是军事性、战略性的吗？巴基斯坦对美国的主要价值是其机场，是美国战略空军指挥部（SAC）围绕苏联构筑机场的重要组成部分，因此是应对苏联全面威慑的重要组成部分吗？美国出于什么目的把巴基斯坦的五个半师做为军事援助计划支持的基础？美国要充分考虑到万一发生冲突，缺乏美国保障的这五个半师大部分仍然被牵制在印度和克什米尔地区，结果将会是多大规模的军事冲突？美国是否以协助和参与地面作战计划交换相关 SAC 空军基地？或者，第二，美国在巴基斯坦的主要目标本质上是政治和心理的吗？美国的根本目的是击败次大陆的共产主义还是通过非共产主义的办法确保次大陆国家的发展和活力？大使认为，对上述问题的回答将有助于进一步完善美国针对巴基斯坦的援助计划。如果美国的基本目的是军事，那么当前的年度援助计划足够了。如果美国的主要目的是政治和心理，那么目前的方法或援助水平难以实现这些更长远的目标。另外，如果没有欧洲盟友的帮助，仅靠美国自己将是徒劳的。

阿尤布总统上台执政后，“对美国未能批准 1959 年 MAAG 的军事援助计划感到相当不安”，担心美国不支持 1959 年的军事援助计划意味着“美国不支持巴基斯坦新政权”。1958 年 12 月 16 日，美国驻巴基斯坦大使在发给美国国务院的电报中指出：巴基斯坦新政权取得成功并承诺恢复宪政政府符合美国的利益，但是这取决于美国是否会给予持续的军事援助。如果进一步延期批准 1959 年的军事援助方案，将使新政权处于尴尬境地，可能会导致新政权崩溃。鉴于当前正在进行的印巴双边谈判，美国拒绝批准军事援助计划更难以令人理解。大使认为，美国仅仅宣称对新政权的友谊

---

① *Despatch from the Embassy in Pakistan to the Department of State*, *Karachi*, *December 4*, *1958*, Source：Department of State, Central Files, 611. 90D/12 ~ 458, FRUS 1958 ~ 1960, pp. 684 ~ 686.

是毫无意义的，需要采取实际的支持行动。①

面对来自巴基斯坦政府要求批准 1959 财年军事援助的压力，美国驻巴基斯坦大使兰利敦促美国推进 1959 财年计划批准的步伐。应美国助理国务卿朗特里的要求，成立了一个跨部门工作组，审查对巴基斯坦的军事援助问题。截至 1959 年 1 月，跨部门工作组得出一些基本结论：美国需要支持巴基斯坦的五个半师；虽然巴基斯坦的经济负担大，但不要试图说服巴基斯坦政府取消非军事援助计划支持的两个半师，这既不符合美国的政治利益也不符合巴基斯坦的安全利益，但非军事援助计划支持的部队不能得到与军事援助计划支持的部队同等对待；美国的政治和军事利益要求加强军事援助计划支持的部队的能力，因此应该加快推行现代化。朗特里建议：第一，除 M47 坦克和弹药库外，核准拟议的 1959 财年军事援助计划所有项目，约 2730 万美元。除 1810 万美元是用于一万名军人的贝鲁姆（Jhellum）第一军团建筑营房外，还包括培训辅助及训练用弹药，少量现代电子通信设备，7 架 F－86F、2 架 T－33A 飞机以及坦克运输车。第二，批准供应 72 辆 M47 坦克和有关设备：430 万美元。第三，推迟建造 25 个弹药储存室：180 万美元。② 美国国务次卿帮办狄龙（Dillon）批准了上述建议。

1959 年 1 月 26 日，美国陆军副参谋长兰尼兹尔（Lemnitzer）将军在拜见阿尤布总统时再次强调，美国战略部队的目标是五个半师，当然，部队的目标会随着军事状况以及新武器、新技术的发展而进行调整。阿尤布认为五个半师的设备需要实现真正的现代化，因为大部分装备是过时的英国武器。美方表示，在今后的援助方案中，会根据巴基斯坦的需要，在资金允许的范围内替换英国武器，更换现代设备。阿尤布说，巴基斯坦希望

---

① *Telegram from the Embassy in Pakistan to the Department of State*, *Karachi*, *December 16*, *1958*, Source: Department of State, Central Files, 790D. 00/12～1658, FRUS 1958～1960, pp. 687～688.

② *Memorandum from the Assistant Secretary of State for Near Eastern and South Asian Affairs* (*Rountree*) *to the Under Secretary of State for Economic Affairs* (*Dillon*), *Washington*, *January 7*, *1959*, Source: Department of State, Central Files, 790D. 5－MSP/4～1459, FRUS 1958～1960, pp. 688～691.

将他们现在制造 303 步枪的设施改造为生产新式的美国 M14 步枪。兰尼兹尔将军说，这需要大量资金，建议慎重考虑。阿尤布总统强调了巴基斯坦武装部队的价值，不仅是保护巴基斯坦的力量，而且也是一支在需要时可以派往其他地方的力量。他说，美国在这个地区使用巴基斯坦部队比美国直接派兵更划算，更能发挥作用。因此，如果美国能够使巴基斯坦部队成为现代化的、武装足够多的、能够派往海外的部队，美国也将从中获益更多。①

美国同意支持巴基斯坦五个半师的现代化建设，但是巴基斯坦国防部长库尔希德（M. Khurshid）希望美国帮助装备六个师。他指出，现有的五个半师，由于混合配备美国和英国设备，给巴基斯坦军队的后勤带来很大问题。他说，以前美国直接支持的部队是 4 万人，现在要增加 1.6 万名士兵，同样也需得到美国的支持。库尔希德称目前的 AA 炮已过时，恳请美国提供现代化的防空武器。关于巴基斯坦空军，库尔希德说，《巴格达条约》的军事规划研究表明巴基斯坦需要 395 架喷气式飞机。虽然巴基斯坦希望更新所有的 F－86 "军刀" 喷气式飞机，但是如果能用 35 架高性能战斗机更换同等数量的 "军刀" 飞机，他们也会感到满意。剩下的 F－86 飞机装备空对空导弹。库尔希德解释说，上述是保障巴基斯坦自身安全以及巴基斯坦有能力提供国际义务最起码的要求。②

1959 年 3 月 5 日，美国在安卡拉分别与土耳其、伊朗和巴基斯坦政府签署《双边合作协议》。美巴《双边合作协议》的签署，标志着美巴同盟关系达到一个新高度。

---

① *Memorandum for the Record of a Meeting*, Karachi, January 26, 1959, Source: Department of State, Central Files, 611.90D/1 ~2959, FRUS 1958 ~1960, pp. 697 ~700.

② *Despatch from the Embassy in Pakistan to the Department of State*, *Karachi*, *February 26*, *1959*, Source: Department of State, Central Files, 700.5 – MSP/2 ~2659, FRUS 1958 ~1960, pp. 700 ~703.

第二节　美国和印度的关系

第二章在介绍美国决定军事援助巴基斯坦的过程及原因时，曾提到印度是导致美国历时七年才最终决定军事援助巴基斯坦的重要影响因素。同样地，即使当美国决定军事援助巴基斯坦后，印度依然是美国军事援助巴基斯坦执行过程中犹豫不决的重要影响因素。换言之，虽然与巴基斯坦建立了军事同盟关系，但是美国从未放弃与印度发展良好关系的意愿，即便是冒着引起巴基斯坦严重不满的风险。当然，这期间，美印之间并非一直交好，也出现过裂痕，甚至有时关系极度恶化。

一、1955年的美印关系：总体缓和，但是相互间仍存在诸多不满和质疑

1955年初期，由于冷战氛围总体上趋于缓和，美印关系得以改善。尼赫鲁对美国集体安全政策的批评强度减弱；美国驻印度大使库珀（Cooper）与尼赫鲁建立起亲密的私人关系，大使本人给印度媒体留下良好印象。但是，美印在解决基本分歧方面没有取得多少进展。印度继续发展与中国和苏联的关系，而与西方的关系没有得到好转，甚至有所恶化。美国对印度的不满体现在以下几个方面：第一，印度与苏联“政治联姻”（Political A-lignment）。苏联获得印度的政治好感与外交支持。尽管印度仍宣称奉行不结盟政策，但是明显偏向于“东方阵营”，甚至考虑购买苏联的武器装备。第二，印度反对地区防御协定。印度反对SEATO，支持中立主义。第三，果阿问题。美葡发表关于果阿的联合公报，在印度看来，美国这是在支持

殖民主义，美印关系因果阿问题而紧张起来。①

1955 年 5 月 20 日，印度对外事务部秘书长皮莱（Pillai）召见美国驻印度大使时称，有传言说美国新闻处（USIS）收买印度报纸《Pratap》和个人，这些传言引起印度对美国动机的怀疑。尼赫鲁总理认为，如果这些指控是真的，那么美国是故意在印度人民面前使他难堪。② 针对上述指控，美国大使称这些传言完全是凭空捏造。他首先声明，USIS 在印度的工作人员遵纪守法、行动谨慎，尽量避免引起印度政府的误会与怀疑。他坚信，USIS 从来没有而且也不会通过收买或其他任何形式影响印度当地媒体和个人。相反，USIS 不仅不会做损害印度的事情，而且一直以来致力于支持印度的经济和社会发展。例如，USIS 制作了 20 集全面展示印度五年计划取得成就的纪录片。另外，USIS 最重要的宣传机构“美国记者”（American Reporter）对印度表达了足够敬意。美国驻印度大使怀疑，真正令尼赫鲁不安的是，在印度的美国官员力图使印度相信美国的外交政策是正确的或暗示美国不赞同尼赫鲁的外交政策。如果尼赫鲁是出于这一原因而竭力停止 USIS“正当宣传”美国政策的活动，大使表示坚决反对，因为印度的这一立场与美国的“自由信念”相矛盾。③ 6 月 1 日，美国驻印度大使拜见尼赫鲁总理，再次谈到 USIS 问题。大使强调：（1）皮莱提到的具体事例没有根据；（2）USIS 或美国政府绝不会在印度收买任何媒体或个人。尼赫鲁表示接受大使与美国政府的声明，不再怀疑美国的友谊和良好意图，并渴望发展与美国的良好关系。但是他又补充道，他对之前行动的怀疑与指控并非毫无根据，可能在众多美国政府官员中难免有一些组织或个人有不

① *Progress Report by the Operations Coordinating Board*, Washington, March 30, 1956, Source: Department of State, S/S – NSC Files: Lot 63 D 351, NSC 5409 – Memoranda, FRUS 1955 ~ 1957, VIII, p. 28.

② *Telegram from the Embassy in India to the Department of State*, New Delhi, May 23, 1955, Source: Department of State, Central Files, 611. 91/5 ~ 2355, FRUS 1955 ~ 1957, VIII, p. 458.

③ *Telegram from the Embassy in India to the Department of State*, New Delhi, May 25, 1955, Source: Department of State, Central Files, 611. 91/5 ~ 2555, FRUS 1955 ~ 1957, VIII, pp. 461 ~ 463.

轨行动。[①] 8月23日，皮莱再次提及USIS问题并转达尼赫鲁总理的决定：国外的情报中心只能设立在使馆与领事办公室所在地。因此要求美国关闭除德里、孟买、马德拉斯、加尔各答之外其他地方的情报中心。[②] 美国对此表示关切，并希望印度给予合理的解释。

为了缓和美印之间的紧张氛围，美国助理国务卿艾伦同意前驻英大使路易斯·道格拉斯（Lewis Douglas）的建议：邀请尼赫鲁于1955年11月8日在纽约的国际英语联合会（English-Speaking Union）发表演讲。不管美国喜欢与否，尼赫鲁今后仍将继续执政是事实。因此，美国需要对尼赫鲁的善意举动表示欢迎，当然对尼赫鲁也不能太殷勤。如果尼赫鲁接受邀请在国际英语联合会发表演讲，艾森豪威尔总统可以顺便邀请他在华盛顿驻留三天。[③] 尼赫鲁在回信中拒绝了美国邀请，他表示很期待与艾森豪威尔总统会见，但是由于召开议会的原因，11月份无法访问。

1955年11月19日，布尔加宁与赫鲁晓夫访问印度。美国驻印度大使馆评估了此次访问对印度和美国安全的影响。[④] 印度领导人希望美国不要过度解读印度对苏联领导人的热情接待，他们只是像苏联接待尼赫鲁一样接待苏联领导人。他们力图让美国大使馆相信，除印度共产党之外没人愿意印度臣服于苏联或其他国家，但是印度渴望顺利实施五年计划，如果西方朋友不能提供所需的援助，印度不得不接受来自苏联的援助。美国驻印度大使馆认为，不要过度强调苏联访问的重要性，其实对美国也有有利的一面。例如，布尔加宁支持尼赫鲁，将使印度共产党很难再攻击国大党。尽管如此，没有理由相信共产党会放弃弱化乃至取缔国大党的企图。那种

---

① *Telegram from the Embassy in India to the Department of State*, New Delhi, June 1, 1955, Source: Department of State, Central Files, 511.91/6 ~155, FRUS 1955 ~1957, VIII, p. 469.

② *Telegram from the Embassy in India to the Department of State*, New Delhi, August 26, 1955, Source: Department of State, Central Files, 511.91/8 ~2655, FRUS 1955 ~1957, VIII, p. 478.

③ *Memorandum from the Assistant Secretary of State for Near Eastern, South Asian, and African Affairs (Allen) to the Secretary of State*, Washington, July 29, 1955, FRUS 1955 ~1957, VIII, p. 475.

④ *Telegram from the Embassy in India to the Department of State*, New Delhi, November 25, 1955, Source: Department of State, Central Files, 033.6191/11 ~2555, FRUS 1955 ~1957, VIII, pp. 488 ~490.

认为苏联不会向印度提供援助的想法将是非常危险的。美国大使馆认为，苏联清楚印度在其全球战略中的重要性，即使他们现在提供的帮助相对有限，他们也会加大宣传将自己描述为有活力、友好和自信的国家，而将美国描述为反复无常、冷酷和犹豫不决的国家。苏联非常愿意填补美国在援助方面留出的空间。与此同时，苏联极力促使印度脱离西方世界。美国驻印度大使馆希望美国政府意识到这一事实，尽管近期印度领导人在华盛顿、德里、新加坡表示渴望发展与美国的友谊，但是美国的反应给人留下一种不重视印度的印象。

1956 年初，美国国务院评估了半年来的美印关系（1955 年 5 月 15 日至 11 月 15 日）。由于冷战的紧张状态有所缓和以及印度国内对艾森豪威尔总统致力于世界和平的广泛认可，美印关系有所改善，尼赫鲁不再激烈批评美国的集体安全政策。印度媒体和公众舆论也不像以前那样质疑美国政策，甚至公开称赞艾森豪威尔总统为日内瓦会议成功和“日内瓦精神”的达成所做出的贡献。整体上，由于强调共同利益，美印关系得以改善，双边政治关系进展顺利。尼赫鲁邀请艾森豪威尔总统访问印度，尽管艾森豪威尔总统表示暂时不便接受邀请，但是反过来邀请尼赫鲁第二年 5 月或 6 月访问美国。库珀大使个人获得尼赫鲁、印度媒体的信任与尊重。麦斯威尔·泰勒（Maxwell Taylor）将军在新德里受到热烈欢迎；印度陆军总参谋长什里纳格什（Shrinagesh）将军成功访问美国；印度两名陆军官员到美国接受培训；美国在德里的工业博览会展厅非常受欢迎；美国的一个贸易代表团在印度各地受到欢迎。美印间的信息与人员交流计划继续进行。美印双边政治关系中最大的不利因素是印度政府关闭美国 USIS 在印度的驻地。其他不利因素还包括：印度拒绝新德里使馆租赁电传设备给卡拉奇以及禁止《纽约时报》在印度发行专刊；梅达大使在休斯顿机场受到种族歧视。总之，过去半年，美印关系有明显改善，然而，双方在国际共产主义和殖民主义等一些重要问题上并没有达成共识。相反，印度与苏联在许多领域关系更紧密。尼赫鲁在莫斯科受到热烈欢迎，与布尔加宁签署加强两国经济、文化、科技等领域合作的联合公报。印苏钢厂项目安排进展顺利，苏联还提出在原子能、有色金属行业、采煤业以及石油勘探等方面向印度提供帮助。但是这并不表明印度已放弃不结盟政策。[①] 由此可见，印度还是坚持其中立政策，既重视同美国发展关系，同时也不忽视发展与苏联的关系。

二、1956 年的美印关系：美国军事援助巴基斯坦是美印关系的最大障碍

库珀大使认为，美国军事援助巴基斯坦是发展美印友好关系的最大障碍。印度强烈反对美国军事援助巴基斯坦，在印度看来，武装后的巴基斯坦更愿意发动战争。由于美国军事援助巴基斯坦的原因，印度不得不将本应用于经济发展的大量资金用于国防建设。库珀大使认为，印度对美国军事援助巴基斯坦的最初承诺不再担心，但是如果美国增加额外的援助，或者在巴基斯坦建立基地，会在印度引起强烈的反应。一旦如此，印度会竭力从苏联获得相同性能的武器。[②]

1956 年 3 月 5 日，美国驻印度大使在向驻巴基斯坦大使发送的电报中指出，美巴军事协议毫无疑问是造成美印摩擦的首要原因。在印度看来：第一，鉴于印巴在克什米尔的争端，美巴军事协议显然是对印度政府的一个不友好行为；第二，巴基斯坦获得的武器是用于攻击印度而不是防御苏联。印度担心巴基斯坦政府在面临内部危机时可能会对印度采取军事冒险行动。自 1953 年以来，印度对美巴 1950 年签订的协定的担心已有所缓和，但是，SEATO 和巴格达条约组织的建立，关于建立空军基地、改善海军基地、向巴基斯坦供应武器的谣言，再次引起印度的担心和不满。美国认为，印度的担心过于杞人忧天，武装力量之间的权衡依然有利于印度。然而，印度政府并不这样认为：第一，印度政府不清楚美巴军事协议的范围

① *Instruction from the Department of State to the Diplomatic and Consular Offices in India*, Washington, January 20, 1956, Source: Department of State, Central Files, 611.91/1－2056, FRUS 1955～1957, VIII, pp. 492～497.

② *Memorandum of a Conversation*, Department of State, Washington, February 16, 1956, Source: Department of State, Central Files, 611.91/2～1656, FRUS 1955～1957, VIII, p. 95.

以及这一协议的执行是否会提升巴基斯坦的军事地位；第二，印度不清楚美巴是否以就提供额外武器或者建设空军基地达成新的协议；第三，印度相信，现代化武器的供应会大大增强巴基斯坦的军事实力。正是基于这些不确定性，印度政府认为，必须从包括苏联在内的国家采购现代化武器，从而更好地服务于国防。印度政府不认同可以从美国获得武器的说法，因为印度不想与美国签署军事协定，这与其不结盟政策不符。印度也不能从英国获得武器，因为印度政府相信，一旦印巴发生战争，英国肯定会拒绝向双方提供武器。另一方面，印度媒体对近期发生的印巴边境事件大肆渲染，暗示巴基斯坦因美国军事援助变得越来越胆大妄为。印度对巴基斯坦可能采取军事行动的担心可能是毫无根据的，但是这一担心确实存在，不能被忽略。美国驻印度大使建议：第一，在 SEATO 会议期间，美国不要对巴基斯坦做出任何新的承诺，尤其是建立空军基地。第二，在执行原先协议的安排时，尽可能低调。据报道，巴基斯坦将敦促 SEATO 或美国支持其在克什米尔的立场。如果巴基斯坦的确这样做，那么将证实印度的担心，即 SEATO 不只是对抗苏联的防御组织，也是被巴基斯坦在政治上用来对抗印度的组织。如果 SEATO 或者美国同意巴基斯坦针对苏联在印度和缅甸发表讲话的提议给予公开声明，这将被印度解读为 SEATO 和美国在克什米尔和果阿问题上反对印度……美国不能这样做，否则只会使美印关系恶化，印度将不得不选择从苏联获得武器。①

除了对美国军事援助巴基斯坦有意见外，印度还对由美国主导、巴基斯坦参加的亚洲地区安排不满。1956 年 3 月 10 日，尼赫鲁会见国务卿杜勒斯，② 表达对集体安全安排的态度，他认为建立 NATO 有现实必要性，

---

① *Telegram from the Embassy in India to the Embassy in Pakistan*, New Delhi, March 5, 1956, Source: Department of State, Central Files, 396. 1 – KA/3 ~ 556, FRUS 1955 ~ 1957, VIII, pp. 97 ~ 99.

② *Memorandum of Conversations between Secretary of State Dulles and Prime Minister Nehru*, Prime Minister's Residence, New Delhi, March 9, 1956 and March 10, 1956, Source: Department of State, Secretary's Memoranda of Conversation: Lot 64 D 199, FRUS 1955 ~ 1957, VIII, pp. 499 ~ 501; *Telegram From the Secretary of State to the Department of State*, New Delhi, March 10, 1956, Source: Department of State, Central Files, 690D. 91/3 ~ 1056, FRUS 1955 ~ 1957, VIII, p. 102.

但是怀疑建立任何亚洲安全安排的价值。他强烈谴责 SEATO 和巴格达条约组织，在他看来，巴基斯坦参与其中不是为了对抗苏联而是为了对抗印度。他对美国武装巴基斯坦感到遗憾，这迫使印度增加国防开支，减少本应用于改善经济社会状况的资金。他抨击 SEATO，认为美国作为巴基斯坦的盟友对抗印度。

杜勒斯没想到，印度竟然如此担心巴基斯坦。1956 年 3 月 11 日，杜勒斯在发给美国国务院的电报中指出，印度留给他的印象是“歇斯底里”地担心巴基斯坦。杜勒斯虽然知道印度不喜欢美国与巴基斯坦结盟并为其提供军事援助，但是之前从未意识到印度的这种反感是如此之强烈。杜勒斯一直以为拥有如此众多人口以及经济实力的印度不会感觉受到严重威胁，然而，印度却认为巴基斯坦随时会对印度发动进攻，并试图寻求武力解决克什米尔问题。杜勒斯认为尽管不能改变印度与巴基斯坦的关系，但是必须竭尽全力使印度相信，美国的军事援助只用于纯粹的防御目的。①

美国继续向印度示好，于 1956 年 3 月确定美国对印度的政策目标：第一，加强印度非共产党政府建设。第二，促进印度与西方国家结盟。第三，加强印度国防建设。第四，促进印度经济发展。美国驻印度大使馆站在印度一方，为印度的立场进行辩护。② 1956 年 4 月 8 日，美国驻印度大使馆在发给美国国务院的电报中指出，如果克什米尔问题得到解决，美国军事援助巴基斯坦的重要性就会大大降低。然而，美国不可能单独解决这一问题，同时美国军事援助巴基斯坦会影响到这一问题的解决。大使馆在电报中再次强调美国军事援助巴基斯坦可能带来的负面效应：第一，印度将本应用于生产的资金用于军事建设。这将迫使印度为了工业化更多地接受来自苏联的经济援助。第二，购买苏联武器的压力增大。印度副总统、

① *Telegram from the Secretary of State to the Department of State*, Colombo, March 11, 1956, Source: Department of State, Central Files, 110.11 - DU/3 ~ 1156, FRUS 1955 ~ 1957, VIII, pp. 502 ~ 504.

② *Progress Report by the Operations Coordinating Board*, Washington, March 30, 1956, Source: Department of State, S/S - NSC Files: Lot 63 D 351, NSC 5409 - Memoranda, FRUS 1955 ~ 1957, VIII, pp. 23 ~ 25.

国防部长和内政部长等告诉大使，印度被迫制定新的国防预算。尽管印度部分官员反对从苏联购买武器，但是印度国内的许多反西方人士警告尼赫鲁完全依赖西方供应武器存在巨大的风险性。在国务卿杜勒斯访问印度前一周，印度内阁曾做出购买苏联飞机的决定，最终由于蒙巴顿的努力以及杜勒斯对尼赫鲁发布的声明，此次交易才被迫中止。英国驻印度高级专员麦克唐纳（McDonald）说，只要印度对美国军事援助巴基斯坦存在担心，印度就有从苏联购买武器的压力。在印度看来，美国要对印度购买苏联武器负责，美国因此可能会指责印度，结果导致美印关系紧张，而巴基斯坦也将寻求来自美国更多的武器，从而引发印巴之间真正的军备竞赛。①

1956 年底，印度自身面临严峻的经济问题，急需获得援助，美国驻印度大使敏锐地捕捉到这一点，认为这是改善美印关系的大好机会。1956 年 12 月 7 日，驻印度大使馆在发给美国国务院的电报中指出，印度当前面临严重的经济危机（恶性通胀、外汇短缺），如果得不到解决，印度的民主可能会受到侵蚀以及民众丧失对尼赫鲁的信任，印度面临滑向共产主义轨道的风险。尼赫鲁及其顾问清楚，不能指望苏联和英国帮助他们摆脱严重的经济危机。这为美国填补苏联和英国的真空，帮助其摆脱经济危机，使印度更加认可美国的政治目标提供了机会。美国驻印度大使建议，美国要设法使印度更坚定地站在西方一边并改变其对外政策。这反过来会得到美国公众与国会的许可，从而向印度提供大量帮助，以增强印度的实力和信心。大使认为经济问题是印度当前所面临的最紧急的问题，但是尼赫鲁不愿意直接向美国提出援助请求以满足印度对外汇的迫切需求。在大使看来，在充分照顾尼赫鲁面子的前提下，这一问题不难解决。印度的外交政策在很大程度上取决于经济的快速发展。如果能够满足这一要求，相信尼赫鲁在政治问题上会更加温和。大使建议，艾森豪威尔总统应该向印度表明，美国与印度的长期目标是相同的，只是由于责任不同以及对局势的评

---

① *Telegram from the Embassy in India to the Department of State*, New Delhi, April 8, 1956, Source: Department of State, Central Files, 690D. 91/4 ~ 856, FRUS 1955 ~ 1957, VIII, pp. 106 ~ 109.

估不同才导致处理的方式不同。总之，大使认为，“历史时刻”已经到来，如果能够抓住和利用这些机会，就可以坚定印度反对共产主义的决心，从而促进美国与印度的关系。①

三、1957年的美印关系：印度政府符合美国的国家利益

由于印度在南亚乃至整个亚洲的地位及其“民主”性质，美国极其看重印度在南亚以及亚洲的示范作用。因此美国南亚政策的首要目标是保证印度政府的非共产党性质，在此前提下，美国竭尽全力拉拢印度发展与西方国家的关系。与此同时，美国希望同时发展与印度和巴基斯坦的友好关系，争取让印度理解美国对巴基斯坦的政策。

1957年1月10日，美国国家安全委员会报告称，一个真正独立的、强大的、民主的、非共产党的、能够有效团结人民的印度政府符合美国的国家利益。然而美国追求这些目标的政策显然是一个悖论：印度的不结盟政策与美国的计划和策略对立，印度越强大，这种对立可能越明显。然而，从长远来看，相较于一个稳定和有影响力的印度，一个虚弱的印度会给美国的安全带来更大的威胁，导致南亚和东南亚沦陷为共产主义的势力范围；一个强大的印度将为自由主义在亚洲地区率先垂范，从而增强阻碍共产主义影响南亚和东南亚地区的抵御能力。印度必须获得国外援助以实现其“二五”计划，因此印度的“二五”计划是当下美国可资利用的促进印度“独立”和稳定的最好机会：向印度提供经济和技术援助，重点关注那些能够最大程度地支持印度实现“二五”计划目标和愿望的项目和计划；鉴于印度“独立”的外交政策，让印度在国际争端中发挥调停作用；充分利用印度与社会主义阵营之间的分歧，使印度倾向于从西方购买军事装备，强化印度武装力量，使其向着西方发展；向印度保证，美国军事援

① *Telegram from the Embassy in India to the Department of State*, New Delhi, December 7, 1956, Source: Department of State, Central Files, 033.9111/12～756, FRUS 1955～1957, VIII, pp.516～523.

助巴基斯坦以及支持巴基斯坦加入 SEATO 和巴格达条约组织，绝不意味着美国对印度不友好，这一行动有助于维护西方的安全；同时向印度保证，美国在果阿问题上不会“选边站”，支持双方通过彼此接受的和平方式解决。①

1957 年 7 月 3 日，美国行动协调委员会报告指出，美国的行动应与美国的目标相一致：增强印度政府抵制共产主义的能力；增强南亚国家人民与西方国家人民的联系与认同；缓和与南亚其他国家的紧张关系；建立强大、稳定与民主的政府；增加经济发展动力；增强军事实力，为稳定地区与防御西方安全发挥作用。印度人口约 4 亿，占世界总人口的七分之一，在亚非国家中拥有突出的地位，对实现美国的政策目标至关重要。印度实行“独立”的外交政策，将美国承诺支持盟友巴基斯坦抵制共产主义视为对印度安全的潜在威胁。尽管美印在政策目标上有分歧，但是也有许多共同点：反对共产主义的进一步“扩张”；限制社会主义国家在南亚和东南亚的影响力；限制苏联在近东和非洲的影响力；促进亚非两个大陆非社会主义国家间的地区合作。尽管印度的“势力范围”并不必然与美国目标相一致，但只要印度依然是非共产党政府，就不会产生太严重的问题。关于美巴印三边关系，印度和巴基斯坦都认为最大问题在于如何和对方打交道。在此背景下，美国最主要的任务是在不破坏集体安全原则的前提下阻止双方发生敌对行动，力争维持两国的友好关系。克什米尔是印巴两国最主要的争端。美国在这一争端中首要关注的是寻找双方都能接受的解决方案。② 由于双方并没有签订协议，美国必须完全支持联合国采取的行动，争取实现和解。出于同时维持与印度和巴基斯坦友好关系的考虑，美国加强与印度的军事合作非常有必要。

1957 年 11 月 30 日，美国助理国务卿朗特里向国务卿杜勒斯提出对印度实施“达成缓和印巴紧张关系协议可能性”的一揽子计划。根据该计划，在今后三年内美国政府增加对印度的援助，以满足其五年计划的需

① *National Security Council Report*, Washington, January 10, 1957, Source: Department of State, S/S - NSC Files: Lot 63 D 351, NSC 5701 - Memoranda, FRUS 1955 ~ 1957, VIII, pp. 58 ~ 63.

② *Operations Coordinating Board Report*, Washington, July 3, 1957, Source: Department of State, OCB Files: Lot 62 D 430, India, FRUS 1955 ~ 1957, VIII, pp. 561 ~ 566.

求。同时告知印度政府：第一，该援助可以采取项目贷款的形式，比如进出口银行贷款；第二，援助可以考虑采取其他方式，例如美国国会特别立法；第三，无论采取何种形式，都必须获得美国国会的全力支持。印巴签署解决争端协议不是美国援助的先决条件，因为任何时候提供援助都符合美国的利益。当然，如果印巴双方签署和平协议，美国国会会对对方政府要求援助的反应更为迅速，因为国会希望看到印巴关系的改善。①

1957 年是美印关系史上浓墨重彩的一年，是美印关系由冷转热的过渡期。正如美国驻印度大使在写给艾森豪威尔总统的信中所说："如果实行民主制度的印度能够通过长期信贷在经济上取得长足进步，维持政权稳定，那将证明印度选择民主制度是完全正确的。印度的成功将为其他犹豫不决的亚洲国家做出示范作用。我确信印度是值得我们冒险的。一个国家并非经常出现这样的机会，如果我们能够慷慨和勇敢地面对它，我相信我们及后代会得到丰厚的回报。"②

四、1958 年的美印关系：美国援助印度的必要性和重要性

进入 1958 年，美国更加意识到援助印度的必要性和重要性，认为印度政治和经济的崩溃不符合美国的利益。美国开始逐渐接受印度中立的外交政策，同时，虽然印度依然坚持其中立立场，但是也逐渐做出一些让步。

1958 年 1 月 11 日，美国国务院在发给驻英国大使馆的电报中指出，印度正面临着严重的经济困难，已有资源与实际需求存在约 10 亿美元的缺口，为此印度甚至还下调了第二个五年计划的目标。短期外汇储备下跌至危险警戒线使这一问题更加严峻复杂。印度是一个拥有近 4 亿人口的国家，对亚洲其他国家具有十分重要的政治和心理导向作用。尽管美国和印度外交政策存在差异，但是印度独立于共产主义之外符合西方的利益……在某

---

① Department of State, *Central Files*, 690D. 91/11～657.

② *Letter from the Ambassador in India* (*Bunker*) *to the President*, New Delhi, November 15, 1957, Source: Department of State, Central Files, 791. 5－MSP/11～1957, FRUS 1955～1957, VIII, p. 625.

种程度上，印度保持稳定与独立有助于南亚国家的安全与福祉，巴格达条约组织和 SEATO 也将得以加强。因此，支持印度作为一个独立的成员国非但不会弱化美国与其他盟友之间的关系反而会促进美国及盟友的利益。[①]对于美国伸出的“橄榄枝”，印度政府表达了谢意。1958 年 1 月 17 日，正在美国进行访问的印度大使对美国愿意向印度提供经济援助一事表示感谢。大使称，重要的不是援助的数量，而是其中体现出来的援助精神。[②]国务卿杜勒斯在接见大使时称，对美国而言，印度取得成功是一件非常重要的事，超越了美印之间在任何领域存在的差异。

1958 年 2 月 12 ~ 17 日，美国驻联合国代表洛奇对印度进行了圆满的访问，印美两国之间呈现出一派和谐气氛。1958 年 3 月 19 日，印度副总统拉达克里希南访问美国并拜会艾森豪威尔总统。[③] 艾森豪威尔总统指出克什米尔问题的解决对该地区十分重要。印巴之间的问题未能得到解决，美国表示难以理解，因为印巴两国有着共同的文化背景和血缘关系。他认为没有什么比和解更有助于和平。艾森豪威尔总统表示美国不会“选边站”，希望成为双方共同的好朋友。副总统拉达克里希南对美国给予的援助和支持表示感谢。

一方面，美国近年来对印度的中立立场由过去的“憎恨”转变为逐渐接受；另一方面，印度的中立政策本身也开始发生变化。1957 年印度首次呼吁西方对其进行援助，次年再次呼吁对其给予援助，这不仅反映出印度明白获得实质性援助的最好机会来自于西方，也反映了印度更愿意从西方获得援助。如果印度人民相信美国可以对其国家的发展计划提供帮助，印

---

① *Telegram From the Department of State to the Embassy in the United Kingdom*, Washington, January 11, 1958, Source: Department of State, *Central Files*, 791. 5 – MSP/1 ~ 1158, FRUS 1958 ~ 1960, pp. 418 ~ 419.

② *Memorandum of a Conversation*, *Department of State*, *Washington*, *January 17*, *1958*, Source: Department of State, Central Files, 791. 5 – MSP/1 ~ 1758, FRUS 1958 ~ 1960, pp. 419 ~ 420.

③ *Memorandum of a Conversation*, *White House*, Washington, March 19, 1958, Source: Eisenhower Library, Whitman File, DDE Diaries, FRUS 1958 ~ 1960, pp. 426 ~ 427.

度将对美国产生好感。① 艾森豪威尔总统对印度外交政策的新变化给予肯定。1958年11月27日，艾森豪威尔总统在写给尼赫鲁总理的信中说："保罗·霍夫曼（Paul Hoffman）对您为正义及和平事业做出的贡献留下深刻印象，称您为'世界和平与调解最有力的影响者之一'。相信以您维护世界和平的个人能力以及作为世界上最大中立国的领导者，您的影响力对于阻止世界走向犬儒主义、相互猜疑、机会主义甚至灾难具有重要价值。"②

1958年12月9日，美国驻印度大使在写给南亚事务办公室主任巴特利特的信中指出，尽管和印度在外交政策和其他领域存在分歧，但印度经济的崩溃不符合美国的利益。有充分的证据证明在过去一年的时间里，尼赫鲁及其当局在国内外对共产主义采取愈发强硬的态度。当然，这不意味着尼赫鲁将放弃其在东西方之间维持平衡的想法，也不意味着他将改变对印度外交政策的历史基础和传统基础的看法。霍夫曼和总统认为，让尼赫鲁维持其中立立场符合美国的国家利益，至少尼赫鲁一定程度上可以有效地利用他的斡旋来缓解该地区紧张的局势。③

自1957年以来，一方面，美国主动加大援助印度的力度；另一方面，面对国际形势的变化以及自身国内政治、经济形势的日益严峻，印度在依然坚持中立政策的同时，逐渐出现与美国发展友好关系的趋势。为此，这一时期的美印关系相较于前一时期有较大改善。

---

① *National Intelligence Estimate*, NIE 51～58, Washington, September 2, 1958, Source: Department of State, INR－NIE Files, FRUS 1958～1960, pp. 452～460.

② *Letter from President Eisenhower to Prime Minister Nehru*, Washington, November 27, 1958, Source: Department of State, Presidential Correspondence: Lot 66 D 204, FRUS 1958～1960, p. 472.

③ *Letter from the Ambassador in India (Bunker) to the Director of the Office of South Asian Affairs (Bartlett)*, New Delhi, December 9, 1958, Source: Department of State, SOA Files: Lot 62 D 43, India－Economic, FRUS 1958～1960, pp. 473～474.

第三节 军事援助有效性评估

一、实际军事援助有效性评估

（一）美国实际军事援助有效性评估

1. 美国军事援助巴基斯坦的目标及实现率

此阶段，美国预期的军事援助目标（1954 年）基本上实现。1959 年 5 月 5 日，美国南亚事务办公室副主任亚当斯（Adams）在提交给助理国务卿朗特里的备忘录中指出，通过对美国军事援助巴基斯坦计划的审查，德拉佩委员会（Draper Committee）认为，美国军事援助巴基斯坦的预期目标基本实现。①

第一目标（赋值 0.4）：遏制苏联（或共产主义）“扩张”。1954 年美国做出军事援助巴基斯坦的决定很大程度上是出于政治而不是军事因素的考虑，即应对以苏联为首的某些社会主义国家。从实际情况来看：第一，有人质疑美国军事援助巴基斯坦的决定是草率的，因为巴基斯坦人急于获得这些武器的目的是增强其相对于印度的实力。因此，该计划从一开始，双方的动机就不同。② 第二，1956 年 3 月 30 日，美国行动协调委员会在发布 NSC 5409 执行情况报告中指出，苏联持续地向印度和阿富汗示好，使两国与社会主义阵营的关系更加紧密，从而弱化了与西方的关系。而巴基斯

① *Memorandum from the Deputy Director of the Office of South Asian Affairs (Adams) to the Assistant Secretary of State for Near Eastern and South Asian Affairs (Rountree)*, Washington, May 5, 1959, Source: Department of State, Central Files, 790D. 5 – MSP/5 ~ 559, pp. 719 ~ 725.

② *Letter from the Officer in Charge of Pakistan-Afghanistan Affairs (Poullada) to the Special Assistant at the Embassy in Pakistan for Mutual Security Affairs (Linebaugh)*, Washington, March 14, 1960, Source: Department of State, SOA Files: Lot 63 D 308, General, FRUS 1958 ~ 1960, XV, pp. 804 ~ 807.

坦、锡兰和尼泊尔所面临的压力陡然上升。1955年底，苏联共产党第一书记赫鲁晓夫和部长会议主席布尔加宁访问印度，受到印度政府和人民的欢迎。印度媒体对此给予了积极报道，大力赞颂印度和苏联的关系。双方同意扩大两国间的贸易（印度购买100万吨苏联钢材）。与此同时，苏联向巴基斯坦施加压力希望与其在经济等方面建立更紧密的联系。布尔加宁在访问巴基斯坦时暗示，如果巴基斯坦切断与地区防务组织的联系，苏联愿意购买巴基斯坦大量的剩余产品。同时，巴基斯坦可以获得苏联的技术援助以及更优惠的贸易价格。[①] 1957年初，美国国家安全委员会报告称，近年来，苏联在南亚地区积极展开公开外交、舆论宣传和经济活动以扩大在该地区的影响。在过去几年里，许多南亚政治领导人、专家和文化名人成为其座上宾。苏联领导人强调苏联的政策与该地区的反殖民主义一致，强调和平与不干预冲突。另外，苏联试图通过大量的援助、贸易和宽松的信贷政策促进该地区的经济发展。[②] 1957年7月24日，美国作战协调委员会在报告中指出，在外交层面，社会主义阵营通过认同并支持亚洲国家的民族主义与和平共处来获得在南亚的威望，其旨在促进文化、教育、学术等方面的交流访问产生了立竿见影的效果，其在南亚地区的经济贸易对西方产生了重大影响。……巴基斯坦与他们签署贸易协议，出口亚麻与棉花两个重要产品。[③] 在美国看来，尽管存在上述问题，但是共产主义在南亚地区的发展依然十分有限，局势处于可控之中，主要表现在两个方面：一是并没有直接影响包括巴基斯坦和印度在内的南亚地区；二是包括巴基斯坦和印度在内的南亚地区国家的政府依然掌握在非共产党手中。总之，美国的这一目标大部分得以实现。尽管苏联与阿富汗和印度等国有一定的联

---

① *Progress Report by the Operations Coordinating Board*, Washington, March 30, 1956, Source: Department of State, S/S – NSC Files: Lot 63 D 351, NSC 5409 – Memoranda, FRUS 1955～1957, VIII, pp. 22, 24, 29.

② *National Security Council Report*, Washington, January 10, 1957, Source: Department of State, S/S – NSC Files: Lot 63 D 351, NSC 5701 – Memoranda, FRUS 1955～1957, VIII, p. 53.

③ *Progress Report by the Operations Coordinating Board*, Washington, July 24, 1957, Source: Department of State, S/S – NSC Files: Lot 63 D 351, NSC 5701 – Memoranda, FRUS 1955～1957, VIII, p. 69.

系，但是相对有限。综合考虑，这一目标的实现率为70%。

第二目标（赋值0.25）：促进和加强地区集体安全安排。某种程度上，可以说，如果美国不承诺军事援助巴基斯坦，巴格达条约组织能否实现值得怀疑。1954年美国军事援助巴基斯坦的承诺是巴基斯坦成为巴格达条约组织成员的交换条件。巴基斯坦于1955年9月加入巴格达条约组织，在巴格达举行的首次成员国会议上发挥了建设性作用。巴基斯坦一直是巴格达条约组织和SEATO的坚定支持者，它对苏联和国际共产主义的立场在很大程度上与美国一致。① 因此，美国军事援助巴基斯坦不只是为了满足巴基斯坦所需，很大程度上也是为了维护和实现美国在该地区的目标。美国国务院在发给美国驻巴基斯坦大使馆的电报中称，如果巴基斯坦从英联邦、巴格达条约组织和SEATO退出，将会是对地区安全安排的沉重打击。② 尽管阿富汗和印度对巴基斯坦成为SEATO和巴格达条约组织的一员心怀不满，但是，实际上，西方的防务力量因巴基斯坦军事质量的提高而得以增强，巴基斯坦的加入有效维护了该地区的稳定。③ 当然，如果“地区”一词仅指南亚，那么“军事援助计划对区域稳定没有做出贡献”的说法存在一定道理，但是如果将“地区”一词扩大覆盖到中东地区和东南亚地区，那么，对巴基斯坦的军事援助无疑促成了包括伊朗、伊拉克和土耳其等成员在内的巴格达条约组织和SEATO的创建。因此，美国军事援助巴基斯坦的决定，不仅要权衡其在南亚地区的影响，还要考虑其在更广泛的中东和

① *Airgram From the Embassy in Pakistan to the Department of State*, Karachi, September 23, 1959, Source: Department of State, Central Files, 611.90D/9 ~ 2359, FRUS 1958 ~ 1960, XV, pp. 763 ~ 777.

② *Telegram from the Department of State to the Embassy in Pakistan*, Washington, November 5, 1956, Source: Department of State, Central Files, 790.5/11 ~ 556, FRUS 1955 ~ 1957, VIII, pp. 732 ~ 733.

③ *Progress Report by the Operations Coordinating Board*, Washington, November 28, 1956, Source: Department of State, S/S – NSC Files: Lot 63 D 351, NSC 5409 – Memoranda, FRUS 1955 ~ 1957, VIII, p. 34.

东南亚地区的影响。[①] 另外，巴基斯坦作为亚洲一个重要的伊斯兰国家，确实可以对亚非集团某些成员的极端民族主义和反西方态度产生一定的积极影响。[②] 当然，关于巴基斯坦是否有助于促进地区安全安排，也存在一些质疑，例如，美国国别小组就质疑巴基斯坦是否能在中东防御中发挥重要作用。雷德福德上将赞成增加巴基斯坦的军事装备，但是巴基斯坦是否能够提供可靠的部队力量令人怀疑。与此同时，在巴基斯坦看来，相较于苏联，印度的威胁更大。巴基斯坦将部队部署于边境地区，所有的战术和战略规划都围绕着印度来制定。如果期望巴基斯坦向境外提供战斗部队，在巴基斯坦看来，它至少要拥有四到五个装备精良的师。另外，必须提供足够的交通运输和后勤保障。即便如此，也不要指望巴基斯坦能有效防御扎格罗斯（Zagros）山口。至于让巴基斯坦在防御东南亚方面做出贡献，恐怕更难，因为巴基斯坦的所有军事力量都集中于西巴基斯坦，而要将部队从西巴基斯坦调至东南亚必须贯穿整个印度才能到达。[③] 总之，美国的这一目标“促进和加强中东南亚地区的集体安全安排”大体上得以实现。巴格达条约组织和 SEATO 的建立，标志着美国围绕苏联构建防御网的计划基本实现。批评者质疑美国军事援助巴基斯坦的必要性，实际上，他们忽略了一个事实，即巴基斯坦在军事领域对美国有很大帮助，它是唯一一个既是巴格达条约组织成员又是 SEATO 成员的国家。综合考虑，这一目标的实现率为 80%。

第三目标（赋值 0.20）：增强巴基斯坦的军事力量，利用巴基斯坦的基地和基础设施，抵御苏联。1954 年美巴签署《共同防御援助协定》后，随着美国逐步兑现军事援助巴基斯坦的承诺，巴基斯坦残缺的军事装备得

---

① *Memorandum from the Deputy Director of the Office of South Asian Affairs* (*Adams*) *to the Assistant Secretary of State for Near Eastern and South Asian Affairs* (*Rountree*), Washington, May 5, 1959, Source: Department of State, Central Files, 790D.5 – MSP/5～559, pp. 719～725.

② *National Security Council Report*, *NSC 5909/1*, *Washington*, *August* 21, 1959, Source: Department of State, S/S – NSC Files: Lot 63 D 351, NSC 5909 Series, FRUS 1958～1960, XV, pp. 29～46.

③ *Memorandum by the Assistant Secretary of Defense for International Security Affairs* (*Hensel*), Karachi, February 17, 1955, Source: Department of State, Central Files, 790D.5 – MSP/2～1755, FRUS 1955～1957, VIII, pp. 651～653.

到很大程度的改善，弥补了巴基斯坦武装力量的缺陷。截至1959年美国对巴基斯坦第一阶段军事援助基本完成之际，巴基斯坦已拥有装备比较精良的武装力量：四个步兵师和半个装甲师；包括驱逐舰在内的12艘舰船以及6个空军中队（3个轰炸机中队、1个舰载白昼战斗截击机中队、1个轻型轰炸机中队以及1个运输机中队）。[①] 美国国家安全委员会报告（NSC 5909/1）指出：自1954年以来，巴基斯坦的军事实力因美国的军事援助而大大增强。巴基斯坦部队不仅是维持巴基斯坦稳定的主要因素，而且是维护西方国家在该地区存在的重要因素。[②] 1959年9月23日，美国驻巴基斯坦大使馆在发给国务院的电报中指出，尽管经常有人批评美国军事援助巴基斯坦，但是该国拥有一支强大且有效的军队对于美国具有重要价值。美巴在安全事务上的共同利益使得巴基斯坦愿意让美国继续使用其设施。美国在军事领域的援助不仅使巴基斯坦与美国在安全事务上保持密切关系，而且使巴基斯坦有信心、有能力执行符合西方利益的政策。[③] 实际上，在此阶段，巴基斯坦的确因美国的军事援助而军事实力大增，使其能够在维持国内安全的同时抵制外来入侵以及保障集体安全。[④] 但是美国政府也清醒地意识到：当前巴基斯坦领导层赞成美国在和平时期利用其空军基地，但是在多大程度上巴基斯坦允许美国在战争时期使用基地取决于当局对印度、苏联和国内的政治反应，美国援助程度以及巴基斯坦对美国援助的评估。[⑤] 总之，美国的这一目标“增强巴基斯坦的军事力量，利用巴基斯坦的

---

① *Paper Prepared by the National Security Council Planning Board*, Washington, May 26, 1959, Source: Department of State, S/S - NSC Files: Lot 63 D 351, NSC 5701 Series, FRUS 1958 ~ 1960, XV, p. 5.

② *National Security Council Report*, *NSC* 5909/1, *Washington*, *August* 21, 1959, Source: Department of State, S/S - NSC Files: Lot 63 D 351, NSC 5909 Series, FRUS 1958 ~ 1960, XV, pp. 29 ~ 46.

③ *Airgram From the Embassy in Pakistan to the Department of State*, Karachi, September 23, 1959, Source: Department of State, Central Files, 611.90D/9 ~ 2359, FRUS 1958 ~ 1960, XV, pp. 763 ~ 777.

④ *Progress Report by the Operations Coordinating Board*, Washington, July 24, 1957, Source: Department of State, S/S - NSC Files: Lot 63 D 351, NSC 5701 - Memoranda, FRUS 1955 ~ 1957, VIII, p. 76.

⑤ *National Intelligence Estimate*, Washington, March 15, 1955, Source: Department of State, INR/NIE Files, FRUS 1955 ~ 1957, VIII, pp. 657 ~ 659.

基地和基础设施，抵御苏联”大体上得以实现。但是也要注意到，巴基斯坦军事力量的增强是相对意义上的，距离现代化还有很大差距。美国在多大程度上可以自由利用巴基斯坦的基地和基础设施也是一大问题。综合考虑，这一目标的实现率为 80%。

第四目标（赋值 0.10）：阻止巴基斯坦获得社会主义国家的军事援助。美国深知，巴基斯坦加强军事建设的决心不会改变，如果不能从美国获得军事援助，巴基斯坦肯定会想尽各种办法从包括社会主义国家在内的其他国家获得相应的军事援助。在美国看来，如果巴基斯坦接受来自苏联等社会主义国家的军事援助，势必造成社会主义阵营更深地介入南亚事务，这是美国所不能接受的。事实上，该时期由于美国军事援助巴基斯坦，巴基斯坦打消了从苏联等社会主义国家获得军事援助的念头，该时期获得的军事援助几乎全部来自于美国。总之，美国的这一目标“阻止巴基斯坦获得社会主义国家的军事援助”基本上得以实现。尽管该时期也出现过巴基斯坦与捷克、波兰和苏联进行贸易谈判的事情，但是其军事援助基本上全部由美国提供。综合考虑，这一目标的实现率为 90%。

第五目标（赋值 0.05）：不过分触怒印度。美国之所以历经七年之久才与巴基斯坦达成《共同防御援助协定》，其中一个重要因素就是印度。同样地，这一阶段美国军事援助巴基斯坦，印度仍然是一个重要考虑因素。1959 年 4 月 15 日，美国助理国务卿朗特里要求美国驻印度大使邦克预测，如果美国决定向巴基斯坦空军提供“响尾蛇”导弹，印度将会作何反应。[①] 邦克大使深信，美国向巴基斯坦空军提供“响尾蛇”导弹肯定会激怒印度，会被视为非常不友好的行为。1959 年 3 月美巴签署《双边合作协议》、美国宣布向巴基斯坦空军提供喷气式轰炸机以及巴基斯坦击落印度堪培拉无人机（1959 年 4 月 10 日）等一系列事件已经在印度引起轩然大波，美国向巴基斯坦空军提供“响尾蛇”导弹无疑会将印度的不满与愤怒推向高潮。鉴于此，美国被迫暂缓向巴基斯坦提供“响尾蛇”导弹。在美国看来，由于美国行为小心谨慎，在军事援助巴基斯坦的过程中十分关

① Department of State, *Central Files*, 790D. 5 – MSP/4 ~ 1559.

注印度的反应，在某种程度上促进了印巴两国在过去几年里关系的发展。① 实际上，尽管美国处处替印度“考虑”，印度似乎并不买账，仍不断地指责美国军事援助巴基斯坦所带来的消极影响，而印巴关系并未因美国的小心谨慎而出现较大改善，整体上仍然处于紧张状态。总之，美国的这一目标“不过分触怒印度”大致上实现，美国在向巴基斯坦提供军事援助时会充分考虑印度的反应，并且因此而中断或暂缓向巴基斯坦提供先进武器；即便如此，印度依然埋怨美国军事援助巴基斯坦。综合考虑，这一目标的实现率为60%。

2. 美国实际军事援助有效值的计算及评估

根据上述美国军事援助巴基斯坦的目标及实现率，现计算美国实际军事援助有效值如下：

$P1 = 0.40 \times 70\% + 0.25 \times 80\% + 0.20 \times 80\% + 0.10 \times 90\% + 0.05 \times 60\% = 0.76$

评估：

尽管实际军事援助有效值（0.76）小于预期军事援助有效值（0.8625），但是仍然大于0.7，因此美国实际军事援助非常有效，这与美国对该阶段军事援助的总体判断是一致的，即“虽然某些方面的收益被其他方面的损失所抵消，但总体上推动了目标的实现”。② 正是由于军事援助非常有效，当就第二阶段是否继续向巴基斯坦提供军事援助展开讨论时，支持者最终占上风。

（二）巴基斯坦实际军事援助有效性评估

1. 巴基斯坦接受美国军事援助的目标及实现率

第一目标（赋值0.4）：维持国家生存与保障领土完整。巴基斯坦接受

---

① *Telegram from the Embassy in India to the Department of State*, New Delhi, April 17, 1959, Source: Department of State, Central Files, 790D. 5612/4 ~ 1759, FRUS 1958 ~ 1960, XV, pp. 709 ~ 711.

② *Progress Report by the Operations Coordinating Board*, Washington, March 30, 1956, Source: Department of State, S/S – NSC Files: Lot 63 D 351, NSC 5409 – Memoranda, FRUS 1955 ~ 1957, VIII, pp. 26 ~ 27.

美国军事援助的最重要目标是维持国家生存与保障领土完整。截止到美国军事援助巴基斯坦第一阶段结束的1959年，巴基斯坦依然独立存在着，并保持着领土完整。我们无从考证如果没有获得来自美国的军事援助，巴基斯坦是否依然能够维持国家生存与保障领土完整，但是不能否认的是：这是巴基斯坦接受美国军事援助的最重要动因之一。实际上，巴基斯坦能够维持国家生存和保障领土完整与美国的军事援助的确具有很大的关系：首先，巴基斯坦因接受美国的军事援助自身军事实力得到很大提高，对于抵御苏联或印度具有一定的威慑作用；其次，美巴《共同防御援助协定》的达成以及随后巴基斯坦加入巴格达条约组织和SEATO，使苏联或印度意识到巴基斯坦的安全受到美国的保护。从这一点来讲，巴基斯坦接受美国军事援助实现了其预期目标。总之，巴基斯坦的这一目标“维持国家生存与保障领土完整”基本上实现，当然不排除巴基斯坦仍与邻国存在领土争端问题。综合考虑，这一目标的实现率为95%。

第二目标（赋值0.25）：增强抵抗印度的军事实力。增强抵抗印度的军事实力是巴基斯坦接受美国军事援助的最直接目标。在巴基斯坦看来，对其生存和领土完整构成最大威胁的是印度。如前所述，美巴刚达成军事援助协定时，巴基斯坦抱有非常高的期望，但是当美国的军事援助迟迟未能到达以及美国实际提供的军事援助数额远低于预期时，巴基斯坦相当失望。但是后来经过巴基斯坦的努力，美国加大军事援助巴基斯坦的力度，并最终基本完成1954年的军事援助承诺。巴基斯坦领导人感谢美国的军事援助为巴基斯坦军队实力的飞速发展所提供的帮助。相较于1954年装备严重不足的部队，由于美国的军事援助，巴基斯坦部队开始拥有重型装甲、火炮、飞机和舰船，防御能力得到大幅度提高。[①] 总之，巴基斯坦的这一目标“增强抵抗印度的军事实力”大体上得以实现，尤其是相较于独立之初严重匮乏的军事装备，由于美国的军事援助得到大幅度改善。但是，美国的实际军事援助规模与巴基斯坦的期望值仍存在不小差距，尽管得到很

① Abdul Sattar, *Pakistan's Foreign Policy* 1947～2005 *A Concise History*, Oxford University Press, 2007, p. 60.

大程度的补充，但是军事装备大多数是过时的，现代化的任务依然严峻。综合考虑，这一目标的实现率为80%。

第三目标（赋值0.20）：为维护地区安全做出贡献。美国军事援助巴基斯坦的意图之一就是使巴基斯坦加入地区安全计划，从而为抵御共产主义影响中东和亚洲其他地区发挥作用。尽管双方的意图并不相同，但是巴基斯坦强调，如果美国愿意提供军事援助以帮助其提高军事实力，那么巴基斯坦部队不只服务于巴基斯坦，也将服务于西方世界。[①] 与此同时，巴基斯坦积极地参与巴格达条约组织和SEATO，除了能够表明其愿意在地区事务上发挥积极作用的决心外，还可以提升其在国际舞台尤其是在伊斯兰国家中的形象与地位、增强抵抗印度的能力，当然，巴基斯坦更为看重后者。实际上，由于印度和阿富汗对巴基斯坦成为巴格达条约组织和SEATO成员的忧虑以及美国对军事援助巴基斯坦会引起印度过度担忧的担心，美国在军事援助巴基斯坦方面“畏手畏脚”，所以巴基斯坦力图为维护地区安全发挥作用的意图并没有真正实现。总之，巴基斯坦的这一目标“为维护地区安全做出贡献”大致实现，至少它加入了致力于维护地区安全的巴格达条约组织和SEATO，但是如上所述，“为维护地区安全做出贡献”在某种程度上是加入这两个地区组织的幌子，借加入地区组织增强抵抗印度的能力才是巴基斯坦最重要的考虑因素。另外，即便巴基斯坦真的想为维护地区安全“做出贡献”也很难，因为印度和阿富汗都不信任它。综合考虑，这一目标的实现率为60%。

第四目标（赋值0.10）：促进国家经济发展。巴基斯坦接受美国军事援助的初衷之一是节省大量外汇或预算用于经济领域，从而促进经济发展。美巴签署《共同防御援助协议》后，巴基斯坦曾对经济发展抱有很大期望。1954年10月21日，巴基斯坦总理穆罕默德·阿里·博格拉访问美国期间，美巴双方发表《联合公报》称，“美巴的共同目标是努力保护西方世界的安全以及解决巴基斯坦当前所面临的经济问题，从而保障巴基斯坦人民安居乐业与经济安全”，并表示确信这些目标能够通过“集体安全

① Department of State, *Central Files*, 790D. 5 – MSP/4 ~ 2856.

措施、自助和经济合作”来完成。[①] 然而，事实上，由于美国的军事援助或速度过迟或援助规模过小，致使巴基斯坦仍不得不将大量的外汇和预算用于购买武器装备，导致国家经济发展速度未能实现预期计划。如表3—2所示，除1954年和1957年外，其余年份的人均GNP增长率都为负数。但是要注意到，如果算总体GNP，除1956年外，其余年份的GNP绝对值是增加的。总之，巴基斯坦的这一目标“促进国家经济发展”大致实现，在原有基础上有所进步，尽管进步不大，但是至少没有继续恶化，避免了经济后退。综合考虑，这一目标的实现率为60%。

表3—2　巴基斯坦的GNP、人口和收入（1954～1959年）[②]

（百万卢比：以1959～1960年的价格计）

年份	GNP	人口（百万）	人均GNP	增长率（%）		
				GNP	人口	人均GNP
1954	27776	86	322	6.3	2.4	3.9
1955	27908	88	316	0.5	2.3	-1.9
1956	27839	90	308	-0.3	2.3	-2.5
1957	29497	92	319	5.1	2.2	3.6
1958	29719	94	315	0.8	2.2	-1.3
1959	30144	97	312	1.4	3.2	-1.0

第五目标（赋值0.05）：应对来自苏联的“威胁”。1954年，美巴签署军事援助协议，巴基斯坦深知这可能会引起苏联的不满，但是没想到此后苏联放弃在印巴、巴阿争端中的中立立场，全力支持印度。1955年12月在访问印度时，布尔加宁和赫鲁晓夫向巴基斯坦发难，称“他们对帝国主义势力将印度一分为二感到忧伤”；在访问阿富汗时也表示了对巴基斯

① *Department of State Bulletin*, November 1, 1954, p. 639.

② Government of Pakistan, Central Statistical Office (CSO), *20 Years of Pakistan in Statistics*, 1947～1967, Karachi, 1968, pp. 4～5.

坦的敌意，宣称支持阿富汗在主权争端上的立场。[①] 1956 年，苏联试图在达卡建立一个贸易代办处，巴基斯坦担心这里变成其据点而拒绝了。1958 年底，阿尤布继任总统后在会见美国驻巴基斯坦大使时称，巴基斯坦比以往任何时候都更倾向于站在西方世界一边，美国对巴基斯坦持续的援助关乎巴基斯坦的国家生存。他相信，巴基斯坦是远离而不是靠近共产主义，巴基斯坦和美国的关系将比以往任何时候都更加紧密。[②] 总之，巴基斯坦的这一目标“应对来自苏联的威胁”大致上得以实现。尽管米尔扎承认巴基斯坦与苏联在某些经贸文化上有联系，但是这些并不会对巴基斯坦的外交政策产生根本性影响。[③] 综合考虑，这一目标的实现率为 60%。

2. 巴基斯坦实际军事援助有效值的计算及评估

根据上述巴基斯坦接受美国军事援助的目标及实现率，现计算巴基斯坦实际军事援助有效值如下：

$$P2 = 0.40 \times 95\% + 0.25 \times 80\% + 0.20 \times 60\% + 0.10 \times 60\% + 0.05 \times 60\% = 0.79$$

评估：

尽管实际军事援助有效值（0.79）小于预计军事援助有效值（0.8875），但是仍然大于 0.7，因此，巴基斯坦实际军事援助非常有效。

综合来看，该阶段（1954～1959 年），美国和巴基斯坦都对军事援助有较高的期待（预期军事援助值分别为 0.8625 和 0.8875），实际效果也不错。美国实际军事援助有效值（0.76）与预期军事援助有效值（0.8625）相差 0.8625 － 0.76 = 0.1025，实际完成率为 0.76/0.8625 = 88%（大于 80%），表明军事援助目标完成的比较理想。巴基斯坦实际军事援助有效值（0.79）与预期军事援助有效值（0.8875）相差 0.8875 － 0.79 =

① Abdul Sattar, *Pakistan's Foreign Policy* 1947～2005 *A Concise History*, Oxford University Press, 2007, p. 57.

② *Telegram from the Embassy in Pakistan to the Department of State*, Karachi, October 31, 1958, Source: Department of State, Central Files, 790D. 00/10～3158, FRUS 1958～1960, pp. 681～682.

③ *Memorandum of a Conversation*, Karachi, July 9, 1956, Source: Department of State, Karachi Embassy Files: Lot 64 F 16, 361. 1 Nixon, FRUS 1955～1957, VIII, pp. 721～727.

0.0975，实际完成率为 0.79/0.8875 =89%（大于 80%），表明军事援助目标完成的比较理想。从中可以预判：美国继续军事援助巴基斯坦的愿望比较高；巴基斯坦继续接受美国军事援助的愿望比较高。

二、预期军事援助有效性评估

（一）美国预期军事援助有效性评估

截止到 1959 年中期，美国第一阶段对巴基斯坦的军事援助基本完成，是否继续进行下一阶段的军事援助？意见一：赞成并支持美国继续军事援助巴基斯坦。整体来看，持肯定意见的占主流。1959 年 5 月 8 日，美国助理国务卿朗特里在接见巴基斯坦驻美国大使时表示，随着 1954 年援助备忘录承诺的实现，巴基斯坦和美国有必要审查下一步的军事援助计划，使之更符合美巴双方共同的政治和军事目标。[①] 7 月 30 日，美国助理国务卿朗特里指出，美国打算继续向巴基斯坦提供包括现代化设备在内的军事援助以提高巴基斯坦部队的战斗力。然而，鉴于设备的损耗以及巴基斯坦方面的吸收能力和财政限制，军事援助会以有序、渐进的方式进行。[②] 9 月 23 日，美国驻巴基斯坦大使强调，美国军事援助巴基斯坦是基于 1954 年备忘录的承诺，这项承诺旨在弥补巴基斯坦现有军力的不足。该方案下的军事援助交付工作进展顺利，将在 1960 年底履行完承诺（除延迟交付运输机中队之外）。很明显，美国继续提供援助既符合巴基斯坦的利益，也符合美国的利益。美国驻巴基斯坦大使指出，美国对巴基斯坦的经济和军事援助政策的任何重大变化都将使巴基斯坦认为美国对巴基斯坦未来与安全的兴趣在减弱，这将导致他们对美国失去信心，极大地影响巴基斯坦的政治倾向，从而危及美国在巴基斯坦目标的实现。如果美国意图减少巴基斯坦

① *Memorandum of a Conversation*, Department of State, Washington, May 8, 1959, Source: Department of State, Central Files, 790D.5622/5～859, FRUS 1958～1960, XV, pp. 726～729.

② *Memorandum of a Conversation*, Department of State, Washington, July 30, 1959, Source: Department of State, Central Files, 790D.5 – MSP/7～3059, FRUS 1958～1960, XV, pp. 746～752.

的武装部队，或者大幅减少对巴基斯坦的军事援助，对阿尤布总统和大多数巴基斯坦民众而言都是沉重的打击。这样做的后果可能会使巴基斯坦外交政策转向不利于美国的一边，从而降低美国在巴基斯坦的影响力，不利于美国在巴基斯坦目标的实现。[①] 意见二：质疑美国是否有必要继续军事援助巴基斯坦。在这部分人看来，美国现在很难做出未来是否继续军事援助巴基斯坦的决定。美国国防部的成本核算研究显示，维持巴基斯坦当前规模的军事建设的花费每年高达 4.4 亿美元。如果真正实现巴基斯坦军队的现代化，美国每年必须额外提供 1.24 亿 ~ 1.34 亿美元。鉴于此，国家安全委员会决定，即便美国要继续向巴基斯坦提供军事援助，也要做出特别规定，即仅仅实现巴基斯坦军事建设的“有限的现代化”。另外，巴基斯坦任何额外军事力量的进一步现代化都可能会阻碍其与印度的和解，并将刺激印巴之间的军备竞赛。同时，美国公众和国会对美国军事援助巴基斯坦的态度变得越来越消极，致使巴基斯坦计划用于更新军事设备和国防建设所需的资金越来越难获得。[②] 尽管存在上述质疑，但是美国更看重西方国家在南亚存在的重要性以及抵御共产主义在南亚继续发展势头。除了巴基斯坦，该地区的其他国家都采取了中立主义立场。[③] 这使得美国意识到有必要进一步向巴基斯坦提供军事援助。

1. 美国军事援助巴基斯坦的预期目标及实现率

综合考虑上述因素，美国下一阶段军事援助巴基斯坦的预期目标如下：

---

① *Airgram From the Embassy in Pakistan to the Department of State*, Karachi, September 23, 1959, Source: Department of State, Central Files, 611.90D/9 ~ 2359, FRUS 1958 ~ 1960, XV, pp. 763 ~ 777.

② *Letter from the Officer in Charge of Pakistan-Afghanistan Affairs (Poullada) to the Special Assistant at the Embassy in Pakistan for Mutual Security Affairs (Linebaugh)*, Washington, March 14, 1960, Source: Department of State, SOA Files: Lot 63 D 308, General, FRUS 1958 ~ 1960, XV, pp. 804 ~ 807.

③ *Paper Prepared by the National Security Council Planning Board*, Washington, May 26, 1959, Source: Department of State, S/S – NSC Files: Lot 63 D 351, NSC 5701 Series, FRUS 1958 ~ 1960, XV, pp. 1 ~ 6.

第一目标（赋值 0.4）：巴基斯坦维持一个强大、稳定的非共产党政府，有意愿并且有能力抵制来自国内外共产主义发展的压力。1960 年 3 月 14 日，负责巴基斯坦和阿富汗事务的官员波拉达（Poullada）在写给美国驻巴基斯坦大使馆特别助理莱恩博（Linebaugh）的信中指出，如果印度或巴基斯坦成为社会主义国家，受到共产党的控制，将会引起连锁反应甚至会波及西欧。印巴双方中的任何一方如果存在严重的政治不稳定将使共产党在该地区的影响力大增，或者导致对南亚的敌对行动。[①] 促进南亚地区国家非共产党政府继续执政，增强抵制共产主义的能力，符合美国的国家利益。美国政府意识到，防止共产主义对南亚的影响存在一定难度。美国驻巴基斯坦大使指出，南亚地区面临最大的威胁之一是国家间的矛盾很容易被利用，铲除这种威胁需要印度和巴基斯坦的联合行动。然而，在当时情况下，若要实现印巴之间的联合行动谈何容易，尤其是尼赫鲁对巴基斯坦提出的联合防御安排没有做出任何积极的响应。[②] 但是美国政府坚信，巴基斯坦现任政府乃至继任政府会继续保持现状，视国内外的共产主义为威胁。综合考虑，这一目标的预期实现率为 80%。

第二目标（赋值 0.25）：促使巴基斯坦与西方国家开展更密切的合作，减少与社会主义国家的交往。尽管巴基斯坦政局动荡不安，但是无论是谁上台执政，巴基斯坦政府整体上实行的都是亲西方的外交政策。美国政府希望巴基斯坦能够继续坚持这一政策，进一步扩大和加强与西方国家的联系。美国对巴基斯坦的军事援助，不仅要权衡其在南亚地区的影响，还要权衡其在更广泛的中东和东南亚地区的影响。巴基斯坦作为亚洲一个主要的伊斯兰国家，可以对极端民族主义和反西方态度产生一定的积极影响。[③] 美国重视巴基斯坦在中东地区防御中的重要作用，以抗衡苏联在中东日益

① *National Security Council Report*, Washington, January 10, 1957, Source: Department of State, S/S – NSC Files: Lot 63 D 351, NSC 5701 – Memoranda, FRUS 1955 ~ 1957, VIII, p. 57.

② *Memorandum of a Conversation*, Department of State, Washington, May 8, 1959, Source: Department of State, Central Files, 790D. 5622/5 ~ 859, FRUS 1958 ~ 1960, XV, pp. 726 ~ 729.

③ *National Security Council Report*, *NSC* 5909/1, Washington, August 21, 1959, Source: Department of State, S/S – NSC Files: Lot 63 D 351, NSC 5909 Series, FRUS 1958 ~ 1960, XV, pp. 29 ~ 46.

增加的影响力，因此美国应该加强巴基斯坦与西方国家之间的各种合作，尤其是军事合作。例如，巴基斯坦在苏伊士问题上的立场便对美国有帮助，如果苏联阻止西方国家通过苏伊士运河以及干预中东地区的石油运输，将严重威胁到西方国家的经济和安全利益，而巴基斯坦是美国实现这一目标的关键环节。另外，巴基斯坦作为 SEATO 的成员在东南亚防御中发挥着重要作用。综合考虑，这一目标的预期实现率为 90% 。

第三目标（赋值 0. 20）：缓和巴基斯坦与邻国（印度和阿富汗）之间的紧张关系，扩大相互间的合作。南亚国家独立后存在着一些领土和政治争端，导致关系紧张。其中最为严峻的当属印巴、阿巴之间的问题。美国邀请巴基斯坦加入 SEATO 以及对巴基斯坦的军事援助被许多国家理解为美国站在巴基斯坦一边。[①] 巴基斯坦与印度和阿富汗之间的分歧将使美国在南亚的关系复杂化，而寻找彼此可接受的解决方案成为美国政策的重要目标。[②] 1960 年 3 月 14 日，美国负责巴阿事务的官员波拉达在写给美国驻巴基斯坦大使特别助理莱恩博的信中指出，如果印度和巴基斯坦一直剑拔弩张，南亚次大陆将得不到充分的军事保护，不利于经济和政治的发展，为此要鼓励印巴间的政治和经济合作。[③] 与此同时，鼓励印度和巴基斯坦与美国就国际事务和地区争端进行更坦诚地磋商。另外，在军事援助巴基斯坦时，应尽量避免提供进攻性武器。[④] 尽管解决领土争端的可能性不大，但诸如印度河水争端及其他较小争议有可能最终得以解决。综合考虑，这一目标的预期实现率为 70% 。

---

① *National Security Council Report*, Washington, January 10, 1957, Source: Department of State, S/S – NSC Files: Lot 63 D 351, NSC 5701 – Memoranda, FRUS 1955 ~ 1957, VIII, p. 53.

② *National Security Council Report*, Washington, January 10, 1957, Source: Department of State, S/S – NSC Files: Lot 63 D 351, NSC 5701 – Memoranda, FRUS 1955 ~ 1957, VIII, p. 58.

③ *Letter from the Officer in Charge of Pakistan-Afghanistan Affairs (Poullada) to the Special Assistant at the Embassy in Pakistan for Mutual Security Affairs (Linebaugh)*, Washington, March 14, 1960, Source: Department of State, SOA Files: Lot 63 D 308, General, FRUS 1958 ~ 1960, XV, pp. 804 ~ 807.

④ *Airgram From the Embassy in Pakistan to the Department of State*, Karachi, September 23, 1959, Source: Department of State, Central Files, 611. 90D/9 ~ 2359, FRUS 1958 ~ 1960, XV, pp. 763 ~ 777.

第四目标（赋值0.10）：巴基斯坦经济稳定发展。相较于军事援助的第二阶段，美国军事援助的第三阶段日益关注巴基斯坦的欠发达问题。这并非表明美国对巴基斯坦民众的道德关怀，而是美国越来越清楚，贫困和不发达是政治问题，长期贫困会导致严重的政治后果：贫困人民对贫困和苦难的现状不满意，成为破坏性革命或者不稳定的根源，进而可能产生更大范围的冲突，甚至导致包括大国在内的大规模战争。在美国看来，巴基斯坦经济发展有助于巴基斯坦维持一个强大、稳定的政府，从而有意愿并且有能力抵制来自共产主义的影响，而这显然是有益于美国国家利益的。为了表明对中东和南亚援助的必要性，负责该地区的美国助理国务卿强调："在由强大国家组成的世界中，我们可以自由自在的生活，并有机会进行外交活动，而虚弱的国家易受到各种内、外部压力的冲击，从而不仅损害他们自身的利益，而且也无益于我们的利益。"① 当然，促使巴基斯坦经济稳定发展不是美国军事援助的直接目标，但可以看作间接目标。由于美国军事援助巴基斯坦、各种安全协议的保障以及美国对其安全的直接承诺，巴基斯坦不用担心其领土会遭受侵犯，因此可以集中精力和资源实现经济发展和政治稳定。② 当然，除了直接的军事援助，美国还要向其提供其他形式的援助，比如：发展贷款基金（Development Loan Fund）、技术合作、PL480框架下的剩余农产品，目的是使巴基斯坦在不损害现有的经济稳定发展的条件下能够将国防力量维持在合理的水平；③ 增加在美国、东道主国和第三方的就业培训项目，以尽快增强本地自治和经济增长能力；提供技术和发展援助；改善条件和政府政策，有利于私人资本更大程度地

---

① U. S. Congress, House, Subcommittee of the Committee on Appropriations, Hearings, *Foreign Assistance and Related Agencies Appropriations for* 1966, 89th Cong., 1st Sess., 1965, p. 886.

② *Letter from the Officer in Charge of Pakistan-Afghanistan Affairs (Poullada) to the Special Assistant at the Embassy in Pakistan for Mutual Security Affairs (Linebaugh)*, Washington, March 14, 1960, Source: Department of State, SOA Files: Lot 63 D 308, General, FRUS 1958～1960, XV, pp. 804～807.

③ *Airgram From the Embassy in Pakistan to the Department of State*, Karachi, September 23, 1959, Source: Department of State, Central Files, 611.90D/9～2359, FRUS 1958～1960, XV, pp. 763～777.

参与经济发展，鼓励美国及其他私人资本在该地区的投资；强调多边贸易的长远利益；鼓励和资助南亚国家之间的相互贸易以及与西方世界的贸易。[①] 1959 年 5 月 26 日，美国国家安全计划委员会文件指出，南亚国家经济发展面临着巨大压力……因为该地区的经济增长符合美国利益，所以美国必须决定如何促进该国经济发展。[②] 综合考虑，这一目标的预期实现率为 80%。

第五目标（赋值 0.05）：巴基斯坦拥有强大的军事实力，能够为维护地区稳定和防御西方安全发挥作用。首先，在巴基斯坦维持适当而有效率的军事建设，能使美国保持对巴基斯坦领导人的政治影响力。[③] 巴基斯坦领导人对他们自认为来自周边的威胁深感担忧，也对于那些认为巴基斯坦国防力量大于其需要而应予以减少的任何建议极为敏感。除了纯粹的军事考虑，美国应该支持巴基斯坦的军事力量维持在目前的水平，除非巴基斯坦自己认为在安全方面不需要继续维持当前水平。应该指出，减少军事援助不一定会导致该国缩减其武装部队规模，如巴基斯坦很可能将其有限的资源更多地用于国防，从而加重本就严重的经济问题。因此，美国应该继续向巴基斯坦的部队提供包括现代化设备在内的军事援助，同时，应尽力鼓励巴基斯坦将军事开支保持在合理的范围内，并控制其对超越其有效吸收能力（或维持能力）的现代化武器的渴望。[④] 其次，巴基斯坦保持一定

---

① *National Security Council Report*, Washington, January 10, 1957, Source: Department of State, S/S - NSC Files: Lot 63 D 351, NSC 5701 - Memoranda, FRUS 1955 ~ 1957, VIII, pp. 61 ~ 62.

② *Paper Prepared by the National Security Council Planning Board*, Washington, May 26, 1959, Source: Department of State, S/S - NSC Files: Lot 63 D 351, NSC 5701 Series, FRUS 1958 ~ 1960, XV, pp. 3 ~ 4.

③ *Letter from the Officer in Charge of Pakistan-Afghanistan Affairs (Poullada) to the Special Assistant at the Embassy in Pakistan for Mutual Security Affairs (Linebaugh)*, Washington, March 14, 1960, Source: Department of State, SOA Files: Lot 63 D 308, General, FRUS 1958 ~ 1960, XV, pp. 804 ~ 807.

④ *Airgram From the Embassy in Pakistan to the Department of State*, Karachi, September 23, 1959, Source: Department of State, Central Files, 611. 90D/9 ~ 2359, FRUS 1958 ~ 1960, XV, pp. 763 ~ 777.

的军事实力，有助于地区稳定并为捍卫西方世界发挥作用。① 另外，1957年1月批准的美国方案规定美国将协助支持巴基斯坦维持国内安全，应对外部侵犯，并通过其提供象征部队为巴基斯坦之外的集体安全行动发挥作用。② 综合考虑，这一目标的预期实现率为90%。

2. 美国预期军事援助有效值的计算及评估

根据上述美国军事援助巴基斯坦的预期目标及实现率，现计算美国预期军事援助有效值如下：

$$P1 = 0.40 \times 80\% + 0.25 \times 90\% + 0.20 \times 70\% + 0.10 \times 80\% + 0.05 \times 90\% = 0.81$$

评估：

因为 $P1 = 0.81 > 0.7$，所以预期军事援助非常有效，美国向巴基斯坦提供军事援助的积极性很高。

（二）巴基斯坦预期军事援助有效性评估

1. 巴基斯坦接受美国军事援助的目标及实现率

第一目标（赋值0.4）：增强巴基斯坦的军事实力。印度多次向美国抗议，认为美国军事援助巴基斯坦增强了巴基斯坦对抗印度的军事实力，虽然这不是美国的初衷但确是实际情况。例如，1957年初，印度国防部长梅农称，美国军事援助巴基斯坦打破了印巴间的平衡，军事实力对比由原先的3∶1转变为现在5∶2，印度的安全形势受到影响。美国军事援助巴基斯坦的目的或许不是针对印度，但是巴基斯坦接受美国军事援助目的却是增强对抗印度的实力。他指出，巴基斯坦空军在美国的帮助下日益发展，战略地位显著增强。1958年5月1日，印度驻美国大使梅达在拜见美国国

① *Airgram From the Embassy in Pakistan to the Department of State*，Karachi，September 23，1959，Source：Department of State，Central Files，611.90D/9～2359，FRUS 1958～1960，XV，pp. 763～777.

② *National Security Council Report*，*NSC* 5909/1，*Washington*，*August* 21，1959，Source：Department of State，S/S－NSC Files：Lot 63 D 351，NSC 5909 Series，FRUS 1958～1960，XV，pp. 29～46.

务卿助理朗特里时再次强调，印度没有人质疑美国军事援助巴基斯坦的动机，但是包括他自己在内的很多人质疑巴基斯坦接受援助的动机。他说，很明显巴基斯坦接受援助不是为了抵御共产主义而是增强对抗印度的军事实力。[①] 尽管巴基斯坦没有明确表示接受军事援助的主要目的，但是并没有否认借助美国军事援助增强军事实力的意图。综合考虑，这一目标的预期实现率为90%。

第二目标（赋值0.25）：美国在印巴争端中支持巴基斯坦。巴基斯坦希望美国继续在印巴争端中支持巴基斯坦，尤其是克什米尔问题上，主要表现为：其一，如果巴基斯坦将克什米尔问题提交到安理会，希望美国在安理会上支持巴基斯坦。[②] 其二，希望美国在克什米尔争端中发表支持巴基斯坦立场的声明。鉴于美国在过去几年一直坚持支持巴基斯坦在克什米尔问题上的立场，巴基斯坦希望美国在印巴争端中继续支持巴基斯坦，但是也承认要实现这一点存在一定难度。综合考虑，这一目标的预期实现率为85%。

第三目标（赋值0.20）：维持巴基斯坦的领土完整。与第一阶段相比，虽然巴基斯坦不再过于担心主权与领土完整问题，但是并不代表巴基斯坦不再认为领土完整不存在受到他国侵犯的风险。事实上，其一，巴基斯坦在克什米尔问题上的立场至少表明它对于领土归属是十分看重的。其二，巴基斯坦对于美国未能公开声明保证巴基斯坦政治独立和领土完整、反对印度侵犯表示不满。1957年10月30日，巴基斯坦驻美国大使在拜访美国助理国务卿朗特里时建议其做出书面保证：一旦巴基斯坦受到外敌入侵，美国保证维护巴基斯坦的领土完整。1959年3月5日，美巴签署《双边合

---

① *Memorandum of a Conversation between the Assistant Secretary of State for Near Eastern, South Asian, and African Affairs (Rountree) and the Indian Ambassador (Mehta)*, Department of State, Washington, May 1, 1958, Source: Department of State, Central Files, 790D.5 – MSP/5 ~ 158, FRUS 1958 ~ 1960, XV, pp. 97 ~ 99.

② *Progress Report by the Operations Coordinating Board*, Washington, July 24, 1957, Source: Department of State, S/S – NSC Files: Lot 63 D 351, NSC 5701 – Memoranda, FRUS 1955 ~ 1957, VIII, p. 73.

作协议》，协议条款规定依据《1954年共同安全法》……美国政府重申将继续向巴基斯坦提供军事和经济援助……以帮助巴基斯坦维持其国家独立和领土完整以及经济发展。综合考虑，这一目标的预期实现率为90%。

第四目标（赋值0.10）：促进国家经济发展。经济发展事关巴基斯坦的生死存亡。为了获得相对独立的经济地位以及为世界和平做出一定贡献，巴基斯坦政府需要获得来自美国的大量军事援助和经济援助。[①] 尽管第一阶段的军事援助对促进巴基斯坦国家经济发展收效甚微，但是这并未影响巴基斯坦对第二阶段美国军事援助的期望，因为在第一阶段的末尾阶段，美国增加了军事援助规模，从而使巴基斯坦腾出一定比例的资金用于经济建设。因此，巴基斯坦对第二阶段的经济发展充满期待，因为来自美国的经济援助总额不会受到军备限制的影响，巴基斯坦在巴格达条约组织和SEATO区域履行其作用的能力将得到保证。如果达到协议水平，实现较低的开支，那么巴基斯坦可以在五年发展计划期间通过减少国防开支来增加经济发展的资金。[②] 巴基斯坦政府表示，美国向巴基斯坦提供大规模的军事援助和经济援助，促进巴基斯坦的经济发展与进步，有助于其维护国内安全，进而消除不利因素，从而有能力维持其自身以及中东地区的防御和安全。综合考虑，这一目标的预期实现率为90%。

第五目标（赋值0.05）：不妨碍与社会主义国家的正常交往。自美国与巴基斯坦签署军事援助协定以来，巴基斯坦一直表明其坚定地站在以美国为首的一边。但是由于以下两个因素，巴基斯坦开始考虑在维系与美国联盟关系的同时，力争发展与社会主义国家的友好关系：其一，巴基斯坦对美国的军事援助规模本就不满，现在美国又有减少军事援助规模的可能性；其二，美国在安理会上不再坚定地站在巴基斯坦一方，其支持立场也开始松动。然而，正如巴基斯坦领导人指出的，现在巴基斯坦当局会继续

---

① Rashmi Jain ed., *The United States and Pakistan*, 1947～2006: *A Documentary Study*, New Delhi, 2007, p. 3.

② *Memorandum from the Assistant Secretary of State for Near Eastern, South Asian, and African Affairs (Rountree) to the Secretary of State*, Washington, April 10, 1958, Source: Department of State, Central Files, 690D. 91/4～1758, FRUS 1958～1960, XV, pp. 75～81.

与社会主义国家进行适度的贸易往来，作为获得美国支持的一种手段，他们偶尔会对苏联的经济和技术援助表现出兴趣，但取得重大进展的可能性不大。综合考虑，这一目标的预期实现率为80%。

2. 巴基斯坦预期军事援助有效值的计算及评估

根据上述巴基斯坦接受美国军事援助的预期目标及实现率，现计算巴基斯坦预期军事援助有效值如下：

$P2 = 0.40 \times 90\% + 0.25 \times 85\% + 0.20 \times 90\% + 0.10 \times 90\% + 0.05 \times 80\% = 0.8825$

评估：

因为 $P2 = 0.8825 > 0.7$，所以预期军事援助非常有效，巴基斯坦接受美国军事援助的积极性很高。

总之，由于 P1 和 P2 都大于 0.7，因此，作为援助国，美国肯定会向受援国巴基斯坦提供军事援助。

第四章　美国军事援助巴基斯坦的调整期（1959～1962年）

美国对巴基斯坦第二阶段（1954～1959年）的军事援助基本完成，美国政府基本上同意进行第三阶段（1959～1962年）的军事援助，但是在维持原有规模还是缩小援助规模的问题上却长时间没有达成一致。其间，肯尼迪于1960年底竞选美国总统成功。他在竞选期间就对美国的南亚政策提出批评，与其上台前后的美国南亚政策有着较大区别。① 本章以肯尼迪上台执政为分界线，将该阶段的美国军事援助巴基斯坦分为两个时期。

第一节　美国和巴基斯坦的关系

一、肯尼迪上台前的美巴关系（1959～1960年）

（一）巴基斯坦基本情况②

1. 巴基斯坦国内局势

整体来看，此阶段的巴基斯坦国内局势可概括为：军事政权逐步稳

---

① 按照著名国际关系理论家肯尼思·沃尔兹（Kenneth Waltz）的说法，一个国家的对外行为（或政策）取决于三个层次，分别是个人、国家和国际层次，他不否认前两个层次发挥的作用，但是起决定性作用的是第三个层次，即国际层次，或者说国际体系（国际社会的无政府状态）。肯尼迪上台后的美国对外政策（包括对南亚的政策）充分说明了这一点。从肯尼迪总统个人的角度来看，他渴望调整美国的南亚政策（事实上，的确有重大变化），但是由于地区和国际局势，美国的南亚政策（包括对印政策和对巴政策）不可能与前任政府完全不同，在某种程度上仍然延续了之前的政策。尽管肯尼迪本人很想重点发展与印度的友好关系，但是出于整体国家利益考虑，美国“不得不”维系与巴基斯坦的盟友关系。

② *National Intelligence Estimate*, *NIE* 52～59, Washington, May 5, 1959, Source: Department of State, INR－NIE Files, FRUS 1958～1960, XV, pp. 713～718.

固，经济发展势头良好，但也存在诸多不稳定因素。

1959 年 5 月 5 日，美国国家情报评估（NIE 52 ~ 59）对巴基斯坦未来几年的政治和经济发展形势以及对美国的影响进行了评估。（1）政治形势。阿尤布将军的军事政权已逐步稳固，开始着手处理重大的政治和经济问题，任命有能力的人担任部长，得到民众的普遍支持，受到反对派挑战的可能性不大。然而，从长远看，仍然存在很多影响政治稳定发展的因素：第一，军队内讧；第二，民众积怨越来越深；第三，来自东巴基斯坦的压力，可能对巴基斯坦的统一构成严重威胁。（2）经济形势。从短期来看，经济发展势头良好，特别是粮食生产前景光明。与印度紧张关系得到缓和，尤其是印度河水问题的解决，可以降低军事建设的高昂成本，重新恢复与印度的贸易，对巴基斯坦来说大有裨益。这些问题的解决，加之稳定和有效的政府以及大量持续的国外援助，基本上解决了巴基斯坦经济面临的问题。然而，从长期来看，经济增长率能否超过人口增长率是一大问题，前景不太明朗。

2. 巴基斯坦与邻国的关系

巴基斯坦与邻国的关系主要指巴印关系和巴阿关系，总体上讲，有所缓和，但是隐患丛生。尽管印巴关系有所改善，但是鉴于两国的敌视程度以及两国间仍然存在的诸多悬而未决的问题，巴基斯坦重点关注印度的外交政策很难改变。巴阿紧张局势仍然持续，巴基斯坦继续关注苏联在阿富汗影响力的扩大。

（1）巴基斯坦与印度的关系

自 1947 年以来，巴基斯坦外交政策的主要目标是提高本国相对于印度的国际地位。两国长期存在的敌意和悬而未决的问题很难使巴基斯坦改变对印度的态度。不过也要看到，因为拥有比前任总统更稳固的地位，巴基斯坦新任领导人——阿尤布总统对印度表现出一种前所未有的温和态度，致使两国之间的谈判气氛有所改善。巴基斯坦政府对来自克什米尔的穆斯林难民给予永久安置，暗示放弃这些难民将来返回家园的想法，该政策是自印巴分治以来首次施行。虽然仍然存在与印度的边界冲突，但巴基斯坦已迅速采取行动，防止了这些冲突的进一步扩大，并尽量减少对这些事件的宣传。巴基斯坦表示同意国际复兴开发银行提出的解决印度河水的新建议。如果印度河水问题能够解决，那么无疑会为克什米尔问题的解决奠定基础。

（2）巴基斯坦与阿富汗的关系

截至 1958 年，巴基斯坦与阿富汗之间的争端已持续 11 年，尽管程度上不如印巴关系严重，但是巴阿关系前景也不容乐观。1955 年，两国之间的紧张局势导致阿富汗军队蠢蠢欲动，巴基斯坦则封锁了阿富汗的过境贸易。不过在美国的调解下，巴阿关系在一定程度上得以改善。巴基斯坦新政权执政以来，阿富汗政府表现出对阿尤布军事政权的极度怀疑。同样地，巴基斯坦新政权持续关注苏联在阿富汗影响力的扩大。在这种氛围中，不可能彻底解决领土争端，但是在可预见的时间范围内，任何一方发起针对对方的武力行为的可能性不大。

3. 巴基斯坦与西方和社会主义国家的关系

整体来看，巴基斯坦亲西方政策仍是主流，同时谨慎对待与社会主义国家的关系。

（1）巴基斯坦与西方国家的关系

巴基斯坦亲西方的外交政策调整的可能性不大。阿尤布总统及高级军官认为有继续接受美国军事援助的必要性。与此同时，巴基斯坦对美国援助印度政策的态度没有改变，对印度与美国日益密切的关系感到不满，加之领导人自信有能力控制巴基斯坦局势，现政府在亲近美国方面可能不如从前。自从米尔扎总统下台以来，巴基斯坦和英国之间的关系趋于冷淡但并不会过于疏远。阿尤布总统对英国向印度销售军事装备一事十分愤怒。

巴基斯坦领导层认为巴基斯坦之所以加入 SEATO 和 CENTO，主要是为了从美国获得武器装备以改善其相对于印度的地位。因此，巴基斯坦领导人支持两个条约组织的“反共产主义”目标，并重视美国对此的承诺。只要美国继续支持两个条约组织并提供军事援助，巴基斯坦就会继续在这两个组织中发挥作用。阿尤布曾经谈到，一旦西方支持的联合国行动或者西方直接介入亚洲的有限战争，巴基斯坦愿意提供部队参与其中。巴基斯坦新政府认为这样做不但能够提高巴基斯坦在国际上的声望，而且巴基斯坦部队还可以获得战斗经验。在不危及国内安全以及无损相对于印度的地位的情况下，巴基斯坦军方随时准备向国外派出部队。1959 年 7 月 17 日，巴基斯坦驻美大使阿奇兹·艾哈迈德（Aziz Ahmed）在会见美国国防部长时重申巴基斯坦对西方集体安全坚定的支持。①

（2）巴基斯坦与社会主义国家的关系

阿尤布总统执政以来，一方面，继续加强与美国的联盟关系，于 1959 年 3 月，美巴签署双边合作协议；另一方面，作为获得美国支持的一种手段，巴基斯坦新政权一定程度上继续保持与社会主义国家的贸易往来，特别对苏联的经济和技术援助表现出兴趣。然而，巴基斯坦与它们的关系发展空间不会太大。

总之，从长远来看，巴基斯坦存在与西方国家脱离密切联系的倾向，特别是随着民众在政府决策中影响力的增强。在东巴基斯坦，民众从来没有完全支持巴基斯坦政府的亲西方立场，亚非中立主义思想在民众中具有相当大的吸引力。为了赢得广大民众支持，巴基斯坦新政府可能会向阿拉伯国家靠拢，并增强与社会主义国家的联系，尤其是与社会主义国家的贸易有利于解决包括棉花和黄麻等在内的剩余农产品问题。然而，巴基斯坦今后仍会把与西方的关系放在首位。

（二）巴基斯坦的态度和立场

1. 美国减少军事援助巴基斯坦是错误决定

随着 1954 年美国军事援助巴基斯坦计划的即将完成，美国开始考虑第二阶段的军事援助事宜，其中一个观点就是减少对巴基斯坦的军事援助。这一观点显然对巴基斯坦极为不利，巴基斯坦为此给予强烈反驳，指责美国欲减少军事援助巴基斯坦是极其错误的决定。

（1）共产主义影响没有减小

美国决定减少对巴基斯坦军事援助的原因之一是社会主义阵营对亚洲

---

① *Memorandum of a Conversation*, Washington, July 17, 1959, Source: Department of State, SOA Files: Lot 64 D 1, United States, FRUS 1958 ~ 1960, XV, pp. 741 ~ 743.

地区的军事影响在减弱，即使有影响，也只是在经济方面。[①] 显然，巴基斯坦政府并不认同这一看法。1959年5月8日，巴基斯坦驻美国大使阿奇兹·艾哈迈德在拜会美国助理国务卿朗特里时指出，共产主义影响依然非常严峻，他认为，共产主义在南亚的影响更大。[②] 1959年7月31日，阿奇兹·艾哈迈德在会见美国代理国务卿时再次强调有关共产主义影响减小的看法是错误的。1959年12月8日，阿尤布在接见来访的艾森豪威尔总统时说，尽管东西方的紧张关系有所缓和，但苏联调整战略力图通过渗透中东和整个亚洲的企图犹在。在过去一段时间，他们对阿富汗尤为关注：由过去通过伊朗和伊拉克到达苏伊士和非洲策略调整为通过阿富汗，为此在阿富汗大规模投资。阿尤布总统向艾森豪威尔总统出示了一份显示苏联正在阿富汗修建公路的地图，并阐释该公路可能产生的军事影响。[③]

（2）美国对印度的援助不一定会促进民主发展，但肯定会加速其军事建设

美国决定减少军事援助巴基斯坦的另一个原因是美国必须向印度提供大量援助以实现对印度承诺。[④] 巴基斯坦驻美国大使阿奇兹·艾哈迈德表示，巴基斯坦不反对美国对印度的经济援助。事实上，为了印度自身和次大陆的安全，印度和巴基斯坦都应该促进自身的经济发展。然而，相信仅仅依靠经济援助就能够“促进民主发展”的想法过于天真。他认为应该根据每个国家的特殊需要向其提供援助。尽管参议院对外关系委员会决定将援助印度的“肯尼迪－库珀（Kennedy－Cooper）决议”适用范围扩大至

① *Memorandum of a Conversation between the Acting Secretary of State and the Pakistani Ambassador (Ahmed)*, Department of State, Washington, July 31, 1959, Source; Department of State, Central Files, 790D.5－MSP/7～3159, FRUS 1958～1960, XV, pp.752～757.

② *Memorandum of a Conversation*, Department of State, Washington, May 8, 1959, Source: Department of State, Central Files, 790D.5622/5～859, FRUS 1958～1960, XV, pp.726～729.

③ *Memorandum of a Conversation*, Karachi, December 8, 1959, Source: Department of State, Conference Files: Lot 64 D 560, CF 1521, FRUS 1958～1960, XV, pp.781～792.

④ *Memorandum of a Conversation between the Acting Secretary of State and the Pakistani Ambassador (Ahmed)*, Department of State, Washington, July 31, 1959, Source; Department of State, Central Files, 790D.5－MSP/7～3159, FRUS 1958～1960, XV, pp.752～757.

所有南亚国家，但是阿奇兹·艾哈迈德大使对美国副总统近期关于印度的一个演讲深感不安。[①] 除此之外，巴基斯坦政府担心印度会将美国的经济援助挪用于军事建设。1959 年 7 月 17 日，阿奇兹·艾哈迈德大使在会见美国国防部长时指出，目前美国向印度提供的经济援助使印度能够将大量的资金用于已经远强于巴基斯坦的军事建设。[②]

阿尤布并不批评美国对印度的援助，因为这是美国的自由。他也理解美国对印度援助的动机：阻止共产党在印度掌权。[③] 1959 年 12 月 8 日，阿尤布总统在会见艾森豪威尔总统时再次强调，美国当然可以自由决定向印度提供任何帮助，但是如果对印度的援助不能与印巴争端问题挂起钩来，将会给巴基斯坦带来灾难。印度陆军已是巴基斯坦的三倍之多，关键是印度的这些部队就是用于对抗巴基斯坦的。尽管坦克和步枪是印度所购而非美国无偿援助，但是美国向印度提供大量经济援助，其结果无疑等同于美国向印度无偿提供了这些装备。[④] 实际上，由于印度对美国援助的依赖，美国对印度有很大影响力。巴基斯坦希望美国利用其影响对印度施加压力。如果这一问题得不到解决，印巴双方会两败俱伤，并且由于美国过深介入南亚事务，最终也会殃及自身。

（3）印巴关系紧张并非源于美国军事援助巴基斯坦

巴基斯坦认为“美国军事援助巴基斯坦是造成巴基斯坦和印度之间局势紧张的原因，反过来迫使印度扩大军事建设”的说法根本站不住脚。[⑤]

---

① 1959 年 2 月 19 日，参议员肯尼迪和库珀提议，呼吁艾森豪威尔总统和其他西方国家建立一个国际代表团，就印度的经济问题与印度磋商。

② *Memorandum of a Conversation*, Washington, July 17, 1959, Source: Department of State, SOA Files: Lot 64 D 1, United States, FRUS 1958 ~ 1960, XV, pp. 741 ~ 743.

③ *Telegram from the Embassy in Pakistan to the Department of State*, Karachi, August 17, 1959, Source: Department of State, Central Files, 611. 90D/8 ~ 1759, FRUS 1958 ~ 1960, XV, pp. 757 ~ 759.

④ *Memorandum of a Conversation*, Karachi, December 8, 1959, Source: Department of State, Conference Files: Lot 64 D 560, CF 1521, FRUS 1958 ~ 1960, XV, pp. 781 ~ 792.

⑤ *Memorandum of a Conversation between the Acting Secretary of State and the Pakistani Ambassador (Ahmed)*, Department of State, Washington, July 31, 1959, Source; Department of State, Central Files, 790D. 5 – MSP/7 ~ 3159, FRUS 1958 ~ 1960, XV, pp. 752 ~ 757.

阿奇兹·艾哈迈德大使说，印巴之间的紧张局势由来已久，在美国决定向巴基斯坦提供军事援助之前就已存在。印巴间的紧张局势主要归因于克什米尔问题以及印度河水的分配问题，与美国向巴基斯坦提供军事援助并没有直接关系。

（4）巴基斯坦目前的军事实力不足以保障自身安全

美国一些有影响力的人物认为，巴基斯坦现有的军力超过防御之所需，巴基斯坦现有的五个半师的装备足以应付意外事件。1959年5月8日，阿奇兹·艾哈迈德大使在拜会朗特里时指出，并不认可美国国防部长麦克尔罗伊（McElroy）和美国太平洋司令部司令怀特（White）将军等人有关巴基斯坦军队的说法。阿奇兹·艾哈迈德大使称，虽然巴基斯坦的主要威胁来自北方（指苏联），但是也不能忽视来自南方（指印度）的威胁。他知道美国向巴基斯坦政府保证不会受到印度的侵犯，但是这些保证并没有公开，也没有类似美国给予印度那样明确的保证。如果美国可以明确保证不会容忍印度对巴基斯坦的任何侵犯，而且印度知道美国对巴基斯坦的保证，巴基斯坦可能会重新考虑军事需求。他强调，印度80%的军队部署在印巴边境，十天之内便可做好攻打巴基斯坦的准备。他说，那些所谓的印度军队分治前就已部署在此的说法是不正确的，因为现在该地区的部队人数相比之前明显增多。一个月后，阿尤布总统再次就该问题发表评论：美国一些有影响力的人物认为巴基斯坦现有的军力超过防御之所需，巴基斯坦现有的五个半师的装备足以应付意外事件的认识是完全错误的，因为它建立在对巴基斯坦军力需求不正确评估的基础之上。阿尤布强调西北边境的防御问题，认为印度的威胁才是主要考虑的因素。巴基斯坦替印度承担着南亚次大陆的防御责任，而印度却将兵力部署在印巴边境。阿尤布重申巴基斯坦致力于与印度和平相处，但是鉴于印度的“进攻性意图和大规模的军事建设”，巴基斯坦不得不维持足够的防御力量。①

① *Telegram from the Embassy in Pakistan to the Department of State*, Karachi, June 23, 1959, Source: Department of State, Central Files, 790D.5 - MSP/6 ~ 2359, FRUS 1958 ~ 1960, XV, pp. 734 ~ 735.

美国知识界、国会议员甚至普通民众认为，巴基斯坦会以牺牲经济发展为代价来建设武装力量。巴基斯坦对此并不认同，他们重视军事建设，但同样注重经济发展。1959 年 7 月 17 日，阿奇兹·艾哈迈德大使会见美国国防部长时称，印度军事力量远强于巴基斯坦，很快就能够完成对巴基斯坦进攻的军事部署，因此不可能说服那些生活在印巴边境的巴基斯坦人相信任何减少巴基斯坦军事力量的行为都是合理的做法。他说，如果巴基斯坦的边防军队大大减少，生活在边境的巴基斯坦人很有可能撤离该地区，从而引发大规模恐慌。大使指出，巴基斯坦没有收到来自美国的任何关于保障巴基斯坦领土完整的保证，相反，美国却公开保证印度领土完整。大使指出，巴基斯坦普通民众不理解美国新闻界为何批评巴基斯坦为应对侵略所采取的防御措施。①

阿尤布总统越来越担心美国军事援助巴基斯坦的政策可能会发生变化，这种担忧主要源于美国参议员和国会议员在“共同安全”听证会上对美国军事援助巴基斯坦的批评。他认为，这一批评主要是因为批评者不了解具体情况，他们不了解谁才是美国真正可靠的朋友以及谁会对集体安全做出贡献。如果巴基斯坦人民认为美国并不关心巴基斯坦的安全需求，那么将会发生什么不难预测。他说，如果美国不能提供足够的支持，巴基斯坦民众的不安全感就会增加，将不可避免地影响到与美国的联盟关系。阿尤布总统说，那些认为巴基斯坦部队过多的言论滑稽可笑，即使不考虑巴基斯坦在集体安全协议下的义务，巴基斯坦部队依然是太少而不是太多。然而，如果在全球范围内有训练有素且装备精良的地方部队愿意对集体防御发挥作用显然符合美国的利益。巴基斯坦表示始终愿意在美国支持下提供更多的军队参与防御的集体行动。美国领导人应该清楚，无论在经济上还是政治上，在国外拥有友军比美国直接派遣军队更有意义。巴基斯坦的亲美立场不应该被认为是理所当然的，美国应当设法纠正对军事援助巴基斯坦计划持批评态度的人的观点，并向巴基斯坦保证，美国的政策不会朝

① *Memorandum of a Conversation*, Washington, July 17, 1959, Source: Department of State, SOA Files: Lot 64 D 1, United States, FRUS 1958 ~ 1960, XV, pp. 741 ~ 743.

令夕改。①

2. 中立主义

巴基斯坦对“中立主义”颇有微词，一是它谴责持中立主义立场的国家态度消极，无益于世界；二是不明白某些大国为何会对中立国家提供慷慨援助。1956 年 7 月 9 日，巴基斯坦总统米尔扎在会见美国副总统尼克松时曾表明巴基斯坦对中立主义的态度，他并不反对美国向中立国家提供援助，但是应该区别对待盟友与中立国。② 1960 年 6 月 2 日，巴基斯坦外长卡迪尔在拜见美国国务卿赫脱时表示，巴基斯坦政府和其他政府的做法远比中立主义好得多。然而，巴基斯坦民众不明白为什么持中立立场的国家比他们获得更多的好处。③

3. U－2 事件

1960 年 6 月 2 日，巴基斯坦外长卡迪尔就 U－2 事件拜会美国国务卿赫脱时表达了对美国的不满。卡迪尔说，一段时间以来苏联一直在指责巴基斯坦为美军提供基地。苏联驻巴基斯坦大使卡皮察（Kapitsa）曾经在会见卡迪尔时表示，苏联怀疑巴基斯坦向美国政府提供军事基地。关于苏联对巴基斯坦提供美国基地的指控，卡迪尔认为美国新闻界负有不可推卸的责任。④

（三）美国的态度与立场

1. 共产主义影响

美国从来没有放松对共产主义的警惕，对于巴基斯坦能够认识到共产

① *Telegram from the Embassy in Pakistan to the Department of State*, Karachi, September 16, 1959, Source: Department of State, Central files, 790D. 5－MSP/9～1659, FRUS 1958～1960, XV, pp. 759～761.

② *Memorandum of a Conversation*, Karachi, July 9, 1956, Source. Department of State, Karachi Embassy Files: Lot 64 F 16, 361. 1 Nixon, FRUS 1955～1957, VIII, pp. 721～727.

③ *Memorandum of a Conversation*, Department of State, Washington, June 2, 1960, Source: Department of State, Secretary's Memoranda of Conversation: Lot 64 D 199, FRUS 1958～1960, XV, p. 814.

④ *Memorandum of a Conversation*, Department of State, Washington, June 2, 1960, Source: Department of State, Central Files, 033. 90D11/6～260. pp. 810～813.

主义影响的存在，并愿意采取措施共同应对共产主义，美国深感欣慰。美国和巴基斯坦从未对社会主义阵营的意图存有幻想，原则上同意采取措施共同应对其压力，只是在具体的时间和细节上存在分歧。

2. 书面保证支持巴基斯坦

如前所述，巴基斯坦政府一直要求美国政府对巴基斯坦做出书面保证，但是为了避免引起印度的不满，美国表示会一直支持巴基斯坦，但是当前发表支持巴基斯坦的公开声明不合时宜。1959 年 3 月，美巴两国签署《双边合作协议》后，美国政府做出适当调整，在不公开的前提下，做出支持巴基斯坦的书面保证。

1959 年 4 月初，美国国务院指示美国驻巴基斯坦大使向巴基斯坦外交部长卡迪尔递交文书，作为对巴基斯坦政府要求“美国对任何国家侵犯巴基斯坦的政策声明”的回应，但是要求巴基斯坦不能将该文书的内容公开。卡迪尔表示保证不会对外公开，美国对此表示欢迎。实际上，该文书并没有新内容，只是以书面的形式重申之前发布的两份声明。[①]

3. 巴基斯坦的军事建设

（1）巴基斯坦的军事力量

美国希望巴基斯坦减缓军事建设的步伐，但是也清楚希望终究不是现实，承认巴基斯坦维持一定军事力量的必要性。1959 年 7 月 30 日，美国代理国务卿狄龙会见即将前往卡拉奇访问的朗特里大使时称，鉴于当前印巴紧张局势，很难迫使巴基斯坦削减其军事实力，但是如果印度河水问题成功解决的话，无疑有助于两国达成协议，这样，双方都维持目前的军事

---

① 第一份声明是美国国务院于 1956 年 11 月 29 日发表的关于 CENTO 公开声明的一部分，美国重申支持 CENTO 成员国家为维护其独立所做的努力，美国很重视成员国领土完整或政治独立构成的威胁。第二份声明是费罗兹·汗·农于 1957 年 11 月与杜勒斯对话之后发表的关于就共同关心的各事项进行讨论的声明。费罗兹·汗·农向杜勒斯提出巴基斯坦在受到武装侵犯时期望获得来自美国援助的问题。杜勒斯提到《东南亚共同防御条约》《中东联合决议》《巴格达条约》下美国与巴基斯坦的关系，以及联合国成员的义务等问题。显而易见，如果巴基斯坦受到武装侵犯，美国将及时有效地向巴基斯坦伸出援助之手。*Telegram from the Department of State to the Embassy in Pakistan*，Washington，April 7，1959，Source：Department of State，Central Files，611. 00/3 ~ 2459，FRUS 1958 ~ 1960，XV，pp. 708 ~ 709.

实力水平，而无需扩充军备建设。狄龙甚至希望巴基斯坦可以将军事援助支持的五个半师减少至三个或者三个半师。他说巴基斯坦当然希望在东巴基斯坦地区、克什米尔地区以及部落地区长久维持非军事援助支持的武装部队。在削减这些部队之前，美国应该先考虑的是削减军事援助支持的军队。虽然有迹象表明印巴关系正在改善，但是朗特里对未来两到三年里受到军事援助支持的巴基斯坦部队会减少感到怀疑。狄龙相信，美国不应该力图削减目前巴基斯坦非军事援助支持的武装力量。另外，狄龙认为巴基斯坦现在不具备发展M－14步枪制造业的能力，最好能够说服巴基斯坦接受M－1。[①] 随后，狄龙在会见大使阿奇兹·艾哈迈德时指出，就军事力量而言，美国政府充分意识到巴基斯坦不能减少非军事援助支持的部队，但是他认为共同审查巴基斯坦年度军费开支是有益的，因为这些支出严重影响到巴基斯坦的经济发展。他认为国会主张美国削减军事援助巴基斯坦的议员不仅要考虑巴基斯坦来自外部的威胁，而且还要考虑巴基斯坦的内部安全和治安等问题。[②]

（2）美巴需要就巴基斯坦军力问题达成协议

在美国看来，巴基斯坦的军队可以为西方世界的集体安全发挥重要作用，但是到底维持多大规模的军力，美国希望就此与巴基斯坦军方进行协商以达成一致。1959年7月17日，美国国防部长麦克尔罗伊在会见巴基斯坦大使阿奇兹·艾哈迈德时认为，巴基斯坦的武装力量是维护西方世界集体安全所必需的，但是要维持多大规模的武装力量，需要军事专家做出评估。他承认美国和巴基斯坦在这一问题上可能很难达成完全一致，但是美巴双方有必要了解彼此的立场。[③] 1960年6月2日，巴基斯坦外长卡迪

① *Memorandum of a Conversation*, Department of State, Washington, July 30, 1959, Source: Department of State, Central Files, 790D. 5－MSP/7～3059, FRUS 1958～1960, XV, pp. 746～752.

② *Memorandum of a Conversation between the Acting Secretary of State and the Pakistani Ambassador* (*Ahmed*), Department of State, Washington, July 31, 1959, Source; Department of State, Central Files, 790D. 5－MSP/7～3159, FRUS 1958～1960, XV, pp. 752～757.

③ *Memorandum of a Conversation*, Washington, July 17, 1959, Source: Department of State, SOA Files: Lot 64 D 1, United States, FRUS 1958～1960, XV, pp. 741～743.

尔在拜会美国国务卿赫脱时表示，两国军方领导人应该共同审查巴基斯坦的军事需求，制定一个需要一到两年实现的方案。①

4. 提供先进武器

为了增强军事力量，巴基斯坦先后向美国提出供应先进武器比如“响尾蛇”（Sidewinders）导弹和 F－104 战斗机的请求，考虑到印度的反应，美国起初并不愿意，但是在巴基斯坦的一再解释及综合考虑其他因素下，美国最终还是决定向巴基斯坦提供“响尾蛇”导弹和 F－104 战斗机。

（1）向巴基斯坦提供“响尾蛇”导弹

第一，需要考虑印度的反应。美国能否向巴基斯坦提供“响尾蛇”导弹，印度是最重要的影响因素。美国驻印度大使邦克称，如果更多地考虑美印关系，美国就不应该向巴基斯坦提供“响尾蛇”导弹。1959 年 4 月中旬，美国助理国务卿朗特里要求邦克大使做出评估，如果美国向巴基斯坦空军提供“响尾蛇”导弹，印度会有何反应。邦克大使深信，向巴基斯坦空军提供“响尾蛇”导弹肯定会激怒印度，会被视为非常不友好的行为。他认为，这肯定会阻碍印巴两国在过去两年中好不容易改善的两国关系的发展。印度很可能会增加额外开支购买军事设备作为回应。大使指出，美国向巴基斯坦提供“响尾蛇”导弹会被印度视为这是美国完全失信于印度政府和公众的一个举动，因为美国一再向印度保证不会考虑向巴基斯坦提供超过 1954 年协定水平的额外援助。更为重要的是，在印度河水问题即将得到解决之际——这是美国、印度和巴基斯坦都希望看到的结果——不应采取任何可能会阻碍解决这一问题的行动。因此，大使建议美国目前不能签署关于提供现代化飞机或“响尾蛇”导弹的协议。如果非要向巴基斯坦提供“响尾蛇”导弹的话，最好在印度河水问题解决之后，而且要努力就两国军备限制以及军事现代化等问题达成谅解。②

① *Memorandum of a Conversation*, Department of State, Washington, June 2, 1960, Source: Department of State, Secretary's Memoranda of Conversation: Lot 64 D 199, FRUS 1958 ~ 1960, XV, p. 814.

② *Telegram from the Embassy in India to the Department of State*, New Delhi, April 17, 1959, Source: Department of State, Central Files, 790D. 5612/4 ~ 1759, FRUS 1958 ~ 1960, XV, pp. 709 ~ 711.

第二，美国态度出现转机。1959 年 10 月前，印度侵犯巴基斯坦领空事件（印度飞机飞越巴基斯坦吉尔吉特地区上空）时而发生，此后，鉴于巴基斯坦自身无法应对这一问题，美国态度开始有所转变，认为应该向巴基斯坦提供援助。美国驻巴基斯坦大使认为，美国向巴基斯坦提供“响尾蛇”导弹不应该受到印度是否从英国获得类似武器的限制。他希望美国将“响尾蛇”导弹纳入 1960 财年的军事援助计划。1959 年 10 月 12 日，负责近东和南亚事务的美国助理国务卿路易斯·琼斯（Lewis Jones）在备忘录中提到，美国关于“响尾蛇”导弹的立场有所松动，可能会向巴基斯坦提供“响尾蛇”导弹。①

第三，美国决定提供“响尾蛇”导弹。事情发展很快，1959 年 11 月 13 日，美国国务院要求驻卡拉奇、伦敦、新德里和德黑兰的大使馆就美国向巴基斯坦提供“响尾蛇”导弹的公开时机提出建议。美国驻印度使馆和驻巴基斯坦使馆给出了不同建议。11 月 16 日，美国驻巴基斯坦大使朗特里建议，在美国总统访问卡拉奇之前将此决定通知巴基斯坦。11 月 18 日，美国驻印度使馆建议到 1960 年 1 月再发布决定，以便为改善印巴关系留出足够时间。1960 年 1 月底，美国同意在执行完 1954 年的承诺后继续向巴基斯坦提供军事援助，但是限定在“有限的现代化”（取代过时陈旧的装备）。美国政府指示驻巴基斯坦大使馆告诉阿尤布总统，美国将提供“响尾蛇”导弹和 B－57 轰炸机（1960 财年计划是 8 架），以此来表明美国愿意帮助巴基斯坦逐步实现军队现代化。② 同时，为了避免引起印度的误会，美国建议巴基斯坦将接受“响尾蛇”导弹一事告诉印度。1960 年 2 月 19 日，美国国务院在发给驻巴基斯坦大使馆的电报中指示大使向阿尤布总统

---

① *Memorandum from the Assistant Secretary of State for Near Eastern and South Asian Affairs*（*G. Lewis Jones*）*to the Officer in Charge of Greek*，*Turkish*，*and Iranian Affairs*（*Owen Jones*）*and the Director of the Office of South Asian Affairs*（*Bartlett*），Washington，October 12，1959，Source：Department of State，Central Files，790D. 5612/10～1259. p. 779.

② *Telegram from the Department of State to the Embassy in Pakistan*，Washington，January 26，1960，Source：Department of State，Central Files，790D. 5622/1～1860，FRUS 1958～1960，XV，pp. 796～797.

建议：巴基斯坦政府将美国向巴基斯坦提供“响尾蛇”导弹的决定和原因通知印度政府。在美国看来，由于这是首次向南亚地区提供导弹，应该坦率地告知印度政府，以免引起印度对当前局势的误判。[①]

1960 年 3 月 4 日，美国驻巴基斯坦大使向阿尤布总统通报了美国将向巴基斯坦提供“响尾蛇”导弹的决定。[②] 大使强调军事援助顾问团准备讨论规划和运输等方面的细节问题，并表示美国国防部准备派遣美国空军小组到巴基斯坦进行初期的维护和使用培训。大使认为美国政府就援助巴基斯坦“响尾蛇”导弹一事尽早通知印度政府的做法是明智的，以免影响当前印巴关系的良好趋势，主动告诉印度要比印度自己获悉好得多。大使认为总统也非常明白及时通知印度政府此事的好处，这不但会得到印度政府的谅解，而且可能会鼓励印巴之间的军事合作以及信息交流。阿尤布总统认为，印度应该不会做出过激反应，因为印度也正在与英国进行空对空导弹的谈判。巴基斯坦不方便和印度直接沟通，最好还是由美国来做。他建议，美国在通知印度时不要怀着抱歉的态度，不要让他们觉得美国有义务就军事援助事宜照会印度。他还说，任何表示歉意的做法肯定会导致印度向美国施加压力以获得更多经济援助从而补偿因美国军事援助巴基斯坦而增加的军事开支。

（2）美国向巴基斯坦提供 F－104 战斗机

第一，反对向巴基斯坦出售喷气式飞机。尽管美国政府称向巴基斯坦出售 F－104 战斗机只是为了履行承诺，但是仍遭到许多人的反对。1959 年 4 月 11 日，美国众议员富布赖特在写给国务次卿赫脱的信中指出，美国对巴基斯坦的武器援助是错误的，其援助重点应从军事领域转移到经济领域。[③] 1959 年 4 月 29 日，赫脱给富布赖特回信予以解释，称这批货物是在

---

① *Telegram from the Department of State to the Embassy in Pakistan*, Washington, February 19, 1960, Source: Department of State, Central Files, 790D. 5 – MSP/2 ~ 1960, FRUS 1958 ~ 1960, XV, pp. 797 ~ 800.

② *Telegram from the Embassy in Pakistan to the Department of State*, Karachi, March 5, 1960, Source: Department of State, Central Files, 790D. 5612/3 ~ 560, FRUS 1958 ~ 1960, XV, p. 802.

③ Department of State, *Central Files*, 790D. 5 – MSP/4 ~ 1159.

履行1954年做出的承诺，并不是对巴基斯坦额外的军事援助。这批货物原定于一个月前交付，由于各种原因被推迟。[①] 但是到1959年7月底，美国政府在讨论军事援助巴基斯坦的文件中强调的是“维持”当前的水平而不是“实现现代化”，即现在无需向巴基斯坦提供F－104战斗机。[②] 1959年5月8日，朗特里在会见巴基斯坦大使时说，增加巴基斯坦的空军力量可能会带来如下后果：一是，购买成本和设备维护会增加巴基斯坦的财政负担。30架F－104战斗机及其设备的购买成本接近4000万美元，而每年的维护费用将近700万美元。二是，迫使印度购买同类性质的武器。三是，加剧印巴紧张局势，从而影响印度河水问题的解决。美国希望国际复兴开发银行最近的计划能够解决长期的印度河水问题，不希望该问题受到任何外界事务的影响。[③]

第二，巴基斯坦强调需要高性能战斗机的必要性。与美国看法不同，巴基斯坦认为美国向巴基斯坦提供F－104战斗机非常有必要性。1959年5月8日，巴基斯坦大使在拜会朗特里时强调巴基斯坦需要更高性能的战斗机来保护领空。由于美国靠近白沙瓦的通讯基地已经引起俄罗斯和印度的怀疑，使得提供F－104战斗机更具有必要性。大使还提到，巴基斯坦空军最高司令官阿斯加尔访问美国期间，美国国防部官员已经答应准备向巴基斯坦提供F－104战斗机，并且成本共担。朗特里回答说，首先，美国国防部告诉阿斯加尔的是不能向巴基斯坦提供F－104战斗机，不存在“成本共担”的问题；其次，美国是否向巴基斯坦提供高性能战斗机需要综合考虑政治、技术、财政和经济等方面的因素；再次，如果提供高性能战斗机，将会削减巴基斯坦空军的后勤力量、增加维护成本以及缩减其他

① *Letter from the Acting Secretary of State to Senator J. William Fulbright*，Washington，April 29，1959，Source：Department of State，Central Files，790D.5－MSP/4～1159，FRUS 1958～1960，XV，pp.712～713.

② *Memorandum of a Conversation*，Department of State，Washington，July 30，1959，Source：Department of State，Central Files，790D.5－MSP/7～3059，FRUS 1958～1960，XV，pp.746～752.

③ *Memorandum of a Conversation*，Department of State，Washington，May 8，1959，Source：Department of State，Central Files，790D.5622/5～859，FRUS 1958～1960，XV，pp.726～729.

设施的供应；最后，由于生产能力不足和财政限制，美国没有向任何盟友提供 F－104 战斗机。[①] 1959 年 12 月 8 日，阿尤布总统在会见艾森豪威尔总统时再次表达巴基斯坦对拥有 F－104 战斗机的渴望。当艾森豪威尔总统问及是否可以提供 F－100 战斗机时，阿尤布总统认为F－100战斗机已过时，只想购买 F－104 战斗机。[②]

第三，美国政府认为时机还不成熟。1960 年初，美国国防部拒绝了巴基斯坦获得 F－104 战斗机的请求。尽管美国驻巴基斯坦大使要求国务院重新考虑阿尤布对 F－104 战斗机的请求以及兰利建议，因为艾森豪威尔总统在卡拉奇已向阿尤布做出承诺。然而，到 1960 年 2 月中旬，美国政府依然认为提供 F－104 战斗机时机尚不成熟，原因如下：一是虽然 F－86 战斗机终将会被更高性能的战斗机所替代，但是由于 F－86 战斗机配备了“响尾蛇”导弹，因此没有必要现在就更换。二是 F－104 战斗机的花费会给美国和巴基斯坦带来沉重的经济负担，美国应该鼓励巴基斯坦将资源更多地用于经济发展。三是军事援助资金有限，这意味着如果美国为巴基斯坦提供 F－104 战斗机，将会打破原有的军事安排。这个时候引进新式战机，特别是引进喷气式轰炸机将会使改进巴基斯坦空军后勤与维护能力的努力付之东流。在美国看来，美国提供 F－104 战斗机可能会加剧印巴紧张关系，而现在两国之间的印度河水问题正在解决之中。美国军事援助巴基斯坦可能会增加美国公众对军事援助巴基斯坦的批评，反过来会危及美国在巴基斯坦的目标与利益。出于上述理由，美国政府暂时不考虑阿尤布总统关于进口先进武器的要求。[③]

第四，美国向巴基斯坦提供 F－104 战斗机。然而，在美国认为提供 F－

① *Memorandum of a Conversation*, Department of State, Washington, May 8, 1959, Source: Department of State, Central Files, 790D. 5622/5 ~859, FRUS 1958 ~1960, XV, pp. 726 ~729.

② *Memorandum of a Conversation*, Karachi, December 8, 1959, Source: Department of State, Conference Files: Lot 64 D 560, CF 1521, FRUS 1958 ~1960, XV, pp. 781 ~792.

③ *Telegram from the Department of State to the Embassy in Pakistan*, Washington, February 19, 1960, Source: Department of State, Central Files, 790D. 5 – MSP/2 ~1960, FRUS 1958 ~1960, XV, pp. 797 ~800.

104 战斗机时机还未成熟的半个月后，1960 年 3 月 3 日，美国国务院在发给美国驻巴基斯坦大使馆的电报中称，美国 1961 财年计划向巴基斯坦提供 10 架 F－104 战斗机及备件，该笔费用不会从援助巴基斯坦计划剩余款项中扣除。由于担忧该计划会对印巴关系和巴阿关系造成负面影响，美国政府希望提供 F－104 战斗机的消息控制在巴基斯坦最高领导层范围内。① 3 月 4 日，美国驻巴基斯坦大使拜见阿尤布总统，将美国打算提供 F－104 战斗机的消息告诉了他。阿尤布对此表示非常感谢。大使提醒，该计划非常敏感，可能会影响到印巴和巴阿关系，因此，建议将该消息设定为最高级别机密。阿尤布表示同意。②

1960 年 3 月 25 日，邦克大使建议应第一时间将美国决定向巴基斯坦提供 F－104 战斗机的信息告知印度。3 月 28 日，朗特里回复称，他将于 4 月 8 日拜见阿尤布总统的时候建议他在告知印度之前不要泄露有关 F－104 战斗机的信息。3 月 30 日，为了尽可能减少信息泄漏的可能性，美国国务院希望朗特里最晚不迟于 4 月 8 日与阿尤布总统会晤，尽早通知印度此事，以免印度通过自己的情报部门获悉此事。4 月 8 日，朗特里会见阿尤布总统，阿尤布总统表示美国没有必要将此事告知印度，当然是否告知印度详情最终由美国自己决定。③

1960 年 4 月 12 日，邦克大使会见英联邦秘书长 M. J. 德赛时称，美国总统希望继续改善印巴关系，并向尼赫鲁保证，美国的武器不会用于攻击印度。为促进相互了解，大使坦率地告诉 M. J. 德赛，美国计划向巴基斯坦提供 10 架 F－104 战斗机。M. J. 德赛称，印度可能会予以强烈反应，问题根源不在于美国提供飞机的动机，甚至也不在于增强巴基斯坦相对于印

① *Telegram from the Department of State to the Embassy in Pakistan*, Washington, March 3, 1960, Source: Department of State, Central Files, 790D. 5622/3～360, FRUS 1958～1960, XV, p. 800.

② *Telegram from the Embassy in Pakistan to the Department of State*, Karachi, March 5, 1960, Source: Department of State, Central Files, 790D. 5612/3～560, FRUS 1958～1960, XV, p. 801.

③ Department of State, *Central Files*, 790D. 5612/3～2560; Department of State, Central Files, 790D. 5612/3～2860; Department of State, *Central Files*, 790D. 5622/4～860; *Telegram from the Department of State to the Embassy in Pakistan*, Washington, March 30, 1960, Source: Department of State, Central Files, 790D. 5612/3～2860, FRUS 1958～1960, XV, pp. 808～809.

度的军事实力，而在于加大了印度与巴基斯坦接触的难度。[①] 尽管印度颇有微词，但是美国依然向巴基斯坦提供了 10 架 F－104 战斗机。

5. 关于印巴关系

美国希望印巴实现和解，并为此进行着各种外交努力，宣称印巴和解对两国关系乃至世界和平具有重大意义，而此阶段印度河水问题的解决似乎使美国看到了印巴真正实现和解的希望。1959 年 7 月 17 日，美国国防部长麦克尔罗伊在会见巴基斯坦阿奇兹·艾哈迈德大使时表示，真诚希望巴基斯坦和印度之间实现和解，这对世界而言非常重要。[②]

1959 年 10 月 9 日，艾森豪威尔总统在接见巴基斯坦外交部长卡迪尔时回忆起几年前他和尼赫鲁总理的谈话（1956 年 12 月 19 日）。尼赫鲁告诉他，如果印巴双方都有良好意愿解决两国间悬而未决的问题，那么通过和平谈判方式解决并非难事。卡迪尔说，印度人民开始意识到来自北方的“威胁”，最好的办法就是与巴基斯坦共同保卫南亚次大陆。[③] 艾森豪威尔总统对此表示赞同。

1959 年 12 月 3 日，艾森豪威尔总统开始对包括巴基斯坦在内的十一国进行为期三周的访问。12 月 7～9 日访问巴基斯坦，他对阿尤布总统为改善印巴关系主动寻求问题的解决办法感到高兴，并说会向尼赫鲁强调，印巴应该同仇敌忾（对苏联），而不是兄弟阋墙。[④] 12 月 10 日，艾森豪威尔总统会见尼赫鲁时说，无论人们怎么看待阿尤布总统的掌权方式，他都对其发展巴基斯坦经济的渴望印象深刻，他表示愿意为南亚次大陆的稳定提供力所能及的帮助。艾森豪威尔总统认为，印巴两国有必要建立领导人

---

① *Telegram from the Embassy in India to the Department of State*, New Delhi, April 13, 1960, Source: Department of State, Central Files, 790D. 5612/4～1360, FRUS 1958～1960, XV, pp. 809～810.

② *Memorandum of a Conversation*, Washington, July 17, 1959, Source: Department of State, SOA Files: Lot 64 D 1, United States, FRUS 1958～1960, XV, pp. 741～743.

③ *Memorandum of a Conversation*, White House, Washington, October 9, 1959, Source: Department of State, Central Files, 033. 90D11/10～1759, FRUS 1958～1960, XV, pp. 187～190.

④ *Memorandum of a Conversation*, Karachi, December 8, 1959, Source: Department of State, Conference Files: Lot 64 D 560, CF 1521, FRUS 1958～1960, XV, pp. 781～792.

之间的联系，从而有助于推动两国人民的友好关系。艾森豪威尔总统向尼赫鲁保证，在他的任期内绝不允许巴基斯坦使用美国提供的武器装备攻击印度。① 艾森豪威尔总统随后在写给国务卿赫脱的信中除了再次强调上述内容外，还写道："我告诉尼赫鲁先生，巴基斯坦侵犯印度的风险根本不存在，更何况美国能够有效阻止这种情况的发生。尼赫鲁表示愿意发表单独声明或者和阿尤布总统发表共同声明，未来一段时间内印巴之间的所有问题都将通过和平谈判的方式解决，而不是诉诸武力和战争。"②

1959年12月23日，美国驻巴基斯坦大使会见阿尤布总统时指出，虽然印巴关系已取得长足进步，但如果克什米尔问题得不到解决，印度和巴基斯坦关系的根本好转不太现实。美国希望印巴关系得到改善，未来双方能够以更加理性的态度看待存在的问题。美国一直愿意进行调解，并试图使双方团结起来。美国力争在两国间维持平衡，以便美国在任何一国的影响力都不会因另一国在极具争议性的问题上的态度受到影响，如同时认可尼赫鲁的"非战宣言"与阿尤布的"联合防御建议"。③

1960年初，美国政府再次强调印巴和解的重要性，认为在当前形势下，实现印巴和解是印巴两国增强政治、经济和军事能力的最好办法。印巴两国资源可以集中用于内部发展，而不是彼此对立，徒增内耗。④

---

① *Memorandum of a Conversation*, New Delhi, December 10, 1959, Source: Department of State, Conference Files: Lot 64 D 560, FRUS 1958～1960, XV, pp. 521～524.

② *Letter from the President to the Secretary of State*, at Paris, Athens, December 14, 1959, Source: Department of State, Central Files, 690D. 91/12～1459, FRUS 1958～1960, XV, pp. 195～197.

③ *Telegram from the Embassy in Pakistan to the Department of State*, Karachi, December 23, 1959, Source: Department of State, Central Files, 690D. 91/12～2359, FRUS 1958～1960, XV, pp. 198～201.

④ *Telegram from the Department of State to the Embassy in Pakistan*, Washington, January 26, 1960, Source: Department of State, Central Files, 790D. 5622/1～1860, FRUS 1958～1960, XV, pp. 796～797.

（四）美国军事援助巴基斯坦

1. 继续履行1954年的军事援助承诺

到1959年，美国于1954年做出的军事援助承诺已接近完成，相关部门敦促美国政府继续履行并争取尽快完成1954年的军事援助承诺。1959年7月初，跨部门工作组建议，应该采取必要措施完成美国在1954年10月21日会议备忘录中对巴基斯坦军事援助的承诺。现在只剩下一个重要任务：解决巴基斯坦空军运输中队的问题。美国无需在原有军事援助计划基础上增加额外援助，该计划是建立在巴基斯坦部队的角色和任务持续有效的假设上，正如在NSC 5701第68段定义的那样：巴基斯坦军队有能力维持国内安全、基本上能够抵御外来侵略以及对集体安全做出贡献。① 代理国务卿狄龙同意完成1954年备忘录中对巴基斯坦军事援助的承诺，支持向巴基斯坦提供轻型轰炸机中队。②

2. 美国开始计划第二阶段对巴基斯坦的军事援助

由于对巴基斯坦的军事援助承诺将在1960财年年底前完成，美国政府打算在1960年7月1日前就未来向巴基斯坦提供军事援助的规模和性质做出安排。为此，美国专门成立由国防部、ICA、共同安全协调特别助理（W / MSC）和南亚事务办公室（SOA）代表担任成员、近东南亚事务办公室（NEA/NR）担任主席组成的工作组共同审查第二阶段对巴基斯坦的军事援助计划。为了获取第一手资料和信息，工作组派遣德拉佩委员会访问巴基斯坦。为迎接德拉佩委员会的访问，驻卡拉奇大使馆的国别小组撰

---

① *Memorandum from the Assistant Secretary of State for Near Eastern and South Asian Affairs* (*Rountree*) *to the Under Secretary of State* (*Dillon*), Washington, July 2, 1959, Source: Department of State, Central Files, 790D. 5 – MSP/7 ~ 1759, FRUS 1958 ~ 1960, XV, pp. 736 ~ 740.

② *Memorandum of a Conversation*, Department of State, Washington, July 30, 1959, Source: Department of State, Central Files, 790D. 5 – MSP/7 ~ 3059, FRUS 1958 ~ 1960, XV, pp. 746 ~ 752.

写了一份关于军事援助巴基斯坦方案的长篇报告。① 该报告对未来军事援助巴基斯坦的政策提出许多意见，其中最重要的有两点：（1）只有首先确定对巴基斯坦的战略目标，才能制定军事援助巴基斯坦的具体政策。这些目标必须具有可行性，得到所有相关机构的同意以及财政上的支持。（2）若要减少对巴基斯坦的军事援助以及巴基斯坦主动削减国防预算，必须要满足一个前提，即改善巴基斯坦与印度和阿富汗的关系，尤其是巴基斯坦与印度的关系。

1959年7月30日，美国代理国务卿狄龙在会见即将出发前往卡拉奇的大使朗特里时说，1954年备忘录的承诺几近完成，美国和巴基斯坦必须重新制订军事援助计划，以使其更符合巴基斯坦和美国共同的政治和经济目标，尤其不能低估巴基斯坦为国内安全和防御侵略维持足够军事力量的必要性。美国意识到若要维持巴基斯坦作风优良的部队，需要继续向巴基斯坦提供包括现代化设备在内的军事援助。鉴于设备的损耗、接收能力以及财政限制，应当以有序、渐进的方式进行。②

1959年9月23日，美国驻巴基斯坦大使馆在发给美国国务院的航空信件中强调美国向巴基斯坦继续提供军事援助的重要性。美国对巴基斯坦经济和军事援助政策的任何重大变化都将使巴基斯坦认为美国对巴基斯坦未来与安全的兴趣在减弱，导致他们对美国失去信心，影响巴基斯坦的政治方向，从而危及美国在巴基斯坦的目标。允许巴基斯坦拥有足够的军事力量，使他们有信心保卫自己，进而对CENTO和SEATO的集体安全发挥作用，这符合美国和西方世界的利益。在目前情况下，如果美国贸然要求巴基斯坦减少武装部队，或者决定大幅减少对巴基斯坦的军事援助，对阿尤布总统和巴基斯坦民众而言都是沉重打击。这样做的后果无疑会使巴基

① *Memorandum from the Deputy Director of the Office of South Asian Affairs (Adams) to the Assistant Secretary of State for Near Eastern and South Asian Affairs (Rountree)*, Washington, May 5, 1959, Source: Department of State, Central Files, 790D. 5 – MSP/5 ~ 559, FRUS 1958 ~ 1960, XV, pp. 719 ~ 725.

② *Memorandum of a Conversation*, Department of State, Washington, July 30, 1959, Source: Department of State, Central Files, 790D. 5 – MSP/7 ~ 3059, FRUS 1958 ~ 1960, XV, pp. 746 ~ 752.

斯坦外交政策转向不利于美国的一侧，从而减少美国在巴基斯坦的影响力。另外需要指出的是，巴基斯坦不会因军事援助的减少而维持较小规模的武装部队，它很可能冒着增加本已相当严重的经济问题的风险将其有限的资源更多地用于国防建设。基于上述原因，美国应该继续支持目前得到军事援助支持的巴基斯坦的部队；美国应该规划军事援助，包括提供现代化的设备，同时考虑巴基斯坦的接收能力和财政限制；美国不要迫使巴基斯坦减少那些没有得到军事援助支持的部队；美国需要尽力鼓励巴基斯坦将军事开支保持在合理的限度内，并控制他们对超越其有效接收能力或维持能力的现代化武器的渴望。①

美国决定继续向巴基斯坦提供军事援助，但不是无条件的，而是限定在"有限的现代化"内。1960 年 1 月 26 日，美国国务院在发给美国驻巴基斯坦大使馆的电报中指出，美国在执行完 1954 年的承诺后会继续向巴基斯坦提供军事援助，但只是"有限的现代化"（取代陈旧的装备）。除"响尾蛇"导弹外，美国政府现在不能同意阿尤布提出的其他请求。虽然巴基斯坦面临着来自北方的压力，但是受到军事入侵的可能性不大，因此美国军事援助政策和计划不会改变。此时美国增加对巴基斯坦的军事援助规模将阻碍而不是促进当前的有利趋势。② 鉴于上述考虑，有必要尽快通知阿尤布，巴基斯坦现在不能超出当前军事援助计划设定的军力水平，而是要逐步实现现代化。

总之，美国完成 1954 年的军事援助承诺之后继续对巴基斯坦提供援助已成为共识，但是鉴于诸多综合因素以致在援助规模以及援助方式等问题上难以达成一致。

第一，无法就巴基斯坦的战略目标（或军事建设规模）达成一致。南

---

① *Airgram From the Embassy in Pakistan to the Department of State*, Karachi, September 23, 1959, Source: Department of State, Central Files, 611.90D/9 ~ 2359, FRUS 1958 ~ 1960, XV, pp. 763 ~ 777.

② *Telegram from the Department of State to the Embassy in Pakistan*, Washington, January 26, 1960, Source: Department of State, Central Files, 790D.5622/1 ~ 1860, FRUS 1958 ~ 1960, XV, pp. 796 ~ 797.

亚事务办公室同意国别小组的意见，并认为美国的任何军事援助计划都应以美国为巴基斯坦设定的最低安全目标为出发点，同时列出实现这些目标所需的部队和设施要求。然而，巴基斯坦到底应该维持多大规模的军队，美国各部门并没有达成一致，有的认为是五个半师，有的认为是六个师，有的认为是八个师。上面所说的是得到军事援助计划支持的军队，对于那些没有得到军事援助计划支持的军队，美国的态度是减少这类军队。美国不支持也不允许巴基斯坦陆军在巴基斯坦东部或沿克什米尔停火线使用军事援助物资。由于巴基斯坦有权在东巴基斯坦维持内部安全和拥有合法的自卫部队，以及巴基斯坦根据现有联合国决议有权沿克什米尔停火线维持一定规模的武装部队（约6000名正式部队），所以美国不可能要求巴基斯坦部队从这些地区撤离，除非美国准备以军事援助支持的部队取代这些部队。上述问题导致制定理性的军事援助方案困难重重。重新评估巴基斯坦在美国战略规划中所起的军事作用，可能会导致军队目标低于或高于现在支持的目标，这将给美国的决策带来困难：如果低于现状，美国是否应该继续支持超出战略要求的部队；如果高于现状，美国是否应该在巴基斯坦支持更大规模的武装部队，但这将增加经济负担，加剧地区紧张局势。①

第二，是否要减少军事援助。在美国驻巴基斯坦大使馆看来，如果巴基斯坦政府知道美国意在削减军事或经济援助规模，肯定会做出强烈的反应。尽管有人提议，美国可以说服巴基斯坦政府接受军事支出的减少，比如增加经济援助，但是，大多数人的意见还是尽量不要减少军事援助。1959年5月8日，朗特里在会见巴基斯坦大使时说，为防止巴基斯坦军事力量的退化，美国计划继续向巴基斯坦提供一些包括现代化设备在内的军事援助。然而，鉴于自然损耗、接收能力以及双方的财政限制，军事援助

① *Memorandum from the Deputy Director of the Office of South Asian Affairs (Adams) to the Assistant Secretary of State for Near Eastern and South Asian Affairs (Rountree)*, Washington, May 5, 1959, Source: Department of State, Central Files, 790D.5 – MSP/5 ~ 559, FRUS 1958 ~ 1960, XV, pp. 719 ~ 725.

必须以渐进的方式进行。[①] 1959 年 7 月 2 日，朗特里在提交给代理国务卿狄龙的备忘录中指出，由于在履行 1954 年军事援助承诺中成本的持续递增，美国在未来两年里不可能减少对巴基斯坦国防建设的援助。除非印巴之间以及阿巴之间的紧张局势出现明显缓和的迹象，否则美国应在履行完 1954 年的承诺后继续向巴基斯坦提供军事援助，以防止巴基斯坦军事能力的退化。另外，只要印巴以及阿巴之间的紧张局势持续存在，以及巴基斯坦在东、西巴基斯坦地区以及克什米尔地区对安全力量的需求，美国就不应该催促巴基斯坦减少得不到军事援助计划支持的武装力量。美国应该最大程度上使巴基斯坦政府意识到将可用资源尽量少地用于军事项目对于巴基斯坦未来的经济发展至关重要。朗特里坚信，如果印度河水问题得到解决，必将有助于减轻巴基斯坦对国防建设的需求，这比施加其他任何形式的压力都有效，对印度亦是如此。[②] 因此，美国要力争在解决印度河水问题上做出成效，并尽量迫使巴基斯坦减少国防成本造成的负担，着重强调经济发展以及自力更生的重要目标。国别工作组对 1960 财年计划（削减对巴基斯坦的坦克供应）非常关注，担心这一削减会对美国在巴基斯坦的军事和政治利益造成不利影响。[③]

第三，要考虑经济援助和军事援助的平衡。美国政府第三阶段对巴基斯坦军事援助的特征整体上表现为：继续向巴基斯坦提供军事和经济援助，但是尽量减少军事援助，增加经济援助。1959 年 5 月底，朗特里建议向巴基斯坦政府强调美国愿意在经济上和军事上继续支持巴基斯坦，而现在时机比较合适：（1）1954 年协议的任务即将完成；（2）解决印度河水问题的基本原则已经确定；（3）巴基斯坦新政府关心改善国家的财政状

---

① *Memorandum of a Conversation*, Department of State, Washington, May 8, 1959, Source: Department of State, Central Files, 790D. 5622/5 ~ 859, FRUS 1958 ~ 1960, XV, pp. 726 ~ 729.

② *Memorandum from the Assistant Secretary of State for Near Eastern and South Asian Affairs* (*Rountree*) *to the Under Secretary of State* (*Dillon*), Washington, July 2, 1959, Source: Department of State, Central Files, 790D. 5 – MSP/7 ~ 1759, FRUS 1958 ~ 1960, XV, pp. 736 ~ 740.

③ *Telegram from the Embassy in Pakistan to the Department of State*, Karachi, September 17, 1959, Source: Department of State, Central Files, 790D. 5 – MSP/9 ~ 1759, FRUS 1958 ~ 1960, XV, pp. 761 ~ 762.

况；（4）继续拒绝巴基斯坦政府对军事援助的要求会引起巴基斯坦更大的不满。[①] 但是有一点必须指出，过去美国只注重维持一定规模的武装力量，忽略了经济增长，导致军事援助与经济援助不成比例。巴基斯坦在努力稳定国防力量的同时应该强调经济投入以及经济发展，使其最终能够支持自身的军事建设。1959年7月2日，朗特里在提交给代理国务卿狄龙的备忘录中指出，关于巴基斯坦军事防御负担的问题没有一个现成或令人满意的解决办法，巴基斯坦防御负担与其经济资金不成比例，严重依赖于美国的援助。这一结果的出现，巴基斯坦负有不可推卸的责任，美国也难辞其咎，因为美国鼓励巴基斯坦加入CENTO以及发展武装力量。另外，不良的经济发展也是导致这一状况的原因之一，而这是巴基斯坦所无法控制的。因此，美国有责任也有义务帮助巴基斯坦的国防和经济建设。[②] 1959年7月31日，代理国务卿狄龙在会见巴基斯坦大使阿奇兹·艾哈迈德时说，美国"自由主义"的思想家坚信，由于没有新的资金用于军事和经济援助，在不增加整体"共同安全计划"的前提下，美国不得不缩减军事援助计划，以使更多的资金用于经济发展计划。[③] 在国会的"自由派"看来，美国最初军事援助的目的是直接加强反对苏联军事威胁的力量，但是近年来苏联直接的军事威胁已大大减弱，因此他们认为西方无需坚持之前的军事计划。德拉佩委员会的任务就是研究军事和经济计划之间的关系。实际上，最好的解决办法是增加经济援助，而不是削减军事援助。在狄龙看来，即便美国不打算增加对巴基斯坦军事援助，但至少要保证现有军事能

---

① *Telegram from the Department of State to the Embassy in Pakistan*, Washington, May 27, 1959, Source: Department of State, Central Files, 790D.5－MSP/5～2759, FRUS 1958～1960, XV, pp. 729～731.

② *Memorandum from the Assistant Secretary of State for Near Eastern and South Asian Affairs (Rountree) to the Under Secretary of State (Dillon)*, Washington, July 2, 1959, Source: Department of State, Central Files, 790D.5－MSP/7～1759, FRUS 1958～1960, XV, pp. 736～740.

③ *Memorandum of a Conversation between the Acting Secretary of State and the Pakistani Ambassador (Ahmed)*, Department of State, Washington, July 31, 1959, Source; Department of State, Central Files, 790D.5－MSP/7～3159, FRUS 1958～1960, XV, pp. 752～757.

力不退化，这是继续军事援助巴基斯坦的最低标准。[①] 1959 年 8 月，美国驻巴基斯坦大使向巴基斯坦总统坦承，美国希望促进巴基斯坦的经济发展，同时理解巴基斯坦存在的安全问题，这也正是美国启动和延续对巴军事援助和经济援助的初衷。[②]

第四，政治层面意义上的军事援助。军事援助虽然属于军事层面的问题，但是问题并没有这么简单，至少美国对巴基斯坦第二阶段的军事援助就不单纯是一个军事问题，在很大程度上也是一个政治层面的问题。同样，美国政府第三阶段对巴基斯坦的军事援助，除了军事层面的考虑外，在政治层面也给予了重点考虑。1959 年 7 月，国务次卿乔治·鲍尔（George W. Ball）建议代理国务卿狄龙在批准“跨部门工作小组对美国未来军事援助巴基斯坦的建议”时要从政治层面上去理解对巴基斯坦的军事援助。国别工作组同意国防部的看法，即军事援助巴基斯坦必须要有军事基础，但是，仅此还不够，必须要面对维护现有武装水平的政治基础不再存在时这一现实问题。可以说，国防部看似从军事层面审视对巴基斯坦的军事援助计划，但实际上仍主要从政治层面来考虑。[③]

3. 1960 财年的军事援助

1960 年 2 月 19 日，美国国务院指示美国驻巴基斯坦大使转告巴基斯坦政府，为了表示美国对巴基斯坦的诚意，美国愿意提供：其一，除兑现 1954 年的承诺，额外提供一个轰炸机中队和几艘海军舰艇。其二，为提高 F-86 战斗机的战斗力，向巴基斯坦提供“响尾蛇”导弹。其三，为 8 架 B-57 轰炸机安装雷达投弹瞄准器。除上述外，如果获得国会拨款，军事援助计划还将包括：坦克（以满足巴基斯坦实现坦克现代化的要求）、空

---

① *Memorandum of a Conversation*, Department of State, Washington, July 30, 1959, Source: Department of State, Central Files, 790D. 5 - MSP/7 ~ 3059, FRUS 1958 ~ 1960, XV, pp. 746 ~ 752.

② *Telegram from the Embassy in Pakistan to the Department of State*, Karachi, August 17, 1959, Source: Department of State, Central Files, 611. 90D/8 ~ 1759, FRUS 1958 ~ 1960, XV, pp. 757 ~ 759.

③ *Memorandum from the Under Secretary of State for Mutual Security Coordination's Special Assistant (Bell) to the Acting Secretary of State*, Washington, July 21, 1959, Source: Department of State, Central Files, 790D. 5 - MSP/7 ~ 2159, FRUS 1958 ~ 1960, XV, pp. 744 ~ 745.

军运输中队（为巴基斯坦空军运输中队的飞机提供合适的替代品）、M－24步枪和M－60机枪（向巴基斯坦提供这些武器的图纸）。[①] 朗特里认为，无论如何对巴基斯坦的国防支持不得低于8000万美元。[②]

二、肯尼迪上台后的美巴关系（1960～1962年）

（一）美国的态度、立场和行动

1. 美巴关系

肯尼迪上台执政后，鉴于对地区形势的评估以及美国南亚政策的变化，仍强调继续发展与巴基斯坦的盟友关系。

（1）巴基斯坦的中立倾向

从1954～1960年肯尼迪上台之前，美国与巴基斯坦是盟友关系，两国也基本保持着友好关系，即便如此，巴基斯坦对美国依然心存芥蒂。肯尼迪上台后力图调整美国的南亚政策，加大对印度的倾斜力度，这自然令巴基斯坦更加不悦，使得国内存在已久的中立主义倾向愈发明显，美国也清醒地意识到了这一点。1961年1月31日，美国助理国务卿琼斯在向国务卿戴维·迪安·腊斯克（Rusk）提交的备忘录中报告了巴基斯坦的国内局势，其中特别提及巴基斯坦国内出现的中立倾向。中立倾向的表现之一是巴基斯坦不再对苏联采取敬而远之的态度，而是力图与之发展友好关系。琼斯认为，巴基斯坦越来越倾向于在苏联与美国间维持平衡，巴基斯坦与苏联正在进行的石油开采的谈判就是最好的证据。美国驻巴基斯坦大使认为，如果苏联直接向巴基斯坦派驻石油勘探小组，那么将是苏联扩大在巴

① *Telegram from the Department of State to the Embassy in Pakistan*, Washington, February 19, 1960, Source: Department of State, Central Files, 790D. 5－MSP/2～1960, FRUS 1958～1960, XV, pp. 797～800.

② *Memorandum of a Conversation*, Department of State, Washington, July 30, 1959, Source: Department of State, Central Files, 790D. 5－MSP/7～3059, FRUS 1958～1960, XV, pp. 746～752.

基斯坦影响力的“一次重大突破”。[1] 1961 年 7 月 5 日，美国国家特别情报评估指出，巴基斯坦作为 CENTO 和 SEATO 的成员，并没有获得来自美国在地区事务上所希望的支持。部分巴基斯坦人认为，美国力图维持与阿富汗的友好关系以及支持印度的经济发展，表明美国更偏向于非盟友国家。[2] 这些挫折感增加了巴基斯坦国内的中立主义情绪。

（2）美国表态重视与巴基斯坦的盟友关系

美国驻巴基斯坦大使馆认为需要高度重视肯尼迪执政后南亚政策对美巴关系的影响。美巴关系处于关键时期，巴基斯坦的政策将受到美国相关声明与行动的极大影响。大使认为，巴基斯坦民众逐渐对美巴关系表现出一种不安全感，因为他们从媒体报道中获悉美国可能会增加对印度的援助而减少对巴基斯坦的援助。美国驻巴基斯坦大使建议，为了防止这种局面发生，美国政府急需尽快发表声明向巴基斯坦表明美国的态度：美国并没有抛弃巴基斯坦，仍将遵守军事承诺并将继续实施援助计划。[3] 为了消除巴基斯坦的疑虑，肯尼迪总统亲自出面向巴基斯坦澄清，表示美国重视与巴基斯坦的盟友关系。1961 年 3 月 7 日，肯尼迪总统在会见巴基斯坦财政部长穆罕默德·阿伊布（Mohamed Shoaib）时指出，巴基斯坦是美国患难与共的盟友，美国非常看重与巴基斯坦的友谊，并称赞巴基斯坦在国际问题上的坚定立场。[4] 肯尼迪在写给阿尤布总统的信中重申美国对巴基斯坦人民的友谊，美巴两国的共同目标以及对共产主义的共同态度将有助于增

---

① *Memorandum from the Assistant Secretary of State for Near Eastern and South Asian Affairs* (*Jones*) *to Secretary of State Rusk*, Washington, January 31, 1961, FRUS, 1961 ~ 1963, V XIX, Source: Department of State, NEA/SOA Files: Lot 66 D 7, Pakistan, 1961.

② *Special National Intelligence Estimate*, Washington, July 5, 1961, FRUS, 1961 ~ 1963, V XIX, Source: Central Intelligence Agency, Job 79 R 01012A, ODDI Registry of NIE and SNIE Files, Box 184.

③ *Memorandum from the Assistant Secretary of State for Near Eastern and South Asian Affairs* (*Jones*) *to Secretary of State Rusk*, Washington, January 31, 1961, FRUS, 1961 ~ 1963, V XIX, Source: Department of State, NEA/SOA Files: Lot 66 D 7, Pakistan, 1961.

④ *Memorandum of Conversation*, Washington, March 7, 1961, FRUS, 1961 ~ 1963, V XIX, Source: Kennedy Library, National Security Files, Countries Series, Pakistan, General, 4/59 ~ 4/61.

进两国间的友谊。[①] 1961 ~ 1962 年，肯尼迪总统多次与阿尤布总统通信，称美国会把巴基斯坦视为坚定的盟友，并永远遵守对盟友的承诺，美国对巴基斯坦充满善意与同情，巴基斯坦的困难就是美国的困难。[②] 1962 年 5 月，美国驻巴基斯坦大使麦康瑙希（McConaughy）在会见阿尤布总统时再次强调，美国重视与巴基斯坦在各领域的友好关系，并将其视为一个忠诚的盟友和好朋友。[③]

（3）美国是否需要重新考虑与巴基斯坦的关系

第一，是否有必要改变。有人认为有必要改变，以美国国家安全委员会委员罗伯特·科默（Robert Komer）为代表。1962 年 1 月 6 日，他在提交给美国总统特别助理麦乔治·邦迪（McGeorge Bundy）的备忘录中指出，由于美巴在阿富汗、克什米尔和印度问题上意见有分歧，美国应该重新考虑与巴基斯坦的关系。阿尤布关心的是巴基斯坦相对于阿富汗和印度的地位，他把与美国的盟友关系当作应对印度和阿富汗威胁的筹码。[④] 作为南亚次大陆的弱势国家，这种担心完全可以理解和接受，但是需要阿尤布做出一个明确姿态以及需要一个用于平衡印度的外来势力。但是巴基斯坦利用与美国结盟的身份当作执行其政策的筹码有违美国在该地区的战略利益。在与巴基斯坦的结盟中除了得到一些比较重要的设施以及 SEATO 和 CENTO 的一纸承诺外，美国并没有获得其他有价值的好处。一个强大而稳定的南亚次大陆符合美国的战略利益，实现这一目标需要美国改善并最终

---

① *Telegram from the Department of State to the Embassy in Pakistan*, Washington, March 15, 1961, FRUS, 1961 ~ 1963, V XIX, Source: Department of State, Central Files, 611. 90D/3 ~ 1561.

② *Telegram from the Department of State to the Embassy in Pakistan*, Washington, January 26, 1962, FRUS, 1961 ~ 1963, V XIX, Source: Department of State, Central Files, 711. 11 – KE/1 ~ 2662; *Telegram from the Department of State to the Embassy in Pakistan*, Washington, May 19, 1962, FRUS, 1961 ~ 1963, V XIX, Source: Department of State, Central Files, 711. 11 – KE/5 ~ 1962.

③ *Telegram from the Embassy in Pakistan to the Department of State*, Karachi, May 22, 1962, FRUS, 1961 ~ 1963, V XIX, Source: Department of State, Central Files, 690D. 91/5 ~ 2262.

④ *Memorandum From Robert W. Komer of the National Security Council Staff to the President's Special Assistant for National Security Affairs (Bundy)*, Washington, January 6, 1962, FRUS, 1961 ~ 1963, V XIX, Source: Kennedy Library, National Security Files, Meetings and Memoranda Series, Staff Memoranda, Robert Komer, 1/62.

解决次大陆地区国家之间的紧张关系。科默指出，间接迎合阿尤布总统，向其保证免受印度进攻，不符合美国的战略利益。即便美国对巴基斯坦采取强硬政策，阿尤布也不会走向中立。作为南亚次大陆的一个弱国，巴基斯坦只能依赖外来的支援。美国应该对阿尤布实施新政策，使其明白美国对巴基斯坦的支持是有限的，不允许其将援助用于对抗印度。如果美国的政策目标旨在妥协解决各种争端，那么美国将不得不偏向于某一方，显然美国会倾向于争端中占有优势的一方。总之，美巴关系中存在诸多问题，美国最好重新审视对巴基斯坦的政策，看清回报与收获是否成比例。

有人认为无需改变。持此种观点的人认为如果从根本上改变对巴基斯坦的政策，美国将一无所获，甚至损失惨重。一是虽然该举动可能会减少与印度的矛盾，但是印美关系不会有实质性的变化。印度的不结盟政策切断了与美国形成亲密关系的可能性。实际上，现在的印度政策对美国是有利的；巴基斯坦对印度的安全威胁并不是印度的全部关注所在。二是阿富汗会对美国政策的变化感到高兴，但是不会改变其现有的对美和对苏政策。三是地区争端仍然不会得以解决。即使美国改变政策，双方间的争端仍然很难解决，会继续威胁该地区的安全。四是虽然可以增加美国对印度政策的灵活性，但是价值不大①。

第二，美国有必要就保障巴基斯坦安全发表公开声明吗？如前所述，巴基斯坦多次要求美国就美巴联盟以及美国担保巴基斯坦的安全发表公开声明，美国现在依旧认为没有发表公开声明的必要。1962 年初，美国近东和南亚事务局明确指出，美国没必要公开重申美巴盟友关系，但可以授权朗特里向阿尤布保证，美国保障巴基斯坦安全的条款（1959 年 4 月 15 日）依然有效，美国会认真执行美巴双方达成的今后五年的军事援助协议。②在巴基斯坦看来，美国和巴基斯坦共同发布针对印度和阿富汗的声明是两个盟友之间正常的举措，但是在 1962 年 6 月 19 日举行的有关印巴问题的

① *Memorandum of Discussion*, Washington, May 13, 1962. FRUS, 1961 ~ 1963, V XIX, Source: Department of State, NEA/SOA Files: Lot 64 D 571, United States, Jan. ~ July.

② *Paper Prepared by the Bureau of Near Eastern and South Asian Affairs*, Washington, undated. FRUS, 1961 ~ 1963, V XIX, Source: Department of State, Central Files, 611.90/1 ~ 1062.

会议上，美国总统反对任何形式的联合计划，唯恐对印度造成美巴共同对抗印度的印象。麦吉说，巴基斯坦希望美国公开保证巴基斯坦免受印度的侵犯，某种形式的重申有助于平息阿尤布的不安情绪（因为美国和英国向印度提供战斗机）。肯尼迪总统说，他不愿意再次发表保障巴基斯坦安全的公开声明。麦吉建议，如果美国能够促使印度和巴基斯坦各自发表无意进攻另一方的公开声明，美国则可以公开声明担保双方不受对方侵犯。[①]

2. 印巴关系

在阿尤布总统执政的前两年，印巴关系有所改善，美国一度对印巴关系的发展充满期待。1961 年 2 月 8 日，美国驻巴基斯坦大使朗特里在写给美国南亚事务办公室主任韦尔（Weil）的信中指出，阿尤布执政期间，印巴关系有了较大改善，其中两大重要进展使人们看到解决克什米尔问题的希望。其一，巴基斯坦发布声明称，联合国通过的公投不是唯一办法，愿意讨论某种形式的划分；其二，尼赫鲁愿意与阿尤布讨论克什米尔问题，不再宣称对整个克什米尔地区拥有主权。[②] 然而，到了 1962 年，两国关系又开始恶化，克什米尔争端再度成为焦点。美国不得不承认，当前解决克什米尔问题已成为空谈，印巴关系有可能会继续恶化。[③]

美国希望印巴关系有所缓和，为此，建议两国加强沟通交流，增进相互了解。1962 年 7 月 19 日，美国国务卿在会见巴基斯坦大使阿奇兹·艾哈迈德时建议，印巴各层级及各领域的广泛联系有利于展现出双方的良好意愿，从而有助于推动印巴关系的良性发展。国务卿腊斯克认为，两国间的直接沟通交流非常重要，他回忆称，六七年前，当时欧美有摩擦，伯恩哈德（Bernhard）王子启动了一个有价值的项目，将欧美的官方和非官方

---

① *Memorandum for the Record*, Washington, June 19, 1962, FRUS, 1961～1963, V XIX, Source: Kennedy Library, National Security Files, Countries Series, India, General, 6/20/62～6/24/62.

② *Letter from the Ambassador to Pakistan (Rountree) to the Director of the Office of South Asian Affairs (Weil)*, Karachi, February 8, 1961, FRUS, 1961～1963, V XIX, South Asia.

③ *National Intelligence Estimate*, Washington, May 31, 1962, FRUS, 1961～1963, V XIX, Source: Central Intelligence Agency, Job 79 R 0102A, ODDI Registry of NIE and SNIE Files, Box 212.

人员聚到一起，就跨大西洋关系进行坦承交流，最终化解欧美矛盾，成功推动欧美关系向前发展。印巴也可以学习这种方式，加强两国之间的非正式联系。比如，巴基斯坦国际事务研究院与印度世界事务委员会之间进行对话。①

3. 巴阿关系

阿尤布执政以来，巴基斯坦对阿富汗一直采取强硬政策，然而阿富汗毫不妥协，导致西北边境动乱加剧。② 1961 年 1 月，肯尼迪总统上台后，美国的南亚政策发生较大变化。为了与苏联争夺在南亚的影响力，美国急于解决巴基斯坦与邻国的争端问题，其中就包括巴阿之间的争端。美国在各种场合表达希望巴基斯坦妥善处理与阿富汗之间分歧的愿望。

（1）美国希望巴阿双方找到和平的解决办法

1961 年 7 月，肯尼迪在会见来访的阿尤布总统时指出，面对“巴基斯坦利用美国的装备在边界抵抗阿富汗的部落入侵”的言论，美国的态度是并不反对巴基斯坦利用美国装备去保护其国家安全，而是关心如何更好地处理巴基斯坦与阿富汗的分歧。③ 随后，肯尼迪总统接见阿富汗大使穆罕默德·哈希姆·迈万德瓦（Mohammad Hashim Maiwandwal）。迈万德瓦大使对阿巴争端由来进行了历史解读。负责近东事务的助理国务卿塔尔博特解释，美巴双边协定允许军事援助装备可用于内部安全目的，同时美国认可“杜兰线”是巴基斯坦与阿富汗的边界线，因此，美国没有理由反对巴基斯坦运用武器装备去维持其领土内安全。然而，这并不意味着美国不能要求巴基斯坦放弃使用这一装备，以免巴基斯坦与邻国的关系恶化。肯尼迪总统认为，美国的友国之间的争端让美国不知所措。显然，美国不能解

---

① *Memorandum of Conversation*, Washington, July 19, 1962, Source: Department of State, Central Files, 611. 90D/7 ~1962.

② *Special National Intelligence Estimate*, Washington, July 5, 1961, FRUS, 1961 ~ 1963, V XIX, Source: Central Intelligence Agency, Job 79 R 01012A, ODDI Registry of NIE and SNIE Files, Box 184.

③ *Memorandum of Conversation*, Washington, July 11, 1961, FRUS, 1961 ~ 1963, V XIX, Source: Kennedy Library, National Security Files, Countries Series, Pakistan, Subjects, Ayub Visit, 7/61.

决所有的争端，但是希望双方能够找到和平的解决办法。[①]

（2）巴阿争端可能会演变为严重的危机

美国最担心的是巴阿争端会演变为严重的危机。因成功访美带来的自信以及因未能就克什米尔问题取得进展造成的挫折，使得阿尤布力图对阿富汗采取强硬政策。1961 年 8 月底，阿尤布突然宣布关闭巴基斯坦在阿富汗的所有领事馆，并要求阿富汗关闭其在白沙瓦和基达的领事馆以及在帕拉奇纳（Parachinar）和查曼（Chaman）的贸易机构，指控这些领事馆和贸易机构是“从事颠覆与敌意宣传”的中心。阿富汗总理多德（Daud）反击道，如果阿尤布不在 9 月 6 日前撤回其威胁言论的话，阿富汗将切断与巴基斯坦的外交关系。[②] 巴阿关系因此而骤然紧张起来。

（3）美国要在阿巴冲突中发挥调停作用

为防止巴阿紧张关系演变为严重的危机，美国不仅呼吁阿巴两国政府采取和平方式解决争端，而且在其中发挥调停作用。1961 年 9 月，国务卿腊斯克要求美国驻阿富汗大使馆在阿巴关系中发挥调停作用，充当阿巴两国相互传递信息的信使角色，同时警告巴阿两国：巴基斯坦如果切断与阿富汗的交通无疑会对其经济发展产生重大负面影响；阿富汗如果切断与巴基斯坦的关系，其后果只能是依附于苏联，这与其初衷背道而驰。[③] 阿富汗政府向美国建议，美国因向巴基斯坦提供援助而可以借此要求巴基斯坦在巴阿问题上做出妥协。针对此，美国国务院在发给美国驻阿富汗大使馆的电报中指出，阿富汗必须明白，巴基斯坦和阿富汗一样对于来自援助国的“政治附加条件”或者“压力”非常敏感，因此，不要指望美国因对巴基斯坦的援助就可以主导巴基斯坦的政策。事实上，美国也不可能主导巴

① *Memorandum of Conversation*, Washington, July 21, 1961, FRUS, 1961～1963, V XIX, Source: Department of State, Central Files, 790D. 00/7～2161.

② *Memorandum From Robert W. Komer of the National Security Council Staff to President Kennedy*, Washington, September 2, 1961, FRUS, 1961～1963, V XIX, Source: Kennedy Library, National Security Files, Countries Series, Pakistan, General, 9/1/61～9/14/61.

③ *Telegram from the Department of State to the Embassy in Afghanistan*, Washington, September 3, 1961, FRUS, 1961～1963, V XIX, Source: Department of State, Central Files, 689. 90D/9～361.

基斯坦的政策，比如巴基斯坦政府关闭阿富汗领事馆一事就并没有事先通知美国。美国希望阿巴双方根据运输协议恢复两国交通，从而缓解紧张关系。美国驻阿富汗大使拜罗德告知多德总理，巴基斯坦已向美国保证愿意恢复交通，通过巴基斯坦的装备和物资的运输对于美国在阿富汗的援助项目至关重要，……希望阿富汗方面遵守运输协议。尽管策略有所不同，但是美国和巴基斯坦在阿富汗的目标是一致的，比如维护阿富汗的独立地位，而阿巴冲突将破坏这一目标。美国坚决抵制阿富汗及其他国家离间美巴关系的企图，而达成目标的最好方式就是尽早恢复巴阿之间的贸易和运输。①

（4）美国努力的结果

在美国的调停下，巴基斯坦和阿富汗同意谈判，但是却很难达成一致。在巴阿第一回合谈判中，巴基斯坦表示愿意重新恢复交通运输，但是不包括开放领事馆或者贸易机构。而阿富汗总理多德则坚称，可以重新恢复运输，但是领事馆必须恢复开放。双方都认为可以不考虑政治问题，但实际上，领土争端依然是真正的争论焦点所在。② 经过美国的努力，巴阿之间的谈判有些新进展：第一，美国稽查员将继续驻守边防哨所；第二，巴基斯坦允许阿富汗在卡拉奇的贸易委员会记录运输交通情况；第三，双方恢复外交关系，重新开放领事馆。③ 总之，经过美国的调停努力，巴阿关系得到一些缓和，但是前景依然不乐观。

---

① *Telegram from the Department of State to the Embassy in Afghanistan*, Washington, September 17, 1961, FRUS, 1961 ~ 1963, V XIX, Source: Department of State, Central Files, 689.90D/9 ~ 1761.

② *Memorandum From Robert W. Komer of the National Security Council Staff to President Kennedy*, Washington, October 26, 1961, FRUS, 1961 ~ 1963, V XIX, Source: Kennedy Library, National Security Files, Meetings and Memoranda Series, Staff Memoranda, Robert W. Komer.

③ *Memorandum From Robert W. Komer of the National Security Council Staff to the President's Special Assistant for National Security Affairs (Bundy)*, Washington, March 13, 1962, FRUS, 1961 ~ 1963, V XIX, Source: Kennedy Library, National Security Files, Meetings and Memoranda Series, Staff Memoranda, Robert W. Komer, 3/62.

（二）巴基斯坦的态度、立场和行动

1. 美巴关系

为打消美国对其政权的疑虑，阿尤布总统一上台就宣称，巴基斯坦政府会继续坚持亲西方政策，大力支持集体安全。与此同时，他希望美国能够做到：第一，对外明确宣布，美国特别重视美巴盟友关系；第二，美国利用援助印度的机会向印度施压，劝说印度实施"非亲共路线"。①

（1）继续维持与美国的友好关系

尽管对肯尼迪新政府有些许不信任，巴基斯坦还是真诚希望维持与美国的友好关系。1961 年 3 月 22 日，阿尤布总统在会见哈里曼（Harriman）大使时称，他对肯尼迪总统及新政府印象深刻，希望美国在世界事务上采取与其领导地位相符的政策。他坦承，从肯尼迪总统竞选演说中可以预见美国会调整对巴基斯坦及其他盟友的政策。他称，巴基斯坦政府正力图改善与其他国家的关系，并采取措施正常化与社会主义国家的关系。当然，巴基斯坦最看重的是继续维持与美国的友好关系，美国可以把巴基斯坦当作真正的朋友和盟友。② 1961 年 5 月 20 日，阿尤布总统会见来访的美国副总统约翰逊时指出，美国是巴基斯坦的朋友，任何不利于美国的事情都会伤害到巴基斯坦。1961 年 7 月 11～18 日，阿尤布访问美国。在与肯尼迪谈及巴基斯坦的美国政策时，阿尤布称，当美国取得成功时，巴基斯坦欢欣鼓舞；当美国遭受挫折时，巴基斯坦则士气低落。③ 1962 年 7 月，巴基斯坦大使阿奇兹·艾哈迈德在拜会国务卿腊斯克时转达巴基斯坦政府的看

---

① *Memorandum from the Assistant Secretary of State for Near Eastern and South Asian Affairs (Jones) to Secretary of State Rusk*, Washington, January 31, 1961, FRUS, 1961～1963, V XIX, Source: Department of State, NEA/SOA Files: Lot 66 D 7, Pakistan, 1961.

② *Telegram from the Embassy in Pakistan to the Department of State*, Karachi, March 22, 1961, FRUS, 1961～1963, V XIX, South Asia, Department of State, Central Files, 611.90D/3～2261.

③ *Memorandum of Conversation*, Washington, July 11, 1961, FRUS, 1961～1963, V XIX, Source: Kennedy Library, National Security Files, Countries Series, Pakistan, Subjects, Ayub Visit, 7/61.

法：首先，巴基斯坦政府对国务卿腊斯克提议的“美巴两国继续进行坦白对话”表示欢迎。其次，尽管巴基斯坦媒体和公众有时对美国的政策提出批评，但是整体来看，美巴两国并不存在严重的分歧。[①]

（2）美国要区别对待同盟国与中立国

巴基斯坦一如既往地希望美国区别对待同盟国和中立国。1961 年 3 月，哈里曼大使向阿尤布总统解释，美国将继续大力支持集体安全、尊重盟友以及加强与盟友的合作。不过，支持和帮助中立国家对于美国和西方世界也很重要。哈里曼大使指出，所谓的中立国家实际上并非真正的中立，它们只是追求独立，避免受到共产主义的影响。阿尤布总统对此并不反对，但是他指出，美国需要在中立国与盟国间做出区分，[②] 否则美巴联盟就失去了存在的价值。1962 年 9 月 11 日，阿奇兹·艾哈迈德大使在拜见美国国务卿时指出，在巴基斯坦人民看来，美国对同盟国与中立国的区别越来越模糊，他们想知道盟友身份对巴基斯坦的价值。为什么中立的印度获得同样甚至更多的好处，却不用承担盟友的成本与风险。最令巴基斯坦耿耿于怀的是，巴基斯坦在克什米尔问题上并没有得到盟友的支持。[③]

（3）希望美国继续军事援助巴基斯坦

巴基斯坦希望继续得到美国大量的军事援助。1961 年 5 月 20 日，阿尤布总统会见来访的美国副总统约翰逊。阿尤布指出，巴基斯坦拥有一支优秀的军队，但是需要更多的精良装备，从而保持良好的机动性。巴基斯坦已将这些需求告知美国当局，希望能够得到满足，因为巴基斯坦拥有能够应对地区威胁的强大军事武装符合美国和西方世界的利益。阿尤布阐述了巴基斯坦军队所面临的问题以及为应对克什米尔争端而做出的部署。他认为，如果克什米尔问题能够得以解决，这些军队就可以将精力完全集中

---

① *Memorandum of Conversation*, Washington, July 19, 1962, Source: Department of State, Central Files, 611.90D/7 ~1962.

② *Telegram from the Embassy in Pakistan to the Department of State*, Karachi, March 22, 1961, FRUS, 1961 ~1963, V XIX, South Asia, Department of State, Central Files, 611.90D/3 ~2261.

③ *Telegram from the Department of State to the Embassy in Pakistan*, Washington, September 13, 1962, Source: Department of State, Central Files, 790D.11/9 ~1362.

于防御可能的威胁。[①] 对于美国的军事援助，巴基斯坦也有抱怨。众所周知，巴基斯坦所需的经济和军事援助主要依赖于美国，作为美国的盟友，巴基斯坦认为有权利获得这些援助，尽管美国也向巴基斯坦提供了经济和军事援助，但是离巴基斯坦的期望值相差很远。[②] 1962年9月25日，阿尤布总统与美国国防部长麦克纳马拉讨论了美国军事援助巴基斯坦事宜。阿尤布说，他不再奢望美国增加对巴基斯坦的军事援助，但是希望美国能够及时兑现已承诺的援助。[③]

2. 美印关系

一方面，巴基斯坦为美国执意发展与印度的关系而烦恼。巴基斯坦不反对美国发展与印度的友好关系，无论从地区还是全球层面来看都符合西方世界的利益。尽管美国辩称向印度提供的只是经济援助，与军事无关，但是在巴基斯坦看来，印度将美国的经济援助挪用于军事领域，无疑增加了印度对巴基斯坦的军事压力。另一方面，由于离不开美国的援助，巴基斯坦对美国的印度政策除了口头谴责，也没有更好的办法。

（1）巴基斯坦希望美国在克什米尔问题上向印度施压

巴基斯坦力图向美国表明，不反对美国向印度提供援助，但是希望美国向印度施压，争取在解决克什米尔问题上有所突破，最重要的是，印度无论是在政治上、经济上还是战略上都离不开美国，美国应该能够左右印度。[④] 1961年2月8日，朗特里在写给美国南亚事务办公室主任韦尔的信中称，巴基斯坦关心的是，尼赫鲁急需获得美国援助，美国为何不借此劝

① *Memorandum of Conversation*, Karachi, May 20, 1961, FRUS, 1961～1963, V XIX, Source: Johnson Library, National Security File, International Meetings and Travel File, Vice President Johnson's Trip to the Far East, May 61.

② *Special National Intelligence Estimate*, Washington, July 5, 1961, FRUS, 1961～1963, V XIX, Source: Central Intelligence Agency, Job 79 R 01012A, ODDI Registry of NIE and SNIE Files, Box 184.

③ *Telegram from the Department of State to the Embassy in Pakistan*, Washington, September 27, 1962, Source: Department of State, Central Files, 790D. 11/9～2762.

④ *Telegram from the Embassy in Pakistan to the Department of State*, Karachi, May 22, 1962, FRUS, 1961～1963, V XIX, Source: Department of State, Central Files, 690D. 91/5～2262.

说尼赫鲁在克什米尔问题上采取恰当举措，而这一问题的解决对该地区的稳定与和平至关重要。[①] 1961 年 5 月 20 日，阿尤布总统在会见来访的美国副总统约翰逊时指出，在没有外界压力的情况下尼赫鲁是不会听话的，但是这并不意味着他可以肆意妄为，也不意味着美国没有影响他的能力。然而，巴基斯坦不得不接受这样一个事实：美国并不打算在克什米尔问题上利用其影响力向尼赫鲁施压。[②] 1961 年 7 月 11 日，肯尼迪与来访的阿尤布总统举行会谈。阿尤布总统认为，美国需要的是一个稳定的南亚，他并不试图强迫美国撤销对印度的援助，而是希望美国迫使尼赫鲁采取负责任的行动。阿尤布深知美国的意图是好的，帮助印度是为了防止其受到共产主义的影响。尼赫鲁现在必须依靠美国，没有其他选择，但是希望美国告诉尼赫鲁，由于克什米尔问题没有解决，所以美国要十分关注资金的去向（言外之意，如果印度不解决克什米尔问题，美国将不向印度提供援助）。阿尤布评论道，从战略上来讲，如果克什米尔问题得不到解决，那么美国是在浪费资源。[③]

（2）巴基斯坦反对美国向印度提供军事装备

由于艾森豪威尔总统曾亲自向阿尤布总统承诺，美国轻易不会向印度提供军事援助，如果向印度提供军事装备将提前通知巴基斯坦。美国国家特别情报评估指出，如果美国或其他西方国家向印度提供超音速战机，巴基斯坦肯定会表示强烈不满。实际上，巴基斯坦的确不赞成美国向印度提供军事援助。第一，印度没有必要获得军事援助，巴基斯坦政府并不认为印度北部边界面临着严重威胁。第二，印度获得战机的真正动机是进一步增加相对于巴基斯坦的实力。第三，如果西方向印度提供超音速战机，毫

---

① *Letter from the Ambassador to Pakistan* (*Rountree*) *to the Director of the Office of South Asian Affairs* (*Weil*), Karachi, February 8, 1961, FRUS, 1961 ~ 1963, V XIX, South Asia.

② *Memorandum of Conversation*, Karachi, May 20, 1961, FRUS, 1961 ~ 1963, V XIX, Source: Johnson Library, National Security File, International Meetings and Travel File, Vice President Johnson's Trip to the Far East, May 61.

③ *Memorandum of Conversation*, Washington, July 11, 1961, FRUS, 1961 ~ 1963, V XIX, Source: Kennedy Library, National Security Files, Countries Series, Pakistan, Subjects, Ayub Visit, 7/61.

无疑问将会引起巴基斯坦媒体与公众的强烈批评，被视为不友好的举动。第四，巴基斯坦认为苏联并没有做好出售战机的准备，印度这样做无非是向西方施压，以达到从西方获得战机的目的。第五，如果印度下定决心购买超音速战机，最好还是由苏联而不是美英供应。第六，如果西方提供战机，印度可能会在克什米尔问题上采取更为强硬的政策，从而加剧印巴之间的紧张局势。第七，假设印度此次接受西方援助，西方国家无法保证印度下次就不会寻求苏联的军事援助。第八，苏联向印度提供超音速飞机可能只是虚张声势，因为苏联知道一旦印度接受米格战机将使印度孤立于西方，而且经济支持和资助印度会给苏联带来巨大的压力。① 阿尤布坚信，苏联并不情愿承担目前由美国和其他西方国家承担的印度经济发展的负担。因此，苏联不会真正提供战机。②

（3）巴基斯坦对美国的印度政策感到不满

巴基斯坦对美国印度政策的不满表现在多个方面：

首先是克什米尔问题。1962 年 1 月 24 日，阿奇兹・艾哈迈德大使拜访肯尼迪总统时表示，巴基斯坦非常担心印度侵犯巴基斯坦本土以及巴控克什米尔地区。有报道称，美国政府在克什米尔问题上“不选边站”，阿奇兹・艾哈迈德大使对此表示非常关注。美国在果阿问题上的反应给人留下一种“印度对美国至关重要，美国不会改变对印度的政策”的感觉。③ 巴基斯坦对美国劝说其放弃将克什米尔问题提交安理会表示遗憾。

其次是美国对中立主义的态度。巴基斯坦不明白，作为美国盟友的巴

---

① *Special National Intelligence Estimate*, Washington, June 6, 1962, FRUS, 1961～1963, V XIX, Source: Central Intelligence Agency, Job 79 R 01012A, ODDI Registry of NIE and SNIE Files, Box 212.

② *Memorandum of Conversation*, Washington, June 21, 1962, FRUS, 1961～1963, V XIX, Source: Department of State, Central Files, 791.5622/6～2162; *Telegram from the Department of State to the Embassy in the United Kingdom*, Washington, July 5, 1962, Source: Department of State, Central Files, 791.5622/7～562; *Telegram from the Embassy in Pakistan to the Department of State*, Karachi, July 13, 1962, Source: Department of State, Central Files, 690D.91/7～1362; *Memorandum of Conversation*, Washington, July 19, 1962, Source: Department of State, Central Files, 611.90D/7～1962.

③ *Telegram from the Department of State to the Embassy in Pakistan*, Washington, January 26, 1962, FRUS, 1961～1963, V XIX, Source: Department of State, Central Files, 690D.91/1～2662.

基斯坦的待遇为何不如坚持中立的印度？主要表现在两个方面：一是财团支持力度；二是安全保障承诺。1961 年 6 月 8 日，以财政部长阿伊布为代表的巴方和以助理国务卿乔治·鲍尔为代表的美方就世界银行巴基斯坦财团事宜进行讨论。阿伊布财长说，他现在面临一个政治问题，不知道如何将财团的结果告知人民，因为这一结果无法与印度财团相比。巴基斯坦人民有理由相信，作为西方盟友的巴基斯坦应该比中立的印度获得更有利的结果，然而结果却大相径庭：德国承诺给印度 2. 25 亿美元，给巴基斯坦却只有 2500 万美元；英国承诺给印度 1. 82 亿美元，给巴基斯坦却只有 1960 万美元；美国承诺给印度 5. 45 亿美元，给巴基斯坦却只有 1. 5 亿美元。[①] 1962 年 7 月 19 日，阿奇兹·艾哈迈德大使拜会美国国务卿腊斯克时称，美国在保证巴基斯坦不会受到印度攻击的同时，保证印度不会受到巴基斯坦的进攻。[②] 这令巴基斯坦深感困惑，美国向非联盟国家保证不会受到盟友的进攻不符合美巴联盟的精神。

3. 巴基斯坦与社会主义国家的关系

尽管巴基斯坦与美国是盟友关系，但是鉴于美国种种令人不满意的做法，尤其是美印之间的“暧昧”关系，或者出于“赌气”，或者出于“另谋他路”，巴基斯坦日益重视发展与社会主义国家的关系，即使口头上对外仍然宣称站在美国一边，并将社会主义国家视为“重要威胁”。概括起来，巴基斯坦在处理美巴联盟和社会主义国家关系时，有如下表态与行动[③]：

---

① *Memorandum of Conversation*，Washington，June 8，1961，FRUS，1961 ~ 1963，V XIX，Source：Department of State，Central Files，398. 14/6 ~ 861.

② *Memorandum of Conversation*，Washington，July 19，1962，Source：Department of State，Central Files，611. 90D/7 ~ 1962.

③ *Telegram from the Embassy in Pakistan to the Department of State*，Karachi，February 16，1961，FRUS，1961 ~ 1963，V XIX，Source：Department of State，Central Files，611. 90/2 ~ 1661；*Memorandum of Conversation*，Washington，March 7，1961，FRUS，1961 ~ 1963，V XIX，Source：Kennedy Library，National Security Files，Countries Series，Pakistan，General，4/59 ~ 4/61；*Special National Intelligence Estimate*，Washington，July 5，1961，FRUS，1961 ~ 1963，V XIX，Source：Central Intelligence Agency，Job 79 R 01012A，ODDI Registry of NIE and SNIE Files，Box 184.

第一，巴基斯坦将坚定地站在美国一边，但是如果巴基斯坦民众对西方的质疑越来越强烈的话，那么这一立场可能会发生变化。

第二，关于苏巴石油勘探协议，美国没有必要过于担心。首先，巴基斯坦之所以这样做，是因为美国石油公司在巴基斯坦勘探石油并没有取得任何效果，其他八九个外国公司在巴基斯坦勘探石油也没有结果。而早在三年前，苏联就声明能在巴基斯坦找到石油，并愿意进行尝试。巴基斯坦经过长期审慎考虑，最终决定同意苏联在那些其他外国公司不准进入的地区作业。其次，巴基斯坦希望借此缓和苏联对巴基斯坦的敌视态度。再次，苏联改变了对巴基斯坦的态度。苏联之前声称，巴基斯坦若要获得苏联的帮助，必须解除与美国的联盟关系，现在，苏联声称不管巴基斯坦是否参与联盟，苏联都会帮助巴基斯坦。

第三，巴基斯坦力图在亲西方的框架内，寻求外交政策更大的独立性与灵活性，包括与苏联签订技术和经济协议等。

第二节　美国和印度的关系

美国一如既往地重视发展与印度的关系，尤其是在处理印巴问题上更是如此，唯恐美巴联盟给美印关系带来不利影响。

一、印度的态度、立场与行动

（一）印度重视发展与美国的友好关系

尼赫鲁多次公开声明，印度非常重视发展与美国的友好关系，1959 年底，艾森豪威尔总统访问印度时受到前所未有的热情接待即是明证。尼赫鲁感谢美国对印度提供的大量经济援助，认为美国对印度的经济援助是推动两国关系发展的积极因素。1961 年 5 月 13 日，尼赫鲁在写给肯尼迪的信中对美国政府给予印度第三个五年计划的援助表示感谢。① 1962 年 8 月 5 日，尼赫鲁总理在写给肯尼迪总统的信中再次对美国给予的同情和发展援助表示感谢。美国不仅自己向印度提供慷慨援助，而且号召其他国家也这样做。尼赫鲁写道：“我可以向您保证，无论发生什么，我们仍将维持友好关系。”②

尼赫鲁认为，美国军事援助巴基斯坦是影响印美友好关系发展的唯一因素。印度政府知道并相信，美国是出于善意向巴基斯坦提供军事援助，但是巴基斯坦接受军事援助却并非出于善意，而是用于自身扩张目的。③ 1959 年 5 月 20 日，尼赫鲁总理在接见美国驻印度大使时说，印度政府最近收到情报称美国向巴基斯坦提供了 400 辆水陆两栖车，④ 显然这些装备不可能用于对抗苏联。在阿尤布上台之前，他就曾提到“沿河防御”（riverine defense）的问题。显然，这是针对印度而言的，因为两栖车只适用于此种环境。尼赫鲁总理说，实际上，增强国家军力的最好方式是发展本国经济，从而为军事建设夯实坚强根基。尼赫鲁总理最后总结称，除了美国军事援助巴基斯坦外，印美之间不存在任何问题。⑤

（二）印度决定购买美国的军用飞机

事实上，在 1962 年之前印度就竭力从美国购买军用设备，理由不是用

---

① *Letter from Prime Minister Nehru to President Kennedy*, New Delhi, May 13, 1961, FRUS, 1961 ~ 1963, V XIX, Source: Kennedy Library, President's Office Files, Countries Series, India, 1961.

② *Letter from Prime Minister Nehru to President Kennedy*, New Delhi, August 5, 1962, Source: Kennedy Library, National Security Files, Countries Series, India, Nehru Correspondence, 4/1/62 ~ 8/31/62.

③ *Memorandum of a Conversation between the Secretary of State and the Indian Ambassador (Chagla)*, Department of State, Washington, August 25, 1959, FRUS 1958 ~ 1960, XV, p. 184.

④ *Memorandum of a Conversation between the Under Secretary of State for Political Affairs (Murphy) and the Ambassador to India (Bunker)*, Department of State, Washington, June 19, 1959, Source: Department of State, Central Files, 611.91/6 ~ 1959, FRUS 1958 ~ 1960, XV, pp. 173 ~ 176.

⑤ *Telegram from the Embassy in India to the Department of State*, New Delhi, May 21, 1959, Source: Department of State, Central Files, 611.91/5 ~ 2159, FRUS 1958 ~ 1960, XV, pp. 169 ~ 170.

于军事建设而是其他民用目的。1960年5月4日，印度国防部长梅农私下告诉美国驻印度大使，印度政府计划采取紧急行动，向北部边境集结大量军队，以支持该地区的大型道路建设项目。鉴于这一地区的特殊情况，印度政府希望立刻购买29架美国生产的C－119运输机及配件，并希望在雨季到来前得到它们，否则届时道路交通条件将不利于运输或者根本无法运输。梅农表示，印度还有兴趣购买1架或者2架C－130“大力神”运输机。只有美国和苏联有这种类型的飞机，梅农希望大使能够帮他以低廉的价格购买到这些设备。① 美国同意向印度出售29架C－119运输机。但是当印度获悉美国向巴基斯坦提供“响尾蛇”导弹和F－104战机的消息后，印度政府迅速提出也要购买“响尾蛇”导弹的请求。美国驻印度大使邦克拜会肯尼迪总统时表示，虽然英国也生产同类武器，但是价格比“响尾蛇”导弹贵得多。由于印度已经在北部边境的交通运输设施建设上花费了巨额资金，如果从英国购买的话无疑会增加印度预算外的负担。因此，大使建议美国政府满足印度购买“响尾蛇”导弹的请求。

二、美国的态度、立场与行动

无论是总统、国务卿，还是驻印度大使，美国对有可能影响到美印关系乃至美国在南亚人陆利益的一切事情都表示密切关注。

（一）美国关注印度的内政外交

1. 印度内政

第一，印度在建设现代民主国家方面取得很大进步。由于国大党进行了广泛的政治和社会改革，保留并加强了议会制度，凝聚了印度人民的力量，现代工业经济得以稳步发展。然而，印度的贫困、地方主义以及语言

① *Telegram from the Embassy in India to the Department of State*, New Delhi, May 5, 1960, Source: Department of State, Central Files, 791.5622/5～560, FRUS 1958～1960, XV, pp. 538～539.

差异等造成的分裂效应，对国家稳定和民族团结构成严重威胁。总体来看，印度对保持稳定的民主政府的前景看好。在1962年的大选中，国大党会在议会中保留多数席位，即使不是全部控制，也会控制大多数的邦。然而，政党的有效性正逐渐被党派之争所削弱，自满和腐败可能会使得票数减少，至少在某些邦会这样。在未来几年里，印度共产党可能会成为国大党最大的对手。与左右翼非共产主义反对党形成鲜明对比的是，组织良好的印度共产党拥有经验丰富的领导人、强大的工会基础以及大量贫困群众的支持。当然，印度共产党也存在激烈的派系之争等严峻问题。

第二，印度经济发展势头总体良好。为保持第三个五年计划（1961～1966年）内国民生产总值年均增长率达到5%～6%，印度为“三五”计划制定的预算开支是236亿美元。显然，第三个五年计划的成功需要获得大量国外援助，除却已有的20亿美元，至少还需要额外50亿～55亿美元的援助规模。虽然苏联愿意提供部分援助，但是印度领导人更倾向于获得西方的援助。需要注意的是，即使印度成功加快经济发展的步伐，满足人民日益增长的物质需求愿望的任务仍然十分艰巨。即使出生率得到有效控制，印度在未来十年为迅速增加的劳动力提供充分就业机会的任务也是难以实现的。[①]

2. 印度外交

第一，印度未来几年依然会奉行不结盟的外交政策。一方面，在需要获得西方经济支持、越来越理解美国外交政策目标等因素影响下，印度会逐步改善与西方国家关系。另一方面，为了获得苏联的经济援助等支持，印度将继续重视发展与苏联的关系。

第二，印巴关系可能会有所改善，甚至有可能在未来几年内解决克什米尔问题。

（二）关于印度购买苏联飞机

此时期印度购买苏联飞机涉及两个事件：一是1960年印度购买苏联的

---

① *National Intelligence Estimate*, NIE 51～60, Washington, October 25, 1960. Source: Department of State, INR－NIE Files. pp. 569～571.

米－4（MI－4）直升机；二是1962年印度购买苏联的米格－21（MIG－21）战斗机。美国对印度购买苏联飞机的这两个事件的态度与立场是相同的，即坚决反对，但是最终结果是一样的，印度成功购得苏联飞机。

1. 印度购买米－4直升机

1960年8月，美国驻印度大使馆证实，印度欲购买苏联的米－4直升机。这期间，具有亲西方倾向、反对印度与苏联有任何军事联系的一些军事领导人曾经考虑过，如果美国能提供和米－4直升机类似性能和特点的直升机，而且有优惠条款，印度愿意从美国而不是从苏联购买直升机。但是印度国防部长梅农具有强烈的反西方倾向，力主从苏联购买军用飞机，且至少要从苏联购买10架米－4直升机。他还提议从苏联购买额外的8架直升机和8架运输机。[①] 他甚至有个更宏伟的计划——在印度生产米－4直升机。1960年10月15日，印度国防小组抵达苏联，对设备进行考察，并就在印度当地生产米－4直升机进行谈判。[②]

为劝阻印度购买苏联的米－4直升机，美国进行了如下努力：

（1）力陈印度购买米－4直升机的后果

美国认为，从某种意义上来说，购买直升机这件事本身并不会造成很严重的问题，但是鉴于直升机的技术复杂性以及苏联在向其他国家出售设备时的经历，苏联技术人员会大量进入印度军方，这将会给今后印度从美国采购先进或高机密的武器装备设置重重障碍。[③] JCS认为，从军事角度来看，印度从苏联购买少量的运输机和直升机，短期内影响不大。然而，长期来看，购买或制造苏联飞机影响深远，这将使印度从西方采购军事设备的传统政策发生重大转变。苏联深知印度军队的西化倾向，一直努力给印

① *Telegram from the Embassy in India to the Department of State*, New Delhi, September 17, 1960, Source: Department of State, Central Files, 791.5622/9～1760, FRUS 1958～1960, XV, pp. 552～553.

② *Memorandum from the Joint Chiefs of Staff to the Secretary of Defense (Gates)*, *JCSM*～507～60, Washington, November 15, 1960, Source: Washington National Records Center, OASD/ISA Records, Country Files, India, FRUS 1958～1960, XV, pp. 575～577.

③ *Memorandum of a Conversation*, *Department of State*, Washington, August 17, 1960, Source: Department of State, Central Files, 791.5622/8～1760, FRUS 1958～1960, XV, pp. 549～552.

度灌输一种值得信任和依赖的形象——苏联提供的任何设备都是一流的，并配套最好的服务、支持和培训。随着时间的推移，曾在英国受训、亲西方的军官逐渐退役，他们的继任者很容易被苏联那些物美价廉的设备所“俘获”。印度当下拥有的军事设备，尤其是飞机，已陈旧过时，需要在接下来的10年内逐步更新换代。一旦印度将苏联视为可靠的、实惠的购买来源，两国缔结购买军事设备协议的机会将大大增加，从而密切印度与苏联的技术和军事联系，导致印度军队中的亲西方势力衰减。①

（2）美国提出的应对策略

第一，美国自己或联合英国、意大利、法国及其他西方国家向印度提供军事援助②。

第二，争取亲西方军官的支持。美国认为，曾在美国接受培训或与美国官员有接触的印度军官可以被当作一股潜在的促进西方与印度关系的力量，他们更愿意从美国而不是苏联购买武器设备③。

第三，美国政府授权大使馆与印度政府接触，表明愿意根据印度政府的偏好来提供包括直升机、飞机和筑路设备在内的一揽子计划，以防止苏联染指印度的航空市场并渗透进军队系统中。可考虑向印度提供如下类型的飞机和直升机。飞机：C－130、C－124或者KC－97 Gs；直升机：垂直起落波音飞机、卡曼（Kaman）、拥有大引擎的西科斯基（Sikorsky－62）或者贝尔－204直升机。鉴于事情的紧迫性，需要尽快给出具体的报价。④

第四，帮助印度加速飞机和相关军事装备工业的发展和扩张。美国提

① *Memorandum from the Joint Chiefs of Staff to the Secretary of Defense (Gates), JCSM－507－60*, Washington, November 15, 1960, Source: Washington National Records Center, OASD/ISA Records, Country Files, India, FRUS 1958～1960, XV, pp. 575～577.

② *Memorandum of a Conversation, Department of State*, Washington, August 17, 1960, Source: Department of State, Central Files, 791.5622/8～1760, FRUS 1958～1960, XV, pp. 549～552.

③ *Memorandum of a Conversation, Department of State*, Washington, August 17, 1960, Source: Department of State, Central Files, 791.5622/8～1760, FRUS 1958～1960, XV, pp. 549～552.

④ *Telegram from the Embassy in India to the Department of State*, New Delhi, September 17, 1960, Source: Department of State, Central Files, 791.5622/9～1760, FRUS 1958～1960, XV, pp. 552～553.

供担保、贷款、软货币换算等方式的补贴帮助印度解决外汇短缺问题，这种方式等同于提供援助，比为对抗苏联提出的优惠而按补贴折扣出售美国设备更便宜和更有效，从而能够与有补贴的苏联公司进行竞争。①

（3）美国犹豫不决

尽管美国政府提出了上述应对策略，但是并没有马上执行，因为相关部门或某些官员对美国向印度提供军事装备还犹豫不决。他们担心：第一，如果美国出售给印度直升机的条款同苏联一样的话，是否会促使印度利用苏联提供的报价当作进一步迫使美国降低价格的谈判筹码？第二，如果美国能通过某种形式的援助满足苏联提供的条件，美国是否会不惜成本来维持印度在西方世界中的地位以及是否会提高印度军队的能力？从逻辑上讲，美国可能会不惜一切代价阻止印度从苏联购买武器，但是这样可能会耗尽美国的资源，也会把本应用于经济发展的资源挪作他用。②

总而言之，尽管美国从中作梗，并进行了各种努力，但是或者由于印度决心已定，或者由于美国政府犹豫不决，再加上美国直升机在性能上不如米－4 直升机③以及苏联计划经济的优势④，印度最终于 1960 年 11 月从苏联购买了米－4 直升机。

2. 印度购买米格－21 战斗机

进入 1962 年，印度军事领导人对陈旧过时的军事装备越来越不满，印

---

① *Memorandum from the Joint Chiefs of Staff to the Secretary of Defense* (*Gates*), *JCSM* – 507 – 60, Washington, November 15, 1960, Source: Washington National Records Center, OASD/ISA Records, Country Files, India, FRUS 1958 ~ 1960, XV, pp. 575 ~ 577.

② *Memorandum of a Conversation*, *Department of State*, Washington, August 17, 1960, Source: Department of State, Central Files, 791. 5622/8 ~ 1760, FRUS 1958 ~ 1960, XV, pp. 549 ~ 552.

③ *Memorandum of a Conversation*, *Department of State*, Washington, August 17, 1960, Source: Department of State, Central Files, 791. 5622/8 ~ 1760, FRUS 1958 ~ 1960, XV, pp. 549 ~ 552; *Memorandum from the Joint Chiefs of Staff to the Secretary of Defense* (*Gates*), *JCSM* – 507 – 60, Washington, November 15, 1960, Source: Washington National Records Center, OASD/ISA Records, Country Files, India, FRUS 1958 ~ 1960, XV, pp. 575 ~ 577.

④ *Memorandum from the Joint Chiefs of Staff to the Secretary of Defense* (*Gates*), *JCSM* – 507 – 60, Washington, November 15, 1960, Source: Washington National Records Center, OASD/ISA Records, Country Files, India, FRUS 1958 ~ 1960, XV, pp. 575 ~ 577.

度国防部向政府施压要求对外采购新设备或接受军事援助。为平衡巴基斯坦拥有 F－104 战斗机的力量，印度非常渴望拥有超音速飞机。[①] 印度的可选目标包括 F－104 战机、法国“神秘”战斗机、英国“闪电”战斗机以及苏联米格－21。米格－21 是印度的首选，原因有三个：其一，米格战机性能优良；其二，印度可以使用卢比支付；其三，苏联答应帮助印度实现米格战机本土化生产。[②]

（1）美国坚决反对印度购买苏联的米格战机

如同反对印度购买苏联的米－4 直升机一样，美国也大力反对印度从苏联购买米格－21 战斗机。在美国看来，如果印度从苏联购买米格－21 战斗机而不是从美国或其他西方国家购买性能相同的战斗机，无论对美国还是印度，无论对美巴关系、美印关系，还是对印巴关系，都会产生很严重的后果。

第一，苏联大量的技术人员会介入印度的国防建设，印度会与苏联武装力量建立更紧密的联系。苏联成为印度的保护者，这比建造电力发电厂、钢铁厂或其他经济援助的危害更大。[③] 1962 年 6 月 1 日，美国国务卿腊斯克在向肯尼迪总统提交的备忘录中指出，如果印度获得米格－21，印度的空军将被迫按照苏联模式构建整个战机武器系统，将导致印度也必须采用苏联的轰炸机和导弹系统以及战斗人员体系，大量的苏联工程师将被安排到印度空军，而西方不得不从这些领域撤出。[④]

第二，那些倾向于西方、反对获得苏联军事装备的印度军官的地位会

① *Memorandum of Conversation*, Washington, June 21, 1962, FRUS, 1961～1963, V XIX, Source: Department of State, Central Files, 791.5622/6～2162.

② *Memorandum From Secretary of State Rusk to President Kennedy*, Washington, June 1, 1962, FRUS, 1961～1963, V XIX, Source: Department of State, Central Files, 791.5622/6～162.

③ *Telegram from the Embassy in India to the Department of State*, New Delhi, May 18, 1962, FRUS, 1961～1963, V XIX, Source: Department of State, Central Files, 791.00/5～1862.

④ *Memorandum From Secretary of State Rusk to President Kennedy*, Washington, June 1, 1962, FRUS, 1961～1963, V XIX, Source: Department of State, Central Files, 791.5622/6～162.

遭受重大打击，五至十年后，亲西方的高级官员将逐渐消失。①

第三，以梅农为首的、反西方的势力将从中受益，实力得到进一步加强。②

第四，印度获得超音速战机或者将导致南亚军事的严重失衡，或者引发巴基斯坦寻求更多的F－104战机，从而引发印巴间的军备竞赛。③

第五，如果印度购买米格战机，将会影响美国对印度的援助。④

（2）美国提出的应对策略

美国认为，如果印度真正需要超音速战机，最好是从西方获得，⑤ 而不是从苏联购买。当美国驻印度大使馆在第一时间获悉印度有意向苏联购买米格－21战机时，在1962年5月18日发给美国国务院的电报中提出如下建议：第一，美国立即向印度提供F－104战机或让英国提供“闪电”战斗机；第二，印度可以用卢比偿还债务；第三，授权在印度生产F－104（或“闪电”）战斗机。⑥ 随后，美国国家安全委员会委员罗伯特·科默建议美国国务院：第一，英国降低“闪电”战斗机价格；第二，拖延印度交易时间，至少要等到美国国会通过援助法案后；第三，美国告诉尼赫鲁，

① *Telegram from the Embassy in India to the Department of State*, New Delhi, May 18, 1962, FRUS, 1961～1963, V XIX, Source: Department of State, Central Files, 791.00/5～1862; *Memorandum From Secretary of State Rusk to President Kennedy*, Washington, June 1, 1962, FRUS, 1961～1963, V XIX, Source: Department of State, Central Files, 791.5622/6～162.

② *Telegram from the Embassy in India to the Department of State*, New Delhi, May 18, 1962, FRUS, 1961～1963, V XIX, Source: Department of State, Central Files, 791.00/5～1862; *Memorandum of Conversation*, Washington, June 21, 1962, FRUS, 1961～1963, V XIX, Source: Department of State, Central Files, 791.5622/6～2162.

③ *Memorandum From Robert W. Komer of the National Security Council Staff to the President's Special Assistant for National Security Affairs (Bundy)*, Washington, May 25, 1962, FRUS, 1961～1963, V XIX, Source: Kennedy Library, National Security Files, Meetings and Memoranda Series, Staff Memoranda, Robert Komer, 5/62.

④ *Memorandum of Conversation*, Washington, June 14, 1962, FRUS, 1961～1963, V XIX, South Asia, Source: Kennedy Library, National Security Files, Countries Series, India, General, 6/11/62～6/16/62.

⑤ *Memorandum of Conversation*, Washington, June 21, 1962, FRUS, 1961～1963, V XIX, Source: Department of State, Central Files, 791.5622/6～2162.

⑥ *Telegram from the Embassy in India to the Department of State*, New Delhi, May 18, 1962, FRUS, 1961～1963, V XIX, Source: Department of State, Central Files, 791.00/5～1862.

如果尼赫鲁不与苏联进行米格战机交易，美国也将不再向巴基斯坦提供F－104战机，并考虑向印度提供F－104战机。① 1962年6月1日，美国国务卿腊斯克在向肯尼迪总统提交的备忘录中，提议英国向印度提供米格战机的替代品。当前不能向印度提供F－104战机，因为：第一，这一举措将严重破坏美国与巴基斯坦的关系；第二，考虑到印度对美国地区集体安全的态度，美国不能随意向印度提供高机密的装备；第三，在印度缺少外汇的情况下，美国只能以军事援助的形式提供，而这又会在国内外引起严重的政治问题。通过对众多替代方案的评估，美国认为，由于英国是印度传统上的现代军事装备来源国，由英国向印度提供战斗机的方案最好。美国将尽力帮助英国解决由此而可能产生的问题。② 1962年6月14日，肯尼迪总统对苏联向印度军售米格战机一事做出回应，如果印度接受英国供应的话，美国同意承担一个“闪电”战斗机中队的一半费用以及“俄耳甫斯”（Orpheus）发动机的75%成本。与此同时，美国愿意提供9架C－130运输机，印度可用卢比支付。总之，如果印度不购买米格－21，一切都可以商量。③ 美国和英国最终讨论决定，美国向印度出售运输机，英国向印度出售“闪电”战斗机。④ 肯尼迪总统指示驻印度大使告诉尼赫鲁，美国不打算再向巴基斯坦提供更多的F－104战机，避免在次大陆引起不必要的军备竞赛。⑤

---

① *Memorandum From Robert W. Komer of the National Security Council Staff to the President's Special Assistant for National Security Affairs (Bundy)*, Washington, May 25, 1962, FRUS, 1961～1963, V XIX, Source: Kennedy Library, National Security Files, Meetings and Memoranda Series, Staff Memoranda, Robert Komer, 5/62.

② *Memorandum From Secretary of State Rusk to President Kennedy*, Washington, June 1, 1962, FRUS, 1961～1963, V XIX, Source: Department of State, Central Files, 791.5622/6～162.

③ *Memorandum of Conversation*, Washington, June 14, 1962, FRUS, 1961～1963, V XIX, Source: Kennedy Library, National Security Files, Countries Series, India, General, 6/11/62～6/16/62.

④ *Memorandum of Conversation*, Washington, June 21, 1962, FRUS, 1961～1963, V XIX, Source: Department of State, Central Files, 791.5622/6～2162.

⑤ *Telegram from the Department of State to the Embassy in India*, Washington, July 27, 1962, Source: Department of State, Central Files, 791.5622/7～2562.

美国深知，如果美国或其他西方国家向印度提供高性能战机，肯定会引起巴基斯坦的不满，因此，在印度还未决定购买美国的军事装备之前，美国便提前向巴基斯坦通告有可能向印度提供军事援助事宜，力图缓解巴基斯坦的不满情绪。首先，强调美国的做法符合巴基斯坦的利益。根据可靠情报，苏联已做好准备向印度提供米格－21 战机。如果印度接受这一要价，这一交易将立刻进行。但是，如果印度能从西方得到战机，这一交易会中止。其次，印度没有侵犯巴基斯坦的意图。①

尽管美国做出了努力，但是结果并不理想。1962 年 7 月 25 日，美国驻印度大使馆在发给美国国务院的电报中称，在印度小组前往伦敦之前，梅农已经借口成本太高拒绝了“闪电”战斗机交易。几周前，尼赫鲁派遣小组到莫斯科考察米格并得到一个报价。② 1962 年 8 月 4 日，英国首相麦克米伦告诉肯尼迪总统，印度决定购买米格战机，无意购买“闪电”战斗机。③ 最终，印度与苏联达成购买米格－21 战斗机的协议，由于诸多因素的影响，导致在印度本土生产米格战机的协议最终未能达成。④

（三）印度占领果阿后

鉴于印度在果阿采取的军事行动，美国将本打算与印度签署的经济援助协议延期，同时暂停向印度出售包括飞机、导弹和电子设备等在内的重要军事装备。1962 年初，美国近东和南亚事务局在准备的文件中认为有必

---

① *Memorandum of Conversation*，Washington，June 21，1962，FRUS，1961～1963，V XIX，Source：Department of State，Central Files，791. 5622/6～2162；*Telegram from the Embassy in India to the Department of State*，New Delhi，May 18，1962，FRUS，1961～1963，V XIX，Source：Department of State，Central Files，791. 00/5～1862.

② *Telegram from the Embassy in India to the Department of State*，New Delhi，July 25，1962，Source：Department of State，Central Files，791. 5622/7～2562.

③ *Repeated in telegram 735 to London*，August 6；Department of State，*Central Files*，791. 5622/8～662.

④ *Paper Prepared in the Bureau of Near Eastern and South Asian Affairs*，Washington，September 19，1962，Source：Kennedy Library，National Security Files，Countries Series，India，General，9/14/62～9/21/62.

要恢复对印度的经济援助和军事援助。[①] 该文件指出：只有经济援助，才能促进印度的经济和社会发展，这是维持印度政治运行和有效防止苏联渗透进而形成对苏联依赖的重要前提；只有军事援助，才能阻止印度从苏联进口类似的装备，从而维护美国在南亚的安全利益。当然，无论是经济援助还是军事援助，都要综合考虑政治、经济和军事等因素。

（四）美国向印度出售武器装备

为减轻印度对美国军事援助巴基斯坦的不满，美国决定在向巴基斯坦提供武器装备的同时，向印度提供相同类型的武器装备。1960 年 4 月 25 日，艾森豪威尔总统接见美国驻印度大使邦克。邦克大使说，最近美国打算向巴基斯坦出售“响尾蛇”导弹和 10 架 F－104 战斗机引起印度的极大关注。一方面，印度质疑美国的意图和目的。另一方面，印度空军装备因美国军事援助巴基斯坦而显得更加过时。印度还认为，巴基斯坦军事实力的增强会带来副作用，使印巴两国的谈判变得更加困难。邦克大使认为，如果美国同时向巴基斯坦和印度出售同类设备，那么印度的不满便可消除。艾森豪威尔总统表示，美国没有理由不向印度出售相同的设备。[②]

与印度反对美国向巴基斯坦提供军事援助一样，巴基斯坦也对美国军事援助印度表示不满。1960 年 5 月 17 日；当美国驻巴基斯坦大使朗特里将美国决定向印度出售 C－119 运输机的决定告诉阿尤布总统时，阿尤布总统明显对这一决定感到不高兴。朗特里大使建议，在将已经承诺的“响尾蛇”导弹运抵巴基斯坦之前，对印度任何积极的回应都会损害美巴关系。负责印度、锡兰和尼泊尔事务的官员弗莱克（Fleck）建议艾森豪威尔总统做出回应，鉴于目前美国与巴基斯坦的微妙关系，在允诺的“响尾

---

① *Paper Prepared by the Bureau of Near Eastern and South Asian Affairs*, Washington, undated, FRUS, 1961～1963, V XIX, Source: Department of State, Central Files, 611.90/1～1062.

② *Memorandum of a Conversation between the President and the Ambassador to India (Bunker)*, White House, Washington, April 25, 1960, Source: Eisenhower Library, Whitman File, DDE Diaries, FRUS 1958～1960, XV, pp. 535～537.

蛇”导弹运抵巴基斯坦之前暂不向印度出售战机，否则将会对巴基斯坦造成伤害。① 然而，美国驻印度大使邦克却不这样认为，1960年6月15日，在写给助理国务卿琼斯的信中，他对禁止向印度出售“响尾蛇”导弹的决定感到失望，并详细解释了向印度出售先进武器的种种理由。② 7月13日，琼斯回复邦克大使称，在巴基斯坦和印度之间，后者握有更大的主动权。在琼斯看来，尽管由于美国多年来一直向巴基斯坦提供现代化武器，甚至个别武器具有一定的“优势”，但是印度不需要过于担心巴基斯坦的军队建设。在可预见的未来，美国不能让巴基斯坦认为与美国的联盟徒劳无益，防止两边下注。无论巴基斯坦的观点正确与否，美国想更好地维持共同安全体系就必须让巴基斯坦和其他盟友从军事联盟中获益。因此，美国不能让对印军售政策破坏这一立场。琼斯完全同意加强印度与西方国家的联系，并确信可以在巴基斯坦不反对的情况下促成这一发展，但需要循序渐进。③ 尽管有反对声，邦克大使的意见最终占了上风，美国答应向印度提供武器装备。1960年12月19日，美国副国防部长道格拉斯（Douglas）在写给美国代理国务卿狄龙的信件中指出，国防部认为满足印度政府对直升机需求的做法可取且可行，因此美国准备通过军事援助计划向印度提供8架媲美苏联米-4的直升机，总成本约为335万美元。④

肯尼迪执政后，美国更加坚定了向印度提供军事装备的决心。1961年5月18日，美国副总统约翰逊在会见尼赫鲁总理时指出，单纯依靠印度政

---

① *Memorandum by the Officer in Charge of India, Ceylon, and Nepal Affairs (Fleck), Washington, June* 7, 1960, Source: Department of State, SOA Files: Lot 63 D 110, India - Sidewinders, FRUS 1958 ~ 1960, XV, pp. 541 ~ 542.

② Department of State, *SOA Files: Lot* 63 *D* 110, India - Sidewinders.

③ *Letter from the Assistant Secretary of State for Near Eastern and South Asian Affairs (Jones) to the Ambassador in India (Bunker)*, Washington, July 13, 1960, Source: Department of State, SOA Files: Lot 63 D 110, India - Sidewinders, FRUS 1958 ~ 1960, XV, pp. 545 ~ 547.

④ *Letter from the Deputy Secretary of Defense (Douglas) to the Under Secretary of State (Dillon)*, Washington, December 19, 1960, Source: Department of State, Central Files, 791. 5622/12 ~ 1960, FRUS 1958 ~ 1960, XV, pp. 578 ~ 579.

府自身的军事力量不可能永久抵制共产主义在亚洲的影响。① 1961年6月12日，美国国防部副部长吉尔帕特里克（Gilpatric）在写给国务次卿鲍尔斯的信中指出，印度国防部的高级军官开始出现反西方倾向，主要原因在于：苏联有意向印度提供军事飞机；梅农倾向于苏联而不是美国提供这些装备。国防部认为，为阻止这一趋势，要尽早采取行动阻止苏联向印度提供军事装备。② 1961年9月13日，美国国防部副部长吉尔帕特里克在写给国务次卿鲍尔斯的信中指出，尼赫鲁总理11月即将对美国的访问以及近期发生的一些重要事件使得美国对印度军售一事再次进入大众视野。首先，宣布向巴基斯坦提供新式军事装备，一方面会对印美关系产生负面效应，另一方面会激发印度购买与巴基斯坦质量相当军事装备的欲望。其次，印度国防部长梅农仍然倾向于购买苏联的设备（尤其是飞机）以应对巴基斯坦购买F-104战机带来的威胁，并寻求购买适合印度国产HF-24喷气式飞机的发动机。再次，除了轻型及中型直升机外，印度还想购买C-130飞机、重型直升机、“响尾蛇”导弹、MK-44鱼雷、雷达和工兵桥梁设备。最后，与梅农观点不同，印度一些高级军官倾向于购买美国的军事装备。③ 1962年1月初，肯尼迪总统决定在印度大选之后再考虑对印度的军售，以防止被梅农势力所利用。④

在美国驻印度大使馆看来，美国向印度提供武器装备可带来如下好

① *Memorandum of Conversation*, New Delhi, May 18, 1961, FRUS, 1961～1963, V XIX, Source: Johnson Library, National Security File, International Meetings and Travel File, Vice President Johnson's Trip to the Far East, May 61.

② *Letter from the Deputy Secretary of Defense (Gilpatric) to the Under Secretary of State (Bowles)*, Washington, June 12, 1961, FRUS, 1961～1963, V XIX, Source: Washington National Records Center, RG 330, OASD/ISA Files: FRC 64 A 2382, India 400～702.

③ *Letter from the Deputy Secretary of Defense (Gilpatric) to the Under Secretary of State (Bowles)*, Washington, September 13, 1961, FRUS, 1961～1963, V XIX, Source: Department of State, Central Files, 791.56/9～1361.

④ *Memorandum From Robert W. Komer of the National Security Council Staff to the President's Special Assistant for National Security Affairs (Bundy)*, Washington, January 12, 1962, FRUS, 1961～1963, V XIX, Source: Kennedy Library, National Security Files, Regional Security Series, South Asia, 1961～963.

处：第一，有助于美国武器装备进入印度，相关飞机供应商也迫切需要与印度开展军售业务。而这显然会加强美国同印度军队的紧密关系。第二，有助于抵消美国向巴基斯坦供应 F－104 战机和“响尾蛇”导弹所带来的负面效应。第三，如果能够向印度出售战机，将为美国今后进一步军事援助印度打开大门，从而有助于美印关系的发展。①

（五）美国对印巴关系的期许

1. 美国就美巴关系向印度进行解释

美国深怕印度对美巴关系有误解，因此抓住一切机会向印度解释美国的意图。1959 年 3 月 6 日，印度高级专员达亚尔（Dayal）拜访美国驻巴基斯坦大使，打探有关美巴于 3 月 5 日签订的《双边合作协议》事宜。大使向他保证，该协议只是重申美国之前对巴基斯坦政府所做的承诺，包括双边军事援助协议以及《联合国宪章》。达亚尔询问这一双边协议是否意味着巴基斯坦将会对印度采取更为激进的做法。大使称，恰恰相反，该协定是巴基斯坦新政权与美国签署的第一份协议，可以确保新政权像美国政府期望的那样开展活动。②

2. 艾森豪威尔总统出访印度和巴基斯坦

1959 年 12 月 3 日，艾森豪威尔总统对包括巴基斯坦、阿富汗和印度等在内的 11 个国家进行为期三周的访问。艾森豪威尔于 12 月 9～14 日访问印度。在 12 月 10 日会见尼赫鲁在后者比较关心的和平问题上，艾森豪威尔总统表示，和平会受到某些特定问题的威胁，因此需要采取积极的、具有预防性的措施来维护和平。他认为南亚次大陆的安全对西方世界十分重要，他愿意提供任何可能的帮助。艾森豪威尔提到美国共

① *Telegram from the Embassy in India to the Department of State*，New Delhi，May 5，1960，Source：Department of State，*Central Files*，791. 5622/5～560. pp. 538～539；Department of State，*Central Files*，791. 5622/5～560.

② *Telegram from the Embassy in Pakistan to the Department of State*，Karachi，March 6，1959，Source：Department of State，Central Files，790D. 5/3～659，FRUS 1958～1960，XV，p. 158.

同安全计划时强调，他可以向尼赫鲁保证，美国绝不允许巴基斯坦使用美国提供的武器装备攻击印度。他补充到，巴基斯坦和其他受援国依赖于美国提供的军需品，在没有美国支持的情况下，它们的军事行动都不会超过一周。① 12 月 13 日，艾森豪威尔总统再次会见尼赫鲁。艾森豪威尔告诉尼赫鲁，虽然他赞成集体安全对维护西方世界的安全至关重要，但美国并不强求印度加入，只是希望它不要公开地反对。尼赫鲁对此表示理解。②

3. 美国希望印巴关系改善

1960 年 4 月 25 日，艾森豪威尔总统在白宫会见美国驻印度大使邦克时表示，他乐于看到印巴关系的改善，尼赫鲁开始对世界局势采取更为现实的态度。大使回应称，印巴关系已经有实质性的改善，其中原因之一就是艾森豪威尔总统向尼赫鲁保证美国的武器不会被巴基斯坦用于攻击印度，这给尼赫鲁和印度政府留下了深刻印象。艾森豪威尔总统希望印巴关系改善，不惜为此采取任何力所能及的办法。③ 1960 年 10 月，艾森豪威尔总统告诉尼赫鲁，如果有助于和平事业，他愿意随时与印度和巴基斯坦领导人交流看法。④

---

① *Memorandum of a Conversation*, New Delhi, December 10, 1959, Source: Department of State, Conference Files: Lot 64 D 560, FRUS 1958 ~ 1960, XV, pp. 521 ~ 524.

② *Memorandum of a Conversation between President Eisenhower and Prime Minister Nehru*, New Delhi, December 13, 1959, Source: Department of State, Conference Files: Lot 64 D 560, FRUS 1958 ~ 1960, XV, pp. 525 ~ 526.

③ *Memorandum of a Conversation between the President and the Ambassador to India* (*Bunker*), White House, Washington, April 25, 1960, Source: Eisenhower Library, Whitman File, DDE Diaries, FRUS 1958 ~ 1960, XV, pp. 535 ~ 537.

④ *Memorandum of a Conversation*, New York, October 7, 1960, Source: Department of State, Secretary's Memoranda of Conversation: Lot 64 D 199, FRUS 1958 ~ 1960, XV, pp. 566 ~ 568.

第三节　军事援助有效性评估

一、实际军事援助有效性评估

（一）美国实际军事援助有效性评估

1. 美国军事援助巴基斯坦的目标及实现率

第一目标（赋值0.4）：巴基斯坦维持一个强大、稳定的非共产党政府，有意愿并且有能力抵制来自国内外共产主义发展的压力。1958年10月，巴基斯坦发生军事政变。然而，无论是军事政变之前的巴基斯坦政府，还是政变之后的阿尤布政府，尽管施政方法和内容有很大不同，但是有两点是相同的：其一，都是非共产党政府；其二，都承认共产主义是巴基斯坦安全的“威胁”。尽管都是非共产党政府，但都面临着来自国内外严峻的政治、经济、军事和安全等问题，执政党的内政与外交都受到在野党的质疑与批评，因此都比较虚弱且不稳定；尽管承认共产主义“威胁”，但是出于对更大威胁（印度）的考虑，[①] 反对共产主义的意愿和动力都不是很强，尤其是阿尤布政府将与苏联和中国的关系正常化提上了议事议程。总之，美国的这一目标“巴基斯坦维持一个强大、稳定的非共产党政府，有意愿并且有能力抵制来自国内外共产主义发展的压力”的大部分得以实现。巴基斯坦政府及阿尤布总统公开声称坚持亲西方立场，实施亲西方政策，但是亦开始出现与苏联和中国关系正常化的趋势。综合考虑，这一目标的实现率为70%。

第二目标（赋值0.25）：促使巴基斯坦与西方国家开展更密切的合作，减少与社会主义国家的交往。1962年6月15日，美国国务院执行秘书布

① *National Security Council Report*, *NSC 5909/1*, *Washington*, *August 21*, 1959, Source: Department of State, S/S－NSC Files: Lot 63 D 351, NSC 5909 Series, FRUS 1958～1960, XV, pp. 29～46.

鲁贝克（Brubeck）在提交给美国总统特别助理邦迪的备忘录中指出，自1954年以来，美国一直努力维持与巴基斯坦亲密而友好的盟友关系。尽管两国看待某些问题的视角不同，导致两国紧张关系的各种障碍不会轻易消除，但美国和巴基斯坦都清楚，维持联盟关系符合两国的国家利益。在某种程度上，这只不过是美国的一厢情愿罢了。巴基斯坦的确想增强与西方世界尤其是美国的密切合作，以便获得更多的军事援助以及在地区事务尤其是印巴冲突中美国对巴基斯坦的支持。然而当美国并不能如巴基斯坦所愿时，比如美国未在印巴冲突中支持巴基斯坦，巴基斯坦只能转而寻求与苏联和中国的正常交往。① 总之，美国的这一目标“促使巴基斯坦与西方国家开展更密切的合作，减少与社会主义国家的交往”大致得以实现，尽管巴基斯坦逐渐增加与苏联和中国的交往，但是仍将主要精力放在维持与美国的盟友关系上，对外公开宣称其亲西方的立场。综合考虑，这一目标的实现率为60%。

第三目标（赋值0.20）：缓和巴基斯坦与邻国（印度和阿富汗）之间的紧张关系，扩大相互间的合作。1962年1月6日，美国国家安全委员会委员科默在提交给美国总统特别助理邦迪的备忘录中指出，一个强大而稳定的次大陆符合美国的战略利益，以便更好地应对来自共产主义的影响。②这一目标需要改善并最终解决次大陆国家间的紧张关系，这不仅符合美国的长远利益，而且也是这些国家自身应付更大威胁所必需的。的确，巴基斯坦有充分理由来缓解与邻国的紧张关系，但是说起来容易，做起来却是异常困难。美国此时再次提出该问题，恰恰说明该问题的复杂性。美国对印度和巴基斯坦数十亿美元的援助被它们消耗在克什米尔争端上，使作为

---

① *Memorandum from the Executive Secretary of the Department of State（Brubeck）to the President's Special Assistant, for National Security Affairs（Bundy）*, Washington, June 15, 1962, FRUS, 1961～1963, V XIX, Source: Department of State, Central Files, 611.90D/6～1562.

② *Memorandum From Robert W. Komer of the National Security Council Staff to the President's Special Assistant for National Security Affairs（Bundy）*, Washington, January 6, 1962, FRUS, 1961～1963, V XIX, Source: Kennedy Library, National Security Files, Meetings and Memoranda Series, Staff Memoranda, Robert Komer, 1/62.

美国全球防御所需的南亚稳定与强大面临极大危险。① 在阿巴关系上，过去两年，巴基斯坦政府坚决打击普什图部落骚乱，两国关系因此持续恶化。巴基斯坦单方面关闭阿富汗在巴基斯坦的领事馆和贸易机构，中断与阿富汗的关系，封死共同边境。尽管美国采取措施出面调停，包括派遣麦钱特（Merchant）大使代表团，问题仍未得到有效解决。② 在印巴关系上，巴基斯坦将克什米尔问题提交到安理会，导致两国关系进一步恶化。寻找到克什米尔争端的政治解决办法将成为当今乃至以后的一道难题。③ 总之，美国的这一目标"减轻巴基斯坦与邻国（印度和阿富汗）之间的紧张关系，扩大相互间的合作"基本上没有实现，巴基斯坦不仅未曾扩大与印度和阿富汗的合作，而且与两国间的紧张关系基本上未得到缓解。当然，如前所述，印巴两国关系也曾出现过短暂的缓和。综合考虑，这一目标的实现率为30%。

第四目标（赋值0.10）：巴基斯坦经济稳定发展。美国此阶段主张缩减对巴基斯坦的军事援助，其中最重要的原因之一是将节省的军事援助用于扩大对巴基斯坦的经济援助。尽管军事援助并没有实质性减少，但是的确加大了对巴基斯坦的经济援助力度，以发展贷款基金计划（DLF）、技术合作以及PL 480等形式提供经济援助，这些举措在很大程度上有助于促进巴基斯坦的经济发展。如表4—1所示，相较于前一阶段，巴基斯坦此阶段的经济发展有明显好转趋势，无论是GNP还是人均GNP均在稳步增加。总之，美国的这一目标"巴基斯坦经济稳定发展"大体上得以实现，相较前几年，巴基斯坦经济因获得更多的援助有大幅度提高，然而，由于人口

---

① *Paper Prepared by the Bureau of Near Eastern and South Asian Affairs*, Washington, undated, FRUS, 1961～1963, V XIX, Source: Department of State, Central Files, 611.90/1～1062.

② *Paper Prepared by the Bureau of Near Eastern and South Asian Affairs*, Washington, undated, FRUS, 1961～1963, V XIX, South Asia, Source: Department of State, Central Files, 611.90/1～1062; *Memorandum from the Executive Secretary of the Department of State* (*Brubeck*) *to the President's Special Assistant, for National Security Affairs* (*Bundy*), Washington, June 15, 1962, FRUS, 1961～1963, V XIX, Source: Department of State, Central Files, 611.90D/6～1562.

③ *Paper Prepared by the Bureau of Near Eastern and South Asian Affairs*, Washington, undated, FRUS, 1961～1963, V XIX, Source: Department of State, Central Files, 611.90/1～1062.

增速过快，人民生活水平并没有显著提高。综合考虑，这一目标的实现率为80%。

表4—1 巴基斯坦的GNP、人口和收入（1959～1962年）①

（百万卢比：以1959～1960年的价格计）

年份	GNP	人口（百万）	人均GNP	增长率（%）		
				GNP	人口	人均GNP
1959	30144	97	312	1.4	3.2	-1.0
1960	31439	99	318	4.2	2.0	1.9
1961	33086	101	326	5.2	2.0	2.5
1962	35043	104	337	5.9	3.0	3.4

第五目标（赋值0.05）：巴基斯坦拥有强大的军事实力，能够为维护地区稳定和防御西方安全发挥作用。军队一直在巴基斯坦政府中发挥着重大的稳定作用，1958年阿尤布将军上台执政后军事部门的重要性更加凸显，对于维持政权的稳定发挥着举足轻重的作用。美国希望巴基斯坦军事实力的增强能够有助于促进地区稳定，并为防御西方安全发挥作用。巴基斯坦在接受美国军事援助时也向美国承诺，如果军事实力增强，将积极配合美国在SEATO和CENTO中展开合作。但事实上，尽管巴基斯坦的军事实力有了大幅度提升，但是由于精力主要集中在防御印度方面，对于域外其他地区的防御不可能发挥实质性的作用（比如直接派兵）。总之，美国的这一目标“巴基斯坦拥有强大的军事实力，能够为维护地区稳定和防御西方安全发挥作用”大部分得以实现。尽管巴基斯坦没有从美国获得所期望的军事援助，但是美国也并未减少军事援助，且提供了额外援助，比如向巴基斯坦提供F-104战斗机和“响尾蛇”导弹，因此巴基斯坦的军事实力得到一定程度的提高。但是不得不承认，由于印度也购买国外同类性能的武器装备，巴基斯坦的军事实力相对于印度而言并没有增加。综合考

① Government of Pakistan, Central Statistical Office (CSO), *20 Years of Pakistan in Statistics*, 1947～1967, Karachi, 1968, pp. 4～5.

虑，这一目标的实现率为70%。

2. 美国实际军事援助有效值的计算及评估

根据上述美国军事援助巴基斯坦的目标及实现率，现计算美国实际军事援助有效值如下：

$P1 = 0.40 \times 70\% + 0.25 \times 60\% + 0.20 \times 30\% + 0.10 \times 80\% + 0.05 \times 70\% = 0.605$

评估：

由于$0.5 < P1 = 0.605 < 0.7$，说明美国实际军事援助依然是有效的。但是相对于预期军事援助有效值（0.81），实际军事援助有效值大幅减小，表明美国实际军事援助有效性远远小于预期军事援助有效性，美国对巴基斯坦的军事援助不理想，这对于美国下一阶段的军事援助是不利的。

（二）巴基斯坦实际军事援助有效性评估

1. 巴基斯坦接受美国军事援助的目标及实现率

第一目标（赋值0.4）：增强巴基斯坦的军事实力。此阶段，美国的基调是减少对巴基斯坦的军事援助，但是在巴基斯坦极尽劝说下，尤其是U－2事件后，美国意识到巴基斯坦维持足够军事力量的必要性。为此，尽管面临印度的大力阻挠，美国依然向巴基斯坦提供了“响尾蛇”导弹和F－104战斗机等先进武器。在一定程度上，巴基斯坦的军事实力得到增强。但是由于美国并没有明显增加对巴基斯坦的军事援助，因此，巴基斯坦军事装备的现代化受到很大限制，许多过时的装备未能得到及时更换。况且巴基斯坦的军事实力相对于同样得到增强的印度军事实力而言没有任何优势。总之，巴基斯坦的这一目标“增强巴基斯坦的军事实力”大体上得以实现。尽管相对于印度而言，巴基斯坦的军事实力没有明显进步，但是相较于自身还是有很大提升。综合考虑，这一目标的实现率为80%。

第二目标（赋值0.25）：美国在印巴争端中支持巴基斯坦。在前一阶段（1954～1959年），巴基斯坦就希望美国在印巴争端（尤其是克什米尔争端）中支持巴基斯坦，但是实际效果并不理想。该阶段，巴基斯坦依然希望美国在印巴争端中支持巴基斯坦，主要表现为：其一，巴基斯坦如果把克什米尔问题提交到安理会，希望得到美国在安理会的支持。其二，希望美国在克什米尔争端中发表支持巴基斯坦立场的声明。在阿尤布总统看来，美国在印巴争端中支持巴基斯坦对于其获得国内民众的认可和支持大有裨益。[①] 事实上，尽管美国在上述两个方面未能令巴基斯坦非常满意，甚至引起巴基斯坦的不满，但是总体上，至少在印巴争端中没有采取明显不利于巴基斯坦的举措。总之，巴基斯坦的这一目标"美国在印巴争端中支持巴基斯坦"既不能说实现——毕竟美国没有在印巴争端中全力支持巴基斯坦，也不能说失败——因为美国也没有在印巴争端中支持印度。综合考虑，这一目标的实现率为 50%。

第三目标（赋值 0.20）：维持巴基斯坦的领土完整。维持巴基斯坦的领土完整是巴基斯坦对外政策的底线与基本要求。为了维护领土完整，巴基斯坦力求：其一，美国公开声明保证巴基斯坦的领土完整；其二，联合国安理会在做出有关克什米尔问题的决议时充分考虑巴基斯坦的政治独立与领土完整；其三，巴基斯坦大力发展自身军事实力，能够对印度构成一定的威慑力。从上述三个方面来看，巴基斯坦因继续得到美国的军事援助（尤其是"响尾蛇"导弹和 F－104 战机）而极大增强了军事实力，对印度构成一定的威慑；在联合国安理会通过的有关克什米尔的决议基本上无损巴基斯坦的领土完整；美国虽然并未公开声明保证巴基斯坦的领土完整，但是多次向巴基斯坦政府表明美国承诺确保巴基斯坦的领土安全不会受到任何国家的侵犯。总之，巴基斯坦的这一目标"维持巴基斯坦的领土完整"大体上得以实现。当然与印度的克什米尔争端仍未得到解决，且在可见的将来也没有得到解决的希望。综合考虑，这一目标的实现率为 80%。

第四目标（赋值 0.10）：促进国家经济发展。促进经济发展是巴基斯坦独立以来一直追求的目标，尽管看似主要精力集中于军事领域，但是对经济发展的重视程度始终没有减弱。在克服了第一阶段（1954～1959 年）

---

① Abdul Sattar, *Pakistan's Foreign Policy* 1947～2005 *A Concise History*, Oxford University Press, 2007, p. 51.

的困难后，此阶段巴基斯坦的经济发展有了一定起色。1958 年 10 月建立起来的军事政权被越来越多的巴基斯坦人所接受，维持了国家统一，并在解决基本经济问题方面取得进展。同时，巴基斯坦在工业发展的方面也取得了重大进展。[①] 总之，巴基斯坦的这一目标“促进国家经济发展”大体上得以实现，当然，要说取得很大发展是谈不上的，尤其是考虑到人口的快速增长。综合考虑，这一目标的实现率为 80%。

第五目标（赋值 0.05）：不妨碍与社会主义国家的正常交往。巴基斯坦此阶段虽然重视发展与美国等西方国家的盟友关系，但是由于担心美国对巴基斯坦和其他盟友政策的改变、美国加大援助印度的力度以及为了增加与美国讨价还价的能力，巴基斯坦努力改善与其他国家的关系，尤其是改善与社会主义国家的关系。总之，巴基斯坦的这一目标“不妨碍与社会主义国家的正常交往”大体上得以实现。尽管巴基斯坦的亲西方政策仍占主流，但是相较于前一阶段，其加大了与社会主义国家的联系力度。综合考虑，这一目标的实现率为 80%。

2. 巴基斯坦实际军事援助有效值的计算及评估

根据上述巴基斯坦接受美国军事援助的目标及实现率，现计算巴基斯坦实际军事援助有效值如下：

$$P2 = 0.40 \times 80\% + 0.25 \times 50\% + 0.20 \times 80\% + 0.10 \times 80\% + 0.05 \times 80\% = 0.725$$

评估：

尽管实际军事援助有效值（0.725）小于预期军事援助有效值（0.8825），但是仍然大于 0.7，因此，巴基斯坦的实际军事援助非常有效。

综合来看，该阶段（1959～1962 年），美国和巴基斯坦仍对军事援助有较高的期待（预期值分别为 0.81 和 0.8825），但是结果却大不相同。美国实际军事援助有效值（0.605）与预期军事援助有效值（0.81）相差较

---

① *National Security Council Report*, *NSC* 5909/1, *Washington*, *August* 21, 1959, Source: Department of State, S/S－NSC Files: Lot 63 D 351, NSC 5909 Series, FRUS 1958～1960, XV, pp. 29～46.

大，差值为0.81－0.605＝0.205，实际完成率仅为0.605/0.81＝75%（大于50%，小于80%），表明尽管实际军事援助依然有效，但是军事援助目标完成的一般。巴基斯坦实际军事援助有效值（0.725）与预期军事援助有效值（0.8825）相差不大，差值为0.8825－0.725＝0.1575，实际完成率为0.725/0.8825＝82%（大于80%），表明军事援助目标完成的比较理想。从中可以预判：美国继续军事援助巴基斯坦的愿望一般；巴基斯坦继续接受美国军事援助的愿望比较高。

二、预期军事援助有效性评估

（一）美国预期军事援助有效性评估

如上所述，此阶段美国的军事援助有效性不太理想，致使美国在下一阶段对军事援助巴基斯坦的心理充满着矛盾：不提供，担心危及脆弱的美巴联盟关系；提供，又恐怕达不到预期效果。出于整体国家利益考虑，美国最终决定继续军事援助巴基斯坦。

1962年1月6日，美国国家安全委员会委员科默在提交给美国总统特别助理邦迪的备忘录中提出，美国能从与巴基斯坦的结盟中获得什么？美国在与巴基斯坦的结盟中除了得到一些比较重要的设施以及SEATO和CENTO的一纸承诺外，美国其他获益甚少。美国是更倾向于亲西方的软弱盟友，还是实力强大的中立国印度，究竟谁更符合美国的国家利益？巴基斯坦主要的关注点依旧是印度，这是阿尤布全部政策的核心，在果阿事件后的行动中表露无疑。美国向阿尤布保证免受印度进攻，是否符合美国的战略利益？如果美国对巴基斯坦采取强硬政策，阿尤布会走向中立吗？科默建议，美国应该对阿尤布实施新政策：不再完全支持财团援助，不再小心谨慎地处理阿巴运输问题，不被拖入克什米尔问题，不使其认为可以从美国这里获得更多用于对抗印度的援助。应该使其明白，美国对它的支持是有限的。① 总之，美巴关系中存在诸多问题，美国最好重新审视对巴基斯坦的政策，考察投入与回报是否成比例。

1962年5月13日，美国官员讨论了下一步可能采取的各种行动：第一，是否完全支持（不计成本）巴方或印方的政治目标？一方面，美巴有特殊关系，尤其是在军事领域，不能接受CENTO和SEATO的解散。另一方面，印度也非常重要，美国对印度的政策不允许出现较大倒退。第二，是否对印巴双方采取“漠不关心”态度，逐步从该地区撤出？尽管这样做可以满足美国国内孤立主义者的情绪，但是却不能从中获得任何好处。第三，是否力图平等对待印巴两国？平等对待印度将被巴基斯坦解读为美国力图改变固有政策，将对美国在巴基斯坦的利益产生不利影响。第四，继续“脚踩两只船”。在加强美巴关系的同时，采取必要措施发展与印度的关系，而印巴关系的改善是美国同时发展与印度和巴基斯坦友好关系的前提。总而言之，如果美国根本改变对巴基斯坦的政策，将一无所获，甚至损失惨重：第一，这一举动可以减少与印度的矛盾，但是印美关系不会有根本性的变化。印度的不结盟政策使得印度不可能与美国建立亲密关系。实际上，现在的印度政策对美国是有利的；巴基斯坦对印度的安全威胁并不是印度的全部关注所在。第二，阿富汗会对美国政策的变化感到高兴，但是不会改变其现有的对美和对苏政策。第三，地区争端仍然不会得以解决，会继续威胁该地区的安全。第四，虽然可以增加美国对印度政策的灵活性，但是价值不大。现在主要的问题是，如何在维持与巴基斯坦的关系的同时更自由地处理与印度的关系。从长远来看，印巴关系改善最终有助于美国更自由地发展美印关系。②

1962年6月15日，美国国务院执行秘书布鲁贝克在提交给美国总统

---

① *Memorandum From Robert W. Komer of the National Security Council Staff to the President's Special Assistant for National Security Affairs* (*Bundy*), Washington, January 6, 1962, FRUS, 1961～1963, V XIX, Source: Kennedy Library, National Security Files, Meetings and Memoranda Series, Staff Memoranda, Robert Komer, 1/62.

② *Memorandum of Discussion*, Washington, May 13, 1962, FRUS, 1961～1963, V XIX, Source: Department of State, NEA/SOA Files: Lot 64 D 571, United States, Jan. ～July.

特别助理邦迪的备忘录中指出，继续维持美巴联盟符合美国的利益。一个自由与合作的巴基斯坦对于南亚的稳定和安全以及美国在该地区的存在至关重要。① 美国军事援助巴基斯坦的目的是：确保巴基斯坦政治独立，经济稳步发展，坚定地站在西方世界一边，免受来自任何方向的侵犯。作为回报，安全上，美国要求巴基斯坦允许美国使用其军事通信及情报设施；政治上，期望巴基斯坦在重大国际问题上给予美国支持；军事上，在CENTO和SEATO的框架下，为地区集体安全发挥作用。

1. 美国军事援助巴基斯坦的预期目标及实现率

第一目标（赋值0.4）：巴基斯坦不反对美国向印度提供军事援助。在美国看来，一个能够赢得人民信任的、温和的非共产党政府符合美国的国家利益。虽然印度的不结盟政策有时会使印度与美国“唱反调”，并且印度的日益强大和自信将深化这一观念，但是从长远来看，一个脆弱的印度比一个强大、稳定的印度会给美国带来更多的风险。② 在尊重印度选择独立外交政策，并且符合美国利益的情况下，让印度在国际争端中发挥调解或缓和作用。加紧印度武装部队向西方世界的靠拢，继续鼓励印度从西方国家采购军事装备。同时向印度保证，对巴基斯坦的军事援助以及对其参与SEATO和CENTO的支持，并不意味着忽略印度，而是为了应对共产主义的影响。③ 为了向巴基斯坦解释美国军事援助印度的必要性，美国政府特别向巴基斯坦政府和阿尤布总统解释称美国军事援助印度同样符合巴基斯坦的利益，美国政府已下定决心向印度提供军事援助，希望巴基斯坦能够理解美国的初衷，不反对美国向印度提供军事援助。尽管如此，美国政府也清楚，要使巴基斯坦打心底里不反对美国军事援助印度是不可能的，

---

① *Memorandum from the Executive Secretary of the Department of State* (*Brubeck*) *to the President's Special Assistant*, *for National Security Affairs* (*Bundy*), Washington, June 15, 1962, FRUS, 1961 ~ 1963, V XIX, Source: Department of State, Central Files, 611. 90D/6 ~ 1562.

② *National Security Council Report*, *NSC 5909/1*, *Washington*, *August 21*, *1959*, Source: Department of State, S/S – NSC Files: Lot 63 D 351, NSC 5909 Series, FRUS 1958 ~ 1960, XV, pp. 29 ~ 46.

③ *National Security Council Report*, *NSC 5909/1*, *Washington*, *August 21*, *1959*, Source: Department of State, S/S – NSC Files: Lot 63 D 351, NSC 5909 Series, FRUS 1958 ~ 1960, XV, pp. 29 ~ 46.

美国要做的就是尽力将风险降低到最小。综合考虑，这一目标的预期实现率为50%。

第二目标（赋值0.25）：巴基斯坦切断或减少与社会主义国家的交往。在美国政府看来，南亚所有国家（特别是印度和巴基斯坦）维持独立与完整，不受苏联的影响，对世界和平与美国国家利益至关重要。南亚地区任何一个国家政治不稳定性加剧都可能增强共产主义在该地区的影响力，甚至可能导致南亚地区的冲突，进而威胁到西方世界的和平。① 具体到巴基斯坦，为了维持巴基斯坦的独立和完整，美国敦促巴基斯坦切断或减少与社会主义国家的联系，并向巴基斯坦陈述发展与这些国家关系的弊端。然而，美国政府已意识到，由于肯尼迪政府开始执行亲印政策以及美国对印度的大量援助等因素，南亚次大陆的军事力量天平朝印度方向倾斜，必将造成美巴关系紧张，导致巴基斯坦寻求与社会主义国家更为紧密的关系。② 统合考虑，这一目标的预期实现率为50%。

第三目标（赋值0.20）：美国同时维持与印度和巴基斯坦的友好关系，③ 鼓励巴基斯坦改善与印度和阿富汗之间的关系④。其一，美国希望同时维持与印度和巴基斯坦的友好关系。在美国看来，同时维持与印巴两国的友好关系符合美国的国家利益，这样更有利于维持南亚地区稳定。但是由于印巴间存在难以化解的矛盾，巴基斯坦不愿意看到美国发展与印度的亲密关系，同样的，印度也不愿意看到美国发展与巴基斯坦的密切关系。这使得美国在处理美巴关系、美印关系和印巴关系时经常“手足无措”。尤其是在克什米尔问题上，由于美国不想在印巴间“选边站”，致使美国

---

① *National Security Council Report*，*NSC 5909/1*，*Washington*，*August 21*，*1959*，Source：Department of State，S/S－NSC Files：Lot 63 D 351，NSC 5909 Series，FRUS 1958～1960，XV，pp. 29－46.

② Syed Hussain Shaheed Soherwordi，“US Foreign Policy Shift towards Pakistan between 1965 & 1971 Pak-India Wars”，*A Research Journal of South Asian Studies*，Vol. 25，No. 1，January～June，2010，p. 29.

③ *Telegram from the Department of State to the Embassy in Pakistan*，Washington，January 26，1962，FRUS，1961～1963，V XIX，Source：Department of State，Central Files，690D. 91/1～2662.

④ *National Security Council Report*，*NSC* 5909/1，*Washington*，*August* 21，1959，Source：Department of State，S/S－NSC Files：Lot 63 D 351，NSC 5909 Series，FRUS 1958～1960，XV，pp. 29～46.

在该问题上显得“无能为力”。1962 年 9 月 11 日，美国国务卿腊斯克在与巴基斯坦驻美国大使阿奇兹·艾哈迈德进行会谈提到克什米尔时认为，美国被夹在中间无能为力。美国把南亚次大陆看作一个整体，克什米尔问题分散了印巴两国本应用于经济发展的精力与资源。① 巴基斯坦也知道，美国因支持巴基斯坦在印度损失惨重。这种情况下，美国的杠杆和说服力有限。其二，减少地区内部争端。鉴于果阿事件、紧张的印巴和阿巴关系以及社会主义国家的影响，减少地区内紧张态势符合美国的国家利益。美国在该地区所面临的最大威胁不再是共产主义的压力，而是地区内部争端。②其三，缓解紧张局势和限制印巴军备竞赛二者相互关联和相互作用。要设法说服印度和巴基斯坦同意将其军事能力限制在现有水平之下，发展两国之间的友好关系，同时要设法说服它们联合制定保卫次大陆的计划，并减少各自军事建设规模。这样做既可以达到抵抗共产主义影响的目的，又可以不损害两国维持国内安全的能力。③ 其四，鼓励南亚地区国家的政府和人民扩大和加强与西方世界的联系。加强与南亚国家政府，特别是印度和巴基斯坦政府更坦率地与美国进行磋商。寻求一切合适的手段缓解印巴之间的紧张和敌意。美国政府意识到，保持印巴双方的信息、文化和人员的交流有助于实现美国在该地区的目标，④ 当然，美国也意识到同时维持与印巴两国的友好关系面临很大困难。统合考虑，这一目标的预期实现率为 50%。

第四目标（赋值 0. 10）：综合考虑军事援助与经济援助。关于是否继续或减少向巴基斯坦提供军事援助，是否从提供军事援助转而提供经济援助等问题，美国政府意见不统一，但是不管何种观点，都同意要综合考虑

---

① *Telegram from the Department of State to the Embassy in Pakistan*, Washington, September 13, 1962, Source: Department of State, Central Files, 790D. 11/9 ~ 1362.

② *Paper Prepared by the Bureau of Near Eastern and South Asian Affairs*, Washington, undated. FRUS, 1961 ~ 1963, V XIX, Source: Department of State, Central Files, 611. 90/1 ~ 1062.

③ *National Security Council Report*, *NSC* 5909/1, *Washington*, *August* 21, 1959, Source: Department of State, S/S – NSC Files: Lot 63 D 351, NSC 5909 Series, FRUS 1958 ~ 1960, XV, pp. 29 ~ 46.

④ *National Security Council Report*, *NSC* 5909/1, *Washington*, *August* 21, 1959, Source: Department of State, S/S – NSC Files: Lot 63 D 351, NSC 5909 Series, FRUS 1958 ~ 1960, XV, pp. 29 ~ 46.

军事援助与经济援助。具体而言，有如下几种观点：其一，继续向巴基斯坦提供军事援助。通过提供军事援助，一方面，巴基斯坦部队能够维持国内安全，有效抵制外部入侵；另一方面，可以为集体安全发挥作用，在域外为集体军事行动提供象征性的部队。其二，减少巴基斯坦对美国军事援助的依赖。1959年8月6日，NSC 5909的调查结果表明，巴基斯坦部队规模的减少将有助于缓解南亚的紧张局势，并有利于该国经济的增长。反之，增加军事援助可能会引发印巴之间的战争。① 当然，这并不意味着美国可以直接减少对巴基斯坦的军事援助，而是有前提条件，即巴基斯坦部队已具备良好的组织能力、完善的后勤保障系统，最重要的是，巴基斯坦的军事目标能够在逐渐减少对美国援助的依赖下得以实现。② 其三，从军事援助转移到经济援助。众议员富布赖特是这一观点的代表人物。1959年4月11日，富布赖特在写给国务卿赫脱的信中表示，对巴基斯坦的援助应从军事领域转移到经济领域，这更有助于巴基斯坦自身的发展，也更有益于保护美国的利益。③ 然而，在美国政府中也存在诸多反对削减军事援助的声音。JCS认为，鉴于CENTO和SEATO成员国的军事目标、巴基斯坦经济形势以及未获得军事援助计划支持的巴基斯坦军队是东巴基斯坦唯一的安全力量等因素，美国在巴基斯坦的军事目标计划近期不会发生重大变化。与此同时，JCS认为，如果仅从内部安全与自卫需求考虑，巴基斯坦目前的军事和准军事力量已超出美国基于战略需求所需要的军事力量。然而，巴基斯坦维持一定规模的军事力量不只是要维护内部安全与满足自卫需求，而是有更高的需求，比如为集体安全发挥实质性作用等。因此，美国削减对巴基斯坦军事援助的时机还不成熟。事实上，巴基斯坦不仅坚决

---

① *Memorandum of Discussion at the 416th Meeting of the National Security Council*, Washington, August 6, 1959, Source: Eisenhower Library, Whitman File, NSC Records, FRUS 1958～1960, XV, pp. 17～21.

② *National Security Council Report*, *NSC* 5909/1, *Washington*, *August* 21, 1959, Source: Department of State, S/S-NSC Files: Lot 63 D 351, NSC 5909 Series, FRUS 1958～1960, XV, pp. 29～46.

③ Department of State, *Central Files*, 790D.5－MSP/4～1159.

反对削减武装力量，而且还要求美国继续提供先进的武器装备，取代过时的装备，以真正实现巴基斯坦部队的现代化。在JCS看来，美国如果想让巴基斯坦心甘情愿地同意削减军事建设目标，达到美国的要求，将更多的预算资源用于经济发展而不是军事开支，只有一个前提条件，那就是成功缓和印巴之间的紧张局势。① 然而，美国也清楚，鉴于印巴间的历史恩怨，缓和印巴之间的紧张局势谈何容易。统合考虑，这一目标的预期实现率为60%。

第五目标（赋值0.05）：维持美巴联盟。尽管美国政府内部存在诸多质疑美巴联盟继续存在价值的声音，但是整体来看认可继续维持美巴联盟的呼声更高。美国近东和南亚事务局指出：尽管巴基斯坦的人口不到印度的四分之一，政治和经济落后于印度，对其他国家的影响也没有印度那么大，但是由于其地理位置及战略地位，对美国具有相当重要的价值。它奉行与美国结盟的政策，因此在西方世界占有一席之地，美国向其提供高于非结盟国家的军事和经济援助以保证其免遭他国侵犯。② 美国期望美巴联盟关系能够达到如下目标：美国在联合国获得巴基斯坦的支持、巴基斯坦成为美国在南亚部署于社会主义国家周边的“安全锚”、巴基斯坦允许美国使用其基地。美国国家安全委员会报告（NSC 5909/1）指出：巴基斯坦是美国的一个重要盟友，继续促进其经济进步，维护其内部稳定和保持其防御能力符合美国的国家利益。尤为重要的是，要确保一个稳定的非共产党政府有意愿并且有能力抵制国内外共产主义发展的压力。③ 为此，如果有国家公然侵犯巴基斯坦或企图推翻现政权，根据《东南亚条约》和《巴格达条约》协议，美国应该履行其义务。④ 众所周知，联盟关系的维持要

---

① *Paper Prepared by the National Security Council Planning Board*, Washington, May 26, 1959, Source: Department of State, S/S – NSC Files: Lot 63 D 351, NSC 5701 Series, FRUS 1958 ~ 1960, XV, pp. 5 ~ 6.

② *Paper Prepared by the Bureau of Near Eastern and South Asian Affairs*, Washington, undated, FRUS, 1961 ~ 1963, V XIX, Source: Department of State, Central Files, 611. 90/1 ~ 1062.

③ *National Security Council Report*, *NSC* 5909/1, *Washington*, *August* 21, 1959, Source: Department of State, S/S – NSC Files: Lot 63 D 351, NSC 5909 Series, FRUS 1958 ~ 1960, XV, pp. 29 ~ 46.

④ *National Security Council Report*, *NSC* 5909/1, *Washington*, *August* 21, 1959, Source: Department of State, S/S – NSC Files: Lot 63 D 351, NSC 5909 Series, FRUS 1958 ~ 1960, XV, pp. 29 ~ 46.

靠双方，仅一方支持是无法保证联盟关系正常运转的。事实上，关于美巴联盟是否有继续存在下去的必要性，无论是在美国还是在巴基斯坦，都既有支持者，又有质疑者。随着南亚局势的变化，尤其是美国下定决心军事援助印度后，质疑美巴联盟的声音越来越多。巴基斯坦对美国军事援助印度怨声载道，美国对美巴联盟的继续维持也越来越缺乏信心。尽管如此，美国依然想尽办法去维持美巴联盟关系，综合考虑，这一目标的预期实现率为60%。

2. 美国预期军事援助有效值的计算及评估

根据上述美国军事援助巴基斯坦的预期目标及实现率，现计算美国预期军事援助有效值如下：

$P1 = 0.40 \times 50\% + 0.25 \times 50\% + 0.20 \times 50\% + 0.10 \times 60\% + 0.05 \times 60\% = 0.515$

评估：

因为 $0.5 < P1 = 0.515 < 0.7$，所以预期军事援助有效，美国向巴基斯坦提供军事援助的积极性高。

（二）巴基斯坦预期军事援助有效性评估

如前所述，在美国有相当一部分人质疑美巴联盟继续存在的价值。同样的，在巴基斯坦，质疑美巴联盟继续存在的声音也不绝于耳，巴基斯坦对美国越来越不信任。1962年6月15日，美国国务院执行秘书布鲁贝克在提交给美国总统特别助理邦迪的备忘录中指出，为了不使印度从苏联获得米格－21战斗机，美国计划向印度提供F－104战斗机，这无疑增加了巴基斯坦对美国的不信任感。印度试图建立一支超音速武装部队的事实加剧了巴基斯坦人因果阿事件而带来的恐慌。果阿事件后，美国通过多种方式力图减轻巴基斯坦的担心，包括肯尼迪总统多次写信给阿尤布总统承诺保障巴基斯坦的安全。尽管有这些承诺，但巴基斯坦依然不信任印度，非常担心遭到印度的攻击。巴基斯坦的怀疑与失望使其质疑美巴联盟的价值所在。有迹象表明，此阶段巴基斯坦正重新评估与西方结盟的价值。然而，除了与美国结盟外，巴基斯坦别无选择。[①] 尽管反对声日益增强，阿尤布仍公开声称坚持原有路线。与此同时，巴基斯坦仍对美国的军事援助抱有幻想：希望通过获得美国的军事援助维持足够的军事实力，防止其邻国（尤其是印度）以武力解决争端的图谋；在美国的保护下，大力发展经济。备忘录还指出，巴基斯坦允许美国使用其设施给巴基斯坦带来了压力和威胁，尤其是U－2事件后，巴基斯坦面临的压力与日俱增。巴基斯坦在绝大多数重大政治问题上站在美国一边。相应的，巴基斯坦要求美国提供经济和军事援助，在事关其独立生存的问题上提供强大的政治和道义支持，尤其是在克什米尔和阿巴边界问题上。

1. 巴基斯坦接受美国军事援助的预期目标及实现率

第一目标（赋值0.4）：不妨碍与社会主义国家的正常交往。巴基斯坦希望能够继续维持与美国的盟友关系，从而继续获得美国的军事援助。但是，鉴于美国日益向印度示好，巴基斯坦感觉单纯地依靠美国已不符合自身的国家利益。巴基斯坦认为，美国对印度大规模的军事援助将会扰乱南亚地区的权力平衡，破坏巴基斯坦所能接受的防御底线（印巴军事实力之比为3∶1）。更何况，美国对印度的大规模军事援助并不以迫使印度解决克什米尔问题（通过直接谈判或联合国途径）为前提。巴基斯坦出于安全考虑加入美国支持的地区集体安排，然而并没有为巴基斯坦带来安全。为此，巴基斯坦不得不寻求其他依靠，加大与社会主义国家的联系，力争实现关系正常化。[②] 以巴苏关系为例，如果巴基斯坦缓和与苏联的紧张关系，苏联在领土争端问题上支持阿富汗的力度会减弱。同时，通过改善与巴基斯坦的关系，苏联也可以弱化美国在其南翼建立起来的联盟的力量。总之，巴基斯坦已下定决心，在维持与美国盟友关系的同时，大力发展与社

---

① *Memorandum from the Executive Secretary of the Department of State* (*Brubeck*) *to the President's Special Assistant*, *for National Security Affairs* (*Bundy*), Washington, June 15, 1962, FRUS, 1961～1963, V XIX, Source: Department of State, Central Files, 611.90D/6～1562.

② Syed Hussain Shaheed Soherwordi, 2010: "US Foreign Policy Shift towards Pakistan between 1965 & 1971 Pak－India Wars", *A Research Journal of South Asian Studies*, Vol. 25, No. 1, January～June, p. 29.

会主义国家的关系。如果美国试图阻碍，巴基斯坦甚至会不惜冒中断与美国结盟的风险。综合考虑，这一目标的预期实现率为80%。

第二目标（赋值0.25）：美国尽量减少对印度的军事援助。下一阶段（1962～1965年），与其说巴基斯坦关心美国对自己的军事援助，不如说更关心美国对印度的军事援助。巴基斯坦对于美国向印度提供军事援助是深恶痛绝的。为此，巴基斯坦向美国提出最多的要求是停止或减少对印度的军事援助。如果无法做到这一点，那么，其一，希望美国在向印度提供军事援助之前与巴基斯坦进行磋商。或者，其二，美国向巴基斯坦提供额外的军事援助，以维持与印度的军事平衡。另外，巴基斯坦还向美国解释不能向印度提供军事援助的原因：其一，南亚的防御需要印巴解决相互间的争端，但是美国对印度的援助无助于这一目标。其二，巴基斯坦认定印度为头号敌人。印度的军事建设对巴基斯坦构成威胁，尽管美国承诺保障巴基斯坦的安全，但是巴基斯坦认为必须靠自己。另外，印度的军事建设使其立场更趋强硬，由此可能带来的后果是印度穆斯林遭到驱逐以及印巴边境冲突。因此，尽管美国帮助印度是其全球战略的一部分，但是巴基斯坦更担心印度军事建设对巴基斯坦的影响。1962年11月5日，阿尤布总统在拉瓦尔品第会见麦康瑙希大使时说，美国当然有权利向印度提供武器，但是他也有权利谴责这一行为，因为：其一，这违背了肯尼迪总统做出的“如果美国向印度提供军事援助会提前与巴基斯坦磋商”的承诺；其二，印度不值得信任；其三，印度不缺这些物资，因为它有生产这些物资的设备。[①] 1962年12月17日，阿尤布总统在写给肯尼迪总统的信中再次强调，如果克什米尔问题得不到满意解决，印巴分歧不可能解除。因此，美国帮助尽早解决克什米尔问题非常重要，而任何对印度的武器供应都将阻碍这一问题的解决。阿尤布总统警告肯尼迪总统，对印度的军事援助已在巴基斯坦引起极大惊慌，如果在不与巴基斯坦磋商的情况下增加对印度的军事援助，将

① *Telegram from the Embassy in Pakistan to the Department of State*, Karachi, November 5, 1962, Source: Department of State, Central Files, 691.93/11～562.

会引发更大的惊恐与批评。[①] 综合考虑，这一目标的预期实现率为 60%。

第三目标（赋值 0.20）：迫使印度在克什米尔问题上让步。在巴基斯坦看来，印度不仅在经济上依赖美国，军事上也越来越依赖美国，美国完全可以借此让印度在克什米尔问题上做出妥协与让步。1962 年 10 月 13 日和 15 日，巴基斯坦外交部长穆罕默德·阿里在拜见国务卿腊斯克和总统肯尼迪时均强调，美国有必要迫使印度主动去解决克什米尔问题。[②] 但是巴基斯坦越来越意识到，要求美国做到这一点的难度比较大。因为在此阶段（1959～1962 年）美国都没有做到，何况在下一阶段（1962～1965 年）。综合考虑，这一目标的预期实现率为 50%。

第四目标（赋值 0.10）：美国区别对待盟友与中立国。巴基斯坦希望美国能够区别对待盟友与中立国，换句话说，因为巴基斯坦是美国的盟友，印度是中立国，美国要更加重视巴基斯坦而不是印度，尤其是美国不能偏袒印度。巴基斯坦希望：第一，美国向巴基斯坦提供有保障的援助，并确保巴基斯坦避免受到包括印度在内的他国攻击；第二，美国继续承诺履行地区安全协议下的义务；第三，美国继续向巴基斯坦提供军事和经济援助；第四，美国在解决克什米尔问题上提供帮助。然而，巴基斯坦对美国越来越倾向于印度表现出焦虑与不安。巴基斯坦驻美国大使阿奇兹·艾哈迈德在与国务卿腊斯克会谈时指出：巴基斯坦人民相信，美国对盟友与中立国的区别对待越来越模糊，作为盟友，巴基斯坦人民想知道盟友身份对巴基斯坦来说存在的价值。在巴基斯坦人民看来，中立的印度获得同样的好处，却不用承担盟友的成本与风险。关键是，巴基斯坦在克什米尔问题上没有得到盟友起码的支持。[③] 更令巴基斯坦担心的是，如果非要美国在南亚次大陆国家中做出选择，尽管巴基斯坦比印度更为“亲西方”，美

---

① *Letter from President Ayub to President Kennedy*, Karachi, December 17, 1962, Source: Department of State, Central Files, 690D. 91/12～2262.

② *Telegram from the Department of State to the Embassy in Pakistan*, Washington, October 16, 1962, Source: Department of State, Central Files, 790D. 11/10～1662.

③ *Telegram from the Department of State to the Embassy in Pakistan*, Washington, September 13, 1962, Source: Department of State, Central Files, 790D. 11/9～1362.

国可能更倾向于印度。综合考虑，这一目标的预期实现率为50%。

第五目标（赋值0.05）：继续维持美巴联盟。巴基斯坦批评美国的印度政策，因中立国家得到美国给予盟友相同甚至更多援助的事实而质疑巴基斯坦作为美国盟友的价值。在巴基斯坦看来，美国并未真正履行一个盟友的责任，因此对美巴联盟越发感到不满，但是巴基斯坦并不想主动提出中断美巴联盟关系，毕竟这一关系还有存在的价值，它可以以此来向美国提出包括军事援助等在内的要求。从美国方面来讲，只要存在美巴联盟关系，哪怕是名义上的，美国也不会完全置巴基斯坦的利益于不顾。况且，在美国看来，美国和巴基斯坦对共产主义的态度是一致的，只是在具体的时间和细节上存在分歧。① 综合考虑，这一目标的预期实现率为50%。

2. 巴基斯坦预期军事援助有效值的计算及评估

根据上述巴基斯坦接受美国军事援助的预期目标及实现率，现计算巴基斯坦预期军事援助有效值如下：

$P2 = 0.40 \times 80\% + 0.25 \times 60\% + 0.20 \times 50\% + 0.10 \times 50\% + 0.05 \times 50\% = 0.645$

评估：

因为 $0.5 < P2 = 0.645 < 0.7$，所以预期军事援助有效，巴基斯坦接受美国军事援助的积极性高。

总之，由于P1和P2都大于0.5小于0.7，因此，作为援助国，美国会继续向巴基斯坦提供军事援助。

① *Memorandum of a Conversation*, Department of State, Washington, May 8, 1959, Source: Department of State, Central Files, 790D. 5622/5～859, FRUS 1958～1960, XV, pp. 726～729.

第五章 美国军事援助巴基斯坦的衰退期（1962～1965年）

1962年中印边界冲突后，整个南亚地区的政治、安全局势发生重大变化。在美国政府看来，必须从西方世界安全的角度来看待这一局势变化。[①] 美国和西方其他国家与次大陆国家的关系做出重大调整，最明显的变化就是肯尼迪政府借机加大对印度的援助力度，力图调整并改善与印度的关系。但是出于全球战略的考虑，[②] 美国仍然致力于维持南亚地区的稳定，即在保持美巴同盟关系的同时，力争在巴基斯坦和印度中间维持平衡。[③] 与此同时，美国认为此时是解决印巴问题的重大机遇，鼓励印巴解决分歧，尽一切可能实现和解。[④] 显然，巴基斯坦对美国的政策调整极为不满，但由于在诸多方面还要依赖于美国，因此并没有主动破坏与美国的盟友关系，而是继续接受美国的军事援助。1965年10月印巴战争（史称第二次印巴战争）爆发，美国出于“公平”考虑，暂停对印度和巴基斯坦的军事援助。

---

① *Telegram from the Department of State to the Embassy in India*, Washington, November 25, 1962, Source: Department of State, Central Files, 691.93/11～2562.

② *Telegram from the Department of State to the Embassy in Pakistan*, Washington, December 22, 1962, Source: Department of State, Central Files, 690D.91/12～2262.

③ *Memorandum of Conversation*, Nassau, December 20, 1962, Source: Department of State, Central Files, 691.93/12～2062.

④ *Telegram from the Embassy in Pakistan to the Department of State*, Karachi, January 22, 1963, Source: Department of State, Central Files, 791.56/1～2263; *Telegram from the Department of State to the Embassy in Pakistan*, Washington, November 18, 1962, Source: Department of State, Central Files, 791.56/11～1862.

第一节　美国和巴基斯坦的关系

一、美国的态度、立场和行动

1962年11月25日，美国国务卿腊斯克在发给驻巴基斯坦大使麦康瑙希的电报中对中印边界冲突之后的政治与安全局势进行了评估：第一，不管印度过去犯过何种“罪行”，当前南亚地区局势已发生巨大变化。第二，中印冲突使印巴有了共同利益，从而为解决印巴分歧创造了条件，这是之前所不具备的。第三，美巴联盟的目的是应对共产主义影响。既然印度也意识到这一点，美国愿意联合印度共同应对这一威胁。第四，对印度的援助符合美国和巴基斯坦的利益。第五，在美国援助印度之际，如果巴基斯坦发展与中国的密切关系，其一，此举会被视为对整个西方世界承诺的背叛，其二，这并不符合巴基斯坦的国家利益。第六，美国将竭尽所能通过规劝而不是命令的方式促使印巴两国团结。第七，美国继续遵守军事援助巴基斯坦的承诺，如果印度向美国提出军事援助的请求，美国也要给予支持。第八，美国承诺维护巴基斯坦的领土完整。同时，希望阿尤布抓住机会与尼赫鲁解决印巴分歧。腊斯克让大使将此电报内容转告给巴基斯坦总统阿尤布。①

（一）美国没有听从建议向印度施压

1962年10月13日，巴基斯坦外交部长穆罕默德·阿里在会见美国国务卿腊斯克时建议美国向印度施压，迫使其在克什米尔等问题上做出妥协，从而解决印巴之间的争端。随后，美国的立场和态度日趋明朗，认为美国此时不宜向印度施压，在麦康瑙希看来，美国向印度施压绝对是一个

① *Telegram from the Department of State to the Embassy in India*, Washington, November 25, 1962, Source: Department of State, Central Files, 691.93/11～2562.

错误的决定，美国不应该，印度更不会答应。[①] 1962 年 10 月 27 日，肯尼迪总统在写给阿尤布总统的信中表示，现在这个节点不适合就克什米尔做出承诺。在冷战的形势下，美国希望包括巴基斯坦等国在内的盟友竭尽所能共同应对共产主义的挑战。[②]

（二）印巴会谈

在美国的南亚政策中，印巴关系绝对是一个“烫手山芋”，既希望看到印巴之间尽快和解，共同应对共产主义，同时又碍于与印度和巴基斯坦的关系，不能强行干预，只能旁敲侧击，力图双方都不得罪。但实际上很难把控，经常是适得其反，两面不讨好。

1. 美国希望印巴紧张关系得到缓解

美国希望印巴双方达成和解，这无论对于地区稳定，还是对美国的全球战略都有好处。1963 年 5 月 3 日，腊斯克拜见尼赫鲁总理时指出，出于国家利益考虑，美国必须考虑整个次大陆的安全。如果印巴之间是紧密无间、合作共赢，次大陆将坚不可摧；反之，如果印巴分歧严重、相互怀疑，美国很难提供防御支持。因此，美国特别关心这一问题的解决。[③]

美国政府认为，中印边界冲突为印巴和解提供了难得机会，这一契机转瞬即逝，需要美国尽可能抓住，同时需要印巴双方共同采取行动，如果印巴双方只看重自己的根本利益而不考虑对方的利益，将白白丧失这一机会。而化解印巴分歧的重要途径之一便是举行印巴会谈。1962 年 12 月 8 日，美国国务院在发给驻印度大使馆的电报中分别对巴基斯坦和印度提出建议和警告。对巴基斯坦的建议：这可能是自印度独立以来印巴和解的最佳时机，未来印度可能更不愿意妥协。对印度的警告：如果

---

① *Telegram from the Embassy in Pakistan to the Department of State*, Karachi, October 27, 1962, Source: Department of State, Central Files, 691.93/10 ~ 2762.

② *Telegram from the Department of State to the Embassy in Pakistan*, Washington, October 27, 1962, Source: Department of State, Central Files, 691.93/10 ~ 2762.

③ *Telegram From the Embassy in India to the Department of State*, New Delhi, May 4, 1963, Source: Department of State, Central Files, POL 32 ~ 1 INDIA – PAK.

印度仍然花费较大的精力对付巴基斯坦，美国不可能持续地向印度提供军事援助。①

2. 美国积极推动印巴会谈

在美国的极力促使下，印度和巴基斯坦同意举行谈判，从 1962 年 12 月 26 日到 1963 年 5 月 16 日，双方总共举行了六轮会谈。最终由于双方都不愿意做出令对方满意的妥协，会谈以失败告终。期间，美国为避免会谈半途而废，进行了积极地斡旋，为每一轮会谈做好充分准备，否则印巴双方恐怕很难坚持到第六轮。

（1）为启动印巴会谈造势

巴基斯坦和印度并不情愿坐下来谈判，认为不会有任何结果。美国也意识到，由于双方都没有做好"妥协"的准备，再加上不能向双方过度"施压"，若要促成会谈必将费一番周折。即便如此，美国还是尽最大努力将双方拉到谈判桌上，以推动会谈的发展。1962 年 12 月 16 日，科默向肯尼迪总统建议：第一，劝说尼赫鲁和阿尤布会谈，否则会丧失难得机会。肯尼迪总统可向两国领导人写信表明此立场。第二，最好的结果是会谈形成一个公报：双方认识到解决问题的重要性；会谈持续进行下去直到达成协议；双方妥协寻求解决方案；创建磋商机制，如技术委员会；同意达成决议的临时步骤。② 在美国的努力下，印巴双方同意举行部长级谈判（印巴第一轮会谈于 1962 年 12 月 26～29 日在拉瓦尔品第举行），美国为此深受鼓舞。1962 年 12 月 22 日，美国国务院在发给驻印度大使馆的电报中称，印巴会谈也许会耗时费力，但是相信，尼赫鲁和阿尤布总统最终会找到解决方法。没有什么比印巴直接谈判更有助于次大陆的安全与进步。③

---

① *Telegram From the Department of State to the Embassy in India*, Washington, December 8, 1962, Source: Department of State, Central Files, 690D. 91/12～862.

② *Memorandum From Robert W. Komer of the National Security Council Staff to President Kennedy*, Washington, December 16, 1962, Source: Kennedy Library, National Security Files, Countries Series, India, General, 12/16/62.

③ *Telegram From the Department of State to the Embassy in India*, Washington, December 22, 1962, Source: Department of State, Central Files, 691. 93/12～2262.

（2）为第二轮会谈（1963 年 1 月 16 ~ 19 日）做准备

1963 年 1 月 4 日，美国国务院在发给驻印度大使馆的电报中评析了印巴第一轮会谈，[①] 克什米尔问题谈判取得一些进展，为了在接下来的会谈中取得更大进步，需要营造氛围。美国希望巴基斯坦将精力集中于克什米尔问题的解决上，认真考虑争端的替代方案，不要举棋不定，左右摇摆。美国在这一进程中发挥了间接作用。但没有直接介入 1 月 15 日的会谈准备工作。美国鼓励双方考虑各种替代方案，尤其是在第一轮双方同意的原则基础上。美国希望在达卡会谈前能取得明显的、具体的进展。

（3）为第三轮会谈（1963 年 2 月 7 ~ 11 日）做准备

1963 年 1 月 26 日，科默在提交给肯尼迪总统的备忘录中指出，克什米尔谈判正处于关键时期。[②] 双方同意划分界限，但是都不愿意率先提出方案。巴基斯坦担心印度无意解决克什米尔问题。阿尤布个人试图将克什米尔谷地国际化，随后举行公投。美国认为印度不会放弃克什米尔谷地，因此，美国要设计出一个划分方案以拯救濒临破裂的谈判，而这一方案可能偏向于印度。在 3 月 8 日之前，美国要劝说印度做出一些姿态，从而使阿尤布相信，尼赫鲁并非没有诚心谈判，其建议尼赫鲁发表如下声明：印巴和解对应对外部威胁非常重要，他愿意在克什米尔安排上做出妥协。如果能使尼赫鲁率先做出让步，随后美国可以迫使阿尤布做出积极回应。按照科默的建议，肯尼迪总统给尼赫鲁总理写信称，美国之所以如此重视克什米尔争端的解决主要是因为它关系到次大陆的安全。该问题造成的敌对状态要求双方必须予以重视并尽力解决。希望印度做出积极和解的姿态，不要错过这一机会。如果这一问题得以解决，印度将会在世界舞台上发挥更积极的作用，否则将严重影响到次大陆的安全，使印美关系更加复杂且

---

① *Telegram From the Department of State to the Embassy in India*, Washington, January 4, 1963, Source: Department of State, Central Files, 690D. 91/1 ~463.

② *Memorandum From Robert W. Komer of the National Security Council Staff to President Kennedy*, Washington, January 26, 1963, Source: Kennedy Library, National Security Files, Countries Series, India, General, 1/24/63 ~1/29/63.

不利于美巴关系。①

（4）为第四轮会谈（1963年3月9～12日）做准备

1963年2月16日，美国国务院在发给驻印度大使馆的电报②中总结了印巴前三轮会谈。印度和巴基斯坦在第一轮放弃了各自固有立场，第二轮达成原则一致，第三轮比较务实。然而，双方努力避免触及敏感问题。截止目前，印度仍没有给出明确的解决方法。巴基斯坦恢复其原有立场，要么走国际化程序（印度拒绝），要么进行领土分割（冒政治风险）。展望即将在加尔各答举行的第四轮会谈，需要注意两个问题：第一，双方的谈判立场。印度可能会完全拒绝巴基斯坦的提议，果真如此的话，为推动会谈继续，美国需要向巴基斯坦施压。第二，加尔各答会谈的时间令人困惑。届时两国分别召开议会和大会，谈判双方面临各自国内的压力，增加了妥协的难度。然而，模糊的国际化理念不具可行性，需要有详细的计划，才可以为有价值的讨论奠定基础。

1963年2月20日，科默在提交给肯尼迪总统的备忘录中认为，没有美国的大力介入，克什米尔问题谈判不会取得实质性进步。③ 当然，即使美国介入，也不能保证问题得以解决。美国的作用：对巴基斯坦，警告阿尤布，如果克什米尔问题谈判因巴基斯坦的不妥协而失败，美国将继续帮助印度的军事发展。然而，也不能施加过大压力，阿尤布一旦在克什米尔问题上做出国内无法接受的妥协也将美国置于尴尬境地。对印度，美国的作用主要与军事援助有关。要让印度知道，美国军事援助印度与克什米尔问题的解决存在联系。随着美国的日益介入，对印度施加的压力逐步增加。但是存在一定的风险：如果美国高估自己，印度可能会认为与克什米

① *Telegram From the Department of State to the Embassy in India*, Washington, February 6, 1963, Source: Department of State, Central Files, POL 32～1 INDIA－PAK.

② *Telegram From the Department of State to the Embassy in India*, Washington, February 16, 1963, Source: Department of State, Central Files, POL 32～1 INDIA－PAK.

③ *Memorandum From Robert W. Komer of the National Security Council Staff to President Kennedy*, Washington, February 20, 1963, Source: Kennedy Library, President's Office Files, Staff Memoranda Series, R. Komer Security.

尔问题上的让步相比，寻求军事援助的代价更高。科默指出，截止目前，美国为促进会谈取得进展已做了大量工作。印巴会谈之所以能够顺利进行下去，得益于美国大使的努力，尽力获得某一方或双方的信任。希望肯尼迪总统继续同印巴领导人通信，向双方提出具有实质价值的建议（如缓和谷地划分的安排）。

（5）为第五轮会谈（1963 年 4 月 22 ~ 25 日）做准备

1963 年 3 月 21 日，美国国务卿腊斯克在提交给肯尼迪总统的备忘录中介绍了美国为印巴第五轮会谈准备的策略。① 第五轮会谈将主要讨论克什米尔谷地、可能的替代方案以及设计出日后会谈更有效的方法。在会谈前，美国将与尼赫鲁进行政治议价，美国向印度提供国防生产援助、支持空军以及可观的长期援助。反过来，美国要求印度承诺在会谈中在克什米尔谷地问题上更加务实。如果印度接受美国的要求，巴基斯坦必须做出积极回应。

1963 年 4 月 8 日，美国国务院政策规划委员会主席罗斯托（Rostow）在提交给肯尼迪总统的备忘录②中称，谷地问题是一个复杂的问题，涉及心理、政治和技术谈判等环节。首先，两国均面临着巨大的政治压力，在克什米尔谷地问题上很难做出任何哪怕是很小的让步；其次，从心理上来讲，无论是印度还是巴基斯坦，在克什米尔谷地问题上都不可能做出本国民众无法接受的妥协。另外，由于尼赫鲁和阿尤布都比较强势，不愿意做出妥协，因此若想在克什米尔问题上达成一致非常困难。

3. 美国继续在印巴之间发挥调停作用

起初美国对印巴会谈充满信心，但是随着印巴会谈的举行，美国逐渐意识到别说会谈取得多少成果，会谈能否继续进行下去都是问题。

鉴于印巴双方会谈迟迟无法取得预期效果，美国在双方第六轮会谈

---

① *Memorandum From Secretary of State Rusk to President Kennedy*, Washington, March 31, 1963, Source: Kennedy Library, President's Office Files, Countries Series, India, Security, 1963.

② *Memorandum From the Department of State Counselor and Chairman of the Policy Planning Council (Rostow) to President Kennedy*, Washington, April 8, 1963, Source: Kennedy Library, National Security Files, Countries Series, India, General, 4/12/63 ~ 4/23/63.

（1963年5月14～16日）之前就开始考虑印巴会谈中断后美国应该如何行动。美国政府一致认为要继续在印巴双方之间发挥调停人的作用。在美国看来，调停的目的是能够推动印巴和解向前发展，至于和解采取何种形式美国并不关心，只要印巴双方同意就行。当然，美国深知化解印巴之间矛盾将会面临重重困难，身为调停人，必须拿出自己的方案，但是一碗水端平很难做到。

尽管美国致力于在印巴关系中发挥调停作用，并开展了很多实际行动，由于印巴矛盾太深，最终仍无法阻止1965年印巴战争的爆发。

（三）建议巴基斯坦向印度示好

在美国看来，如果巴基斯坦能够主动向印度示好，不仅会为印巴和解奠定良好基础，而且符合巴基斯坦的自身利益，使其在今后的谈判中更具有灵活性。

1. 巴基斯坦不要趁机动用武力解决印巴间的争端

为了向印度示好，美国的第一个建议是：巴基斯坦不要趁机动用武力解决印巴间的争端。1962年10月27日，美国总统肯尼迪在写给阿尤布的信中建议巴基斯坦向印度掌握实权的军事领导人卡里阿帕（Cariappa）或蒂马亚（Thimayya）私下保证，巴基斯坦不仅没有趁火打劫的意图，而且会从克什米尔的停火线撤军。肯尼迪确信，巴基斯坦在印度困难时期给予印度支持不仅有助于抵制共产主义影响，而且会为最终解决印巴之间的分歧创造有利条件，这是巴基斯坦扭转印巴关系的绝佳机会。① 同一天，美国驻巴基斯坦大使麦康瑙希在发给国务院的电报中指出，如果阿尤布总统主动向尼赫鲁公开或私下表示同情，并理解印度所处的危险境地，保证不采取针对印度的军事行动，这对于未来印巴关系的改善大有裨益。麦康瑙希特别强调，巴基斯坦宣布放弃利用当前局势威胁印度符合巴基斯坦自身

① *Telegram from the Department of State to the Embassy in Pakistan*, Washington, October 27, 1962, Source: Department of State, Central Files, 691.93/10～2762.

的利益，使其在今后的双边谈判中更具灵活性。① 10 月 28 日，国务院在回复中赞同麦康瑙希的意见，建议阿尤布向尼赫鲁保证，巴基斯坦不会在此时乘人之危。从长远来看，这有助于印巴冲突的解决。② 1962 年 11 月 5 日，麦康瑙希在拉瓦尔品第会见阿尤布总统时再次表示，希望巴基斯坦对处于困境中的印度表示同情，不在克什米尔问题上向尼赫鲁施压，以便为危机后的谈判创造良好条件。③

2. 警告巴基斯坦中断与中国的边界谈判

为了向印度示好，美国的第二个建议是：巴基斯坦中断与中国的边界谈判。1962 年 10 月底，美国总统特别助理凯森（Kaysen）向肯尼迪总统建议，争取让阿尤布做出一些友好姿态，比如，公开切断与中国的边界谈判。④ 肯尼迪对此建议表示认可，在随后写给阿尤布的信中，中止中巴边界谈判是肯尼迪向巴基斯坦提出的行动之一。随着印巴会谈的开始，美国政府多次警告巴基斯坦，不要继续与中国就边界问题进行谈判，以免威胁到正进行的印巴会谈。⑤ 1963 年 3 月 9 日，肯尼迪总统在写给阿尤布总统的信中称，印巴和谈正如火如荼地举行，然而巴基斯坦与中国的谈判却对当前的气氛产生严重的负面影响。⑥ 显然，巴基斯坦并没有听从美国的安排。

总之，在美国看来，如果巴基斯坦能够抓住机会，无疑将会为改善印巴关系创造一个良好氛围，从而有助于促使克什米尔争端取得重大进展。

---

① *Telegram from the Embassy in Pakistan to the Department of State*, Karachi, October 27, 1962, Source: Department of State, Central Files, 691. 93/10 ~ 2762.

② *Telegram from the Department of State to the Embassy in Pakistan*, Washington, October 28, 1962, Source: Department of State, Central Files, 691. 93/10 ~ 2862.

③ *Telegram from the Embassy in Pakistan to the Department of State*, Karachi, November 5, 1962, Source: Department of State, Central Files, 691. 93/11 ~ 562.

④ *Memorandum from the President's Deputy Special Assistant for National Security Affairs (Kaysen) to President Kennedy*, Washington, October 26, 1962, Source: Kennedy Library, National Security Files, Countries Series, India, General, 10/26/62 ~ 10/27/62.

⑤ *Telegram from the Department of State to the Embassy in Pakistan*, Washington, October 27, 1962, Source: Department of State, Central Files, 691. 93/10 ~ 2762.

⑥ *Telegram from the Department of State to the Consulate at Dacca*, Washington, March 9, 1963, Source: Department of State, Central Files, POL 32 ~ 1 INDIA-PAK.

（四）美巴联盟与巴基斯坦的中立主义倾向

美国清楚，美巴两国对美巴联盟有不同理解，巴基斯坦将联盟看作是反对印度的手段，美国将其看作是西方世界防御社会主义阵营的组成部分。[①] 尽管如此，美国依然强调美巴联盟对巴基斯坦和美国的重要性。与此同时，指出巴基斯坦中立主义倾向的危害性。然而，在美国看来，中印边界冲突的爆发改变了次大陆的局势。美国认为要从西方世界安全的角度来看待这一局势，并将其看作美巴联盟关系的“试金石”。

1. 强调美巴联盟对巴基斯坦和美国的重要性

1962 年 11 月中旬，美国国务院指示驻巴基斯坦大使馆告诉巴基斯坦政府，除了外交支持外，巴基斯坦与美国的联盟具有其他重要意义。巴基斯坦要清楚，美国提供的大量经济援助和军事援助与美巴联盟关系直接挂钩。[②] 关于从 CENTO 和 SEATO 退出的问题，巴基斯坦忽略了美国提供军事援助与巴基斯坦参与这些安排承诺之间存在的必然联系。巴基斯坦应该清楚，从这些协定中退出将使美国不得不重新考虑是否继续对巴基斯坦提供军事援助。尽管美国发挥调停作用的印巴会谈以失败告终，美国对此感到失望，但是依然强调，美国重视与巴基斯坦的盟友关系，并认为结盟对巴基斯坦和美国都是有益的。[③] 1963 年 9 月 5 日，阿尤布总统与美国国务次卿鲍尔举行会谈。鲍尔再次向阿尤布总统重申，美国非常重视发展与巴基斯坦的关系。[④]

---

① *Telegram from the Department of State to the Embassy in India*, Washington, November 25, 1962, Source: Department of State, Central Files, 691. 93/11 ~2562.

② *Telegram from the Department of State to the Embassy in Pakistan*, Washington, November 18, 1962, Source: Department of State, Central Files, 791. 56/11 ~1862.

③ *Telegram from the Department of State to the Embassy in Pakistan*, Washington, July 11, 1963, Source: Department of State, Central Files, POL 32 ~1 INDIA – PAK.

④ *Telegram from the Embassy in Iran to the Department of State*, Tehran, September 5, 1963, Source: Department of State, Central Files, POL 7 US/BALL.

2. 巴基斯坦中立主义的倾向及美国的应对

中印边界冲突爆发后，巴基斯坦曾一度对印巴问题的解决充满信心，然而，美国的做法令其大失所望：其一，美国并没有如其所愿迫使印度在克什米尔问题上做出让步，反倒是要求巴基斯坦向印度示好；其二，美国在没有事先“咨询”巴基斯坦的前提下向印度提供军事援助。在此背景下，巴基斯坦提出发展与社会主义国家的关系以及威胁退出 CENTO 和 SENTO，表明巴基斯坦的中立主义倾向。

针对此，美国采取“大棒加胡萝卜”政策。一方面，美国警告巴基斯坦不要实施中立主义政策，这对巴基斯坦没有任何好处。美国告诉巴基斯坦，奉行不结盟政策的国家（印度）并没有比西方的盟友国家（巴基斯坦）多出更好的防御保护和更多的援助。① 如果巴基斯坦执意实施中立主义将会导致严重后果，迫使美国重新审视当前的美巴关系，对现有政策做出调整。② 另一方面，好言相劝巴基斯坦实行中立主义政策不可行且没有必要。美国国务次卿鲍尔提出如下理由：第一，美国军事援助印度规模相当有限。第二，作为印度军事物资的主要供应者，美国有“一旦印度攻击巴基斯坦，美国可以立即中断援助，从而大大削弱印度军事能力”的能力。第三，美国军事援助印度严格限定在只用于“防御共产主义”方面。第四，美国已经向巴基斯坦保证，只要巴基斯坦受到攻击，美国会向其提供援助。第五，像巴基斯坦这样面临共产主义和印度威胁的国家，采取中立主义政策不可行。巴基斯坦资源有限，若想通过中立主义或者不参与对抗社会主义阵营来保障安全是不现实的，这将威胁到巴基斯坦的独立。鲍尔郑重指出，巴基斯坦的未来取决于与美国的紧密关系。他希望在现有政策框架内，美国和巴基斯坦共同探讨可行的行动方案，从而提升巴基斯坦

---

① *Memorandum of Conversation*, Nassau, December 20, 1962, Source: Department of State, Central Files, 691.93/12 ~2062.

② *Telegram from the Embassy in Iran to the Department of State*, Tehran, September 5, 1963, Source: Department of State, Central Files, POL 7 US/BALL.

的安全感。①

（五）美国军事援助巴基斯坦

中印边界冲突后，美国在向印度提供军事援助的同时同意继续军事援助巴基斯坦，但是要受到某些因素的影响。

首先，美国军事援助巴基斯坦必须在美巴军事联盟关系的框架下进行。1963年7月13日，美国国务院在发给美国驻巴基斯坦大使馆的电报中指出，对巴基斯坦的三年军事援助承诺（1亿4390万美元）是美国现在优先考虑的问题，但是军事援助需要在联盟框架下进行，要符合美国国会拨款的条件。② 1963年12月19～20日，JCS主席泰勒访问巴基斯坦，在与阿尤布会谈时表示愿意并且有能力在必要的时候支持巴基斯坦国防。他说，美国准备与巴基斯坦讨论共同举行陆军和空军演习，还提及部署印度洋特遣部队（由一个航母和两或三个驱逐舰等组成）提供海上和空中保护。阿尤布对此不是特别感兴趣，认为如果没有一个明确的目标和计划，这只能是一个“花架子”。泰勒将军补充说，该计划会综合考虑美巴如何采取军事联合行动以有效应对来自四面八方的侵犯，而不仅仅限于某一方向或某一国家。③ 1963年12月23日，泰勒就下一步对巴基斯坦军事援助向国防部部长麦克纳马拉提交备忘录。备忘录指出，阿尤布总统及其主要幕僚认为西巴基斯坦有可能会受到外部进攻，而印度则是最主要的敌人，因此防御工事主要针对印度。虽然美国向巴基斯坦明确表示会保护其免受外来入侵，但是阿尤布及其幕僚仍然公开表示担心关键时刻美国的援助可能会因局势模糊、决策程序复杂以及距离遥远而推迟。阿尤布称，这些因

---

① *Telegram from the Embassy in Iran to the Department of State*, Tehran, September 5, 1963, Source: Department of State, Central Files, POL 7 US/BALL.

② *Telegram from the Department of State to the Embassy in Pakistan*, Washington, July 13, 1963, Source: Department of State, Central Files, DEF 19～3 US－PAK.

③ *Memorandum of Conversation*, Karachi, December 20, 1963, Source: Johnson Library, National Security File, International Meetings and Travel File, Taylor, Gen., Trip to India and Pakistan, December 1963.

素以及美国向印度提供援助困扰着巴基斯坦人民。鉴于巴基斯坦的军事状况，阿尤布为军事力量设定了必须具备威慑印度进攻能力的防御目标。为了有效威慑印度，巴基斯坦需要美国提供超音速飞机等重要的军事装备。在此形势下美国承认，增强巴基斯坦对美国的信心而不是抱怨更符合美国的利益。为此，美国答应向巴基斯坦提供一个五年军事计划。美国帮助西巴基斯坦五个半师实现现代化，另外提供两个超音速中队，从而增加巴基斯坦威慑印度的力量。但是，上述要求要以巴基斯坦改变对 CENTO、SEATO 和美国的态度为前提条件。① 1964 年 1 月 16 日，美国国务卿腊斯克在向约翰逊总统提交的备忘录中建议同意泰勒将军的提议，向印巴提出合理的五年军事援助计划，为了进一步推进该计划，需要告诉巴基斯坦：只有在一个可接受的政治框架下（巴基斯坦履行其对 CENTO、SEATO 和美国的义务），美国才会向巴基斯坦提供五年军事援助。②

其次，美国军事援助巴基斯坦受到中巴关系的影响。1963 年 12 月 11 日，邦迪和科默在提交给约翰逊总统的备忘录中指出，为安抚巴基斯坦，美国计划对其实施长期军事援助计划，前提是他们不再与中国开展密切合作。自 1954 年以来，美国便开始了对巴基斯坦的军事援助，在很多方面与现在美国将要对印度实施的援助类似。美国同意为巴基斯坦提供五个半师的现代化装备，实现其空军现代化，用超音速飞机取代过时的 F-86 战斗机。美国告知巴基斯坦会随时为其提供足够的装备，希望该支持能够限制巴基斯坦整体的军事目标以及将本应用于经济支出的外汇挪用至军事开支。美国计划每年提供4000 万美元的军事援助，但是要附加一些条件，尤其是不能与中国走得太近。泰勒将军打算访问巴基斯坦，重申与巴基斯坦的军事关系。第一，针对巴基斯坦制定一个 3~5 年军事援助计划，包括提

① *Memorandum from the Chairman of the Joint Chiefs of Staff (Taylor) to Secretary of Defense McNamara*, Washington, December 23, 1963, Source: Johnson Library, National Security File, International Meetings and Travel File, Taylor, Gen., Trip to India and Pakistan, December 1963.

② *Memorandum From Secretary of State Rusk to President Johnson*, Washington, January 16, 1964, Source: Johnson Library, National Security File, NSAMs, NSAM 279, Military Assistance to India and Pakistan.

供两个以上的超音速飞机中队。第二，在了解巴基斯坦的联盟意图之前不要向其透露美国针对它的军事援助计划。第三，3～5年军事援助计划取决于巴基斯坦与中国的关系以及美巴联盟规定的基本任务要求。由于巴基斯坦认为发展与中国的关系符合其国家利益，正如印度发展与苏联的关系符合印度的利益一样，因此对与两国的安全关系不抱有太大希望。①

再次，美国可以继续军事援助巴基斯坦，但是不能同意巴基斯坦获得额外援助的请求。1963年7月17日，科默在提交给邦迪的备忘录中建议，美国应该采取更灵活的策略，既要向巴基斯坦保证，也要提醒他们不要有非分之想，否则会得不偿失。科默反对向巴基斯坦提供额外的军事援助。在他看来，虽然巴基斯坦的“敲诈”不会改变大势，却会让美国付出更多的代价。美国军工生产委员会（WPB）私下向印度透露了三年计划的意图，并称这不是承诺，只是想继续维持与巴基斯坦良好的联盟关系。问题是美国将在1965～1968年向巴基斯坦提供两个F－5A中队。如果这一消息被泄露，印度肯定也会寻求获得超音速飞机。实际上，印度获得超音速飞机是早晚的事，美国对巴基斯坦提供F－5A只是为印度提供了借口而已。总之，对巴基斯坦没必要做出过多的承诺，这只会扩大巴基斯坦的欲望。②

（六）美巴关系

自中印边界冲突爆发后，美国深知，由于美国大力援助印度，美巴关系受到了严重影响。但是美国也意识到，有必要维持美巴关系的良性发展。

---

① *Memorandum from the President's Special Assistant for National Security Affairs (Bundy) and Robert W. Komer of the National Security Council Staff to President Johnson*, Washington, December 11, 1963, Source: Johnson Library, National Security File, Country File, India, Vol. I.

② *Memorandum From Robert W. Komer of the National Security Council Staff to the President's Special Assistant for National Security Affairs (Bundy)*, Washington, July 17, 1963, Source: Kennedy Library, National Security Files, Countries Series, Pakistan, General, 7/63.

1. 美国力图扭转巴基斯坦对美国的不良反应，巩固美巴关系

出于对美国军事援助印度的不满，巴基斯坦单方面拒绝在侦查基地问题上与美国合作，美国的侦察活动尚未被叫停，但是急需扩张基地建设的谈判已经停止。1963 年 7 月 31 日，美国中央情报局局长麦科恩（John McCone）在美国国家安全委员会第 516 届会议上指出，巴基斯坦批评美国的声音在增多，为此需要立即采取行动，如派遣高级代表跟阿尤布总统直接会谈，以扭转这种不利局面。麦科恩说，由于美国支持印度对抗中国引起了巴基斯坦的不良反应，通过国际财团援助巴基斯坦的努力并没有赢得巴基斯坦对美国的好感。① 鉴于此，美国总统约翰逊对双边关系的恶化表示严重关切，决定派遣国务次卿鲍尔及高级军事官员到访巴基斯坦同阿尤布总统共同商讨存在的问题，巩固同盟关系。美国向巴基斯坦表态称，尽管存在意见分歧，美国仍然继续全力支持巴基斯坦的经济发展，致力于帮助解决克什米尔问题，想尽各种办法使巴基斯坦坚信美国支持巴基斯坦应对来自包括印度在内的各方面的威胁。②

1964 年 3 月 11 日，美国驻巴基斯坦大使与国务卿塔尔博特拜见阿尤布总统时指出，巴基斯坦希望从美国得到：第一，美国提供有保障的援助，并确保巴基斯坦避免受到攻击；第二，美国继续承担地区协议下的义务；第三，美国继续提供军事和经济援助；第四，在解决克什米尔问题方面提供支持。美国基本上满足了巴基斯坦的上述要求。塔尔博特指出，美国希望从巴基斯坦获得：第一，巴基斯坦遵守 CENTO 和 SEATO 的承诺；第二，巴中关系不对美巴关系产生负面影响或者破坏美国在亚洲的政策。第三，拒绝对印度动武。③

---

① *Summary Record of the 516th Meeting of the National Security Council*, Washington, July 31, 1963, Source: Kennedy Library, National Security Files, Meetings and Memoranda Series, NSC Meetings, No. 516.

② *Telegram from the Department of State to the Embassy in Pakistan*, Washington, March 9, 1964, Source: National Archives and Records Administration, RG 59, Central Files 1964 ~ 66, POLPAK – US.

③ *Telegram from the Embassy Office in Pakistan to the Department of State*, Rawalpindi, March 11, 1964, Source: National Archives and Records Administration, RG 59, Central Files 1964 ~ 66, POLPAK – US.

为防止巴基斯坦从SEATO退出，1964年8月16日，美国国务院在发给驻巴基斯坦大使馆的电报中建议，美国可以采取如下步骤：大使立即拜见阿尤布总统并告诉他，美国不会质疑巴基斯坦决定自己国家利益的权利，反之亦然。要让阿尤布明白，巴基斯坦退出SEATO会对美国产生严重的负面影响，进而严重影响美巴关系。阿尤布必须意识到，任何支持中国的立场都会引起美国国会与民众的激烈反应。美国要让巴基斯坦明白退出SEATO给巴基斯坦所带来的后果。同时，美国召见古拉姆·艾哈迈德大使向其表达同样的观点并阐明，这可能会影响美国提供F－104战斗机的“政治氛围”。同时，要让巴基斯坦明白，巴基斯坦采取的不利于美国的行动将不可避免地影响到美国对巴基斯坦的继续援助。另外，要使巴基斯坦明白此类行动将危及两国高层的交往，而这对于维护两国关系至关重要。① 1964年9月24日，邦迪与巴基斯坦财政部长阿伊布举行会谈。邦迪认为美巴联盟对双方都有好处：首先，有助于巴基斯坦加强对脆弱侧翼的保护；其次，有助于双方的政治沟通。然而现在，美国抱怨巴基斯坦倒向中国，而巴基斯坦抱怨美国援助印度。美国力图表明，美国对巴基斯坦的立场没有改变，依然重视发展与巴基斯坦的关系。而阿伊布坚称，阿尤布知道巴基斯坦离不开美国，因此并没有脱离美国的打算。为了使阿尤布与约翰逊相互了解彼此，两位总统应该尽早举行会谈并交换意见，这是避免误解的最好方法。②

2. 美国对巴中关系的发展表示关切

在美国看来，阻碍美巴关系发展的主要障碍不是美印关系而是巴中关系。美国在不同场合，以不同形式表达对巴基斯坦发展巴中关系的关注，并暗示巴中关系可能对南亚局势以及美巴关系产生的消极影响。

1963年8月7日，美国驻巴基斯坦大使在基达拜见阿尤布总统时称，

① *Telegram from the Department of State to the Embassy in Pakistan*, Washington, August 16, 1964, Source: National Archives and Records Administration, RG 59, Central Files 1964～66, POL 1 PAK.

② *Memorandum for the Record*, Washington, September 24, 1964, Source: Johnson Library, National Security File, Country File, Pakistan, Vol. II 6/64～11/64.

没有什么可以阻止美国承担保护西方世界的义务，而且这也符合巴基斯坦的利益。大使指出，如果巴基斯坦与美国的敌人进行合作，美国肯定会做出消极反应。①

1963 年 10 月 3 ~6 日，美国总统约翰逊、国务次卿鲍尔和哈里曼在会见巴基斯坦外交部长布托时强调，特别关注巴基斯坦与中国的关系，而这也坚定了印度在克什米尔争端上不妥协的立场。②

1963 年 12 月 20 日，泰勒在与阿尤布总统会谈时表示，他作为巴基斯坦及阿尤布总统的老朋友，对过去几年美巴关系明显下滑的趋势感到遗憾。阿尤布总统说，关于巴中关系，美国没有必要担心，毕竟美国也发展与苏联的关系，并允许其官员到访华盛顿。③

1964 年 3 月 9 日，美国国务院在发给驻巴基斯坦大使馆的电报中称，约翰逊让塔尔博特告诉阿尤布，美国的容忍是有限度的。一旦超过限度，美国将不会继续给予支持。尽管巴基斯坦口头上表示坚持联盟，但采取的策略却与美国在亚洲的反共战略不一致。西方世界不可能允许印度屈服于社会主义国家或四分五裂。④

1964 年 3 月 11 日，美国驻巴基斯坦大使与助理国务卿塔尔博特拜见阿尤布总统时表示，美国担心美国和巴基斯坦在对待中国的态度上会背道而驰。塔尔博特指出，巴中关系不仅使美国感到难堪，而且使那些致力于印巴和解的人面临困境。阿尤布回应道，巴基斯坦别无选择。同时，他再

① *Telegram from the Embassy in Pakistan to the Department of State*, Karachi, August 8, 1963, Source: Department of State, Central Files, POL 7 US/BALL.

② *Telegram from the Department of State to the Embassy in Pakistan*, Washington, October 10, 1963, Source: Department of State, Central Files, DEF 19 US – INDIA.

③ *Memorandum for the Record*, Karachi, December 20, 1963, Source: Johnson Library, National Security File, Internatioal Meetings and Travel File, Taylor, Gen., Trip to India and Pakistan, December 1963.

④ *Telegram from the Department of State to the Embassy in Pakistan*, Washington, March 9, 1964, Source: National Archives and Records Administration, RG 59, Central Files 1964 ~66, POLPAK – US.

次向塔尔博特保证，巴基斯坦绝不会做任何威胁美国利益的事情。①

为了扭转这种局面，让巴基斯坦“迷途知返”，众多机构和个人建议，如果巴基斯坦不调整对中国的政策，美国应该暂停对巴基斯坦巨额的援助。②

3. 美国支持印度是有理由的

美国知道巴基斯坦对美国的印度政策不满，美国军事援助印度是导致美巴关系恶化的最直接原因，但是希望巴基斯坦明白美国是出于全球反共战略的考虑才帮助印度的，③ 并非不重视美巴关系。1963年8月7日，美国驻巴基斯坦大使拜见阿尤布总统时表示，无论巴基斯坦持何种态度，美国都会支持印度反对中国以及支持印度扩大域外的影响力。④

1964年3月11日，美国驻巴基斯坦大使与助理国务卿塔尔博特拜见阿尤布总统时表示，美国完全理解巴基斯坦担心美国的印度政策，但是美国已经多次向巴基斯坦保证，而且军事援助印度符合巴基斯坦的利益。⑤ 1964年9月24日，邦迪在与巴基斯坦财政部长阿伊布举行会谈时再次强调，避免印度崩溃符合巴基斯坦的利益。⑥

---

① *Telegram from the Embassy Office in Pakistan to the Department of State*, Rawalpindi, March 11, 1964, Source: National Archives and Records Administration, RG 59, Central Files 1964～66, POLPAK－US.

② *National Intelligence Estimate*, Washington, March 24, 1965, Source: Central Intelligence Agency, Job 79－R01012A, ODDI Registry of NIE and SNIE Files. *Memorandum From Robert Komer of the National Security Council Staff to President Johnson*, Washington, April 2, 1965, Source: Johnson Library, National Security File, Country File, Pakistan, Ayub Khan Visit, 4/65.

③ *Telegram from the Department of State to the Embassy in Pakistan*, Washington, March 9, 1964, Source: National Archives and Records Administration, RG 59, Central Files 1964～66, POLPAK－US.

④ *Telegram from the Embassy in Pakistan to the Department of State*, Karachi, August 8, 1963, Source: Department of State, Central Files, POL 7 US/BALL.

⑤ *Telegram from the Embassy Office in Pakistan to the Department of State*, Rawalpindi, March 11, 1964, Source: National Archives and Records Administration, RG 59, Central Files 1964～66, POLPAK－US.

⑥ *Memorandum for the Record*, Washington, September 24, 1964, Source: Johnson Library, National Security File, Country File, Pakistan, Vol. II 6/64～11/64.

4. 美国要保障巴基斯坦不会受到印度的进攻

美国已向巴基斯坦提供许多实质性援助，但更重要的是如何使巴基斯坦相信：当巴基斯坦遭到攻击时，美国会提供支持。塔尔博特说，阿尤布真正关注的是美国保证巴基斯坦不会受到印度进攻，而不是美国对印度提供多少军事帮助。哈里曼认为，巴基斯坦确实担心印度的进攻，因此美国应该想办法如何给他们“吃定心丸”。但是在麦科恩看来，根本无法消除阿尤布对印度的担忧。约翰逊总统认为阿尤布并非真正害怕印度，只是担心巴基斯坦失去攻击或平衡印度的能力。① 为了让巴基斯坦相信美国有能力帮助其有效应对来自印度的攻击，美国国防部长麦克纳马拉于 1963 年 8 月 16 日在提交给泰勒的备忘录中讨论了在印度洋部署航母特派舰队的可行性。②

1963 年 9 月 6 日，美国驻葡萄牙大使馆在发给美国国务院的电报中称，自 1947 年印巴分治以来，巴基斯坦对来自印度的威胁的警惕就深深植根于巴基斯坦民众的血液中。自阿尤布执政以来，巴基斯坦对印度采取军事行动打击巴基斯坦的恐惧更是与日俱增。印度采取武力措施占据居那加德（Junagadh）、海德拉巴、克什米尔以及果阿加剧了这种担心。如果任由当前局势发展，美巴关系只会越来越差，巴基斯坦将面对越来越大的压力，从而逐步走向中立。这可能意味着巴基斯坦逐步趋向社会主义国家，导致最终退出联盟。在这关键时期，为维持与巴基斯坦的良好关系，大使馆建议重新认真审视美国的南亚政策：第一，研究对印度军事援助的性质和规模，包括考虑尽早中止军事援助印度。第二，切实保证对巴基斯坦提供军事支持，例如派遣印度洋特遣部队。第三，继续向巴基斯坦提供军事

① *Memorandum for the Record*, Washington, August 12, 1963, Source: Kennedy Library, National Security Files, Meetings and Memoranda Series, Meetings with the President, 8/63 ~ 11/63.

② *Memorandum From Secretary of Defense McNamara to the Chairman of the Joint Chiefs of Staff (Taylor)*, Washington, August 16, 1963, Source: Washington National Records Center, RG 330, OSD Files: FRC 69 A 3131, India 381 (10 Jul 63), Indian Ocean Task Force 63.

援助。①

5. 美国不同意巴基斯坦将克什米尔问题提交至联合国

自中印边界冲突爆发后，巴基斯坦本希望美国向印度施压，从而能够推动克什米尔争端朝着有利于巴基斯坦方向发展。然而，事与愿违，美国的表态与行动令巴基斯坦大失所望。于是巴基斯坦决定再次将克什米尔问题提交至安理会，理由是巴基斯坦对克什米尔日益紧张的态势非常担心，并要求美国在安理会上全力支持巴基斯坦。美国对于巴基斯坦在没有与美国协商的情况下就将该问题提交安理会的这一举动很不满，认为巴基斯坦这样做不但一无所获反而会加剧当前的紧张局势。美国明确表明，不会像之前那样大力支持巴基斯坦，不再认为安理会讨论是解决克什米尔问题的好办法，印巴双边对话才是当下化解矛盾的最佳办法。②

1964年2月12日，美国国务院在发给驻联合国代表团的电报中指出，即使会遭到苏联的否决，布托仍坚称安理会有必要做出决议，并强调其重要性：第一，使克什米尔人民认清新形势；第二，继续对印度施加世界舆论压力；第三，避免美巴关系恶化。国务卿腊斯克称美国对巴基斯坦或克什米尔的态度没有变化。③ 腊斯克告诉布托，美国在克什米尔问题上的影响是有限的，巴基斯坦所谓“美国要强迫印度”的想法是大错特错的。克什米尔问题的解决只能依赖于印巴两国的良好关系，需要印巴双方心平气和地讨论。

1964年3月11日，美国驻巴基斯坦大使与助理国务卿塔尔博特在拜见阿尤布总统时表示，巴基斯坦要求美国在克什米尔问题上向印度施压只会带来负面效应，原因在于：第一，印度正处于政权交接之际，如果现在

---

① *Telegram from the Embassy in Portugal to the Department of State*, Lisbon, September 6, 1963, Source: Department of State, Central Files, POL 7 US/BALL.

② *Telegram from the Department of State to the Embassy in Pakistan*, Washington, January 21, 1964, Source: National Archives and Records Administration, RG 59, Central Files 1964～66, POL 32～1 INDIA－PAK.

③ *Telegram from the Department of State to the Mission to the United Nations*, Washington, February 12, 1964, Source: National Archives and Records Administration, RG 59, Central Files 1964～66, POL 32～1 INDIA－PAK.

在克什米尔问题上施压，将使反巴基斯坦的极端主义者借机夺取政权。第二，克什米尔自身正在酝酿变革，如果没有外在压力，结果可能会更好。[①]

6. 美国推迟印巴两国领导人访问美国

早在1964年初，美国就有邀请巴基斯坦总统阿尤布访问美国的计划，认为约翰逊总统与阿尤布总统的首脑会晤对美巴两国关系的未来非常重要。[②] 但是由于印巴关系日益恶化等局势变化，美国决定推迟阿尤布总统原定于1965年夏天访问美国的安排。

1965年4月14日，约翰逊总统给阿尤布总统写信建议推迟访美时间。信中指出，美国政府和人民非常重视与巴基斯坦的关系，但是由于美国国会正在讨论对外援助法案，如果此时访问，公众会重点关注美国和巴基斯坦对中国的不同态度，而这肯定会严重影响美国对巴基斯坦的经济和军事援助，从而不利于美巴关系。在此背景下，将会晤推迟至下半年举行更符合两国利益，有助于维持两国友好关系。[③] 同时，美国国务卿腊斯克让麦康瑙希大使告诉阿尤布总统，印度新任总理拉尔·巴哈杜尔·夏斯特里（Lal Bahadur Shastri）的访问也被推迟。[④]

1965年4月15日，美国白宫和国务院分别给鲍尔斯和夏斯特里发电报，解释推迟夏斯特里访问的原因。[⑤] 约翰逊总统及政府都认为，这一决

---

① *Telegram from the Embassy Office in Pakistan to the Department of State*, Rawalpindi, March 11, 1964, Source: National Archives and Records Administration, RG 59, Central Files 1964 ~ 66, POLPAK – US.

② *Telegram from the Department of State to the Embassy in Pakistan*, Washington, January 17, 1964, Source: National Archives and Records Administration, RG 59, Central Files 1964 ~ 66, POL 7 PAK.

③ *Telegram from the Department of State to the Embassy in Pakistan*, Washington, April 14, 1965, Source: Johnson Library, National Security File, Head of State Correspondence File, Pakistan, Vol. I, Pres. Ayub Correspondence, 12/15/63 ~ 12/31/65.

④ Telegram 1143 to Karachi, April 14; National Archives and Records Administration, RG 59, Central Files 1964 ~ 66, POL 7 PAK.

⑤ *Telegram from the Department of State to the Embassy in India*, Washington, April 15, 1965, Source: Johnson Library, National Security File, Country File, India, Vol. IV, Cables, 12/64 ~ 6/65; *Telegram from the White House to the Embassy in India*, Washington, April 15, 1965, Source: Johnson Library, National Security File, Country File, India, Exchanges with Bowles.

定符合印度和美国的利益，不能将美国之所以推迟夏斯特里访问解读为是因为美国推迟阿尤布总统的访美时间。[1] 事实上，美国政府在接下来的几个月里，不仅关注越南及国内的其他问题，而且援助法案尚未在国会通过，没时间与夏斯特里会谈。因此，与其双方仅仅是礼貌性的而没有任何实质性结果的会谈，不如先处理好国内事务以及援助法案获得通过后再进行会谈。另外，出于国家利益的考虑，美国向印度提供援助是有要求的：核不扩散、更稳健的经济政策以及印巴和解。显然，印度在这几个方面都没有做好。为此，建议将出访时间调整到国会休会时的秋季。

7. 美国对印巴1965年冲突的态度

美国企图平息印巴两国争端，但是显而易见，两国都不听从美国的安排，而是逐步扩大战场，最终导致局面不可收拾。

1965年4月24日，美国国务院在发给驻巴基斯坦大使馆的电报中指出，巴基斯坦承认使用军事援助装备的部队进攻了比亚尔贝特（Biar Bet）地区。美国务院指示，尽快向巴基斯坦外长或外交大臣表达美国的关切，希望阿尤布做出不再跨越争端地区传统巡逻线的保证，以免引起库奇兰恩（Rann of Kutch）局势恶化。同时警告巴基斯坦，如果在冲突中使用美国提供的军事援助装备，将危及美国对巴基斯坦的军事援助计划。[2] 塔尔博特称，自克什米尔停火以来，库奇兰恩事件是印巴两国部队发生的第一次有组织的正面冲突，并存在冲突升级的可能性。古拉姆·艾哈迈德告诉麦康瑙希大使，巴基斯坦在这一事件中的确使用了美国军事援助供应的坦克，但是需要澄清的是，该行动属于正当自卫，当然可以使用这些装备。塔尔博特说，巴基斯坦对比亚尔贝特的进攻不符合正当自卫。美国希望局势尽快稳定下来，以免库奇兰恩地区发展为第二个克什米尔，从而引发印巴两国之间更大的摩擦。塔尔博特称，美国希望印巴两国通过各种途径尽早达

---

① Telegram 2920 from New Delhi, April 15, Memos to the President, McGeorge Bundy, Vol. 10, April 15 ~ May 31, 1965.

② *Telegram from the Department of State to the Embassy in Pakistan*, Washington, April 24, 1965, Source: Johnson Library, National Security File, Country File, Pakistan, Vol. III, Cables, 12/64 ~ 7/65.

成停火协议，并通过建立某种机制以最终解决该争端。塔尔博特称，除非停止现有的敌对状态，否则将给南亚大陆及其他地区带来非常严重的后果。①

1965年4月27日，美国驻巴基斯坦大使馆在发给国务院的电报中称，库奇兰恩事件可能会促使美国与巴基斯坦和印度的关系发生里程碑式的变化。由于印巴双方不必要的挑衅以及以自我为中心的行动，不仅导致印巴关系危机，而且使美印与美巴关系也出现危机，进而危及美国在南亚的地位。美国的军事援助是印巴两国军事实力增强的重要因素。就巴基斯坦而言，七个半师中有五个半师得到军事援助计划的支持。就印度而言，美国军事援助大大提升了印度的实力。库奇兰恩争端反映出来的问题就是美国要尽力避免两国敌意的扩大和延伸。鉴于美国在南亚的利益，无论是印度所谓的“巴基斯坦在库奇兰恩使用军事援助装备”还是巴基斯坦所谓的“其行动只是对印度侵占库奇兰恩部分地区的回应”，当前局势都是美国所不能接受的。美国面临着一大难题：由于军事援助被巴基斯坦视为国家利益的命脉，如果撤销对巴基斯坦的军事援助，巴基斯坦为免遭侵略只能寻求其他国家的军事支持，从而导致巴基斯坦完全走向中立主义及政策的全面调整。美国认为，库奇兰恩事件肯定会对美国在巴基斯坦的存在造成负面影响，美国在巴基斯坦的设施毫无疑问会因军事援助中断而受影响。但是，如果不以某种有效方式控制，任由巴基斯坦滥用军事援助装备，既无法对美国国会和印度交代，美国在巴基斯坦的影响力也将大大减弱。……美国希望避免在印巴之间做出选择，唯一可选的是……库奇兰恩恢复到1960年的格局安排，这需要立即实现无条件停火。美国要向印巴双方同时施压而不仅是对巴基斯坦施压。印度在企图破坏美巴关系的同时，加强与苏联的联系。美国必须让印度和巴基斯坦明白，如果双方不立即停火，将

---

① *Telegram from the Department of State to the Embassy in Pakistan*, Washington, April 27, 1965, Source: National Archives and Records Administration, RG 59, Central Files 1964 ~ 66, POL 32 ~ 1 INDIA – PAK.

影响到美国对它们援助的供应。①

二、巴基斯坦的态度、立场和行动

（一）美国应该向印度施压

中印边界冲突爆发后，巴基斯坦认为此刻是解决印巴争端（尤其是克什米尔问题）的最佳时机，但鉴于印度不会做出主动妥协，巴基斯坦建议美国向印度施压，迫使印度在克什米尔等问题上做出让步。

1962年10月13日和15日，巴基斯坦外交部长穆罕默德·阿里在拜见美国国务卿腊斯克和总统肯尼迪时强调，美国有必要迫使印度主动解决克什米尔问题。但是在美国看来，社会主义国家对巴基斯坦和印度都构成威胁，因此拒绝了巴基斯坦的这一建议。虽然巴基斯坦最终也放弃了这一想法，并私下保证不会借机向印度发起主动进攻，但是巴基斯坦官员还是时不时地在不同场合提出这一建议。②

从1962年11月到1963年1月，巴基斯坦总统阿尤布多次与美国总统肯尼迪通信，力陈美国向印度施压的必要性与可行性。1962年11月5日，阿尤布总统在写给肯尼迪总统的信中指出，维持南亚次大陆和平与稳定的前提是：印度和巴基斯坦不再视彼此为敌人，要做到这一点必须解决克什米尔问题。这一问题并非很难解决，如果印度有诚意，找到公平的解决方案还是有可能的。③ 在巴基斯坦看来，美国有能力"迫使"印度表现出诚意。1962年12月17日，阿尤布总统再次给肯尼迪总统写信，对美国政府为克什米尔争端达成满意解决方案采取积极措施表示感激。阿尤布指出，

① *Telegram from the Embassy in Pakistan to the Department of State*, Karachi, April 27, 1965, Source: Johnson Library, National Security File, Country File, Pakistan, Vol. III, Cables, 12/64～7/65.

② *Telegram from the Department of State to the Embassy in Pakistan*, Washington, October 16, 1962, Source: Department of State, Central Files, 790D. 11/10～1662.

③ *Telegram from the Department of State to the Embassy in Pakistan*, Washington, November 13, 1962, Source: Department of State, Central Files, 791. 56/11～1362.

公平公正地解决克什米尔问题是化解印巴矛盾的关键，希望美国政府对印度施加压力，如果无法达成克什米尔和解，美国将拒绝向印度继续提供援助。① 1962 年 12 月 27 日，麦康瑙希大使将肯尼迪总统的回信交给阿尤布总统。阿尤布认为，如果没有美国和英国的压力，尼赫鲁不会就克什米尔问题进行谈判，在即将举行的部长级会谈中立场会很强硬。② 1963 年 1 月 2 日，阿尤布在写给肯尼迪的信中说，除了美国，世界上没有哪个国家拥有促进克什米尔争端公正和平解决的能力。如果美国向印度施加压力，将产生积极的效果。③

1963 年 2 月 4 日，巴基斯坦大使阿奇兹·艾哈迈德拜见美国总统肯尼迪。针对肯尼迪总统提出的“如果印度拒绝考虑公投的话，阿尤布总统有何提议”问题，大使简要回顾了克什米尔的历史，从 UNCIP 决议到迪克逊（Dixon）和麦克诺顿（McNaughton）提议。他称，克什米尔谷地更需要巴基斯坦而不是印度的防御。然而，尼赫鲁没有在克什米尔问题上做出让步的任何表示，巴基斯坦希望美国对印度施加压力。④

（二）巴基斯坦拒绝向印度示好

或许是出于对美国对巴基斯坦提议的“向印度施压”给予否决的回复，巴基斯坦对美国提出的“向印度示好”的要求给予拒绝。在巴基斯坦看来，印度对巴基斯坦“不怀好意”，巴基斯坦不可能主动向印度示好。

1962 年 10 月 27 日，美国驻巴基斯坦大使馆在发给国务院的电报中称，阿尤布多少有些“不耐烦”地向麦康瑙希大使保证，巴基斯坦政府现

---

① *Letter from President Ayub to President Kennedy*, Karachi, December 17, 1962, Source: Department of State, Central Files, 690D. 91/12 ~2262.

② *Telegram from the Embassy Office in Pakistan to the Department of State*, Murree, December 27, 1962, Source: Department of State, Central Files, 791. 56/12 ~2762.

③ *Telegram from the Embassy in Pakistan to the Department of State*, Karachi, January 11, 1963, Source: Kennedy Library, National Security Files, Countries Series, India, General, 1/11/63 ~1/15/63.

④ *Memorandum of Conversation*, Washington, February 4, 1963, Source: Kennedy Library, National Security Files, Countries Series, Pakistan, General, 2/63.

在不会将来也不会介入中印冲突。然而，他坚决拒绝巴基斯坦向尼赫鲁传递任何安抚信息。他不相信这类信息有任何帮助或必要性。事实证明，印度完全无法控制后续的军事行动。关于印度的态度，阿尤布不相信印度会减少在巴基斯坦边界的军事力量。①

1962 年 11 月 5 日，阿尤布总统接见麦康瑙希大使时表示，他认为美国要求巴基斯坦向印度示好使其自尊心受到伤害，将其理解为美国对巴基斯坦立场与根本利益的冷漠和忽略，这点在巴基斯坦媒体上表现得尤其明显。阿尤布说，尽管巴基斯坦政府试图平息媒体的激烈反应，但是不能压制人民合理情绪的发泄，因为巴基斯坦和美国一样支持媒体的言论自由。阿尤布称，美国与其对巴基斯坦施加压力，不如鼓励印度与其邻国建立友好关系。阿尤布再次抱怨美国向巴基斯坦而不是向印度施压，他不明白美国为何要求其盟友巴基斯坦而不是中立国家印度做出妥协。他说，美国曾要求巴基斯坦向阿富汗做出让步，现在又要求向印度做出让步，这完全是对巴基斯坦国家利益和安全利益的漠视。他认为，美国应该迫使印度向巴基斯坦做出实际的和解姿态。让步应该是相互的，如果印度不让步，巴基斯坦单方面让步将失信于全国人民。作为美国盟友的巴基斯坦及他本人对美国感到非常失望，尤其是在对印度军事援助之前没有咨询他，现在又迫使他首先向印度表示友好姿态。②

在巴基斯坦看来，印度的军力本来就比巴基斯坦强大得多，比例至少是 3：1，再加上美国、英国或苏联的军事援助，实力对比更加悬殊。最为关键的是，所有这些部队大部分仍然部署在巴基斯坦边境。这样的军队部署如何让巴基斯坦主动向印度示好？除非印度重新部署军队。

1962 年 11 月 5 日，阿尤布总统在写给肯尼迪总统的信中称，印度军力是巴基斯坦的 3～4 倍，印度对巴基斯坦构成严重的军事威胁。印度曾公开声称，巴基斯坦是印度的头号敌人。美国要阿尤布向尼赫鲁做出友好姿

---

① *Telegram from the Embassy in Pakistan to the Department of State*，Karachi，October 27，1962，Source：Department of State，Central Files，691. 93/10～2762.

② *Telegram from the Embassy in Pakistan to the Department of State*，Karachi，November 5，1962，Source：Department of State，Central Files，691. 93/11～562.

态，这只会促使他将兵力集中对付巴基斯坦。阿尤布很奇怪为何美国对巴基斯坦提出这种无理要求。毕竟，巴基斯坦所做的只是应对印度的威胁，让巴基斯坦停止自卫措施难道就理所应当吗？印度撤走巴基斯坦边境的一个步兵师，但是又向边境派遣一个师和一个旅，还成立一个专门对付东巴基斯坦的司令部。印度在孟买港集结了大量海军，表面上是进行改装，实际上是威胁巴基斯坦。这些举动显然不能被看作是印度对巴基斯坦做出的友好姿态。[①] 在这种情况下，让巴基斯坦主动向印度示好简直是“痴人说梦”。

1962 年 11 月 12 日，阿奇兹·艾哈迈德大使在拜见肯尼迪总统时向其展示了一张“印度军队部署”的地图。阿奇兹·艾哈迈德大使称，印度这样的军队部署，巴基斯坦不能减少对印度军队的担忧。[②] 巴基斯坦注意到，由于美国军事援助印度，再加上英国和苏联的援助，印度额外增加了九个师，这相当于印度同时拥有两支军队，一支可用于应对中国，另一支用于对付巴基斯坦。部署于加尔各答的新型雷达装置可以监控东巴基斯坦的所有空军，而印度增加的装甲及空军使其可以轻易地控制东巴基斯坦的陆地防御。[③]

（三）巴基斯坦强烈反对美国军事援助印度

此阶段，与其说巴基斯坦渴望继续得到美国的军事援助，不如说是巴基斯坦更希望美国中断或减少军事援助印度。巴基斯坦对于美国向印度提供军事援助深恶痛绝，希望美国在向印度提供军事援助之前与巴基斯坦进

---

① *Telegram from the Department of State to the Embassy in Pakistan*, Washington, November 13, 1962, Source: Department of State, Central Files, 791.56/11 ~ 1362.

② *Telegram from the Embassy in Pakistan to the Department of State*, Karachi, November 20, 1962, Source: Department of State, Central Files, 791.56/11 ~ 2062.

③ *Letter from President Ayub to President Kennedy*, Karachi, December 17, 1962, Source: Department of State, Central Files, 690D.91/12 ~ 2262; *Telegram from the Embassy in Portugal to the Department of State*, Lisbon, September 6, 1963, Source: Department of State, Central Files, POL 7 US/BALL.

行磋商。归纳起来，巴基斯坦反对美国向印度提供军事援助的主要原因包括：

第一，美国军事援助印度违背肯尼迪总统对巴基斯坦的承诺。1962年11月5日，阿尤布总统在拉瓦尔品第会见美国麦康瑙希大使时说，美国当然有权利向印度提供武器，但是他也有权利谴责这一行为。首先，这违背了肯尼迪总统之前对巴基斯坦的承诺；其次，印度不值得信任；另外，印度不缺乏这些物资，且有能力生产这些物资。①

第二，印度会将军事援助用于对抗巴基斯坦而不是中国，并对南亚地区小国构成严重威胁。1962年11月5日，阿尤布总统在写给肯尼迪总统的信中称，美国应该清楚印度处理居那加德、海德拉巴、克什米尔和果阿问题的方式。阿尤布相信，印度会用从美国获得的"用于对付中国"的武器来对付巴基斯坦。阿尤布提醒美国注意这一事实：实际上，印度一直对近邻小国构成不同程度的威胁。在许多亚洲国家的眼中，印度"热爱和平"的国家形象已荡然无存。② 1962年11月12日，阿奇兹·艾哈迈德大使在将阿尤布的信件呈送给肯尼迪总统时称，巴基斯坦人民对美国军事援助印度非常关注，他们相信任何对印度的大规模援助都只会增加印度侵犯巴基斯坦的野心。巴基斯坦所有领导人都反对美国军事援助印度以及美国要求巴基斯坦向印度做出某种保证。③ 1963年4月29日至5月2日，美国国务卿腊斯克访问巴基斯坦。阿尤布指出，美国军事援助印度增加了印度侵犯周边小国的实力和野心，尼赫鲁以"受到中国威胁"为借口达到其不可告人的目的。他认为，由于军事援助印度会给包括巴基斯坦在内的本地

---

① *Telegram from the Embassy in Pakistan to the Department of State*, Karachi, November 5, 1962, Source: Department of State, Central Files, 691.93/11～562.

② *Telegram from the Department of State to the Embassy in Pakistan*, Washington, November 13, 1962, Source: Department of State, Central Files, 791.56/11～1362; *Telegram from the Embassy in Pakistan to the Department of State*, Karachi, January 22, 1963, Source: Department of State, Central Files, 791.56/1～2263.

③ *Telegram from the Department of State to the Embassy in Pakistan*, Washington, November 12, 1962, Source: Department of State, Central Files, 791.56/11～1262.

区其他国家带来压力和威胁，从而使次大陆的局势恶化。[①] 1963 年 9 月 5 日，阿尤布总统与美国国务次卿鲍尔举行会谈时说，从军事上考虑，军事援助印度超过拿骚计划是不合理的。从印度过去的行为来看，对印度的持续援助会对近邻国家尤其是巴基斯坦构成威胁，而且这一威胁会继续增加。因此，无论从何种角度来看，印度军队扩编都是一个错误，对印度的任何军事援助都是不合理的。[②] 1963 年 12 月 20 日，阿尤布在接见来访的泰勒将军时声称，巴基斯坦的安全利益因美国军事援助印度而处于危险境地。阿尤布认为，印度增加的军事力量将被用于威胁弱小的邻国，美国的印度政策使巴基斯坦进退维谷：一方面，作为盟友要忠诚于美国，另一方面，其安全利益因美国军事援助印度而受到损害。美国军事援助印度的安全目标不可能达成，因为印巴争端不解决，印巴就没有合作的可能，次大陆的安全也就不可能得到有效防御。因此，如果不将解决印巴争端作为美国军事援助印度的前提条件的话，美国的印度政策注定要失败。[③] 1964 年 7 月 1 日，阿尤布总统在写给约翰逊总统的信中称，在过去两年多，巴基斯坦已多次向美国政府重申，对印度的大量军事援助不合适，会带来风险，时间证明这是对的。一方面，军事援助危及巴基斯坦的安全，妨碍了印巴就克什米尔问题达成和解的可能性，造成印巴之间的军备竞赛，从而给双方经济带来沉重负担。另一方面，由于美国的军事援助，印度的军事实力得到大幅提升，印度的众多弱小邻国对印度的不信任感日益增强。[④] 简言之，美国军事援助印度没有取得预期效果，而是事与愿违。

第三，美国军事援助印度不利于克什米尔问题的解决。1962 年 12 月 17 日，阿尤布总统在写给肯尼迪总统的信中再次强调，如果克什米尔问题

---

① *Telegram From Secretary of State Rusk to the Department of State*, Karachi, May 2, 1963.

② *Telegram from the Embassy in Iran to the Department of State*, Tehran, September 5, 1963, Source: Department of State, Central Files, POL 7 US/BALL.

③ *Memorandum of Conversation*, Karachi, December 20, 1963, Source: Johnson Library, National Security File, International Meetings and Travel File, Taylor, Gen., Trip to India and Pakistan, December 1963.

④ *Letter from President Ayub to President Johnson*, Rawalpindi, July 1, 1964, Source: National Archives and Records Administration, RG 59, Central Files 1964 ~ 66, DEF 19 US – PAK.

得不到满意解决，印巴分歧不可能解除。因此，美国帮助尽早解决克什米尔问题非常重要，而军事援助印度无疑将阻碍这一问题的解决。[①] 1963年4月23日，巴基斯坦大使艾哈迈德与美国国务卿腊斯克举行会谈。阿奇兹·艾哈迈德大使称，巴基斯坦政府对美国在未解决克什米尔问题之前继续向印度提供长期军事援助表示担忧。他重申，印度将与中国达成和解；印度翻倍的军事开支加上外来援助将进一步加剧次大陆的军事失衡；鉴于印度在海得拉巴、克什米尔、居那加德和果阿的行为，巴基斯坦政府担心印度的意图；印度将利用其占有极大优势的军事力量对付邻国等等。巴基斯坦政府认为，美国应该发挥其影响力迫使印度在解决克什米尔问题上做出让步。如果克什米尔问题得不到解决，印度仍会获得援助，解决克什米尔问题的机会更加渺茫。[②]

第四，美国军事援助印度必将引起巴基斯坦的恐慌。首先，对印度的恐慌。巴基斯坦本来就担心受到印度的进攻，中印边界冲突后，美国直接向印度提供军事援助自然会引起巴基斯坦对印度的恐慌。在巴基斯坦看来，美国是在没有与巴基斯坦磋商的情况下增加军事援助印度，这使巴基斯坦感到惊恐与不安。[③] 1963年初，美国计划五年内向印度提供30亿美元的军事援助，[④] 这将极大改变印度与巴基斯坦的实力对比，更加不利于巴基斯坦的安全。其次，对美国的恐慌。1963年9月6日，美国驻葡萄牙大使馆在发给国务院的电报中指出，在巴基斯坦看来，美国向印度提供军事援助破坏了原有的军事平衡，按照阿尤布和其他军事领导人的说法，在原有的军事平衡下，西巴基斯坦至少是有防御能力的。军事平衡破坏后，东、西巴基斯坦都不再具备防御印度侵犯的能力。美国不可能通过强调军

① *Letter from President Ayub to President Kennedy*, Karachi, December 17, 1962, Source: Department of State, Central Files, 690D. 91/12～2262.

② *Telegram from the Department of State to the Embassy in Pakistan*, Washington, April 24, 1963, Source: Department of State, Central Files, DEF 19～3 US－INDIA

③ *Letter from President Ayub to President Kennedy*, Karachi, December 17, 1962, Source: Department of State, Central Files, 690D. 91/12～2262.

④ *Telegram from the Embassy in Pakistan to the Department of State*, Karachi, January 22, 1963, Source: Department of State, Central Files, 791. 56/1～2263.

事援助的防御性质而使巴基斯坦信服。巴基斯坦非常担心和仇视具有侵略性的印度，美国军事援助印度加剧了这一恐慌。由于军事平衡的变化是由他们的“好朋友”美国一手造成的，这种沮丧和绝望尤甚，有一种遭到背叛的感觉，哀叹美国帮助和信任印度是一个悲剧性的错误。巴基斯坦不相信美国的军事担保，因为军事担保存在如下缺陷：其一，印度会隐蔽地发起侵略，侵略行动最有可能始发于克什米尔的混乱事件，这是美国不易发现的。其二，美国对尼赫鲁一向很温和，极不情愿对印度采取军事行动。其三，美国的干预将诱发苏联的介入，进而导致大规模的大国冲突。其四，考虑到巴基斯坦缺乏地理纵深，印度可以快速地袭击巴基斯坦全境，美国无法给予快速有效反应。因此，巴基斯坦试图全力阻止美国军事援助印度，从而维持两国军事实力现状。鉴于印度人口众多和资源丰富的优势，巴基斯坦不可能赢得长期竞赛，巴基斯坦此举无疑比要求美国增加对巴基斯坦的军事援助更能维持印巴军事平衡。另外，巴基斯坦意识到其匮乏的经济资源不足以支持军事建设快速发展。巴基斯坦拒绝美国担保以及不愿意提出替代方案的重要原因之一是督促美国减少军事援助印度的力度，因为他们担心一旦接受替代方案可能会被美国解读为巴基斯坦默许美国继续向印度提供军事援助。巴基斯坦认为美国的政策已经威胁到它的生存，而且不利于增强西方世界的力量。[①] 在拉瓦尔品第的会谈中，巴基斯坦深切期望说服美国不再向印度提供军事援助。

第五，美国军事援助印度终将自食其果，处于尴尬境地。1963 年 9 月 6 日，美国驻葡萄牙大使馆在发给国务院的电报中指出，尼赫鲁正在玩一个狡猾的游戏，印度尽可能多地“骗取”美国的援助，然而最终美国将会被排挤出亚洲。这不是阿尤布的个人偏见，而是巴基斯坦所有阶层的共同看法。[②] 1965 年 4 月 1 日，阿尤布总统在接见美国驻巴基斯坦大使时说，印度骨子里非常排斥美国在南亚的存在与影响，一旦印度吞并巴基斯坦

---

① *Telegram from the Embassy in Portugal to the Department of State*, Lisbon, September 6, 1963, Source: Department of State, Central Files, POL 7 US/BALL.

② *Telegram from the Embassy in Portugal to the Department of State*, Lisbon, September 6, 1963, Source: Department of State, Central Files, POL 7 US/BALL.

后，印度将把美国排挤出南亚。他指出，巴基斯坦是唯一一个欢迎美国在南亚存在和发挥影响的国家。然而，美国却亲近印度疏远巴基斯坦，美国最终将一无所获。美国将为间接支持其扩张野心而付出沉重的代价。这是美国决策的重大失误。①

（四）美巴联盟

中印边界冲突后，巴基斯坦力图借助美国解决印巴之间的争端，然而美国的行为令其大失所望。尽管巴基斯坦政府高官和公众舆论强烈批评美国，甚至有解散美巴联盟的呼声，但是阿尤布总统清楚，有必要保持与美国的联盟关系，并多次重申，巴基斯坦非常重视与美国的长期友谊以及CENTO和SEATO的成员身份，非常感谢美国对巴基斯坦的援助。②

巴基斯坦珍视与美国的友谊，希望美国能像巴基斯坦对待美国那样对待巴基斯坦。1963年9月，阿尤布在会见美国国务次卿鲍尔时称，他鄙视中立主义，痛斥中立主义是一种机会主义。他向鲍尔保证，除非迫不得已，巴基斯坦不会转向中立主义。相反，巴基斯坦外交政策的基础是与美国友好相处。他说，美巴需要彼此。尽管巴基斯坦的利益因美国军事援助印度受到损害，安全受到威胁，但巴基斯坦仍然重视与美国的友谊。阿尤布敦促美国不要采取进一步恶化局势的措施。阿尤布总结到，巴基斯坦希望继续与美国保持友好关系，除非美国不想这样做。他让鲍尔转达他本人对肯尼迪总统的感谢，感谢肯尼迪总统对巴基斯坦问题的高度重视。但是他又警告说，如果美国改变政策试图挤压巴基斯坦，巴基斯坦肯定不会答应，尽管积弱积贫，但巴基斯坦不卑微。巴基斯坦并不是要求美国做出重

---

① *Telegram from the Embassy in Pakistan to the Department of State*, Karachi, April 4, 1965, Source: National Archives and Records Administration, RG 59, Central Files 1964～66, POL 15～1 PAK.

② *Memorandum From Robert W. Komer of the National Security Council Staff to President Kennedy*, Washington, November 12, 1962. Source: Kennedy Library, National Security Files, Countries Series, Pakistan, General, 11/62; *Telegram from the Embassy in Pakistan to the Department of State*, Karachi, January 22, 1963, Source: Department of State, Central Files, 791.56/1～2263.

大政策调整，只是尽量限制对印度的援助。①

巴基斯坦也怀疑美巴联盟的价值，因为印度既从美国也从苏联获益，却不用承担联盟义务。② 阿尤布称，赫鲁晓夫威胁称如果巴基斯坦继续允许美国使用白沙瓦基地或者发生类似 U－2 事件，将对巴基斯坦发射导弹。即便如此，阿尤布依然强调：虽然巴基斯坦也可以采取与印度相同的“左右逢源”策略，但是巴基斯坦并没有打算这样做。

（五）美巴关系

巴基斯坦强调，巴基斯坦历来重视美巴关系，只是对印度军事建设构成的严重安全威胁担心。

巴基斯坦与美国彼此需要对方，希望美国了解并尊重巴基斯坦的关切。1963 年 8 月 8 日，美国驻巴基斯坦大使馆在发给国务院的电报中报告称，阿尤布非常关注当前的事态发展，并再次强调，今后巴基斯坦与美国会越来越需要彼此。他认为，如果美国因“形势所迫”疏远巴基斯坦，那将是一个巨大的不幸。阿尤布明确表明，巴基斯坦担心印度持续的军事建设对其安全构成严重威胁。阿尤布敦促美国不要让局势持续恶化，否则巴基斯坦不得不做出一些可能使美国“无法接受”的事情。阿尤布强调，巴基斯坦不仅需要美国，而且美国将来也需要巴基斯坦作为次大陆盟友发挥作用，因为阿尤布坚信印度和苏联的关系会日益密切，而美国会逐渐失去优势。印度民众多年来被灌输反西方思想使印美关系扑朔迷离。巴基斯坦担心印度的军事发展会因美国、英国、德国、苏联等国的军事援助而对巴基斯坦安全构成更加严重的威胁。大使说，美国保证巴基斯坦不会受到印度的进攻威胁。阿尤布认为，这远远不够，巴基斯坦需要增强自身实力，依靠自己的力量击退印度。阿尤布强调，巴基斯坦实力的增强不仅能保证

---

① *Telegram from the Embassy in Iran to the Department of State*, Tehran, September 5, 1963, Source: Department of State, Central Files, POL 7 US/BALL.

② *Telegram from the Embassy in Portugal to the Department of State*, Lisbon, September 6, 1963, Source: Department of State, Central Files, POL 7 US/BALL.

自身安全，改善美巴关系，而且可以作为后备力量服务于其他地区。阿尤布希望美国能够认识到巴基斯坦对自身安全这一核心问题的深切关注，这是决定巴基斯坦外交政策的最重要因素。① 1964 年 8 月 10 日，阿尤布总统在接见美国驻巴基斯坦大使时敦促美国慎重考虑他的看法，即印度大力发展军事力量没有正当理由，印度大规模的军事建设实际上恰恰落入社会主义国家的“圈套”。首先，破坏了本国的经济发展，当前因粮食危机引起的骚乱就是明证；其次，驱使不信任印度的众多邻国转向中国以抗衡印度。美国政府高官对巴基斯坦在越南战争中连象征性的贡献都没有表示失望。阿尤布承认巴基斯坦在越南战争中没有发挥实质作用，并为此表示遗憾。他说，巴基斯坦没能在那一地区兑现政治或军事承诺的原因是巴基斯坦将主要精力集中于应对日益强大的印度的威胁，无暇顾及其他地区。②

巴基斯坦质疑印度洋特遣部队的价值。1963 年 12 月 20 日，泰勒将军与阿尤布举行会谈。关于对组建印度洋特遣部队提议的媒体报道，阿尤布坦承，截至目前，非洲和亚洲国家对该报道的反应是不利的。这被解读为翻版的“炮艇外交”、现代版的“命令土著和异教徒如何行为”。泰勒将军问，如果特遣部队与 CENTO 或 SEATO 的职责联系起来是不是会有所不同。阿尤布认为，相互协同是非常重要的，这对集体安全是一个改进。泰勒将军称，特遣部队可以看作是执行 CENTO 和 SEATO 的任务。阿尤布认为，中东和次大陆的防御问题主要涉及陆军与空军，而不是海军问题。泰勒将军称，航母可以为空军提供有效的移动机场。古德帕斯特（Goodpaster）将军认为，特遣部队可以提高支援盟友的能力，能够更好地履行职责。阿尤布认为，鉴于美国喷气式运输机良好的性能，从远东过来支援也不会用

① *Telegram from the Embassy in Pakistan to the Department of State*, Karachi, August 8, 1963, Source: Department of State, Central Files, POL 7 US/BALL.

② *Telegram from the Embassy in Pakistan to the Department of State*, Karachi, August 11, 1964, Source: National Archives and Records Administration, RG 59, Central Files 1964～66, POL 7 PAK－US.

时太多。[①]

巴基斯坦对SEATO的态度及原因。1964年8月10日，阿尤布总统在接见美国驻巴基斯坦大使时说，SEATO对巴基斯坦没有任何益处。巴基斯坦于1954年加入该组织只是碍于美巴同盟关系。尽管巴基斯坦在1961年曾为履行条约职责贡献过武装力量。但整体来看，由于注意力主要集中于国内或周边事务，巴基斯坦不可能对该组织做出重要贡献，因此巴基斯坦从SEATO退出也许是最好的选择。[②] 1964年9月18日，阿尤布总统与美国驻巴基斯坦大使举行会谈。关于SEATO，阿尤布保证，巴基斯坦将继续留在SEATO。但是，巴基斯坦厌恶留在组织内却不能执行成员应该履行的承诺与义务。他说巴基斯坦不能履行这些承诺是因为邻国增加的军事实力给巴基斯坦带来了巨大压力。阿尤布问大使，美国是否愿意巴基斯坦继续留在SEATO。得到肯定答复后，阿尤布总统说既然如此，巴基斯坦将保留其成员资格，巴基斯坦担心的是这样会影响到美国政策的执行。[③]

巴基斯坦对美国推迟阿尤布总统访问的态度。1965年1月14日，美国驻巴基斯坦大使麦康瑙希在拉瓦尔品第与阿尤布总统进行会谈，这是近一年来氛围最好的一次。大使传达了美国总统约翰逊邀请阿尤布总统于4月下旬访问华盛顿的信息，这距离阿尤布上次对美国的正式访问已有三年半之久，这对于两国最高领导人讨论双边和地区问题非常重要和紧迫。阿尤布同意与约翰逊总统会谈，希望讨论诸多重要问题以及渴望再次见到约翰逊总统及其家人。但是他强调，3～6月的日程已被在阿尔及尔举行的亚非会议、对其他国家的访问、国民大会选举、国民大会预算会议、在伦敦举行的英联邦部长级会议以及可能对英国的国事访问所排满，能否将访问

① *Memorandum of Conversation*, Karachi, December 20, 1963, Source: Johnson Library, National Security File, International Meetings and Travel File, Taylor, Gen., Trip to India and Pakistan, December 1963.

② *Telegram from the Embassy in Pakistan to the Department of State*, Karachi, August 11, 1964, Source: National Archives and Records Administration, RG 59, Central Files 1964～66, POL 7 PAK－US.

③ *Telegram from the Embassy Office in Pakistan to the Department of State*, Rawalpindi, September 19, 1964, Source: National Archives and Records Administration, RG 59, Central Files 1964～66, POL 15～1 PAK.

推迟至 1965 年下半年。他补充说，如果约翰逊总统愿意访问巴基斯坦，他愿意发出邀请。① 然而仅仅过了三个月，麦康瑙希大使再次拜见阿尤布总统，将约翰逊总统计划推迟阿尤布总统访问美国的消息告诉了他，认为这一推迟符合巴基斯坦的利益。夏斯特里的访问也将一并推迟。大使强调是推迟而不是取消，约翰逊总统在恰当时机会重新安排访问时间。阿尤布总统对推迟访问有些吃惊，但表示接受。阿尤布总统说，他从不希望采取致使约翰逊总统处于尴尬境地或在非常时期使问题复杂化的行动。② 阿尤布提醒大使，他起初也不同意 4 月份访问美国，最后同意是因为约翰逊总统认为这个时间最合适。因此，他不得调整日程安排以优先考虑美国。他知道形势已改变，理解美国所面临的问题，因此愿意无条件接受访问推迟的安排，但是他也清楚表明，希望同时推迟夏斯特里的访问。③

巴基斯坦对库奇兰恩事件的态度。1965 年 5 月 4 日，阿尤布总统与美国驻巴基斯坦大使进行约 15 分钟的短暂会谈。阿尤布称，他以和解态度对待库奇兰恩事件，但是对印度在其他地区进攻巴基斯坦采取特别强硬的态度，因为巴基斯坦公众不允许对印度进攻巴基斯坦边境的行为给予消极反应。巴基斯坦可以轻易地推进到北纬 24 度，但是出于对朋友的尊重，行动有所克制。但是这种克制不适用于印度在其他地区的进攻。大使告诉阿尤布总统，美国希望印度不要在其他地区发起攻势，并为夏斯特里总理在下院发表措辞强硬的声明进行辩护，认为这是为了应付国内政治压力，巴基斯坦不要太较真。美国认为，印巴双方威胁性的讲话使已经十分危险的局势更加危险，希望双方尽量避免此类措辞严厉的讲话。阿尤布总统称，支持英国正在进行的和解努力，他将尽最大努力给予配合，巴基斯坦方面期

① *Telegram from the Embassy in Pakistan to the Department of State*, Karachi, January 14, 1965, Source: National Archives and Records Administration, RG 59, Central Files 1964～66, POL 7 PAK.

② Telegram 1158 to Karachi, April 16; National Archives and Records Administration, RG 59, Central Files 1964～66, POL 7 INDIA.

③ *Telegram from the Embassy Office in Pakistan to the Department of State*, Rawalpindi, April 15, 1965, Source: National Archives and Records Administration, RG 59, Central Files 1964～66, POL 7 PAK.

待实现真正的停火。阿尤布说，原则上同意第三方国家进行公平的仲裁或调停，并愿意为其提供方便，同时承诺巴基斯坦尊重仲裁或调停意见。大使提出调停阶段大概包括正式停火、撤军、恢复原状、有关方面代表可能就争端进行实质的谈判或讨论。阿尤布总统不相信印度的诚意，建议取消“恢复原状”这一要求。他还认为，印巴双方的谈判可能是无用的，甚至会事与愿违。因为印度可能会利用调停时间巩固其在库奇兰恩北部的地位，并可能像之前的印巴争端一样故技重施，拒绝在争端中让步。阿尤布总统说，双方均从争议地区撤退是仲裁或调停有效的唯一前提。如果印度不相信巴基斯坦会遵从撤退协议（因为巴基斯坦一方占据争端地区相对较为有利的地形），他同意公正的军事观察员进入争端地区以确保双方不会违反撤退协议。他重申巴基斯坦将接受仲裁裁决，即使裁决完全不利于巴基斯坦。①

第二节　美国和印度的关系

一、美国的态度、立场和行动

自 1947 年印巴分治以来，经过综合考量，美国在印度和巴基斯坦之间更倾向于发展与印度的良好关系。虽然迫于形势（国际、地区及印度自身因素），美国最终没能与印度“联姻”，而是与巴基斯坦达成军事结盟，但是美国始终没有完全“放弃”印度，而是时刻准备着，盼望着有朝一日能与印度发展友好关系。中印边界冲突无疑为美国提供了千载难逢的契机，按照

① *Telegram from the Embassy in Pakistan to the Department of State*, Karachi, May 4, 1965, Source: Johnson Library, National Security File, Country File, Pakistan, Vol. III, Cables, 12/64 ~ 7/65.

美国驻印度大使鲍尔斯的说法就是“我们突然获得了渴望已久的机会”。①

（一）军事援助印度

中印边界冲突后，美国对印度的军事援助请求算得上有求必应。美国援助印度是如此迫切，以至于在印度还没有提出具体请求时，美国国务院和国防部已经着手调研印度在交通、通讯及其他军事和准军事装备方面的需求。② 当然，美国政府对于军事援助印度掌握一个原则：印度一旦提出请求，美国立即给予答应并着手准备；如若印度不提出请求，美国不要主动援助。

1. 美国“急于”同印度签署军事援助协议

自爆发冲突后，美国便密切关注事态发展，并表示尽一切可能支持印度。与此同时，研究美国提供军事援助的可能性。1962 年 10 月 15 日，美国国务院执行秘书布鲁贝克在提交给邦迪的备忘录中指出，中印边界冲突日益严峻，印度后勤保障面临巨大压力，然而缓和边界军事紧张局面的外交努力到目前为止是失败的。印度政府已先后向美国提出购买配件、军事运输和通讯设备的援助请求。由于与边界冲突相关，美国对此给予优先考虑。10 月 2 日，印度外交大臣对加尔布雷斯大使说，印度急需 C－119 运输机配件，目前这些配件正在运往印度的途中。10 月 4 日，印度驻美大使馆要求美国供应两架 C－7 运输机。10 月 11 日，美国国务院通知印度驻美大使馆，美国政府同意这一交易，交付日期定在 10 月的最后一周。10 月 3 日，美国驻新德里大使馆说，印度国防部已让印度驻美国大使馆提出获得部署于中印边界的 250 架 ANGRC－9 雷达的出口许可。尽管美国还没有收到

---

① *Letter from the Ambassador to India (Bowles) to President Johnson*, New Delhi, December 27, 1963, Source: Johnson Library, National Security File, Country File, India, Exchanges with Bowles.

② *Memorandum from the Department of State Executive Secretary (Brubeck) to the President's Special Assistant for National Security Affairs (Bundy)*, Washington, October 15, 1962, Source: Kennedy Library, National Security Files, Countries Series, India, General, 10/15/62～10/20/62.

这一请求，但军队已提前做好了准备。①

美国迫切与印度签署有关军事援助的正式协议，这样才可以光明正大地向印度提供军事援助。1962 年 11 月 14 日，美国终于如愿以偿。实际上，自美国认真考虑军事援助印度（10 月 15 日）到正式签署军事援助协议也不过一个月时间，但是在美国看来是如此漫长。为了对印度提供尽可能大的帮助，1962 年 10 月 26 日，总统特别助理凯森在提交给肯尼迪总统的备忘录中向总统建议，在军事援助的基础上向印度提供武器装备，截至目前，美国向印度提供的武器装备都是印度以现金形式购买的。② 10 月 27 日，美国白宫在发给驻印度大使馆的电报中指示：美国愿意向印度提供大量军事援助，前提条件是梅农辞职，但是又不要给印度人留下美国要求梅农辞职的印象。③ 11 月 1 日，美国将如下军事物资空运至印度：4 万枚地雷，100 万发 30 毫米口径的弹药，200 架 30 毫米口径的机枪，54 架 81 毫米口径的迫击炮，10 万发 81 毫米口径的弹药，500 台 ANPRC－10 雷达和 250 台 ANGRC－9 雷达。④

1962 年 11 月 14 日，美国助理国务卿塔尔博特与印度驻美国大使 B. K 尼赫鲁（B. K. Nehru）互换外交文书，标志着美印两国就军事援助达成正式协议。需要说明的是，美国在如此渴望与印度签署军事援助协议的背景下，依然保持清醒的头脑，并为军事援助印度设定如下条件：第一，美国军事援助印度的物资只能用于对付中国；第二，在印度的美国代表有权监

---

① *Memorandum from the Department of State Executive Secretary* (*Brubeck*) *to the President's Special Assistant for National Security Affairs* (*Bundy*), Washington, October 15, 1962, Source: Kennedy Library, National Security Files, Countries Series, India, General, 10/15/62 ~ 10/20/62.

② *Memorandum from the President's Deputy Special Assistant for National Security Affairs* (*Kaysen*) *to President Kennedy*, Washington, October 26, 1962, Source: Kennedy Library, National Security Files, Countries Series, India, General, 10/26/62 ~ 10/27/62.

③ *Telegram from the White House to the Embassy in India*, Washington, October 27, 1962, Source: Kennedy Library, National Security Files, Countries Series, India, Ambassador Galbraith, Special File, Miscellaneous Messages, 10/62 ~ 12/62.

④ *Memorandum from the President's Deputy Special Assistant for National Security Affairs* (*Kaysen*) *to President Kennedy*, Washington, November 3, 1962, Kennedy Library, National Security Files, Countries Series, India, General, 11/3/62 ~ 11/4/62.

督军事物资的使用情况。就在援助协议签署的当天，为提高空中防御能力，美国政府又同意提供两个移动雷达装置以及一些通讯设备，暂由美国军事人员操作，经过技术培训以及双方同意后逐步移交印方管理。如印度同意，美国政府愿与印度空军在和平时期举行不间断的训练演习，目的是有效提高印度应对空中攻击的能力。①

2. 美国军事援助印度计划（第一阶段）

虽然美巴已签署军事援助协议，但是对军事援助种类以及援助规模仍需要认真谋划，尤其是要考虑印度自身的军事计划。为此，第一，美国国防部长麦克纳马拉建议立即派遣一高级军事代表团（10～15人组成）前往印度，调查印度具体的军事计划。② 第二，美国国家安全委员会执行委员会成立小组委员会，专门负责制定军事援助印度计划。

（1）美国已提供或计划提供的军事援助

1962年12月3日，在美国国家安全委员会执行委员会上，哈里曼建议为印度重新装备3个师并另外建立3个师。届时，印度总计有16个师，其中15个常规师，1个装甲师。③ 按照国家安全委员会的规划，在接下来2～3个月的紧急时期，美国设定的总预算为1.2亿美元，其中美国与英国（包括其他英联邦国家）各分担一半，即美国可向印度提供最高达6000万美元的援助。美国与英国讨论空中防御一揽子计划：美国供应雷达，英国和英联邦国家供应战机。④ 肯尼迪总统对上述建议表示认可，特别是紧急阶段，对印度军事援助的上限是6000万美元，英国和其他英联邦国家也应

① *Telegram from the Embassy in India to the Department of State*, New Delhi, July 10, 1963, Source: Department of State, Central Files, DEF 19 INDIA.

② *Memorandum for the Record*, Washington, November 19, 1962, Source: Kennedy Library, National Security Files, Countries Series, India, General, 11/26/62～11/27/62.

③ *Memorandum of Meeting of the Executive Committee of the National Security Council*, Washington, December 3, 1962, Source: Central Intelligence Agency, McCone Files, Job 80 B 01285A, Box 6, DCI Meetings with the President, 1 July 1962～3 December 1962.

④ *Telegram from the Department of State to the Embassy in India*, Washington, December 8, 1962, Source: Department of State, Central Files, 791.56/12～862.

提供同等数量的援助。即使他们不愿意提供，美国仍要考虑继续推行该计划。① 截至1963年2月16日，美国军事援助印度包括：第一，空运和海运价值1950万美元的设备（主要是步兵武器、弹药及装备，还有2架“驯鹿”战机）；第二，价值540万美元的C－119飞机配件；第三，12架C－130约100万美元的运输费用；第四，价值550万美元的小型武器、弹药、通讯设施及装备；第五，430万美元的相关运营及管理费。这些支出占支持部署印度6个山地师以及改善印度空军运输能力所需的大部分成本。②

到1963年4月，由斯特利率领的军工生产小组已制定出四年规划，即满足拿骚会议规定的6个山地师的作战需求，每年需要3400万美元的资金、2000万美元的原材料。这一援助有助于满足印度国防所需，有益于印度经济发展。尽管对印度长远军事援助计划还没有最终成形，不过肯定对印度的军事援助不会中断，主要问题在于军事援助的规模、类型以及时间。③ 关于军事援助规模，美国国防部长麦克纳马拉认为，军事援助规模没有必要太大。但是印度要求建立一只140万规模的军队，这需要印度今后三年每年180万美元（原文如此——笔者注）的军费开支，另外需要接受外来军事援助16亿美元。在麦克纳马拉看来，这些都不现实。相较于地面威胁，空中威胁更小。如果威胁不够大，印度自己就能防御空中威胁。从军事角度来看，首先需要制定一个现实可行的方案。麦克纳马拉估计，今后三年美英提供3亿美元（包括军工生产）足够，甚至可能仅需一半。关于防空承诺，麦克纳马拉认为政治价值重大，腊斯克对此表示赞同。他认为，美国应该加紧与印度对话，但是美印之间的谈判，只需国防部参加而国

---

① *National Security Action Memorandum No.* 209, Washington, December 10, 1962, Source: Kennedy Library, National Security Files, Meetings and Memoranda Series, Memoranda, NSAM 209.

② *Memorandum From Robert W. Komer of the National Security Council Staff to President Kennedy*, Washington, February 16, 1963, Source: Kennedy Library, National Security Files, Countries Series, India, General, 2/14/63～2/17/63.

③ *Memorandum From Secretary of State Rusk to President Kennedy*, Washington, April 25, 1963, Source: Kennedy Library, National Security Files, Countries Series, India, General, 4/24/63～4/27/63.

务院不必参加，目的是避免该会谈与政治条件（比如克什米尔）联系起来。[①]

1963年6月18日，美国国务院授权驻印度大使向尼赫鲁传达美国1964财年批准的资金拨款和安排实施的决定[②]：第一，与印度政府讨论由美英提议的与印度空军举行联合训练演习事宜。第二，决定提供承诺的军事援助项目：航空运输（270万美元），道路建设（560万美元），陆军和空军的训练（470万美元），空军通信系统（800万美元），雷达和相关通信设施（810万美元）。第三，关于军工生产的初步决定。向印度提供圣路易斯军械厂的两条生产线，只要价200万美元（原始成本为560万美元，再生产成本可能是七八百万美元）。第四，除上述承诺外，美国针对印度的军事供应任务将立即启动后续项目，包括：为部队提供工程师装备（425902美元），装备两支拿骚兵团和部队（3721624美元），两个山地师的现代化（11250888美元），武器系统支持（2490000美元），航空地面无线电控制（366030美元），地面控制雷达（1078999美元）。

（2）印度的军事计划及美国的看法

印度需要制定一个合理的军事计划，但是在科默看来，印度恐怕只是以“中国威胁”为借口来达到其获得更多美国军事援助的目的。1963年2月16日，科默在提交给肯尼迪总统的备忘录中指出，印度国防部正在加紧重新制定新战略形势下的印度国防计划，虽然还没有最终敲定，但是无论如何，印度国防开支会比1963～1964财年的国防预算有明显增长，而1963～1964年度的国防预算比1962～1963年度增加近三分之一，超过10亿美元。[③] 美国认为，印度可能是假借“中国威胁”之名要求获得更多的美国援助。

---

① *Memorandum for the Record*, Washington, April 25, 1963, Source: Kennedy Library, National Security Files, Meetings and Memoranda Series, Meetings with the President, 4/63.

② *Telegram from the Department of State to the Embassy in India*, Washington, June 18, 1963, Source: Department of State, Central Files, DEF 19～3 US－INDIA.

③ *Memorandum From Robert W. Komer of the National Security Council Staff to President Kennedy*, Washington, February 16, 1963, Source: Kennedy Library, National Security Files, Countries Series, India, General, 2/14/63～2/17/63.

（3）军事援助印度是否要设定条件

A. 与印巴关系和解挂钩?

在美国看来，美国军事援助印度计划要设定条件。一方面可以使印度在使用援助时有所顾忌，不任意妄为，另一方面有助于维护美巴关系。但是设定的条件不能过于苛刻，要灵活变通，以免引起印度的误会，从而破坏来之不易的美印良好关系。如前所述，美国在与印度签署军事援助协议时曾设定两个条件（“援助只用于应对中国”和“美国代表监督实施情况”），印度对这两个条件表示认可。但是否应该与解决印巴争端（尤其是克什米尔问题）或印巴达成协议相挂钩?在巴基斯坦看来，现在印度依赖美国的军事援助，美国完全可以以此“要挟”印度与巴基斯坦达成协议，在克什米尔问题上做出让步，从而争取解决困扰印巴两国已久的克什米尔争端难题。但在美国政府看来，这种做法欠妥。美国的普遍看法是：美国军事援助印度要与印巴关系和解有一定联系，但是不能完全挂钩。首先，不能让印度感觉到美国肯定会继续提供长期的军事援助，否则他们在克什米尔问题上的态度会更加强硬，[①] 不利于印巴克什米尔争端的解决，而这显然不是美国所愿意看到的结果。其次，美国承认，印度对西方军事援助的依赖是美国手中的一张牌，但是要使用得当，否则很容易破坏来之不易的有利氛围。某些人提议的“如果印度不能与巴基斯坦达成协议，美国将威胁取消对印度的军事援助”的想法是不明智的。[②] 正如美国国务卿腊斯克所言，美国不应该以印巴和解作为军事援助印度的条件，当然也不能完全浪费机会，应该部分地以印巴关系取得进展为军事援助条件。[③] 但是，不管克什米尔谈判是否有结果，基于政治和军事考量，美国仍需要继续长

① *Telegram From President Kennedy to the Ambassador to India (Galbraith)*, Washington, March 22, 1963, Source: Kennedy Library, National Security Files, Countries Series, India, Ambassador Galbraith, Special File, Miscellaneous Messages, 1/63 ~ 7/63.

② *Telegram from the Department of State to Secretary of State Rusk*, at Paris, Washington, December 13, 1962, Source: Department of State, S/S Files: Lot 66 D 204, Macmillan Correspondence with Kennedy, 1962.

③ *Memorandum for the Record*, Washington, April 25, 1963, Source: Kennedy Library, National Security Files, Meetings and Memoranda Series, Meetings with the President, 4/63.

期军事援助印度。美国不仅要使印度维持一定军力以更好应对边界可能再次发生的冲突，而且要致力于加强与印度的政治联系，使印度相信美国坚定站在印度一边。①

B. 拒绝从苏联获得武器？

印度若想获得美国的军事援助，是否必须停止从苏联获得军事援助？美国的答案是肯定的，尽管比较含混不清。1963年12月19日，美国国务院在发给驻印度大使馆的电报中称，美国正在考虑对印度的长期军事援助计划。但是在做出决定之前，需要了解印度方面更多的军事发展信息，比如印度是否有挪用经济发展资源的情况以及印度是否从苏联获得军事援助等。国务次卿鲍尔称，如果印度从苏联购买军事物资，美国可能会放弃对印度的长期军事援助。印度驻美国大使尼赫鲁问这是否意味着美国反对印度从苏联获得武器装备。鲍尔称，美国国会的态度是，如果接受美国的长期军事援助，不能再从其他国家那里得到军事援助。B. K. 尼赫鲁大使称，多大程度的军事援助将导致多大程度的依赖，如果印度只从美国获得军事援助，美国岂不是要印度只依靠美国？鲍尔对此不置可否。②

C. 对印度做出正式承诺？

美国国际开发署主管贝尔（David Bell）指出，如果印度遭受袭击，美国国会不会反对美国保卫印度，但是如果不将军事援助与印度解决克什米尔问题联系起来，国会会认真考虑是否应该对印度做出承诺。

（4）军事援助印度的目的和方法

美国军事援助印度的目的，除了帮助印度抵御中国外，还有一个就是发展与印度的友好关系（类似盟友，但又不是盟友关系）。为了达到这一目的，美国制定了一套具体的实施军事援助的方法。第一，一旦边界冲突再起，美国应该提供及时和实质性的紧急援助。第二，应该迅速派遣美国

---

① *Memorandum From Secretary of State Rusk to President Kennedy*, Washington, April 25, 1963, Source: Kennedy Library, National Security Files, Countries Series, India, General, 4/24/63～4/27/63.

② *Telegram from the Department of State to the Embassy in India*, Washington, December 19, 1963, Source: Department of State, Central Files, POL 27～5 US.

和英国的部队到印度，包括安装雷达和通讯设施，修复空军基地、修建住房以及联合培训等。第三，帮助印度改善公路、铁路、通信设施，即使这些设施不会用于军事目的，也会产生经济回报。第四，对印度的高级军官进行现代化培训，包括作战计划、提高指挥水平、空军和陆军联合部署等。第五，直接向印度军队免费提供高端武器的做法可能会激怒巴基斯坦，因此美国最好让印度用本国外汇购买这类装备而不是作为军事援助直接提供给印度。印度多年来购买这种装备，可以看作是美国提供经济援助的间接支持。军工生产也可以用同样的方式处理。第六，在增强印度军事实力的同时，确保美国提供的紧急援助能够被正确使用。①

总之，美国应该继续对印度提供军事支持，不能因克什米尔问题而无限期推迟对印度的军事援助，这会危及美国与印度的关系。关于进一步军事援助的规模，美国将尽力使印度接受现实，今后三年美英提供3亿美元是下限而不是上限（当然，无论如何不可能达到印度16亿美元的要求）。美国应尽一切努力使英国与美国一起承担援助任务，但美国又不能完全依赖美英的合作。期望英国提供3亿美元的一半并不现实，因此美国的政策是：不让英国妨碍美国的拟定计划。美国和英国应加紧与印度在军事层面的会谈，一方面使其更加务实，另一方面不要给印度留下美国将停止援助的错觉。即使在克什米尔问题没有解决的前提下美国仍会继续向印度提供援助，但是要让印度明白，这会为美巴关系带来负面影响，而且国会会为进一步军事援助印度设置各种障碍。②

3. 美国军事援助印度计划（第二阶段）

美国已基本同意对印度实施五年军事援助计划，但是依然要考虑各种因素，尤其是印度自身的军事计划。

（1）鲍尔斯的五年军事援助计划

美国驻印度大使鲍尔斯提议对印度实施五年3.14亿美元的军事援助计

① *Notes by Secretary of State Rusk*, Washington, May 5, 1963, Source: Department of State, Central Files, DEF 19 US - INDIA.

② *Memorandum for the Record*, Washington, April 26, 1963, Source: Kennedy Library, National Security Files, Countries Series, India, General, 4/24/63 ~ 4/27/63.

划，得到美国政府高官及总统的认可。1963 年 11 月 12 日，科默在提交给肯尼迪总统的备忘录中指出，鲍尔斯的五年军事援助计划比较合理，与五角大楼提议的每年 5000 万美元方案差不多，这将有助于阻止印度从苏联获得军事援助。① 11 月 13 日，美国总统在会见鲍尔斯时称对他的五年计划很感兴趣，认为在美国对抗共产主义大战略中会发挥积极作用。鲍尔斯认为，该援助计划将使巴基斯坦更容易接受美国对印度的持续援助这一做法，也会限制印度将外汇从经济发展挪用于国防建设。总体而言，鲍尔斯大使提议的五年军事援助计划对印度有如下影响：限制印度军队发展水平、不从苏联购买军事装备、不将用于经济发展的资源挪用于国防、在与巴基斯坦发展关系时有所克制等。② 邦迪和科默相信，如果美国有足够诚意，印度会做出积极回应。美国国务院、国防部和国际开发署一致认为，如果能与印度达成共识，这一切将是值得的，因为一个稳定的长期军事合作政策将有助于稳定美印关系，使印度更加靠拢美国。另外，印度有节制地发展军事力量也有助于缓和印巴关系，阻止苏联对印度军事的渗透，避免将用于经济发展的外汇挪用至国防。在 1961～1963 年的三年里，印度平均每年用于国防的外汇达 9500 万美元，据估计 1964 年可能会达到 1.6 亿美元，这将给印度的经济发展带来巨大压力。不过，美国政府建议，要非常谨慎地推出这一军事援助计划，不能初期就全盘托出。在做出上述决定之前，要评估巴基斯坦可能出现的反应以及印度是否给予积极回应。③

---

① *Memorandum From Robert W. Komer of the National Security Council Staff to President Kennedy*, Washington, November 12, 1963, Source: Kennedy Library, National Security Files, Countries Series, India, Security, 1963.

② *Memorandum From Robert W. Komer of the National Security Council Staff to the Deputy Assistant Secretary of Defense for International Security Affairs* (*Bundy*), Washington, November 14, 1963, Source: Kennedy Library, National Security Files, Countries Series, India, General, 10/20/63～11/22/63.

③ *Memorandum from the President's Special Assistant for National Security Affairs* (*Bundy*) *and Robert W. Komer of the National Security Council Staff to President Johnson*, Washington, December 11, 1963, Source: Johnson Library, National Security File, Country File, India, Vol. I.

（2）泰勒的军事援助计划

1963年12月16～19日，JCS主席泰勒将军访问印度。关于军事援助，泰勒表达如下观点：第一，美国愿意继续帮助印度处理其经济和军事问题；第二，印度要制定一个合理的五年军事计划，使美国能够评估印度所需，从而提供及时有效的援助；第三，印度要避免出现因边界冲突而制定不现实的军事计划；第四，印度要与巴基斯坦合作共同防御次大陆；第五，印度要认识到有义务与美国及其亚洲盟友消除可能长期存在的共产主义影响。① 一周后，在提交给国防部长麦克纳马拉的备忘录中，泰勒同意鲍尔斯大使提出的五年军事援助计划，但是要有一些前提条件，需要印度做到：第一，有限的军事目标；第二，停止从苏联等社会主义国家采购武器；第三，尽可能少地转移用于经济发展的外汇；第四，谨慎处理与巴基斯坦的关系；第五，在遏制中国方面与美国合作。印度的五年军事援助计划可以包括如下内容：第一，该期间印度可用于军事目标的资源；第二，美国每年援助印度5000万～6000万美元；第三，有可能来自其他国家的援助；第四，军事计划对经济发展的影响。②

1964年1月，美国国务卿腊斯克建议约翰逊总统采纳泰勒将军关于要求印度提出合理五年计划的提议，换句话说，如果印度制定出令美国满意的五年防御计划，美国愿意提供长期的军事援助。印度在制定五年军事计划时，可以假设每年获得来自美国价值5000万美元的军事援助，但是不要过度使用印度的经济资源。如果印度的五年军事计划能够获得美国认可，美国将继续提供军事援助支持。③

1964年2月21日，美国国务院在发给驻印度大使馆的电报中称，美

① *Telegram from the Embassy in India to the Department of State*, New Delhi, December 19, 1963, Source: Department of State, Central Files, ORG 7 JCS.

② *Memorandum from the Chairman of the Joint Chiefs of Staff (Taylor) to Secretary of Defense McNamara*, Washington, December 23, 1963, Source: Johnson Library, National Security File, International Meetings and Travel File, Taylor, Gen., Trip to India and Pakistan, December 1963.

③ *Memorandum From Secretary of State Rusk to President Johnson*, Washington, January 16, 1964, Source: Johnson Library, National Security File, NSAMs, NSAM 279, Military Assistance to India and Pakistan.

国正在等待印度详细的军事计划。在美国看来，一个满意的印度军事计划应该考虑以下因素：第一，稀缺资源在经济发展与国防建设之间的分配。印度要意识到军事建设不能以损害经济发展为代价。持续的经济增长与军事力量同等重要。一个满意的计划应该尽可能少的挪用其他资源，尤其是用于经济发展的外汇。第二，印度各军种间的分配，即优先发展哪个军种，要在陆军与空军中做出选择。第三，军事水平。不同时段的军事目标要与有限的资源相匹配。第四，苏联军事援助。印度的防御计划当然要考虑来自各方的军事援助。美国提供支持的力度取决于苏联对印度的军事援助。①

（3）为了扭转颓势，需要立即实施军事援助计划

距离泰勒将军访问印度已有三个月，但是印度所期望的美国长期军事援助计划仍未实施，这使得印度政府开始考虑寻求苏联的帮助。鲍尔斯大使对此向美国国务院抱怨，美印关系已从1962年10月以来的最高点下跌，且有愈演愈烈之势，原因：第一，其他旧有因素如克什米尔问题再次困扰美印关系。第二，苏联现在比美国更积极主动地争取印度军事建设的主动权。第三，巴基斯坦因素。美国已对充满希望的印度投资47亿美元帮助其进行长期经济建设，但是却没有与经济投资相匹配的政治军事政策，部分原因是巴基斯坦通过签署联盟协议获得7亿美元的军事援助，而所有这些援助实际上是用于对抗印度潜在的侵略。从人均来看，巴基斯坦获得的美国援助远远高于印度获得的美国援助。美国应该保护巴基斯坦免受印度的攻击，但是不能因此阻止美国“壮大印度”的政策。鉴于印度正面临政权危机，美国必须清楚，如果印度四分五裂，对美国来说是一个巨大灾难。为了扭转颓势，鲍尔斯敦促美国迅速决定并实施军事援助印度计划。②

---

① *Telegram from the Department of State to the Embassy in India*, Washington, February 21, 1964, Source: National Archives and Records Administration, RG 59, Central Files 1964～66, DEF 19～3 US－INDIA.

② *Memorandum From Robert Komer of the National Security Council Staff to President Johnson*, Washington, February 26, 1964, Source: Johnson Library, National Security File, Memos to the President, McGeorge Bundy, Vol. I, 11/63～2/64.

4. 美国军事援助印度计划（第三阶段）

尽管美国已意识到必须尽快制定和实施对印度的五年军事援助计划，以挽救日趋冷淡的美印关系，但是美国政府坚持印度自身的军事计划必须控制在合理范围内。同时，巴基斯坦和苏联因素也要给予重点考虑。美国军事援助印度不以解决印巴争端为前提，但是仍要顾及巴基斯坦的担忧以及美巴关系的未来；美国不以停止接受苏联的军事援助为前提条件，但是仍然想尽一切办法限制苏联的军事援助，争取将苏联对印度的军事影响限制在最小程度。

（1）印度制定合理的军事计划

大力倡议并积极敦促美国政府对印度实施五年军事援助计划的鲍尔斯大使也承认，印度目前的五年（1965~1969 年）防御计划太宏大了，估计该预算将占国民生产总值的 5.9%，实在太高。[①] 他在 1964 年 4 月 23 日会见印度财政部长克里什阿姆特瑞（Krishnamachari）时提到美国对印度的长期军事援助计划，前提是印度的军事预算维持在合理水平，尽可能地少使用外汇。[②]

为了将印度的五年军事计划限制在合理范围内，美国派遣代表与印度代表会谈，1964 年 5 月 11~15 日，美国专家与印度专家讨论印度的五年防御计划；5 月 19~21 日，美国代表与印度国防部长查万（Chavan）进行讨论。讨论的主要目的是劝说印度调低军事建设目标。与此同时，讨论 1965 财年的计划、信贷基础上的军事援助、空中防御飞机、HF-24 战斗机和“麻雀”（Sparrow）空对空导弹等事项。[③] 印度五年的防御计划是 19 亿美元。为了使防御计划对经济发展的影响降至最小，美国力图劝说印度

---

① *Memorandum for the Record*, Washington, March 31, 1964, Source: Washington National Records Center, RG 330, OASD/ISA Files: FRC 68 A 306, 333 India.

② *Letter from Robert Komer of the National Security Council Staff to the Ambassador to India (Bowles)*, Washington, April 24, 1964, Source: Johnson Library, National Security File, Country File, India, Exchanges with Bowles (cont.).

③ *Memorandum from the Deputy Assistant Secretary of Defense for International Security Affairs (Solbert) to Secretary of Defense McNamara*, Washington, May 6, 1964, Source: Washington National Records Center, RG 330, OSD Files: FRC 69 A 7425, India 091.3 MSP.

减少至15亿美元，最好是13亿美元。[①] 1964年5月29日，美国驻印度大使拜见印度新任总理夏斯特里时强调，印度的军事计划需要在经济发展与军事建设方面保持平衡。[②] 美国与印度的讨论卓有成效，印度的国外军事采购从19.11亿美元减至14.32亿美元（包括从美国、英国和苏联的军事采购以及印度利用自己的外汇所购买），相当于每年2.86亿美元。14.32亿美元的采购不仅包括直接的武器采购，而且包括间接的外汇采购，如印度购买兵工厂所需的原材料。[③]

（2）美国向巴基斯坦承诺军事援助印度不针对巴基斯坦

印度的军事建设不可避免地会影响印巴的军事实力平衡，美国军事援助印度会加剧这一失衡，因此巴基斯坦很难接受美国对印度的军事援助。1964年6月5日，美国驻巴基斯坦大使馆称，尽管即将签署的“美国军事援助印度的谅解备忘录”没有包含敏感的超音速飞机，大使馆还是对该协议可能会破坏印巴军事实力平衡表示非常担心，认为会影响到印巴和解以及美国在巴基斯坦的地位。大使馆称，巴基斯坦外长布托对美印军事援助协议持批评意见。布托在新闻发布会上称，美印军事援助协议将加剧南亚大陆的紧张氛围，使印巴争端解决更加困难。[④] 6月19日，来自卡拉奇的电报称，巴基斯坦认为美国应为日益危险的南亚局势负责，大使馆建议需要恢复美国在巴基斯坦的地位，给巴基斯坦更大的安全感和信任感。为此，美国努力澄清如下事实，尽可能减少巴基斯坦的担忧：美国对印度军

---

① *Memorandum From Robert Komer of the National Security Council Staff to the President's Special Assistant for National Security Affairs (Bundy)*, Washington, May 21, 1964, Source: Johnson Library, National Security File, Country File, India, Vol. II, Cables, 4/64～6/64.

② *Telegram from the Embassy in India to the Department of State*, New Delhi, June 6, 1964, Source: National Archives and Records Administration, RG 59, Central Files 1964～66, POL 1 INDIA－US.

③ *Telegram from the Department of Defense to the Embassy in Pakistan*, Washington, June 7, 1964, Source: National Archives and Records Administration, RG 59, Central Files 1964～66, DEF 19 US－INDIA.

④ *Telegram From the Department of Defense to the Embassy in Pakistan*, Washington, June 7, 1964, Source: National Archives and Records Administration, RG 59, Central Files 1964－66, DEF 19 US－INDIA.

工生产的援助主要集中于步兵所需，尤其是弹药生产，而不包括巴基斯坦担心的重要装备生产，如阿姆巴佳里（Ambajhari）军械厂生产的迫击炮弹药以及山地师所需要的75式和无反冲来复枪。美国国务院指示驻巴基斯坦大使转告巴基斯坦政府，印度的五年军事计划已大大缩减（从19.11亿美元减至14.32亿美元）。美国只是同意1964、1965财年计划，更长远的援助将取决于印度是否达到美国所提出的要求。①

（3）尽量限制苏联军事援助印度

美国政府当然希望印度不要从苏联获得任何军事援助，但是也意识到这不太现实，只能尽量限制印度从苏联购买军事装备。1964年2月27日，科默在发给美国驻印度大使鲍尔斯的信中称，有必要为印度国产的HF－24飞机提供“俄耳甫斯”发动机，以限制印度购买苏联的米格战机和地对空导弹。鲍尔斯指出，帮助研发HF－24飞机可以迎合印度国内日益高涨的民族主义情绪，同时对巴基斯坦的伤害也是最小的。② 2月28日，鲍尔斯与印度国防部长查万讨论了可能的五年军事援助计划以及苏联可能对印度的军事销售。查万表示，印度很难取消与苏联的米格战机交易；如果必须取消的话，美国是否能够提供同样高性能的飞机？3月5日，美国国务院指示鲍尔斯大使向印度政府表明，印度空军可以获得来自西方的援助，同时提醒印度注意依赖苏联可能带来的严重问题。③

1964年6月30日，印度内阁秘书长凯拉（Khera）在拜访美国助理国务卿塔尔博特时说，是否只要印度与苏联进行米格战机交易，那么印度将不能从美国获得战斗机？他想知道这是否属实。塔尔博特不置可否，转而

---

① *Telegram from the Department of Defense to the Embassy in Pakistan*, Washington, June 7, 1964, Source: National Archives and Records Administration, RG 59, Central Files 1964～66, DEF 19 US－INDIA.

② *Message From Robert Komer of the National Security Council Staff to the Ambassador to India (Bowles)*, Washington, February 27, 1964, Source: Johnson Library, National Security File, Country File, India, Exchanges with Bowles.

③ *Message From Robert Komer of the National Security Council Staff to the Ambassador to India (Bowles)*, Washington, February 27, 1964. Source: Johnson Library, National Security File, Country File, India, Exchanges with Bowles.

问他米高扬（苏联部长会议副主席）访问印度时米格战机交易进展的事情。凯拉说，苏联两年前就承诺提供生产设施，米高扬访问时再次得到确认。他补充说，技术细节仍需研究，但是基本达成交易，很难改变。这意味着印度将同时拥有两条超音速生产线。塔尔博特认为，两条超音速生产线不仅会给印度造成极大的外汇负担，而且会带来很大的麻烦。①

1964年8月26日，在夏斯特里总理接见鲍尔斯大使的过程中，凯拉称米格战机交易已达成，印度将拥有两个苏联萨姆导弹装配线。鲍尔斯大使并不质疑印度的不结盟政策，只是想知道印度为何如此信任苏联，这不符合印度的利益。夏斯特里总理认为，他无法纠正尼赫鲁总理时期制定的上述决策，除非苏联自己放弃，但是在查万出访莫斯科之前，他会与其商量具体对策，尽量避免产生不必要的尴尬。②

（4）美国军事援助印度计划

如上所述，由于需要考虑众多因素，因此，美国军事援助印度计划不是一蹴而就的，而是有一个循序渐进的过程，而且，该计划并非一成不变，而是随时调整。

1964年4月，科默介绍了美国对印度的空军援助计划：提供75架F－6As飞机，尽管其性能不如F－104s飞机，但足以应付目前的空中威胁。包括零部件在内的总值是1500万～2500万美元。另外，提供两个F－5As中队，美国和英国为印度国产的HF－24战斗机提供发动机，作为在印度生产米格－21战机的替代选择。鲍尔斯支持这一援助计划，有三点理由：第一，尼赫鲁总理生命垂危，此时是印度最为脆弱和优柔寡断的时候，现在需要对继任者夏斯特里总理给予支持，防止梅农东山再起。第二，现在不是巴基斯坦在克什米尔问题上对抗印度的时候。迫使印度将注意力从中

---

① *Telegram from the Department of State to the Embassy in India*, Washington, July 2, 1964, Source: National Archives and Records Administration, RG 59, Central Files 1964～66, DEF 19～3 US－INDIA.

② *Telegram from the Embassy in India to the Department of State*, New Delhi, August 27, 1964, Source: National Archives and Records Administration, RG 59, Central Files 1964～66, DEF 19 US－INDIA.

国转向巴基斯坦，不是美国想要的结果。第三，印度认为，相较于1962年中印边界冲突时，美国对印度的支持态度已大大改变，美国新的军事援助计划有助于改变这一认识。①

1964年5月22日，印度国防部长查万与美国防长麦克纳马拉等专门讨论了美国军事援助印度事宜。查万建议，美国的军事援助从每年5000万美元增加到6000万美元。除此之外，双方还就1965财年的军事信贷销售、美国提供军事援助的条件、谅解备忘录以及空中防御等双方共同关心的事宜深入交换了意见。② 应美国要求，印度修订了五年防御计划，将用于军事预算的外汇缩减至3.32亿美元（减少约20%），将不必要的军事项目以及对经济建设产生太大负担的项目删掉。麦克纳马拉同意提供价值5000万美元的山地作战设备、通讯设施及军工生产。美国告诉印度，印度可以在此军事援助的基础上制定其计划。麦克纳马拉还同意美国1964财年提供1000万美元以及1965财年提供5000万美元的信贷用于相关项目。③

鲍尔斯对继任的夏斯特里政府非常乐观，认为新政府比尼赫鲁政府更务实。鲍尔斯建议向印度或销售或无偿援助如下物资：第一，72架F-6As飞机；第二，帮助印度发展自己的HF-24超音速战机；第三，如果HF-24飞机研发失败，今后几年可以提供24~36架F-104s飞机。当然，所有这些均以印度放弃生产米格-21战机为前提条件。④ 鲍尔斯的这一建议得到美国国务卿腊斯克的认可。1964年6月17日，腊斯克在写给国防

---

① *Memorandum From Robert Komer of the National Security Council Staff to President Johnson*, Washington, April 2, 1964, Source: Johnson Library, National Security File, Country File, India, Vol. II, Cables, 4/64 ~ 6/64.

② *Memorandum of Conversation*, Washington, May 22, 1964, Source: Washington National Records Center, RG 330, OSD Files: FRC 77 ~ 0075, Memos of Conversation Between Sec. McNamara and Heads of State (Other than NATO).

③ *Memorandum From Robert Komer of the National Security Council Staff and the President's Special Assistant for National Security Affairs (Bundy) to President Johnson*, Washington, June 4, 1964, Source: Johnson Library, National Security File, Country File, India, Vol. II, Cables, 4/64 ~ 6/64.

④ *Memorandum From Robert Komer of the National Security Council Staff to President Johnson*, Washington, June 16, 1964, Source: Johnson Library, National Security File, Country File, India, Vol. III, Cables, 6/64 ~ 11/64.

部长麦克纳马拉的信中建议按照如下顺序执行空中一揽子援助计划：第一，提供 72 架 F－6As 飞机。第二，为 HF－24 飞机提供技术援助（发动机）。第三，如果第二步失败，向印度提供 36 架超音速飞机。① 7 月 2 日，麦克纳马拉给国务卿腊斯克回信表示同意空中一揽子防御计划。②

考虑到凯拉和查万将于 1964 年 8 月访问莫斯科，1964 年 7 月 24 日，美国国务院与国防部发布联合电报认为，不论在莫斯科的谈判结果如何，印度放弃西方防御援助的可能性不大。印度作为一个非结盟国家自然会争取获得各方的军事支持与援助。电报总结道，只要美国承诺满足印度对军事装备的基本需求，苏联的援助就不会威胁到印度的独立与完整，也不会对美国在印度的长远利益构成严重威胁。③

（二）美印关系

1. 美印关系高潮期

中印边界冲突后，美国立即表示大力支持印度，但是并非“毫无条件”的支持，而是有其自己的处理关系准则。

（1）美国坚决支持印度

中印边界冲突爆发后，美国总统特别助理凯森认为，这是美国积极介入并争取印度的大好机会，为此，他向总统建议在军事援助的基础上向印度提供武器装备。④ 肯尼迪总统让加尔布雷斯大使转告尼赫鲁总理，美国

---

① *Letter from Secretary of State Rusk to Secretary of Defense McNamara*, Washington, June 17, 1964, Source: Washington National Records Center, RG 330, OSD Files: FRC 69 A 7425, India 381.

② *Letter from Secretary of Defense McNamara to Secretary of State Rusk*, Washington, July 2, 1964, Source: National Archives and Records Administration, RG 59, Central Files 1964～66, DEF 19～8 US－INDIA.

③ *Letter from the Ambassador to India (Bowles) to the President's Special Assistant for National Security Affairs (Bundy)*, New Delhi, July 18, 1964, Source: Johnson Library, National Security File, Country File, India, Vol. III, Cables, 7/64～11/64.

④ *Memorandum from the President's Deputy Special Assistant for National Security Affairs (Kaysen) to President Kennedy*, Washington, October 26, 1962, Source: Kennedy Library, National Security Files, Countries Series, India, General, 10/26/62～10/27/62.

会对尼赫鲁总理的军事援助请求给予优先考虑。同时，指示加尔布雷斯大使与尼赫鲁总理讨论具体需要哪些帮助，美国将尽快给予安排。另外，肯尼迪总统特别指出，美国不喜欢梅农，希望他辞去国防部长职位。加尔布雷斯大使回答道，尽管梅农仍是名义上的国防部长，但是尼赫鲁总理已对国防部进行了调整，并成立了一个全新的高级军官组成的国防顾问小组。

（2）确定处理美印关系的准则与原则

为了更好地发展与印度的关系，美国第一时间确定了处理美印关系的准则和原则。1962 年 10 月 15 日，美国驻印度大使加尔布雷斯在发给国务院的电报中表明了美国处理美印关系的准则：第一，对边界冲突而带来的问题表示同情。第二，拒绝表态，以免落下美国干涉的口实。第三，希望可以制订一个印度接受的解决方案，但是不给出任何具体建议。第四，如若印度不提出请求，美国不要主动提出援助；印度一旦提出请求，立即给予答应并着手准备。①

（3）美国自认为取得的成就

印度国防部长梅农一直被美国视为“眼中钉，肉中刺”，中印边界冲突的爆发使美国实现了这一愿望。1962 年 11 月 13 日，美国驻印度大使加尔布雷斯在写给肯尼迪总统的信中指出，近年来，梅农一直是推动印度发展与社会主义国家关系的幕后推手，因此梅农的辞职对美国来说是一个利好消息。他的离职使美国能够与印度讨论敏感问题。更重要的是，他不再有能力发起反对美国的行动。②

1962 年 11 月 14 日，美国与印度就军事援助在华盛顿互换外交文书，标志着美国与印度军事援助协议的正式签署。从此，美国便可以光明正大地向印度提供援助。但是，美国也为此设定了条件：美国军事援助的目的

① *Telegram from the Embassy in India to the Department of State*, New Delhi, October 15, 1962, Source: Department of State, Central Files, 691. 93/10 ~ 1562.

② *Letter from the Ambassador to India (Galbraith) to President Kennedy*, New Delhi, November 13, 1962, Source: Kennedy Library, National Security Files, Countries Series, India, General, 11/11/62 ~ 11/13/62.

是帮助印度应对中国；在印度的美国代表有权监督军事供应的使用情况。①

2. 美印关系调整期

冲突结束后，美国虽然继续向印度提供军事援助，但是逐步侧重于设计针对印度的五年军事援助计划，而该计划的制定很大程度上与印度自身的军事建设计划相关联。由于美国的援助计划是3亿美元（甚至更少），而印度的要求是16亿美元，可想而知缩小这两者之间巨大差距的难度有多大，两国围绕此问题展开多轮谈判。尽管以鲍尔斯大使为代表的“亲印派”仍然力主继续维持与印度的良好关系，但是此刻的两国关系相较于中印边界冲突时要复杂一些。

（1）美国军事援助印度的决心不变，但是设定了各种限制

美国政府上下一致认为需要继续军事援助印度，但是在如何援助、是否设定援助条件、如何设定援助条件等问题上存在分歧。归纳起来，大致有如下几个考虑因素：印度对美国援助任务艰巨性的认识、印度自身防御计划必须切实可行、印度负起南亚次大陆的安全防御重任、缓和与巴基斯坦的关系、获得联合国成员国及英联邦国家的支持等。

1962年11月17日，加尔布雷斯大使在发给国务院的电报中建议：第一，印度必须清楚认识到，美国对印度的援助超出了一般意义上的政治和经济援助，任务非常艰巨。第二，印度高级别部长需要到华盛顿和伦敦去协调包括政治谅解在内的安排。第三，美国的援助计划需要印度制订一个切实可行的防御计划，该计划要反映真实的军事状况，不要将不可能完成的任务纳入其中。第四，印度需要自行处理巴基斯坦问题，这在过去被看作是美国的问题。美国可以帮助限制巴基斯坦的欲望，但是印度应该承担起维护次大陆安全和统一的责任。第五，美国应该大力帮助印度加强国防，同时提高其国内生产能力。第六，尊重印度的不结盟政策。印度需要发展与美国亲密而信任的友好关系，所以印度的不结盟政策可能会在几周或几月内消失。第七，现在面临着印巴和解、整个次大陆相对安全、共产主义势力减弱等好机会。如果美国不向印度提供帮助或者不加选择地提供

① *Editorial Note*, FRUS, 1961～1963, Volume XIX, South Asia.

帮助或提出不现实的援助条件，将会丧失这一机会。如果美国能够有耐心地处理好与巴基斯坦的关系，使其在关键问题上做出妥协，就可以赢得这一机会。①

1962年11月20日，美国国务院指示驻印度大使馆建议印度政府争取在以下几个方面有所作为：第一，争取与巴基斯坦开展合作。无论付出多大代价，都要争取缓解两国之间尤其在克什米尔问题上的紧张关系。如果印度继续武力针对巴基斯坦，美国不可能给予印度最大的军事支持。第二，获得英联邦国家的帮助。尽管没有正式的承诺，但是印度防御却是英联邦面临的一个考验。第三，争取联合国会员国的支持。第四，力争获得东亚和东南亚国家的政治和实际支持。印度尽最大外交努力获得这些国家的支持是很有必要的。② 总之，印度必须动员所有的外交和政治资源，寻求世界范围内最广泛的支持。

美国军事援助印度是否要与解决克什米尔联系起来？美国的回答是灵活应对。一方面，美国知道，如果印度认为西方迫使它以在克什米尔问题上妥协作为提供军事援助的前提，印度政治家们可能不愿意参加与巴基斯坦的谈判。美国对此表示理解。另一方面，以参议院对外关系委员会主席富布赖特为代表的一些政府高官对美国在克什米尔争端解决之前增加对印度的军事援助表示不安。他们担心，在印巴和解未能实现的前提下，增强军事实力的印度有可能以巴基斯坦为代价弥补中印边界冲突中的损失。因此，在他们看来，无论如何，美国军事援助印度必定要与克什米尔问题存在联系。③

是否有必要做出保障印度领土安全的正式承诺？国务卿腊斯克和总统

---

① *Telegram from the Embassy in India to the Department of State*, New Delhi, November 17, 1962, Source: Department of State, Central Files, 791.56/11 ~ 1762.

② *Telegram from the Department of State to the Embassy in India*, Washington, November 20, 1962, Source: Department of State, Central Files, 691.93/11 ~ 2062.

③ *Telegram from the Department of State to the Embassy in India*, Washington, February 6, 1963, Source: Department of State, Central Files, POL 32 ~ 1 INDIA – PAK; *Memorandum of Conversation*, Washington, December 17, 1962. Source: Department of State, NEA/INC Files: Lot 66 D 415, Kashmir, May ~ December 1962 (Miscellaneous Papers).

肯尼迪的看法不同。1963年5月9日，在国家安全委员会第514届会议上，国务卿腊斯克表示同意援助印度，但是没有必要直接承诺保卫印度安全，当然，如果印度遇到攻击，美国可以与印度协商应对之策。肯尼迪总统认为现在应该考虑对印度的领土完整做出直接保证，并认为一旦发生袭击，保卫印度是美国的义务。有人质疑：美国的承诺将被印度当作应对中国的挡箭牌。国防部长麦克纳马拉认为，在给予正式承诺之前，美国必须考虑保卫印度有可能会面对核武器这一事实。①

1963年5月17日，在关于印度事务的总统会议上，国务卿腊斯克说，美国必须帮助印度，但是应该以不引起巴基斯坦愤怒的方式进行。美国没有必要迫使印度在其不结盟政策上做出“妥协”。肯尼迪总统认为，如果印度要求13亿美元而美国只给5000万美元，印度会大失所望，不再对美国抱有幻想。腊斯克认为，应该告诉印度经济与国防协调部长美国会尽最大努力帮助印度。哈里曼认为印度经济与国防协调部长必须明白，美国的援助只是临时的，如果没有巴基斯坦的合作，防御南亚次大陆是不可能的，换句话说，南亚次大陆的防御需要印巴两国合作，而不能永远指望美国的援助。②

1963年6月3日，肯尼迪总统在会见来访的印度总统拉达克里希南时表示，希望美国的援助能够在经济和军事上帮助到印度，同时不会对美巴关系造成负面影响。美国致力于发展与印度类似同盟性质的关系，如果印度给予配合，这有利于保障印度的安全，而且不会给美巴关系造成重大影响。③

---

① *Summary Record of the 514th Meeting of the National Security Council*, Washington, May 9, 1963, Source: Kennedy Library, National Security Files, Meetings and Memoranda Series, NSC Meetings, 1963, Meeting No. 514.

② *Memorandum for the Record*, Washington, May 17, 1963, Source: Kennedy Library, National Security Files, Meetings and Memoranda Series, Meeting with the President, 5/63～7/63.

③ *Memorandum of Conversation*, Washington, June 3, 1963, Source: Kennedy Library, National Security Files, Countries Series, India, Subjects, Radhakrishnan Visit.

（2）鲍尔斯力挺毫无保留地支持印度

谈到对印度的感情，在众多的美国官员中恐怕没有人能超出鲍尔斯。他曾于1951～1953年担任美国驻印度大使，后来调任国务次卿，任期结束后又担任美国驻印度大使。也许是因为他个人长时间驻留印度，对印度怀有感情，因此当美国政府出现对印度不利的声音时，他总是直接或间接地给予回击，力陈美国发展与印度友好关系的重要性，并身体力行，为美国的印度政策出谋划策。

1963年4月25日，在肯尼迪总统与国务卿腊斯克等参加的会议上，鲍尔斯大使认为，在印度建设的问题上，政治因素占70%。十年来，美国一直希望印度可以和美国一样将社会主义国家视为威胁。现在印度做到了，甚至可以说，现在印度是亚洲唯一一个奉行现实主义的大国。美国不要错误地以为印度没有其他选择。实际上，它完全可以将获得苏联更多的援助作为获得美英支持的替代选择。美国显然不愿意看到这种情况发生。为此，美国应该向印度做出保证，即美国愿意与印度共患难。①

1963年5月17日，在有总统肯尼迪和国务卿腊斯克等参加的关于印度事务的总统会议上，鲍尔斯提议，美国要把印度视为真正的盟友而不只是普通的“合伙人”，使印度坚定地站在西方阵营，不能让印度经济与国防协调部长以为美国并非真心想帮助印度。②

1963年12月27日，鲍尔斯在写给约翰逊总统的信中呼吁美国重视当前来之不易的美印良好关系。他首先回顾并批评了之前美国对印度和巴基斯坦所实施的政策：1953年末，杜勒斯把巴基斯坦视为南亚和波斯湾地区最强大以及最可靠的反社会主义国家。鲍尔斯大使以及其他熟悉该地区的人都不同意杜勒斯的看法：第一，巴基斯坦从一开始就没有打算将地区集体安全安排用于对抗社会主义国家而是用于对抗印度；第二，由于担心巴基斯坦的武装力量因得到美国的支持而发展壮大，印度国内的反美势力、

---

① *Memorandum for the Record*, Washington, April 25, 1963, Source: Kennedy Library, National Security Files, Meetings and Memoranda Series, Meetings with the President, 4/63.

② *Memorandum for the Record*, Washington, May 17, 1963, Source: Kennedy Library, National Security Files, Meetings and Memoranda Series, Meeting with the President, 5/63～7/63.

亲苏势力以及梅农集团势力大大增加，对美国极为不利；第三，解决克什米尔争端的可能性越来越小，而1952年初曾接近于解决；第四，出于在亚洲“平衡”中国的目的，苏联致力于发展与阿富汗和印度更为紧密的政治、经济和军事关系，这有损于美国的利益。从1954年美巴签署军事援助协议到1960年美国民主党政府上台，这期间鲍尔斯大使在43个国家发表演说批评艾森豪威尔政府做出的错误决策。而1962年10月中印边界冲突的爆发，使美国突然获得期盼已久的机会——美国成为印度最可靠的朋友。①

作为美国驻印度大使，鲍尔斯的主张肯定会受到美国总统的高度重视，无论是艾森豪威尔总统，还是肯尼迪总统和约翰逊总统。1963年4月25日，肯尼迪总统发表的关于印度的声明在很大程度上采纳了鲍尔斯大使的观点②：美国应该继续对印度提供军事支持，不能因克什米尔问题而无限期推迟援助，否则会影响美印关系。关于进一步军事援助的规模，美国将尽力考虑印度的需求，今后三年美英提供3亿美元的军事援助是下限而不是上限。美国应尽一切努力使英国与美国一起承担援助任务，但美国又不能完全依赖美英的合作。期望英国提供3亿美元的一半并不现实，因此美国的政策是：不让英国妨碍美国的计划。美国和英国应加紧与印度在军事层面的会谈，一方面使其更加务实，另一方面不要给印度留下美国将停止军事援助的错觉。1964年1月21日，约翰逊总统在回复鲍尔斯的信中称，同意鲍尔斯关于发展美印新型关系，以及有效增强印度工业和军事实力的观点。③

（3）面对印度的不满

尽管美国依然继续向印度提供军事援助，同时鲍尔斯大使也努力进

---

① *Letter from the Ambassador to India (Bowles) to President Johnson*, New Delhi, December 27, 1963, Source: Johnson Library, National Security File, Country File, India, Exchanges with Bowles.

② *Memorandum for the Record*, Washington, April 26, 1963, Source: Kennedy Library, National Security Files, Countries Series, India, General, 4/24/63～4/27/63.

③ *Letter from President Johnson to the Ambassador to India (Bowles)*, Washington, January 21, 1964, Source: Johnson Library, National Security File, Country File, India, Exchanges with Bowles (cont.).

行各方面的斡旋，但是美国对印度造成伤害是既成事实。美国总统国家安全事务特别助理邦迪承认，美印关系已从1962年冬天以来的最高点下滑。① 当然，美印关系发展到这种地步双方都有责任。1964年2月20日，美国驻印度大使馆在发给国务院的电报中称，现在在印度，再次提及苏联在克什米尔问题上对印度的支持，强调不结盟的重要性，以便在关键时刻获得苏联支持。印度正在与苏联就米格-21战机和地对空导弹事宜进行磋商。② 1964年4月，英迪拉·甘地在访问美国期间接受《纽约时报》访谈时也暗示了印度对美国的不满。③

3. 尼赫鲁逝世后的美印关系

1964年5月，尼赫鲁总理逝世，美国曾一度担心夏斯特里新政府能否顺利过渡，其外交政策是否会出现重大调整。1964年底，美国国家情报局对印度未来三年的内政与外交进行了展望。第一，尽管新任总理夏斯特里缺乏尼赫鲁的威望与权威，但是已逐步掌控局势，成功度过尼赫鲁去世带来的危机。在国内政策上，他不太可能完全偏离尼赫鲁的路线。第二，夏斯特里政府的外交政策可能更少关心广泛的国际问题，而是更多关注与印度自身利益相关的具体问题。印度将继续奉行不结盟政策。印巴紧张关系的根本缓解取决于克什米尔争端的解决，然而解决克什米尔争端的前景不容乐观。印度将更重视发展与其他邻国的关系。相较以前，印度在不结盟国家中的地位有所下降。第三，印度领导人要求武装部队具有威慑巴基斯坦和中国的能力，为此大大增加了五年计划（1964~1969年）的国防预算，高达100亿~120亿美元。同时，加上从美国、苏联和英国获得的军事援助，使印度进一步扩大军队规模并逐步现代化，但是这一计划可能需

---

① *Letter from the President's Special Assistant for National Security Affairs* (*Bundy*) *to the Ambassador to India* (*Bowles*), Washington, March 9, 1964, Source: Johnson Library, National Security File, Country File, India.

② *Telegram from the Embassy in India to the Department of State*, New Delhi, February 20, 1964, Source: National Archives and Records Administration, RG 59, Central Files 1964~66, POL 32~1 INDIA-PAK.

③ *Memorandum of Conversation*, Washington, April 27, 1964, Source: National Archives and Records Administration, RG 59, Presidential Memoranda of Conversation: Lot 66 D 149.

要七年才能完成。尽管印度的军事指挥水平和训练能力仍存在不足，但战斗力却在不断提高，进攻巴基斯坦已绰绰有余。第四，印度拥有发展核武器的能力，但是政府面临着巨大的国内压力。①

（1）核保护问题

1965年3月4日，美国国务次卿哈里曼在拜访夏斯特里总理时称，防止核武器扩散是美国最为关注的国际问题之一，并提及约翰逊总统1964年10月18日的声明，强调美国决定确保亚洲国家免遭核威慑。夏斯特里深知核不扩散的重要性，但是核大国必须想出保护的办法。他说，印度并没有生产核武器的打算。虽然印度没有加入相关军事协定，但是如何确保印度免受核威慑对于印度来讲至关重要。哈里曼表示，只要印度提出要求，美国愿意随时与印度讨论印度的安全问题。夏斯特里澄清，印度不会单独以一个非核国家寻求核保护，现在的问题是核大国要设法保护所有非核国家免受核威胁。但是具体如何做，夏斯特里没有给出方案，也许可以采取发表联合声明的方式，宣布任何核大国不得使用核威胁，防止核扩散，禁止一切核试验等。②

（2）推迟印度领导人访问美国

推迟印度领导人访美时间，再次把美印关系推到风口浪尖上。印度质疑美国的动机，美国急于解释推迟的原因。

1965年4月14日，美国国务院指示驻印度大使馆转告印度政府，约翰逊总统非常期待与夏斯特里总理6月初举行富有成效的会谈。③然而，鉴于严峻的越南局势，约翰逊总统不得不同时推迟阿尤布和夏斯特里访问美国的时间。但是在印度看来，美国没有对印度和巴基斯坦区分开来，因此必然引起印度的误会，再加上持美国武器装备的巴基斯坦部队在库奇地区的施压，进一步增加了印度的疑虑。鲍尔斯大使建议，美国应想尽一切

---

① *National Intelligence Estimate*, Washington, December 10, 1964, Source: Central Intelligence Agency, Job 79 - R01012A, ODDI Registry of NIE and SNIE Files.

② *Telegram from the Embassy in India to the Department of State*, New Delhi, March 5, 1965, Source: National Archives and Records Administration, RG 59, Central Files 1964～66, POL 15～1 INDIA.

③ *Telegram from the Department of State to the Embassy in India*, Washington, April 14, 1965, Source: National Archives and Records Administration, RG 59, Central Files 1964～66, POL 7 PAK.

办法减少印度的疑虑。[①] 为此，受约翰逊总统的委托，美国驻越南大使亨利·卡伯特·洛奇（Henry Cabot Lodge）在前往越南的途中专门经过德里向夏斯特里总理解释美国推迟访问的原因，并称约翰逊总统无意失礼，正在重新安排访问时间。[②]

二、印度的态度、立场和行动

（一）印美关系

1. 请求美国援助

（1）中印边界冲突时请求美国援助

1962年，中印边界冲突爆发后，尼赫鲁一改往日的傲慢态度，[③] 转而向美国寻求帮助，希望美国提供急需的武器装备。自多拉行动始，印度政府向美国提出三项援助请求：购买备件、军事运输和通讯设备。10月2日，印度外交大臣对加尔布雷斯大使说，印度急需C－119飞机备件；10月3日，印度国防部命令驻华盛顿大使馆要求获得250台ANGRC－9雷达的出口许可；10月4日，印度大使馆要求美国同意交付两架“驯鹿”运输机。[④] 随后，尼赫鲁总理亲自给肯尼迪总统写信称，印度正处于危机中，“需要您（肯尼迪总统）的同情与支持”。[⑤] 1962年11月19日，尼赫鲁再

---

① *Telgram From the Embassy in India to the Department of State*, New Delhi, April 16, 1965, Source: National Archives and Records Administration, RG 59, Central Files 1964～66, POL 7 INDIA.

② *Telegram from the Embassy in India to the Department of State*, New Delhi, May 1, 1965, Source: National Archives and Records Administration, RG 59, Central Files 1964～66, POL 32～1 INDIA－PAK.

③ *Letter from the Ambassador to India* (*Galbraith*) *to President Kennedy*, New Delhi, November 13, 1962, Source: Kennedy Library, National Security Files, Countries Series, India, General, 11/11/62～11/13/62.

④ *Memorandum from the Department of State Executive Secretary* (*Brubeck*) *to the President's Special Assistant for National Security Affairs* (*Bundy*), Washington, October 15, 1962, Source: Kennedy Library, National Security Files, Countries Series, India, General, 10/15/62～10/20/62.

⑤ *Telegram from the Department of State to the Embassy in India*, Washington, October 27, 1962, Source: Department of State, Central Files, 691.93/10～2762.

次给肯尼迪总统写信，描述局势的严峻性，希望美国紧急派遣至少12个超音速全天候战斗机中队及建立雷达通讯设施保护印度城市，飞机暂时由美国人驾驶，雷达设施由美国人操作，直到印度官兵接受训练之后。如果可能，美国人可以直接驾驶飞机，但是空中行动由印度空军负责指挥。尼赫鲁还请求支援两个B－47轰炸机中队，对中国方面实施打击。接受培训的飞行员和技术员应该立即派往美国接受培训。[①] 从尼赫鲁的来信可以判断，此时，印度需要美国的积极介入以及加强美印间的军事伙伴关系。[②]

（2）印度军事建设需要美国援助

在中印边界冲突告一段落后，印度依然担心，为此，决定大力发展自身的军事规模与实力，而单纯依靠自身财力显然无法满足要求。为此，需要美国的大量援助。军事建设目标为：陆军：印度的目标是16个师，总兵力80.7万。然而，乔杜里将军想额外增加5个小规模的师，从而将兵力增加至86.6万人。空军：印度空军参谋总长恩珍尼（Engineer）最初的计划是45个中队，由25个战斗机、4个战斗机/侦察机、12个运输队、3架轰炸机和1架轰炸机/侦察中队组成，总人数为5万。后来调整为64个中队，包括12个全天候拦截机、6个战斗机/侦察机、22个战斗机/轰炸机、5个轻型轰炸机、2个战略机/侦察机、2个海军侦察机以及15个运输中队。海军方面没有给出具体的计划。同时，印度力争避免军事计划对经济计划产生负面影响。1963年的军事开支将占GNP的5%～6%，使用外汇2.35亿美元。财政部长克里什阿姆特瑞暗示1964年的目标是军事开支占GNP的2%，使用外汇减少一半。[③]

（3）为获得美国军事援助，印度被迫缩减军事建设规模

在美国看来，印度的军事建设计划过于宏大且不太现实，建议其缩减

---

① *Telegram from the Embassy in India to the Department of State*, New Delhi, November 19, 1962, Source: Department of State, Central Files, 691.93/11～1962.

② *Telegram from the Department of State to the Embassy in India*, Washington, November 20, 1962, Source: Department of State, Central Files, 691.93/11～2062.

③ *Telegram From the Embassy in India to the Department of State*, New Delhi, December 19, 1963, Source: Department of State, Central Files, ORG 7 JCS.

计划。为了获得美国军事援助，印度只能接受美国建议，缩减军事建设规模。1965 年 1 月 28 日，印度国防部长查万在接见约翰逊（Johnson）将军时称，印度愿意调整军事计划，接受国防部长麦克纳马拉 1964 年 5 月与其会谈时的建议：第一，印度削减各类飞机数量，不再购买昂贵的 F－104 飞机而是以 F－5 飞机取而代之。未来两年，印度需要 3～6 个 F－5 飞机中队，每个中队配备 16 架飞机。第二，关于印度购买苏联的米格－21 战机。查万说，印度计划从苏联购买 24～36 架米格－21 战机。关于在印度生产米格－21 战机。查万说，尽管项目进展顺利，但是至少需要十年时间才能实现量产。关于 HF－24 飞机，查万称，印度相信美国会提供足够的技术援助，以使其最大化地发挥功效。印度国防大臣（Defense Secretary）拉奥（P. V. R. Rao）补充说，如果 HF－24 飞机获得成功，将减少对米格战机的依赖。美国同意向印度提供 F－5 飞机有充足的政治和军事理由：第一，F－5飞机可用作截击，这是米格战机所不具备的；第二，如果不提供 F－5 飞机，那么不可能阻止米格项目；第三，F－5 飞机可取代过时的飞机，减少印度的总需求；第四，增强印度的防御力量，符合美国的利益。①

2. 对美国表示不满

印度一方面急于获取美国的军事援助支持。另一方面，又对美国在某些问题上的态度和做法感到不满。

（1）美国在克什米尔问题上的立场

克什米尔问题不仅是印巴关系之间的重大问题，也是影响美印关系走向的重要因素之一。中印边界爆发冲突后，无论是在印巴会谈期间，还是在美国调停过程中，印度都对美国在克什米尔问题上的立场和做法颇有微词。1963 年 4 月 25 日，尼赫鲁在写给肯尼迪总统的信中清楚表明印度在克什米尔问题上的强硬态度，不再相信美国在该问题上的中立立场，并且对借军事援助胁迫印度在克什米尔问题上做出重大让步（以满足巴基斯坦

---

① *Telegram from the Embassy in India to the Department of State*, New Delhi, January 29, 1965, Source: National Archives and Records Administration, RG 59, Central Files 1964～66, DEF 19～3 US－INDIA.

之所求）的做法表示不能接受。[①]

（2）美国对巴基斯坦的偏袒

在印度看来，美国对巴基斯坦领导人发布敌视印度以及具有攻击性的声明置若罔闻，继续推行调停提议，该做法印度是无法接受的。印度坚信，在不具备调停所需的和平条件下强力推行调停提议，只会事与愿违。1963年8月11日，尼赫鲁总理在写给肯尼迪总统的信中表示，8月7日，鲍尔斯大使和英国高级专员保罗·戈尔先生共同向印度外交大臣提交了一份供印度参考的联合提案，希望寻找一个能够促进印巴双方达成协议且彼此都能接受的调停者。印度无法理解美英为何置巴基斯坦“好战且富有侵略性”的声明于不顾，继续提出供印巴双方参考的调停提议。印度接受调停，但是必须要以两国之间的和平氛围作为先决条件。当一方完全不考虑采取和平方式而大谈战争时，仅仅依靠一个微妙平衡与精心起草的公报试图促进和平进程的行为是不可能奏效的。事实上，如果不顾当前局势以及在两国没有做好相应准备的情况下强力推行调停提议，将使事情变得更糟。[②]

（3）美国未能“公正”对待印度和巴基斯坦

在印度看来，美国应该公正地对待印度和巴基斯坦，有两层意思：在某些问题上，美国应该同等对待印度和巴基斯坦；而在某些问题上，美国应该区别对待两个国家。然而，美国并未做到这一点，反而是在应该同等对待印巴的问题上采取了区别对待；在应该区别对待印巴的问题上采取了同等对待。

在美国提供F-104飞机问题上，印度质疑美国为何向巴基斯坦提供却不向印度提供，印度认为这种区别对待有失公平。1963年7月13日，

---

① *Memorandum From Secretary of State Rusk to President Kennedy*, Washington, April 25, 1963, Source: Kennedy Library, National Security Files, Countries Series, India, General, 4/24/63~4/27/63.

② *Letter from Prime Minister Nehru to President Kennedy*, New Delhi, August 11, 1963, Source: Kennedy Library, National Security Files, Countries Series, India, Nehru Correspondence, 4/1/63~8/31/63.

美国国务院在发给驻巴基斯坦大使馆的电报中指出，在印度看来，印度急需超音速飞机，而这一要求却遭到美国的拒绝。[①]

美国在印巴分歧中偏袒巴基斯坦。1964 年 2 月 20 日，美国驻印度大使馆在发给国务院的电报中指出，安理会讨论克什米尔问题引起印度官员和民众的强烈反应，破坏了美英印关系，进一步加大印巴之间的鸿沟。在印度看来，肯尼迪总统是印度的朋友，为印度提供援助，希望印度成为民主国家“成功的典范”。然而美国在印巴分歧中却支持巴基斯坦，置印度的感受于不顾：第一，美国的军事援助计划因迫于巴基斯坦对约翰逊政府的压力而受阻；第二，因得到美国新政府支持，巴基斯坦将克什米尔问题提交安理会。[②]

在印巴库奇兰恩冲突中，巴基斯坦使用美国的武器装备对抗印度，违反了美国“不准使用美国援助武器进攻其他国家”的规定，然而美国却不分青红皂白，对印度和巴基斯坦同等对待，这是印度所不能容忍的。1965 年 4 月 24 日，印度外交秘书杰哈在接见美国代表团时表示，美国应该对“巴基斯坦使用美国武器”重点关注，这是自艾森豪威尔总统以来美国向印度所保证的。[③] 5 月 8 日，印度大使 B. K. 尼赫鲁在会见美国国务卿腊斯克时再次强调，巴基斯坦在库奇兰恩使用美国援助的坦克对付印度，事实确凿，这违反了艾森豪威尔总统和国务卿杜勒斯等对印度的保证。大使提到塞利格·哈里森（Selig Harrison）在《华盛顿邮报》发表的一篇文章以及瓦杰帕伊（A. B. Vajpayee）在国会发表的演讲，他指出，印度对美国最大的不满就是美国允许巴基斯坦使用美国武器，这违反了美国对印度的保证。他指责美国将印度与巴基斯坦同等看待，“每次巴基斯坦进攻印度，

---

① *Telegram from the Department of State to the Embassy in Pakistan*, Washington, July 13, 1963, Source: Department of State, Central Files, DEF 19 ~ 3 US – PAK.

② *Telegram from the Embassy in India to the Department of State*, New Delhi, February 20, 1964, Source: National Archives and Records Administration, RG 59, Central Files 1964 ~ 66, POL 32 ~ 1 INDIA – PAK.

③ *Telegram from the Embassy in India to the Department of State*, New Delhi, April 24, 1965, Source: Johnson Library, National Security File, Country File, India, Vol. IV, Cables, 12/64 ~ 6/65.

美国一定责怪印巴双方”。[①] B. K. 尼赫鲁大使反对将印巴同等看待，印度严格遵守承诺，将印度与巴基斯坦一视同仁是错误的。B. K. 尼赫鲁大使要求，除限制巴基斯坦在库奇兰恩停止使用军事援助装备外，美国还要惩罚巴基斯坦，切断其所有援助。[②] 总之，印度把责任完全归咎于美国对巴基斯坦处置不当。

3. 美印关系基本态势

（1）印度重视与美国的友好关系

印度非常重视发展与美国的友好关系，对美国总统与政府对印度的理解和帮助表示感谢。虽然承认两国在某些问题上存在分歧，甚至有时对美国的言行恼羞成怒，但是依然希望不要损害两国之间的友谊。

当美国推迟阿尤布和夏斯特里访问的消息泄露后，夏斯特里总理非常失望。为此，美国国务卿腊斯克专门召见印度驻美国大使 B. K. 尼赫鲁，将写给夏斯特里信件的副本给他看，并再次解释推迟的原因。B. K. 尼赫鲁大使认为，这是一个“无礼的行为”，肯定会引起印度的不满。1965 年 4 月 21 日，美国驻印度大使馆在发给国务院的电报中称，关于推迟访问，印度总理夏斯特里有如下评论：当印度正努力与美国合作为南亚带来和平时，美国的这一决定使得他个人在国家、政党和世界面前丢尽颜面。他理解约翰逊总统推迟或取消访问的原因，但是美国置他的尊严于不顾的做法令人遗憾。取消访问的方式恐怕会使印美之间的心理隔阂永远无法弥合。他不清楚如何才能恢复双方之间的信任。当前形势下，如果美国向印度提供援助，有人会说美国力图收买印度对美国的善意；如果美国拒绝提供援助，有人可能会说印度因未追随美国路线而受到惩罚。[③]

---

① *Memorandum of Conversation*, Washington, May 8, 1965, Source: National Archives and Records Administration, RG 59, Central Files 1964～66, DEF 12 INDIA.

② *Telegram from the Department of State to the Embassy in India*, Washington, May 8, 1965, Source: National Archives and Records Administration, RG 59, Central Files 1964～66, POL 32～1 INDIA－PAK.

③ *Telegram from the Embassy in India to the Department of State*, New Delhi, April 21, 1965, Source: National Archives and Records Administration, RG 59, Central Files 1964～66, POL 7 INDIA.

尽管有这种不愉快的插曲，但是鉴于国家利益和形势变化，两国关系一直在往前发展。正如1964年4月27日，英迪拉·甘地在与约翰逊总统会谈时表示的，印度理解美国的政策并感谢美国提供的帮助。她父亲和她本人都知道美国历届总统与印度的亲密友谊，但是美国在克什米尔问题上并没有给予印度足够支持。B. K. 尼赫鲁大使插话说，两国在某个问题上或许存在分歧，但是不能损害两国之间的友谊。①

第三节　军事援助有效性评估

一、美国实际军事援助有效性评估

（一）美国军事援助巴基斯坦的目标及实现率

第一目标（赋值0.4）：巴基斯坦不反对美国向印度提供军事援助。1962年中印边界冲突爆发后，面对不断受挫的军事与外交关系，尼赫鲁总理不得不寻求西方援助。与此同时，在美国政府看来，这一事件使得整个南亚地区的政治、安全局势发生重大变化。为此，肯尼迪政府趁机加大援助印度的力度，力图发展与印度的良好关系。1962年11月3日，负责国家安全事务的总统特别副助理凯森在提交给肯尼迪总统的备忘录中指出，美国必须重新定义与印度的关系。美国军事援助的目标是帮助朋友，不是赢得盟友。西方的“同情”以及西方提供的军事装备将对印度思想产生深远影响，可以预期印度将重新定义其不结盟政策。② 为此，美国不仅希望

---

① *Memorandum of Conversation*, Washington, April 27, 1964, Source: National Archives and Records Administration, RG 59, Presidential Memoranda of Conversation: Lot 66 D 149.

② *Memorandum from the President's Deputy Special Assistant for National Security Affairs (Kaysen) to President Kennedy*, Washington, November 3, 1962, Kennedy Library, National Security Files, Countries Series, India, General, 11/3/62 ~ 11/4/62.

巴基斯坦不反对美国军事援助印度，而且建议巴基斯坦主动向印度示好。在美国看来，如果巴基斯坦能够主动向印度示好，不仅会为印巴和解奠定良好基础，而且符合巴基斯坦的自身利益，使其在今后的谈判中更具灵活性。事实证明，美国对形势的估计过于乐观，巴基斯坦不仅不主动向印度示好，而且极力反对美国向印度提供军事援助。巴基斯坦认为，印度只会将因美国军事援助而增强的军事力量用于侵犯巴基斯坦。为了打消巴基斯坦的担心，美国向巴基斯坦承诺，美国军事援助印度只用于应对中国，而不用于对抗巴基斯坦。另外，美国政府特别强调，阿尤布和巴基斯坦其他官员不要有这样的错觉，即倾向于美国或中国就会改变美国军事援助印度的决定。巴基斯坦的判断不是问题的关键，美国认为印度很重要，如果次大陆因印度崩溃而出现权力真空，这也不符合巴基斯坦的利益。尽管如此，巴基斯坦仍然表示不赞成美国军事援助印度。当然，美国军事援助印度的决心已不可动摇，美国绝不会让巴基斯坦影响美国的印度政策，有必要抓住印度愿意向美国靠拢的难得机会发展美印关系。[①] 总之，美国的这一目标“巴基斯坦不反对美国向印度提供军事援助”基本上没有实现。其一，巴基斯坦不是一般地反对美国军事援助印度，而是极力反对；其二，巴基斯坦反对的不是美国军事援助印度本身，而是担心印度利用美国的军事援助对抗巴基斯坦。但是，尽管遭到巴基斯坦的反对，美国依然向印度提供了大量军事援助。综合考虑，这一目标的实现率为30%。

第二目标（赋值0.25）：巴基斯坦切断或减少与社会主义国家的交往。美国希望巴基斯坦切断或减少与社会主义国家的交往。塔尔博特指出，中巴关系使美国感到困扰，干扰了美国的南亚政策。为此，美国还专门给予巴基斯坦警告甚至威胁。1964年3月9日，美国国务院在发给驻巴基斯坦大使馆的电报中称，约翰逊总统非常担心，他让塔尔博特告诉阿尤布，美国的容忍是有限度的，一旦超过，美国将不再给予巴基斯坦支持。美国政

① *Memorandum from the President's Special Assistant for National Security Affairs (Bundy) and Robert W. Komer of the National Security Council Staff to President Johnson*, Washington, December 11, 1963, Source: Johnson Library, National Security File, Country File, India, Vol. I.

府指出，有必要让阿尤布明白，如果想继续获得美国的援助，既不能与社会主义国家交往，也不能在涉及美国利益的问题上（比如越南和马来西亚）采取反美路线。如果他执迷不悟，美国国会将不再同意每年提供4亿~5亿美元的援助。对于美国的警告和威胁，巴基斯坦不仅没有切断或减少与社会主义国家的交往，恰恰相反，还想尽一切办法加强与它们的联系，尤其是与中国的联系。当然，美国也深知这是大势所趋。总之，美国的这一目标“巴基斯坦切断或减少与社会主义国家的交往”基本上失败，巴基斯坦与社会主义国家的交往比以前更加密切，但是，巴基斯坦并未主动放弃与美国的联盟关系。综合考虑，这一目标的实现率为10%。

第三目标（赋值0.20）：美国同时维持与印度和巴基斯坦的友好关系，鼓励改善巴基斯坦与印度和阿富汗之间的关系。关于“美国同时维持与印度和巴基斯坦的友好关系”，如前所述，美国借中印边界冲突加速发展与印度的关系。但是出于全球战略的考虑，美国仍然致力于维持南亚地区稳定，即在维持美巴同盟关系的同时，力争在巴基斯坦和印度中间维持平衡。① 然而，美国的这两个目标都无法达成。首先，在中印边界冲突前，美国政府努力向印度表明：美国发展与巴基斯坦的关系不会影响美国与印度的关系；而在中印边界冲突后，美国政府努力向巴基斯坦表明：美国发展与印度的关系不会影响美国与巴基斯坦的关系。比如，1965年7月23日，美国国务院在发给驻巴基斯坦大使馆的电报中称，美国在印巴冲突中的立场始终是同等对待两个国家，希望和平解决克什米尔问题以及其他问题，不认为与一方的友好关系必然与和另一方发展友好关系相违背。美国希望的是既不完全偏向印度也不完全偏向巴基斯坦，而是同时维持与两国的基本关系，这有助于实现美国利益的“帕累托最优”。② 然而，美国也意识到，要做到这一点太困难，1965年9月9日，美国国务卿腊斯克在提交给约翰逊总统的备忘录中称，印巴交恶使美国很难与双方维持良好关系，

① *Telegram from the Department of State to the Embassy in Pakistan*, Washington, December 22, 1962, Source: Department of State, Central Files, 690D. 91/12 ~ 2262.

② *Telegram from the Department of State to the Embassy in Pakistan*, Washington, July 23, 1965, Source: National Archives and Records Administration, RG 59, Central Files 1964 ~ 66, AID 9 PAK.

如果最终被迫选择其一，印度因其人口众多、相对完善的工业基础、更加民主的政权将是更好的选择。其次，中印边界冲突后，美国曾希望巴基斯坦抓住机会，为改善印巴关系奠定基础。然而，巴基斯坦并没有减缓与印度紧张关系的打算。两国关系非但没有改善，反而逐渐恶化，最终导致1965年印巴战争爆发。关于“鼓励改善巴基斯坦与印度和阿富汗之间的关系”，首先，地区内部争端（印巴争端和阿巴争端）不仅未减少，反而是日趋激化，尤其是印巴争端；其次，印度和巴基斯坦不仅未能限制军事建设，反而是加大军备竞赛，两国不仅未能达成联合防御计划，反而是分歧越来越尖锐。再次，尽管印度和巴基斯坦与美国有广泛接触，但是总是持有防备心理，唯恐美国的调停产生不利于自己的结果。至于印巴两国间的信息、文化和人员的交流更是少之又少。① 总之，美国的这一目标“美国同时维持与印度和巴基斯坦的友好关系，鼓励改善巴基斯坦与印度和阿富汗之间的关系”基本上失败，巴基斯坦批评美国的印度政策，印度批评美国的巴基斯坦政策。巴基斯坦与印度和阿富汗的关系没有丝毫改善。当然，无论是印度还是巴基斯坦，都不敢完全放弃与美国的关系。综合考虑，这一目标的实现率为10%。

第四目标（赋值0.10）：综合考虑军事援助与经济援助。尽管该阶段爆发了中印边界冲突，地区形势堪忧，但是从世界范围来看，冷战威胁开始减退。因此，美国的援助（无论军事援助还是经济援助）目标重点逐步由安全考虑转移到发展上来。第一，美国继续向巴基斯坦提供军事援助和经济援助。一方面，为保障巴基斯坦国内安全，有效抵制外部侵略以及为域内和域外的集体安全做出一定贡献，美国继续向巴基斯坦提供军事援助。另一方面，为促进巴基斯坦的社会稳定以及使其人民生活维持在一定水平，美国继续向巴基斯坦提供一定规模的经济援助。巴基斯坦政府对美国政府的军事援助和经济援助表示感谢。第二，美国力图减少军事援助，

---

① *Memorandum From Secretary of State Rusk to President Johnson*, Washington, September 9, 1965, Source: Johnson Library, National Security File, Country File, India, Memos and Miscellaneous, 6/65～9/65.

增加经济援助。美国为此专门加大对巴基斯坦的防御支持援助的力度，以缓解巴基斯坦对美国减少军事援助的抱怨。“防御支持援助”属于经济援助，但是与美国的安全和战略利益相联系。“防御支持援助被用来满足政治或军事急需。它提供经济援助给那些对美国具备重要战略价值的国家，以防止其发生经济危机”。① 换言之，从对受援国的经济影响角度来看，防御支持援助与普通的经济援助没有太大不同。但是，防御支持援助又不是单纯的经济援助，是援助国军事考虑的结果，有军事目标——鼓励受援国对西方世界防御发挥作用。② 需要特别说明的是，并非所有国家都有资格获得美国提供的防御支持援助，实际上，只有那些处于战略要地，对于防御苏联等社会主义国家有重要作用的国家才能够获得美国的防御支持援助。为了获得防御支持，受援国必须签署一个协议，遵守《美国共同安全法案》第 142 条的规定：“履行军事义务，参加多边或者双边协议或者美国是成员的条约……通过人力、资源、设施和一般经济状况的发展，维持其自身的防御力量，从而增加西方世界的防御力量……采取能够发展其防御能力的合理措施。”③ 关于这一点，美国政府内部众说纷纭。支持者认为，美国应该逐步减少军事援助而增加经济援助，尤其是考虑到中印边界冲突后的美印关系。反对者认为，此举可能会给已经出现不良动向的美巴关系带来更加不利的影响。巴基斯坦对此更是表示不满，它在反对美国向印度提供军事援助的同时，要求美国加大对巴基斯坦军事援助的力度，以维持与印度军事力量对比的最低水平。尽管遭到巴基斯坦的反对，美国依然按照自己的思路继续推进对巴基斯坦的军事援助和经济援助。总之，美国的这一目标“综合考虑军事援助与经济援助”大致得以实现，因为美国在提供经济援助和军事援助上掌握着主动权，但是由于在提供援助的过程

---

① U. S. Congress, Senate, *Committee on Foreign Relations*, Hearings, Foreign Assistance Act of 1963, 88th Cong., 1st Sess., 1963, p. 61.

② U. S. Congress, House, *Committee on Foreign Affairs*, Mutual Security Act of 1959, 86th Cong., 1st Sess., 1959, Report No. 440, p. 21.

③ U. S. Congress, Senate, *Committee on Foreign Relations*, Mutual Security Act of 1956, 84th Cong., 2d Sess., 1956, Report No. 2273, p. 14.

中还要考虑其他因素，因此在一定程度上援助规模和力度受到较大影响。综合考虑，这一目标的实现率为60%。

第五目标（赋值0.05）：维持美巴联盟。美巴两国对美巴联盟有不同理解，巴基斯坦将联盟看作是反对印度的手段，美国将其看作是西方世界防御社会主义阵营的组成部分①。尽管如此，美国依然强调美巴联盟的重要性。与此同时，指出巴基斯坦中立主义倾向的危害性。1962年11月初，在征求美国中央情报局和国防部意见的基础上，美国国务院将一份名为“中印边界冲突”的报告提交给肯尼迪总统。报告指出，美国有必要使巴基斯坦意识到美巴同盟对他们的重大意义，不仅可以获得大量的经济和军事援助，还可以在处理印巴关系时获得支持。② 巴基斯坦是相对弱势的国家，之所以能够在克什米尔问题上坚持强硬立场，部分原因是得到美国的大力支持。美国想尽一切办法使巴基斯坦相信维持与西方的联盟关系对其至关重要，即使美国发展与印度的友好关系。邦迪认为美巴联盟对双方都有好处：首先能够加强对巴基斯坦脆弱侧翼的保护；其次有助于美国和巴基斯坦的政治沟通。然而中印边界冲突爆发后，美巴双方相互抱怨，最终，美巴联盟因印巴战争的爆发而解体。总之，美国“维持美巴联盟”的目标基本上失败，因为美巴联盟某种程度上等同于美国向巴基斯坦提供军事援助。因印巴战争而中断对巴基斯坦的军事援助意味着美巴联盟名存实亡。但是必须意识到，美巴联盟的终结并不意味着美国与巴基斯坦切断所有联系。综合考虑，这一目标的实现率为10%。

（二）美国实际军事援助有效值的计算及评估

根据上述美国军事援助巴基斯坦的目标及实现率，现计算美国实际军

① *Telegram from the Department of State to the Embassy in India*, Washington, November 25, 1962, Source: Department of State, Central Files, 691.93/11～2562.

② *Memorandum from the President's Deputy Special Assistant for National Security Affairs (Kaysen) to President Kennedy*, Washington, November 3, 1962, Kennedy Library, National Security Files, Countries Series, India, General, 11/3/62～11/4/62.

事援助有效值如下：

$P1 = 0.40 \times 30\% + 0.25 \times 10\% + 0.20 \times 10\% + 0.10 \times 60\% + 0.05 \times 10\% = 0.23$

评估：

由于 $P1 = 0.23 < 0.25$，说明美国实际军事援助非常无效。相较于美国预期军事援助性（预期军事援助值是0.515，说明预期军事援助有效），美国实际军事援助性更弱，从“有效”直接跨越到“非常无效”。然而，正如本书第一章所言，计算实际军事援助有效值节点的选取是该阶段的最后时间点而不是该阶段中的任何一点。因此，实际军事援助非常无效并不代表实际援助在整个阶段都无效，而只代表实际援助在最后节点是无效的。换句话说，即便美国知道会有这种结局，它可能仍会实施这一政策。

二、巴基斯坦实际军事援助有效性评估

（一）巴基斯坦接受美国军事援助的目标及实现率

第一目标（赋值0.4）：不妨碍与社会主义国家的正常交往。虽然巴基斯坦接受美国的军事援助，但是并不想因此而中断与社会主义国家的正常交往，尤其是与中国的友好关系。1964 年 9 月 24 日，巴基斯坦财政部长阿伊布在与邦迪举行会谈时承认巴基斯坦不是特别理解美国为何对中国如此有成见。1965 年 3 月 24 日，美国国家情报评估（NIE32～65）得出结论：阿尤布把寻求发展与社会主义国家的友好关系作为其重要外交政策的组成部分。① 尽管巴基斯坦也会考虑美国政府时不时提出的不要发展与这些国家过度亲密关系的“警告”，但是总体上，巴基斯坦仍然继续发展与其友好关系。当然，当美国驻巴基斯坦大使抱怨巴基斯坦向这些国家示好会对美巴关系造成伤害时，阿尤布总统为此进行辩护称，这是巴基斯坦睦邻友好政策的组成部分。作为美国的朋友，他希望美国相信巴基斯坦的良

① *National Intelligence Estimate*, Washington, March 24, 1965, Source: Central Intelligence Agency, Job 79 - R01012A, ODDI Registry of NIE and SNIE Files.

好意图和意愿，相信巴基斯坦有能力处理好与这些国家的关系，不会落入任何“陷阱”，也不会丧失什么东西。阿尤布总统希望大使相信，巴基斯坦政府不会做出与美巴友谊不符或者违背美国根本利益的事情。总之，巴基斯坦的这一目标“不妨碍与社会主义国家的正常交往”大体上得以实现，巴基斯坦没有因美国的反对而中断与社会主义国家的正常交往，反而是更加亲密。当然，巴基斯坦在发展与社会主义国家的关系时也会考虑美国的感受。综合考虑，这一目标的实现率为80%。

第二目标（赋值0.25）：美国尽量减少对印度的军事援助。巴基斯坦希望在继续接受美国军事援助的同时，美国逐步减少对印度的军事援助，并为此而警告美国，如果美国继续军事援助印度，不仅会破坏美巴联盟关系，而且无益于维持南亚次大陆的稳定。1963年4月23日，巴基斯坦驻美国大使阿奇兹·艾哈迈德与国务卿腊斯克举行会谈，双方就美国军事援助印度问题进行了讨论。阿奇兹·艾哈迈德大使称，巴基斯坦政府对美国在未解决克什米尔问题之前继续对印度提供长期军事援助表示担忧①。1963年4月29日至5月2日，美国国务卿腊斯克在访问巴基斯坦时，阿尤布总统指出，美国军事援助印度增加了印度侵犯周边小国的实力和野心。他认为，由于军事援助印度会给包括巴基斯坦在内的本地区其他国家带来压力和威胁，从而使次大陆的局势恶化。② 1963年9月6日，美国驻葡萄牙大使馆在发给国务院的电报中指出，在巴基斯坦看来，美国向印度提供军事援助破坏了原有的军事平衡，按照阿尤布和其他军事领导人的说法，在原有的军事平衡下，西巴基斯坦至少是有防御能力的。军事平衡破坏后，东、西巴基斯坦都不再具备防御印度侵犯的能力。美国不可能通过强调军事援助的防御性质而使巴基斯坦信服。巴基斯坦非常担心具有侵略性的印度，美国军事援助印度加剧了这一恐慌。由于军事平衡的变化是由他们的“好朋友”美国一手造成的，这种沮丧和绝望尤甚，有一种遭到背叛

---

① *Telegram from the Department of State to the Embassy in Pakistan*, Washington, April 24, 1963, Source: Department of State, Central Files, DEF 19～3 US－INDIA.

② *Telegram From Secretary of State Rusk to the Department of State*, Karachi, May 2, 1963, Midnight.

的感觉，哀叹美国帮助和信任印度是一个悲剧性的错误。① 1963 年 12 月 20 日，阿尤布在会见来访的泰勒将军时声称，巴基斯坦的安全利益受到美国军事援助印度的损害，巴基斯坦的重要利益处于危险境地。他认为印度增加的军事力量将被用于对抗弱小的邻国而不是中国。美国援助印度的安全目标不可能达成，因为印巴争端不解决，印巴合作的可能性就没有，次大陆的安全也就不可能得到有效防御。因此，如果不将解决印巴争端作为军事援助印度的前提条件的话，美国的印度政策注定是要失败的。然而，美国并未停止军事援助印度的步伐。在美国看来，对印度的援助不仅无损于美巴关系，而且有助于维护南亚次大陆的稳定，因此，美国没有因巴基斯坦的抗议而减少对印度的军事援助规模。② 1963 年 10 月 3 ~ 6 日，美国总统肯尼迪、国务次卿鲍尔和哈里曼分别会见来访的巴基斯坦外长布托时表示，美国将继续对印度进行有限的、有选择的军事援助项目。美国声明，接受“巴基斯坦确实担心印度”这样一个政治事实，同时建议巴基斯坦接受“美国援助印度只限定在应对中国”这样一个政治事实。③ 1964 年 7 月，阿尤布总统在写给美国总统约翰逊的信中对美国向印度提供军事援助非常担心，希望美国停止对印度的军事援助。然而，美国对印度的军事援助却翻倍增加，而且还达成一个新的长期军事援助的谅解备忘录。这显然破坏了次大陆的权力平衡。④ 总之，巴基斯坦的这一目标“美国尽量减少对印度的军事援助”大部分没有实现，尽管巴基斯坦多次提出抗议，美国依然没有减少军事援助印度的意愿，反而是设法制定针对印度的五年军事援助计划。但是，美国并非完全不考虑巴基斯坦的顾虑，一意孤行，而

---

① *Telegram from the Embassy in Portugal to the Department of State*, Lisbon, September 6, 1963, Source: Department of State, Central Files, POL 7 US/BALL.

② *Memorandum of Conversation*, Karachi, December 20, 1963, Source: Johnson Library, National Security File, International Meetings and Travel File, Taylor, Gen., Trip to India and Pakistan, December 1963.

③ *Telegram from the Department of State to the Embassy in Pakistan*, Washington, October 10, 1963, Source: Department of State, Central Files, DEF 19 US – INDIA.

④ *Memorandum of Conversation*, Washington, July 7, 1964, Source: Johnson Library, National Security File, Country File, Pakistan, Vol. II, 6/64 ~ 11/64.

是抓住一切机会向巴基斯坦进行解释。综合考虑，这一目标的实现率为20%。

第三目标（赋值0.20）：迫使印度在克什米尔问题上让步。中印边界冲突爆发后，巴基斯坦认为这是解决克什米尔争端的绝好机会，建议美国借军事援助印度迫使印度在克什米尔问题上让步，争取解决克什米尔争端。1962年11月5日，阿尤布总统在写给美国总统肯尼迪的信中指出，维持南亚次大陆和平与稳定的基本前提是：印度和巴基斯坦不再担心彼此，要做到这一点必须解决克什米尔问题。这一问题并非很难解决，如果印度有诚意，找到公平的解决方案还是有可能的。显然，在巴基斯坦看来，美国可以“迫使”印度表示出诚意。[①] 1963年1月22日，美国驻巴基斯坦使馆在发给美国务院的电报中转达了巴基斯坦政府的建议，美国必须继续利用其影响力促使克什米尔争端得到解决，以保证本地区的持久和平。[②] 1963年2月4日，巴基斯坦驻美国大使阿奇兹·艾哈迈德拜见美国总统肯尼迪，希望第三方介入。然而，尼赫鲁并没有在克什米尔问题上让步的打算。鉴于此，巴基斯坦要求美国对印度施加压力。[③] 1963年5月6日，英国高级专员詹姆斯、伦敦英联邦关系办公室的皮卡德和英国驻巴基斯坦大使在拉瓦尔品第会见阿尤布总统，向其提出克什米尔调解的建议。阿尤布总统的第一反应是如果不能就美英两国对印度军事援助提出建议的话，调停将是徒劳无益的。他对近期印度发表的有关军事援助的报告表示担心，认为如果美英决定继续军事援助印度而印度并不打算接受克什米尔问题解决方案的话，调停者的努力注定会失败。阿尤布认为，如果不对印度施加压力，第六轮会谈不可能取得进展。詹姆斯和美国驻巴基斯坦大使强调新方法的重要性，因为只有这样，才能替代当前无效的部长级会谈。

① *Telegram from the Department of State to the Embassy in Pakistan*, Washington, November 13, 1962, Source: Department of State, Central Files, 791.56/11~1362.

② *Telegram from the Embassy in Pakistan to the Department of State*, Karachi, January 22, 1963, Source: Department of State, Central Files, 791.56/1~2263.

③ *Memorandum of Conversation*, Washington, February 4, 1963, Source: Kennedy Library, National Security Files, Countries Series, Pakistan, General, 2/63.

阿尤布承认，如果会谈失败且没有替代方案，局面会更糟糕，但阿尤布仍然坚信，只有威胁撤销对印度的军事援助才能迫使印度真心回到谈判桌。美国最初搪塞巴基斯坦，称对自己是否具备影响印度的能力持怀疑态度。① 后来，针对阿尤布要求的美国利用此机会敦促印度解决其与巴基斯坦的问题，美国直接给予反击，认为这是一个错误的决定，印度不会答应，美国也绝不会实施。在美国看来，巴基斯坦要求美国在克什米尔问题上向印度施压只会带来负面效应：第一，印度正处于政权交接之际，如果现在在克什米尔问题上施压，将使反巴基斯坦的极端主义者有机会夺取政权。第二，克什米尔自身正在酝酿变革，如果没有外在压力，结果可能会更好。再后来，美国更是直截了当地表明：美国军事援助印度不会与克什米尔问题的解决挂起钩来，但是会敦促印度在印巴争端中做出适当妥协。② 总之，巴基斯坦的这一目标“迫使印度在克什米尔问题上让步”既不能说失败，也不能说成功。一方面，美国答应军事援助印度与印度在克什米尔问题上做出让步有一定联系，但是又不完全挂钩。另一方面，印度在克什米尔问题上也力图做出某种让步，只是远未达到巴基斯坦的要求。综合考虑，这一目标的实现率为50%。

第四目标（赋值0.10）：美国区别对待盟友与中立国。巴基斯坦以与美国是盟友关系为借口要求美国更为重视发展与巴基斯坦的关系，而不是发展与中立国印度的关系。在巴基斯坦看来，巴基斯坦是美国的盟友，而印度则一直标榜自己是中立主义国家，因此，美国必须区别对待这两类不同性质的国家：对于盟友，要积极提供足够的帮助和支持；对于中立国家，最多给予同情。然而，事与愿违，美国越来越不区别对待盟友和中立国。对此，巴基斯坦提出严厉批评与警告。显然，美国对此有着不同的看法且理由比较充分：防止中立国家落入社会主义阵营。1963年1月，美国中情局局长麦科恩说，有人对美国对盟友与中立国的政策没有区别对待提

① *Telegram from the Embassy in Pakistan to the Department of State*, Karachi, May 6, 1963, Source: Department of State, Central Files, POL 32 ~ 1 INDIA – PAK.

② *Telegram from the Embassy in Iran to the Department of State*, Tehran, September 5, 1963, Source: Department of State, Central Files, POL 7 US/BALL.

出批评。巴基斯坦对于美国很重要，但是美国也不能忽略印度的重要性。如果印度加入社会主义阵营，美国将无法在南亚自由行动。美国的目标是构筑一个强大的、能够抵御共产主义影响的次大陆。……美国不能说服巴基斯坦或阿富汗改变其对印度的政策……不能解决所有的争端，但是美国要避免这些国家受到共产主义影响，防止那些中立国家加入社会主义阵营。① 当然，美国表态时还是会强调与巴基斯坦的盟友关系，但是实际政策上并没有给予特别照顾。印巴战争爆发后，美国停止对印巴两国的军事援助，在巴基斯坦看来，美国没有区别对待盟友与中立国，而美国的这一政策实际上有利于中立国印度。总之，巴基斯坦的这一目标“美国区别对待盟友与中立国”大部分没有实现，在巴基斯坦看来，美国的确做到了区别对待盟友与中立国，只是相反，美国对中立国的态度好于盟友。当然，巴基斯坦对美国提供的军事援助和经济援助还是表示非常感谢的。综合考虑，这一目标的实现率为20%。

第五目标（赋值0.05）：继续维持美巴联盟。1962年中印边界冲突爆发后，美国和巴基斯坦都认为这是一个解决克什米尔问题的绝佳机会。巴基斯坦原打算让美国对印度施压迫使印度在克什米尔问题上妥协。然而，美国的做法令巴基斯坦大失所望，致使巴基斯坦国内批评美巴联盟的声音越来越大，但是由于在很多方面还要依赖于美国，巴基斯坦领导人希望继续维持美巴联盟，毕竟只有结盟才能从美国获得军事援助，从而抵消印度在次大陆的军事实力优势。为此，阿尤布在不同场合多次重申美国是巴基斯坦“天然的朋友”，巴基斯坦愿意继续留在CENTO和SEATO等组织内，并且清楚与美国保持联盟关系可以获益更多。② 麦康瑙希大使估计，只要阿尤布掌权，他不太可能改变巴基斯坦的外交政策以及冒失去美国援助的

---

① *Notes by Director of Central Intelligence McCone*, Washington, January 22, 1963, Source: Central Intelligence Agency, Job 80 B 01285A, Box 6, McCone Files, DCI Meetings with the President, 1 January ~ 31 March 1963.

② *Memorandum From Robert W. Komer of the National Security Council Staff to President Kennedy*, Washington, November 12, 1962, Source: Kennedy Library, National Security Files, Countries Series, Pakistan, General, 11/62.

风险。阿尤布非常看重与美国的关系。事实上，巴基斯坦在诸多领域都与美国开展合作。然而，阿尤布对美国政策的改变以及南亚权力平衡朝着不利于巴基斯坦的方向倾斜感到失望。他警告说，如果美国试图改变政策挤压巴基斯坦，巴基斯坦将做出针锋相对的反应。他说，巴基斯坦虽然积贫，但不卑微。[①] 1963 年 8 月 8 日，美国驻巴基斯坦大使馆在发给国务院的电报中称，阿尤布非常关注目前的事态发展，并再次强调今后巴基斯坦与美国会越来越需要彼此。如果美国因“形势所迫”疏远巴基斯坦，那将是一个巨大的不幸。阿尤布明确表明，巴基斯坦担心印度持续的军事建设对其安全构成严重威胁。阿尤布敦促美国不要让局势持续恶化，否则巴基斯坦不得不做出一些可能使美国“无法接受”的事情。阿尤布强调，巴基斯坦不仅需要美国，而且美国将来也需要巴基斯坦作为次大陆盟友发挥作用，因为阿尤布坚信印度和苏联的关系会日益密切，美国会逐渐失去优势。1963 年 12 月 20 日，阿尤布总统与 JCS 主席泰勒将军举行会谈。阿尤布认为巴基斯坦的安全利益遭到漠视，美国并没有把巴基斯坦的利益放在眼里。如果巴基斯坦的利益与美国的利益相冲突的话，巴基斯坦的安全将被当作牺牲品。他认为，美国正在有意或无意地增强巴基斯坦敌人的实力，这与美巴之间一直以来稳定的亲密盟友关系相违背[②]。然而，不管怎么强调美巴联盟的重要性，由于美国军事援助印度，美巴联盟的价值已不可避免地下降。总之，巴基斯坦的这一目标“继续维持美巴联盟”大部分没有实现。巴基斯坦政府和民众对美巴联盟越来越失望，而美巴联盟也因印巴战争终结。当然，也不能因此而完全否认美巴联盟的价值，毕竟巴基斯坦因美巴联盟的存在获得了美国大量的军事援助，巴基斯坦自己也不否认这一点。综合考虑，这一目标的实现率为 20% 。

---

① *Telegram from the Embassy in Iran to the Department of State*, Tehran, September 5, 1963, Source: Department of State, Central Files, POL 7 US/BALL.

② *Memorandum of Conversation*, Karachi, December 20, 1963, Source: Johnson Library, National Security File, International Meetings and Travel File, Taylor, Gen., Trip to India and Pakistan, December 1963.

（二）巴基斯坦实际军事援助有效值的计算及评估

根据上述巴基斯坦接受美国军事援助的目标及实现率，现计算巴基斯坦实际军事援助有效值如下：

$P2 = 0.40 \times 80\% + 0.25 \times 20\% + 0.20 \times 50\% + 0.10 \times 20\% + 0.05 \times 20\% = 0.50$

评估：

由于 P2 = 0.50，巴基斯坦的实际军事援助有效，但很勉强。

综合来看，相较于 1954～1959 年阶段的预期值（0.8625 和 0.8875）和 1959～1962 年阶段的预期值（0.81 和 0.8825），该阶段（1962～1965 年）美国和巴基斯坦对军事援助的期待有大幅度下降（预期值分别为 0.505 和 0.635），实际的结果更不理想。美国实际军事援助有效值（0.23）与预期军事援助有效值（0.505）相差 0.505 - 0.23 = 0.275，实际完成率仅为 0.23/0.505 = 46%（小于 50%），表明军事援助目标完成的很不理想。巴基斯坦实际军事援助有效值（0.50）与预期军事援助有效值（0.635）相差 0.635 - 0.50 = 0.135，实际完成率为 0.50/0.635 = 79%（小于 80%），表明尽管实际军事援助依然有效，但是军事援助目标完成的一般。从中可以预判：美国继续军事援助巴基斯坦的愿望很低；巴基斯坦继续接受美国军事援助的愿望一般。

结　论

为便于分析，本书将美国军事援助巴基斯坦（1947～1965年）划分为四个阶段，分别计算不同阶段美国（或巴基斯坦）军事援助的（预期或实际）有效值，在此基础上判断不同阶段美国（或巴基斯坦）军事援助的（预期或实际）有效性。总结前面各章节，可将不同阶段的美国（或巴基斯坦）军事援助的（预期或实际）有效值整理为表1，将不同阶段美国（或巴基斯坦）军事援助的（预期或实际）有效性整理为表2。

表1　美国（或巴基斯坦）军事援助的（预期或实际）有效值（1947～1965年）

	美国		巴基斯坦	
	预期军事援助有效值	实际军事援助有效值	预期军事援助有效值	实际军事援助有效值
1947～1954年	0.8625		0.8875	
1954～1959年	0.81	0.76	0.8825	0.79
1959～1962年	0.515	0.605	0.645	0.725
1962～1965年		0.23		0.50

表2　美国（或巴基斯坦）军事援助的（预期或实际）有效性（1947～1965年）

	美国		巴基斯坦	
	预期军事援助有效性	实际军事援助有效性	预期军事援助有效性	实际军事援助有效性
1947～1954年	非常有效		非常有效	
1954～1959年	非常有效	非常有效	非常有效	非常有效
1959～1962年	有效	有效	有效	非常有效
1962～1965年		非常无效		有效

从表 1 可以得出如下结论：第一，无论是预期军事援助有效值还是实际军事援助有效值都呈逐阶段下降趋势：美国的预期军事援助有效值分别为 0. 8625、0. 81、0. 515，美国的实际军事援助有效值分别为 0. 76、0. 605、0. 23；巴基斯坦的预期军事援助有效值分别为 0. 8875、0. 8825、0. 645，巴基斯坦的实际军事援助有效值分别为 0. 79、0. 725、0. 50。第二，无论是受援国（巴基斯坦）还是援助国（美国），实际军事援助有效值都小于预期军事援助有效值，就美国而言，各阶段分别为 0. 76 < 0. 8625、0. 605 < 0. 81、0. 23 < 0. 515；就巴基斯坦而言，各阶段分别为 0. 79 <0. 8875、0. 725 <0. 8825、0. 50 <0. 645。第三，受援国（巴基斯坦）的预期军事援助有效值和实际军事援助有效值均大于援助国（美国）的预期军事援助有效值和实际军事援助有效值，就预期军事援助有效值而言，各阶段分别为0. 8875 > 0. 8625、0. 8825 > 0. 81、0. 645 > 0. 515；就实际军事援助有效值而言，各阶段分别为 0. 79 > 0. 76、0. 725 > 0. 605、0. 50 >0. 23。

同样地，从表 2 可以得出如下结论：第一，无论是预期军事援助有效性还是实际军事援助有效性都呈逐阶段下降趋势；第二，无论是受援国（巴基斯坦）还是援助国（美国），实际军事援助有效性都低于预期军事援助有效性；第三，受援国（巴基斯坦）的预期军事援助有效性和实际军事援助有效性均高于援助国（美国）的预期军事援助有效性和实际军事援助有效性。

需要说明，上述对军事援助有效性（值）的分析只限于 1947 ~ 1965 年这一时段美国对巴基斯坦的军事援助，不能因此得出结论：所有援助国和受援国在所有时段的预期军事援助有效性（值）和实际军事援助有效性（值）都呈现出同样的特征。